国家奶牛产业技术体系
产业经济研究室

中国奶业经济研究报告

2018

刘长全　李胜利　韩　磊　主编

中国农业出版社

北京

本 书 由

国家现代农业产业技术体系建设专项资金资助

前　言

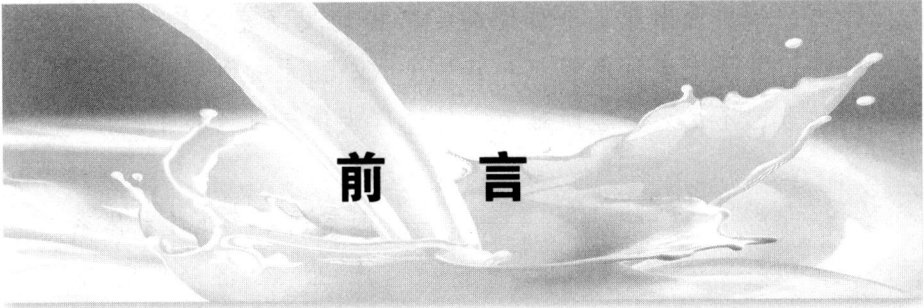

　　《中国奶业经济研究报告 2018》是国家奶牛产业技术体系产业经济研究室完成的第七部奶业经济研究报告。本报告收录了国家奶牛产业技术体系产业经济研究室成员、国家奶牛产业技术体系部分岗位科学家和综合试验站的研究成果。同时，为聚焦产业发展的效率、竞争力与市场发育等问题，本报告通过约稿的方式吸纳了国内部分专家的研究成果。本报告由五篇组成：第一篇为"宏观分析篇"，主要回顾和分析中国奶业经济总体状况；第二篇为"专题研究篇"，主要研究了中国奶业竞争力、奶牛养殖的效率、土地制度对奶业发展的影响、奶业价值链金融、外资进入的挑战等问题；第三篇为"国际研究篇"，包括对国际奶业经济发展形势及对法国、荷兰等国家与地区奶业制度的研究；第四篇为"区域发展篇"，主要是对内蒙古、山东、辽宁与河北等地区奶业发展状况的分析与总结；第五篇为"政策研究篇"，包括对奶业产业政策发展及奶源、加工、消费、贸易等政策的梳理。

　　本书的出版由"国家现代农业产业技术体系建设专项资金资助"（Supported by the earmarked fund for China Agriculture Research System）。作者衷心地感谢农业农村部科技教育司和畜牧业司对于本项目研究始终不渝的关注和支持，以及对于本书的指导；同时感谢国家奶牛产业技术体系首席科学家、全体岗位科学家和综合实验站站长以及首席科学家办公室的全体成员，没有他们的大力支持和帮助，本书的形成及出版是不可能的。书中的观点完全是作者本人的思想表达，并不代表任何组织和其他个人。由于受到各种因素限制，书中的缺点、不足之处在所难免，恳请广大读者批评指正。

国家奶牛产业技术体系

产业经济研究室

2018 年 12 月

目　录

前言

第一篇　宏观分析篇

第二篇　专题研究篇

第五篇　政策研究篇

第一篇·······················

宏观分析篇

第一篇

宏观分析篇

1　2017 年原料奶生产情况分析

□ 豆　明　孙兰欣

2017 年我国奶牛存栏和牛奶产量连续两年下降。我国原料奶价格 2013 年经历了一波快速上涨，但 2014 年 2 月达到顶点后即下降，2015 年起重回季节性波动，低迷的价格下，牧场经营困难。在产奶旺季，乳企又采取限收、拒收等方式减少自己的损失，牧场盈利更加困难。部分牧场退出了奶牛养殖业，大型牧场抗压力强，但也以稳定为主，行业外资本投资奶牛养殖业减少，因此奶牛存栏和牛奶产量双双下降。根据农业农村部数据，我国奶牛平均单产已达到 7 吨，比 2016 年的 6.5 吨增加 7.7%，与奶产量相比，奶牛存栏下降的幅度更大。

1.1　奶牛存栏估计下降 5.8%

国家统计局统计公报只公布了牛奶产量数据，大部分省份的统计公报也不公布奶牛存栏数据，根据产量数据估计各省存栏，从而得出 2017 年全国奶牛存栏估计数 1 342.0 万头，比上年减少 5.8%，全国奶牛存栏连续两年下降。

2017 年，内蒙古 235.8 万头，占全国总存栏的 17.6%；新疆 208.0 万头，占 15.5%；黑龙江 136.0 万头，占 10.1%；河北 124.6 万头，占 9.3%；山东 120.0 万头，占 8.9%；河南 104.4 万头，占 7.8%；陕西 41.5 万头，占 3.1%；宁夏 40.0 万头，占 3.0%；山西 39.5 万头，占 2.9%；西藏 37.0 万头，

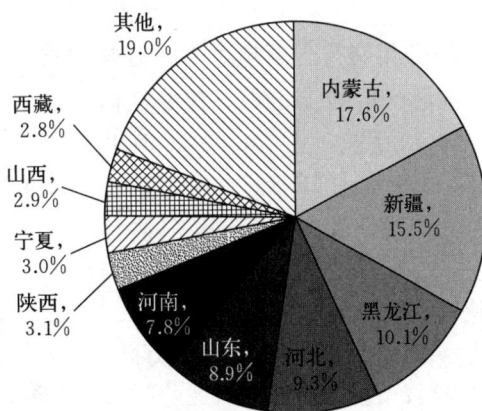

图 1-1　2017 年我国主要省区奶牛存栏情况

占 2.8%。前十省区奶牛存栏占全国奶牛总存栏的 81.0%（图 1-1）。

1.1.1 牛奶产量下降 1.6%，奶类产量估计下降 1.7%

根据国家统计局 2017 年统计公报，2017 年我国牛奶产量 3 545 万吨，同比下降 1.6%。统计公报未公布奶类产量数据，省级统计公报或经济分析中有 12 个省份未公布奶类产量，本报告对这些省份的奶类产量进行了估计，并得出全国奶类产量估计数 3 648.4 万吨，同比下降 1.7%（图 1-2）。

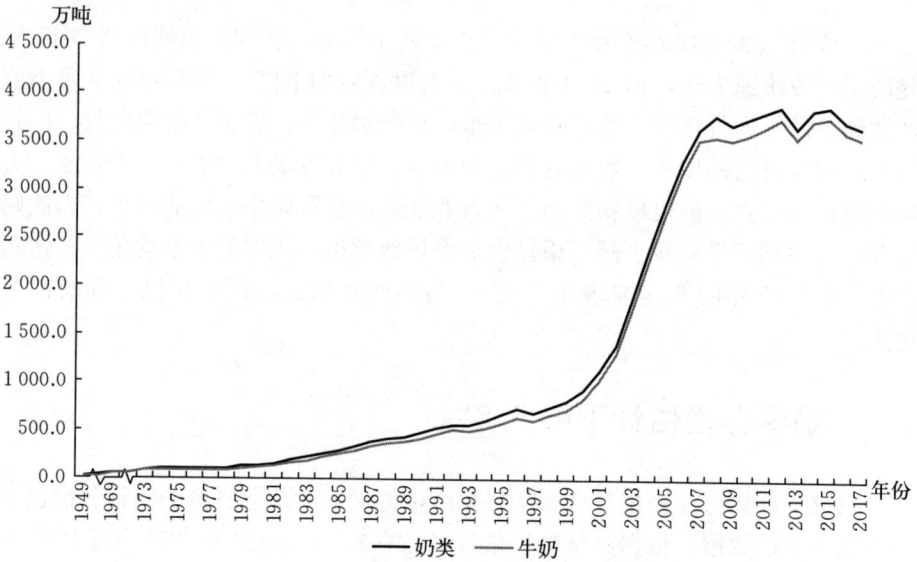

图 1-2　1949—2017 年我国原料奶产量

2017 年奶类产量超过 100 万吨的有 9 个省区，内蒙古估计 700.0 万吨，占全国总产量的 19.2%；黑龙江估计 542.3 万吨，占 14.9%；河北 465.4 万吨，占 12.8%；河南估计 320.3 万吨，占 8.8%；山东估计 274.6 万吨，占 7.5%；陕西 184.5 万吨，占 5.1%；新疆估计 168.5 万吨，占 4.6%；宁夏 153.3 万吨，占 4.2%；辽宁估计 141.2 万吨，占 3.9%；山西估计 94.4 万吨，占 2.6%。10 省区奶类产量合计 3 044.5 万吨，占全国总产量的 83.4%（图 1-3）。

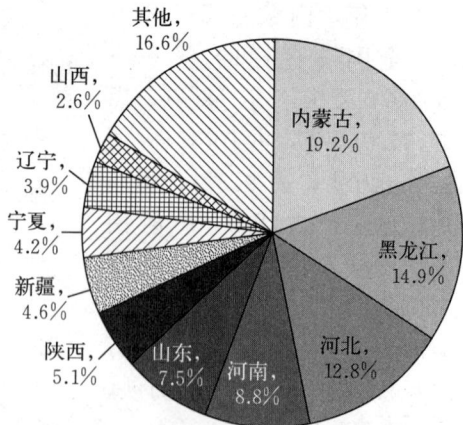

图 1-3　2017 年我国主要省区奶类生产情况

我国原料奶主要是牛奶，2017 年只有 3 个省份未公布牛奶产量。2017 年前十省区中，内蒙古产量 693.0 万吨，占全国总产量的 19.5%；黑龙江 539.5 万吨，占 15.2%；河北 458.1 万吨，占 12.9%；河南 310.5 万吨，占 8.8%；山东 266.2 万吨，占 7.5%；新疆 160.4 万吨，占 4.5%；宁夏 153.3 万吨，占 4.3%；辽宁 140.1 万吨，占 4.0%；陕西 134.8 万吨，占 3.8%；山西 93.6 万吨，占 2.6%。前十省区牛奶产量合计 2 949.5 万吨，占全国总产量的 83.2%（图 1-4）。

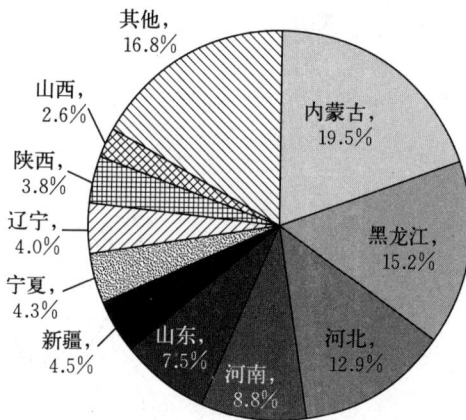

图 1-4　我国主要省区牛奶生产情况（2017）

1.1.2　百头以上奶牛规模化养殖比例超过 56%

连续多年低迷的原料奶价格让更多的养殖场（户）退出奶牛养殖业，这些牧场退出后，其奶牛没有完全淘汰，部分高产奶牛被其他牧场收购，使得我国奶牛养殖规模化率进一步提高。据农业农村部数据，2017 年，我国百头以上奶牛规模养殖比例超过 56%，比 2008 年增加了近 36 个百分点，目前全国有 8 100 多个奶牛场、5 400 多个生鲜乳收购站和 5 200 多辆运输车，全部纳入监管，持证经营。规模牧场已成为原料奶供应的主体，保证了商品原料奶的质量。

另一方面，在产业扶贫等政策的影响下，部分地区的散养户在有些年份还有所增加。在新疆、四川、云南、西藏等省区，部分扶贫资金用于购买奶牛，这样就产生了很多散养户。比如，2015 年，新疆 1～4 头的养殖户比 2014 年增加了 27 577 户。与 2008 年相比，2016 年 1～4 头的养殖户新疆只减少了 9 939 户，西藏增加了 3.9 万户，而内蒙古减少了 37 万户。这些散户的牛奶主要供应自己家庭和周边牧民饮用，或者做成民族特色乳制品，并不愁销路，散养户将在我国牧区长期存在。

1.1.3 原料奶价格基本稳定，季节性波动成常态

根据农业农村部对 10 个奶牛主产省区的监测，2015 年起，我国原料奶价格重回季节性波动。生鲜乳价格一般在春节过后下降，至 7、8 月份达到年内低点，此后上涨。2017 年原料奶价格走势与 2016 年基本一致，但未突破 2016 年顶点，也未跌破 2016 年低点，全年均价 3.48 元/千克，比 2016 年略涨0.27%（图 1-5）。

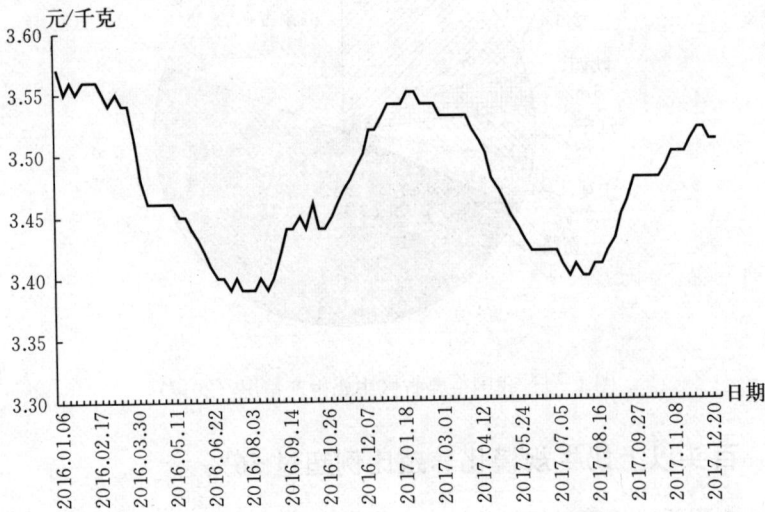

图 1-5　2016—2017 年农业农村部监测 10 个主产省原料奶周价

在中国，一般牧场规模越大原料奶价格越高，但大型规模牧场的原料奶价格降幅也较大。国家奶牛产业技术体系监测的规模牧场原料奶价格显示，2017年各月均价均低于 2016 年同期，全年均价 3.61 元/千克，同比下降 2.92%（图 1-6）。

大型奶牛养殖企业原料奶价格更高，2017 年降幅更大。根据各上市奶牛养殖企业 2017 年年报，现代牧业原料奶均价 3.83 元/千克，同比下降3.01%，中国圣牧原料奶均价 4.27 元/千克，同比下降 8.43%，中地乳业原料奶均价 3.71 元/千克，同比下降 2.88%，原生态牧业原料奶均价 3.86 元/千克，同比下降 2.92%（图 1-7）。

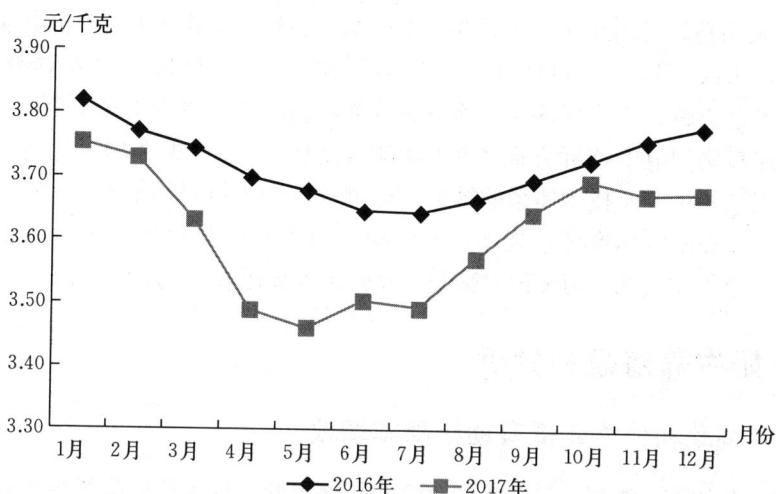

图 1-6　2016—2017 年国家奶牛产业技术体系监测原料奶月度均价

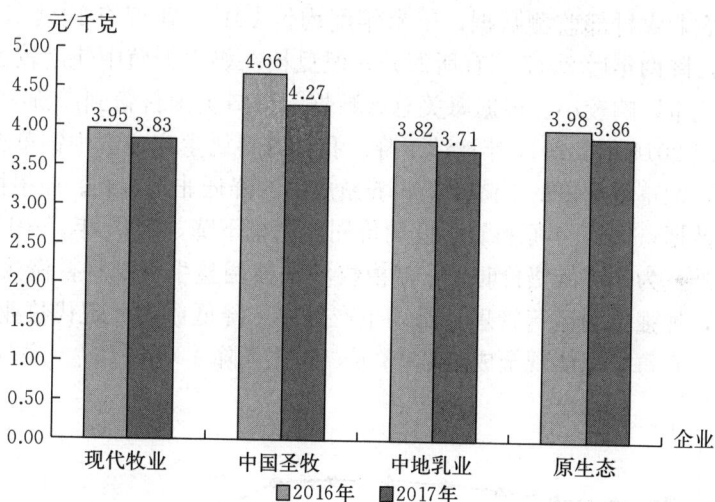

图 1-7　2016—2017 年大型奶牛养殖上市企业原料奶年度均价

1.1.4　规模牧场原奶质量达到欧盟标准

　　根据农业农村部数据，2017 年，我国生鲜乳乳蛋白率抽检平均值 3.2%，乳脂肪抽检平均值 3.8%，分别高出生乳国家标准 0.4 和 0.7 个百分点，达到发达国家水平。三聚氰胺等违禁添加物抽检合格率连续 9 年保持 100%，生鲜乳抽检合格率 99.8%，质量水平处于历史最好时期。

　　农业农村部连续 9 年开展生鲜乳专项整治行动，2017 年，全国累计出动执法人员 4.2 万人（次），限期整改奶站 343 家、取缔奶站 47 个和吊销奶站

48 个，限期整改运输车 153 辆、吊销 91 辆；连续 9 年组织实施生鲜乳质量监测计划，2012 年以来，累计抽检生鲜乳样品 14.4 万批次，加大对铅、汞、铬、砷等重金属和黄曲霉毒素等的摸底排查，确保乳品源头质量安全。

在原料奶的卫生指标方面，规模牧场表现较好，全年平均值达到欧盟标准。据国家奶牛产业技术体系的数据，监测牧场的原料奶体细胞数在 25 万个/毫升以下，而欧盟标准要求在 40 万个/毫升以下；菌落总数在 10 万 CFU/毫升左右，全年均值 9.2 万 CFU/毫升，欧盟标准要求在 10 万 CFU/毫升以下。

1.2 奶牛养殖盈利分析

1.2.1 饲草料价格走低有助于降本增效

2015 年以来，玉米、进口美国苜蓿的价格走低，豆粕价格虽然在 2016 年有所上涨，但 2017 年重新走低，饲草料价格下降对控制奶牛养殖业成本非常有利。

根据农业农村部监测数据，玉米年度均价 2015—2017 年连续三年下降，豆粕价格连降两年后 2017 年有所回升，但豆粕在奶牛养殖中使用较少，对原料奶生产成本影响较小。根据海关总署数据，进口美国苜蓿到岸价 2015 年有所上涨，但 2016 年、2017 年连续下降。我国原料奶生产成本中饲草料成本占 60％以上，饲草料价格的下降对奶牛养殖成本的降低非常有利。而根据农业农村部监测数据，2015 年原料奶年度均价同比大幅下降，2016 年、2017 年微幅上涨。此外，为应对低奶价时代，规模牧场积极调整牛群结构，淘汰低产牛，增加单产，加强牧场运营管理，提高生产效率，降低成本。现代牧业 2017 年年报显示，其每千克奶现金成本 2.43 元，同比下降 4.0％。

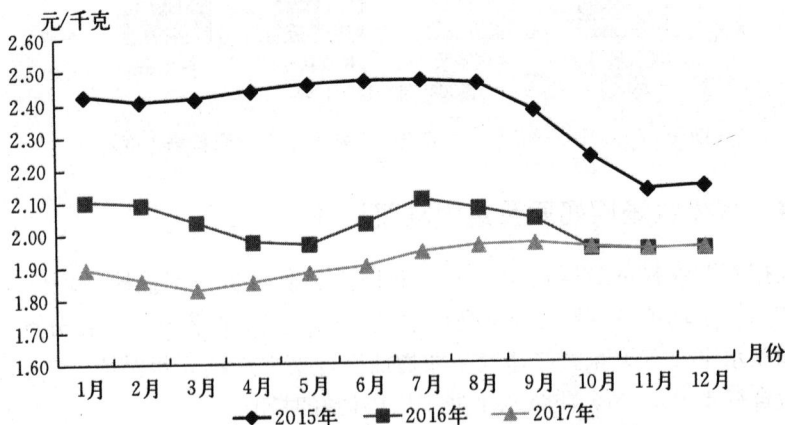

图 1-8　2015—2017 年玉米月度均价对比

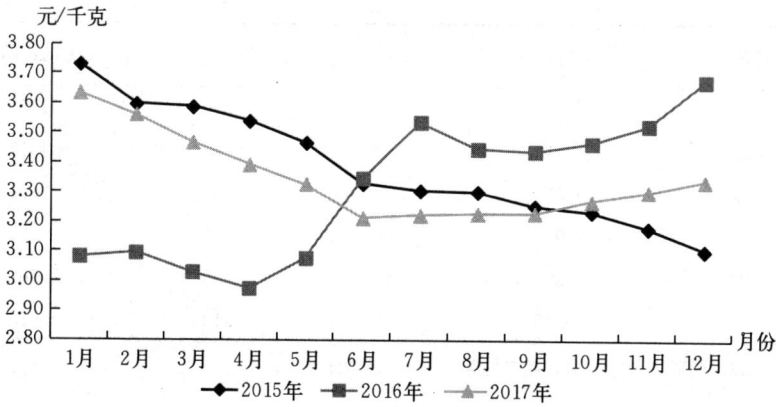

图 1-9　2015—2017 年豆粕月度均价对比

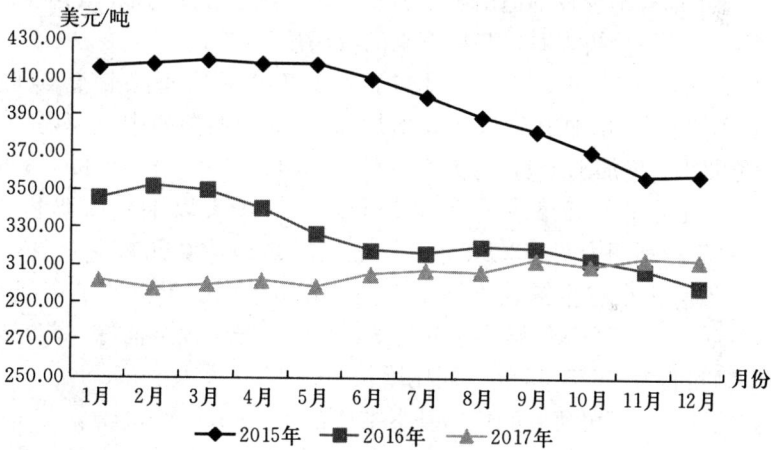

图 1-10　2015—2017 年进口美国苜蓿月度到岸价对比

表 1-1　原料奶与主要饲草料（原料）价格同比涨幅比较（2017 年）

单位：%

月份	原料奶	玉米	豆粕	美国苜蓿
1 月	−0.42	−9.87	17.92	−12.76
2 月	−0.42	−11.11	15.11	−15.44
3 月	−0.17	−10.21	14.46	−14.39
4 月	0.94	−6.20	14.03	−11.39
5 月	−0.14	−4.45	8.14	−8.61
6 月	0.00	−6.40	−4.05	−4.02

（续）

月份	原料奶	玉米	豆粕	美国苜蓿
7 月	0.44	−7.72	−8.90	−2.88
8 月	0.41	−5.59	−6.38	−4.18
9 月	0.51	−3.79	−6.10	−2.04
10 月	1.02	0.26	−5.70	−1.01
11 月	0.86	0.00	−6.35	1.96
12 月	−0.07	0.13	−9.18	4.61

数据来源：荷斯坦杂志根据农业农村部、海关总署数据计算。

1.2.2 地区奶牛养殖成本收益分析显示奶牛养殖大多盈利

尽管每年都有不少牧场退出奶牛养殖业，但从已披露的地区奶牛养殖成本收益或畜牧业经济分析来看，坚持下来的牧场盈利尚可。

北方地区：2017 年，内蒙古杭锦后旗奶牛平均每头销售纯收入为5 895.16 元，比上年增加 165.61 元，增加 2.9%。山西朔州中规模奶牛（50～500 头）原奶售价增加 1.4%，每头净利润为 9 090.90 元，比上年的 8 376.60 元增加 714.3 元，增幅 8.53%；大规模奶牛（500 头以上）原奶售价下降6.85%，每头净利润为 7 163.50 元，比上年的 8 406.52 元减少 1 243.02 元，降幅 14.79%。山东省生鲜乳价格全年围绕在 3.50 元/千克的平衡线上下震荡，一头年产 7 000 千克的奶牛获利约 3 000 元，养殖效益向好。北京每头奶牛销售牛奶利润为 4 578.35 元，同比增长 30.7%。

南方地区：浙江鲜奶收购价格基本维持在 3.8～4.0 元/千克，与上年略涨或持平，养殖成本维持在 3.7 元/千克，每头高产奶牛年效益尚可。安徽蚌埠市和平乳业良种奶牛繁育中心每头奶牛产奶量增加 17.75%，原奶价格增长13.89%，净利润 8 585.48 元，比上年增加 6 224.21 元，增幅达 263.6%。福建南平饲养收益为 10 748.80 元/头，与上年 8 852.36 元/头相比，增加1 896.44 元/头，增幅达 21.42%。广西奶牛净利润 11 279.52 元/头，同比增加 3.64%。

根据以上地区的分析报告，只有山西朔州的大规模奶牛盈利下降，其他盈利增加的原因在于牛奶销售量增加、奶价上涨，从而销售收入增加，而成本得到有效控制，或下降，或增幅小于收入增幅。

1.2.3 规模牧场盈利空间缩小

根据国家奶牛产业技术体系监测的规模牧场数据（图 1 - 11），2014 年以来，原料奶价格和总成本均处于下降的趋势中，2015年、2016年的盈利区间相差不大，但在2017年，4月份原料奶价格降幅扩大，盈利区间缩小，直到最后一个季度盈利区间才重新扩大。

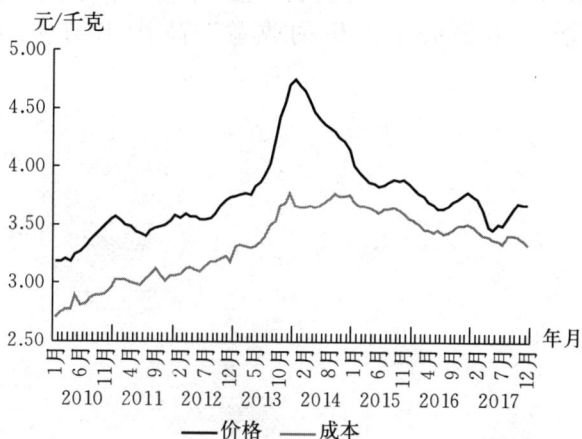

图1-11　奶牛体系监测规模牧场原奶价格与成本（2010—2017年）

1.2.4　大型奶牛养殖企业账面亏损较大

大型奶牛养殖企业亏损较大，但大部分是账面的亏损，并非现金亏损。生物资产是奶牛养殖企业的主要生产性资产，按公允价值减销售成本计量，并非按历史成本计量，原料奶价格变动、死淘率高低都会对业绩造成很大影响。2017年，现代牧业亏损项中，"乳牛公平值变动减乳牛出售成本产生的亏损"就高达8.68亿元，占总亏损的89%（表1-2）。

表1-2　主要奶牛养殖上市企业业绩（2017年）

单位：亿元

	销售额	净利润	乳牛公平值变动减乳牛出售成本产生的亏损
现代牧业	47.84	−9.75	8.68
中国圣牧	27.07	−9.86	5.95
赛科星	19.50	0.50	
中地乳业	11.34	0.13	1.76
原生态牧业	10.14	−0.68	2.29
中鼎联合牧业	9.90	0.30	

数据来源：各企业年报。企业对"乳牛公平值变动减乳牛出售成本产生的亏损"叫法不同，中国圣牧叫"生物资产公平值减销售费用产生的亏损"，中地乳业叫"生物资产的公允价值减出售成本的变动产生的亏损"，原生态牧业叫"生物资产公平值变动减销售成本亏损"。

　　"生物资产公平值变动减销售成本"有时也会对企业的业绩带来积极的变化，有的年度还会给企业直接带来盈利。2017年，该项产生的亏损现代牧业同比减少了18.00%，原生态牧业同比减少了43.82%。现代牧业2011/2012财年（结束于2012年6月30日，现代牧业当时的财年与自然年不同）"乳牛公平值变动减乳牛出售成本产生的收益"高达1.31亿元，同比增长136.74%。

2 2017 年乳品加工情况分析

□豆 明 孙兰欣

尽管国内原料奶产量连续下降，但由于很多进口乳品原料进入了乳品生产环节，国内乳制品产量仍然增长。2017 年，液态奶、干乳制品、奶粉产量均实现增长，行业销售额增长 6.77％，高于 2016 年，但利润总额同比下降 3.27％，大幅低于 2016 年。

2.1 乳制品生产情况

根据国家统计局数据，2017 年，规模乳品企业 611 家，比 2016 年减少 16 家，共生产液态奶 2 691.66 万吨，同比增长 4.53％；干乳制品 243.38 万吨，同比增长 0.42％，其中，奶粉 120.72 万吨，同比增长 1.04％。

2.1.1 液态奶产量 2 691.66 万吨，增长 4.53％

据国家统计局统计，2017 年我国液态奶产量 2 691.66 万吨，同比增长 4.53％，在国家统计局公布的乳制品数据中增幅最高，是我国居民消费的主要品种。因规模乳企数量不同，图 2-1 表现为 2017 年产量下降，干乳制品和奶粉数据图均如此。

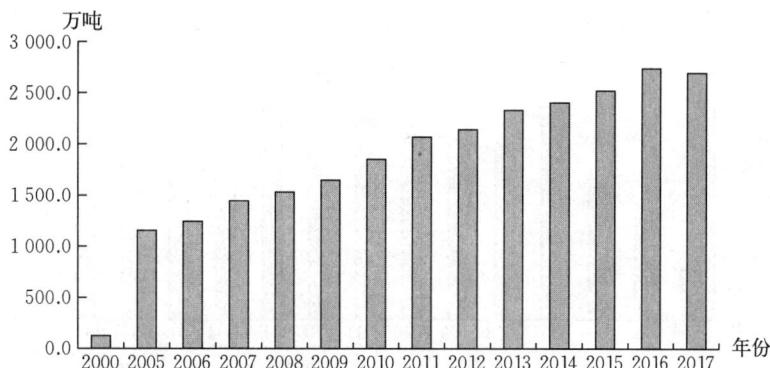

图 2-1 我国规模乳企液态奶总产量（2000—2017 年）

从各省来看，液态奶产量下降的省份有 12 个，其中黑龙江、江苏和陕西产量超过 100 万吨，降幅均较高，黑龙江下降 6.54%，江苏下降 2.93%，陕西下降 5.41%。

2017 年，有 9 个省液态奶产量超过 100 万吨，安徽产量 98.35 万吨，前十省产量合计 1 910.41 万吨，共占全国总产量的 71.0%（图 2-2）。

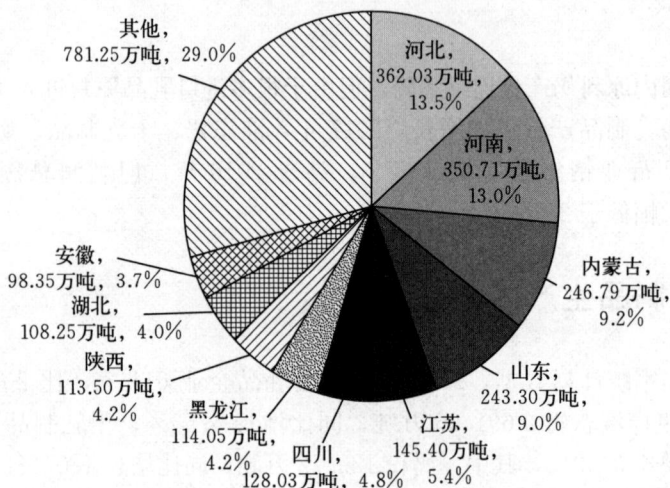

图 2-2　我国主要省区液态奶产量及占全国份额（2017 年）

2.1.2　干乳制品产量 243.38 万吨，增长 0.42%

2017 年，全国干乳制品产量 243.38 万吨，同比增长 0.42%。2002—2017 年规模乳企干乳制品产量见图 2-3。

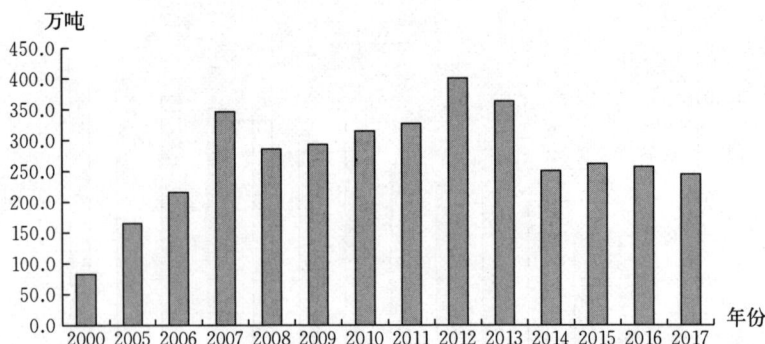

图 2-3　我国规模乳企干乳制品总产量（2000—2017 年）

2017 年全国有 27 个省有干乳制品生产，13 个省产量下降，其中天津、广东为主产区，分别下降 7.46% 和 30.85%。

2017 年，干乳制品产量超过 10 万吨的省有 8 个，加上山东、安徽，10 个省产量合计 197.87 万吨，占全国总产量的 81.3%（图 2-4）。

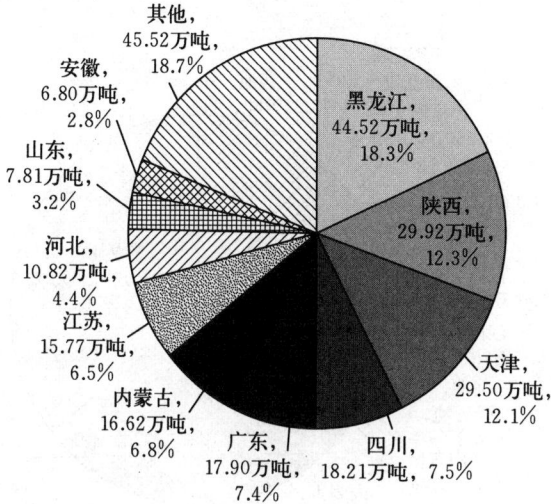

图 2-4 我国主要省区干乳制品产量及占全国份额（2017 年）

2.1.3 奶粉产量 120.72 万吨，增长 1.04%

2017 年，我国规模以上企业奶粉产量 120.72 万吨（图 2-5），同比增长 1.04%。我国奶粉统计数据包括原料奶粉和婴幼儿配方乳粉。

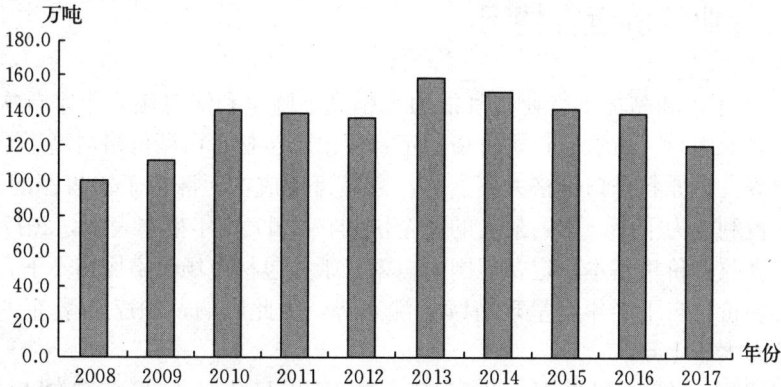

图 2-5 我国规模乳企奶粉总产量（2008—2017 年）

根据国家统计局统计，我国内地有 26 个省生产奶粉，其中 15 个产量出现了下降，但前两大省黑龙江和陕西产量均实现增长，黑龙江产量增长 3.97%，陕西产量增长 12.92%。

在我国乳制品中，奶粉业的地域集中度最高。2017 年，产量超过 10 万吨的只有黑龙江、陕西两个省份，产量合计占全国总产量的 56.7%。前十省区产量合计 107.45 万吨，占全国总产量的 89.0%（图 2-6）。

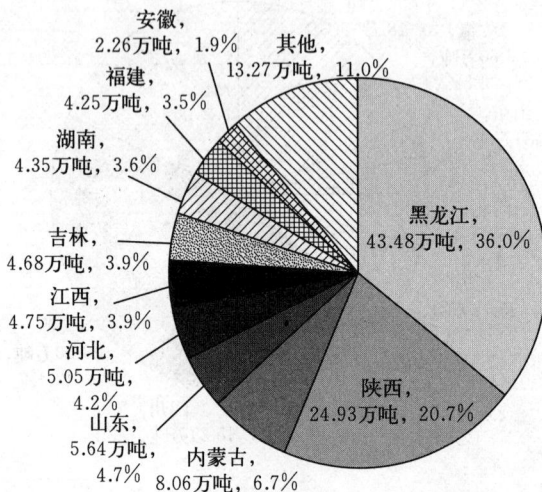

图 2-6　我国主要省区奶粉产量及占全国份额（2017 年）

黑龙江省是我国奶粉生产第一大省，2017 年产量 43.48 万吨，占全国总产量的 1/3 以上。同时，黑龙江也是我国婴幼儿配方乳粉第一大省，据黑龙江省统计局数据，2017 年产量 15.6 万吨，占该省奶粉总产量的 1/3 以上。

2.2　行业经济运行情况

2017 年，乳品加工行业盈利能力大幅度下降，利润总额 6 年来首次负增长。主要原因是，尽管原料奶价格稳定，但由于包材、白糖价格居高不下，工业奶粉等乳品原料进口价格大幅上涨，乳品行业成本上涨快于销售额的增长，因此，盈利能力下降。国内最大的乳企伊利在 2017 年年报中表示，2017 年国内原料乳收购价格基本稳定，但国内白糖、纸类包材市场价格居高不下，全脂奶粉贸易价格自下半年起呈现持续上涨态势，受此影响，2017 年乳企的成本控制压力大于上年。

根据国家统计局统计，2017 年，规模以上乳品企业实现销售总额 3 590.41 亿元（图 2-7），同比增长 6.77%；销售成本 2 845.00 亿元，同比增长 8.12%；利润总额 244.87 亿元，同比减少 3.27%，为 2012 年以来利润总额首次负增长。销售利润率下降为 6.8%（图 2-8）。2017 年规模以上乳品企业经济指标见表 2-1。

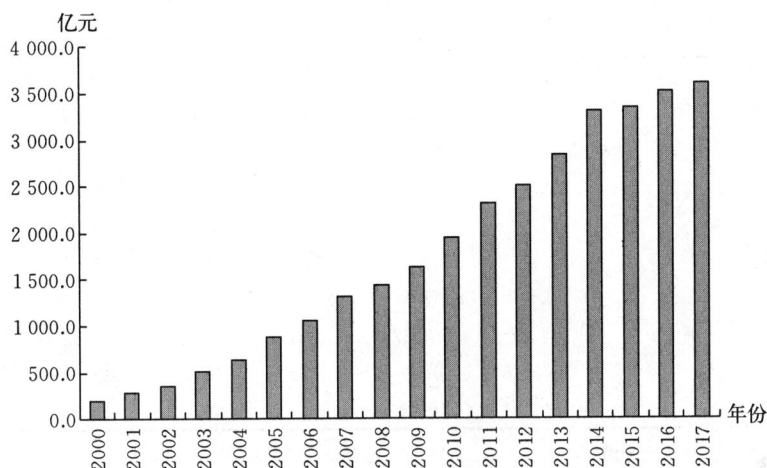

图 2-7　我国规模乳企总销售额（2000—2017 年）

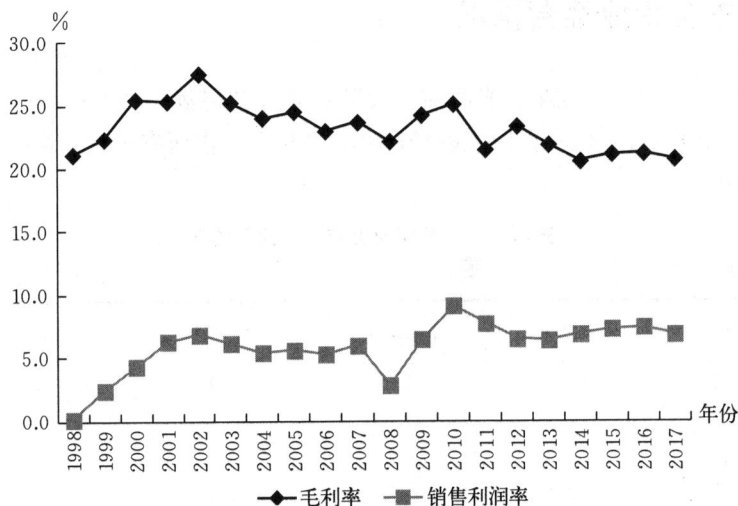

图 2-8　乳品加工业毛利率和销售利润率（1998—2017 年）

表 2-1　规模以上乳品企业经济指标（2017 年）

单位：个，亿元，%

	全国	同比增幅				
		2017 年	2016 年	2015 年	2014 年	2013 年
企业数	611					
亏损企业数	110					

（续）

	全国	同比增幅				
		2017 年	2016 年	2015 年	2014 年	2013 年
亏损企业亏损总额	32.63	80.94	−16.80	−23.06	79.36	16.76
销售收入	3 590.41	6.77	5.76	1.66	18.07	14.16
销售成本	2 845.00	8.12	5.53	0.80	20.25	16.52
销售费用	412.37	5.14	8.10	4.05	2.67	10.53
管理费用	111.04	2.75	1.94	2.22	13.05	4.37
财务费用	9.25	−9.53	−14.36	12.27	76.91	−41.92
利息支出	13.89	−7.27	23.20			
利润总额	244.87	−3.27	7.86	7.68	25.63	12.70
资产总计	2 972.46	6.73	8.70	10.98	12.49	16.67
负债合计	1 540.04	10.44	6.59	4.61	10.85	15.49

数据来源：国家统计局。

2.3 主要企业经营情况

2017 年，伊利、蒙牛、光明前三大乳企合计销售额 1 498.86 亿元，占所有规模乳企的 41.7%，合计利润总额 107.02 亿元，占所有规模乳企的 43.7%（表 2-2）。

表 2-2 主营奶业上市乳企业绩情况

单位：亿元,%

企业	销售额	同比增长	净利润	同比增长
伊 利	680.58	12.29	60.01	5.99
蒙 牛	601.56	11.86	20.48	
光 明	216.72	7.25	6.17	9.60
三 元	61.21	4.56	0.76	−34.61
澳 优	39.27	43.29	3.08	44.85
雅士利	22.55	2.33	−1.80	−43.85
天 润	12.40	41.71	0.99	26.64
燕 塘	12.39	12.58	1.21	13.84
科 迪	12.39	53.92	1.27	41.56
广泽股份	9.82		0.04	
庄园牧场	6.28	−5.62	0.68	−9.96

注：数据来源于各公司年报。广泽股份 2016 年销售额包括矿业和乳业，2017 年销售额全部为乳业，因此不具有可比性。

兼营奶业上市乳企业绩情况见表2-3。

表2-3　兼营奶业上市乳企业绩情况

企业	单位	销售额	增长（%）
健合集团	亿元	37.17	16.03
贝因美	亿元	25.12	−4.04
皇氏集团	亿元	11.99	9.29
西部牧业	亿元	5.12	11.28
温氏集团	亿元	4.90	25.53
新农开发	亿元	2.29	9.05
麦趣尔	亿元	2.27	11.79
金健米业	万元	8 447.28	−12.35
工大高新	万元	5 866.66	−20.70
福成股份	万元	1 700.00	18.46

注：数据来源于各公司年报。福成牧场已出售，2017年奶业收入只有乳制品收入。

3 2017年中国奶业发展：述要与展望

□ 胡冰川

3.1 全球宏观经济与农业发展

根据国际货币基金组织 2017 年 10 月发布的《世界经济展望》报告显示：全球经济活动的回升力度在继续增强。2016 年全球经济增长 3.2%，为全球金融危机以来的最低水平；而 2017 年全球经济增速预计将上升至 3.6%，到 2018 年上升至 3.7%。与 2017 年 4 月《世界经济展望》中的预测相比，2017 年和 2018 年的增长预测被分别上调 0.1 个百分点。2016 年下半年起，全球经济活动趋于活跃；2017 年上半年，这一趋势进一步走强。新兴市场和发展中经济体 2017 年和 2018 年的经济增长预计将提速，包括有利的全球金融环境和发达经济体的复苏。中国和亚洲其他新兴经济体的增长依然强劲；拉美部分大宗商品出口国、独联体国家和撒哈拉以南非洲仍面临困难，但已有了一定的改善迹象。发达经济体的经济增长在 2017 年普遍提速，美国、加拿大、欧元区和日本的经济活动日趋活跃。从较长时间来看，目前全球多数经济体人均增长的较长期趋势已不及先前。特别是，大多数发达经济体的中期增速明显低于 2007—2009 年金融危机之前十年的水平。

结合联合国粮农组织 2017 年 11 月发布的《食物展望》与 12 月公布的《谷物供求简报》，预计 2017/2018 年度全球谷物产量将达到 26.27 亿吨，较 2016/2017 年度 26.10 亿吨增长了 0.6%，创造了新的历史纪录。在 2017/2018 年度的谷物增产中，主要增产来自粗粮增长，产量从 2016/2017 年度的 13.46 亿吨增长到 13.71 亿吨，增长了 1.8%；同期稻谷产量仍然保持在 5 亿吨，没有发生变化；小麦产量受到美国和澳大利亚的减产影响，从 7.61 亿吨下降到 7.55 亿吨，下降了 1%。从消费角度，预计 2017/2018 年度全球谷物消费为 25.99 亿吨，较 2016/2017 年度的 25.69 亿吨增长 1%。其中，2017/2018 年度食用需求 11.17 亿吨，较 2016/2017 年度的 11.03 亿吨增长 1.3%；饲用需求为 9.09 亿吨，较 2016/2017 年度的 9.05 亿吨增长 0.4%；其他用途需求为 5.68 亿吨，较 2016/2017 年度的 5.61 亿吨增长 1.2%。由于全球谷物生产增长略快于消费增长，世界谷物库存量预计创下 7.26 亿吨历史新高，

2017/2018 年度全球谷物库存消费比为 27.3％，较 2016/2017 年度的 27.1％有所上升。整体来看，虽然供求在一些时间内会出现变化，但观察最近几年来的供求局势，全球谷物生产的增长局面并未发生变化，供求宽松的格局并未改变。

根据世界银行 2017 年 10 月期《大宗商品市场前景》，包括石油、天然气和煤炭在内的能源类大宗商品价格预测在 2017 年跃升 28％ 之后 2018 年继续攀升 4％。受到全球大宗商品价格上涨的带动作用，包括食品类大宗商品和原材料在内的农业大宗商品价格预计 2018 年会微升，但是考虑到当前全球农产品整个供求关系相对宽松，尤其是谷物库存消费状况仍然维持在历史高位，可以判断的是：2018 年全球农产品与食品价格的涨幅相对有限。就食品价格指数来说，根据联合国粮农组织公布全球食品价格指数，2017 年 11 月份平均为 175.8 点，较 10 月份略有下降（0.5％），但仍高出上年同期近 4 点（2.3％）。食糖和植物油报价急剧上涨产生的影响大多被乳制品价格下跌所抵消，同时国际谷物和肉制品价格保持相对平和。整体来看，2017 年随着全球经济复苏步伐加快，大宗商品价格决定重新回归了供求基本面，全球农产品与食品价格也不能例外，这也将成为今后一个时期全球农产品价格的一个基本趋势，即价格中轴围绕供求基本面运行。全球食品价格指数见图 3-1。

图 3-1 全球食品价格指数

数据来源：FAO（2002—2004 年＝100）。

3.2 全球奶业形势

由于 2017 年全球气候条件以及价格上涨的动力因素，全球牛奶生产保持了较快增长。根据联合国粮农组织预测数据，2017 年全球原料奶产量约为

8.34 亿吨，较 2016 年 8.22 亿吨增长 1.4%，主要增产贡献来自亚洲，特别是印度，预计 2017 年亚洲原料奶产量达到 1.69 亿吨，同比增长 4%，其他如孟加拉国、伊朗、巴基斯坦和沙特也都出现明显增产；南美洲的原料奶也呈现出快速增长，2017 年预计达到 0.63 亿吨，同比增长 3.4%，巴西、阿根廷、哥伦比亚、乌拉圭、智利等国的牛奶都出现了不同幅度的增长。北美洲的原料奶产量为 1.08 亿吨，同比增长 2%，其中美国产量为 0.98 亿吨，同比增长 1.8%。欧洲与非洲的原料奶产量基本与 2016 年持平，而大洋洲的原料奶产量有所下降，2017 年产量为 0.31 亿吨，同比下降 2.9%，其中，新西兰产量为 0.21 亿吨，下降 1%，澳大利亚产量为 930 万吨，同比下降 6.9%。2017 年全球乳品贸易量也保持相应增长，全球乳品贸易量按照原料奶计算为 0.72 亿吨，较 2016 年 0.71 亿吨增长 1.3%。

从全球乳品价格指数运行来看（图 3 - 2），2017 年 1—11 月为 204，较 2016 年的 154 上涨了 39%。从月度运行来看，在经历了 2—4 月的价格指数下跌之后，在北美和欧洲黄油需求拉动黄油价格快速上涨的基础上，全球乳品价格指数快速上升，从 4 月的 183.6 快速上涨到 9 月的 224.2；10 月以来，随着对大洋洲增产预期的加强，市场观望气氛日渐浓厚，加之美国增加脱脂奶粉和奶酪出口，乳品价格指数快速下跌，全球乳品价格指数 11 月为 204，又回归到 2017 年年初水平。当前全球乳品价格与饲料价格的比价仍然处于高位，因此未来一段时间原料奶的增产潜力仍然很大。受制于石油价格低迷，中东等石油出口国的乳品消费将在一定程度上受到限制，即便是个别乳制品价格在短期存在上升行情，未来一段时间内，在全球大宗农产品价格回暖的背景下，全球整体乳品价格存在明显的下行趋势，2017 年 4 季度的行情也是这一基本面的反映。当然，对于 2018 年全球乳品价格趋势判断也有不同观点，认为 2018 年将会开启乳品价格的新周期，笔者的判断依据来源于乳品价格与谷物价格之间的裂口。

预计 2017 年全球乳品贸易量按照原料奶计算为 7 160 万吨，较 2016 年 7 070 万吨增长 1.3%。从具体产品来看：①全球全脂奶粉贸易量为 240.8 万吨，较 2016 年 246.5 万吨下降 2.3%，主要原因在于中国的全脂奶粉进口量相对稳定（略低于 2016 年），加之中东石油出口国经济不景气导致的进口下降，受此拖累，全球全脂奶粉贸易量有所下降。其中，新西兰出口量 135.7 万吨，较 2016 年的 134.4 万吨增长 1%；欧盟出口量为 37.1 万吨，较 2016 年 38 万吨下降了 2.5%；乌拉圭出口量为 10.8 万吨，较 2016 年 12.6 万吨下降了 14.6%。②全球脱脂奶粉贸易量为 233.3 万吨，较 2016 年的 218.7 万吨增长了 6.7%，主要原因在于供给充足带来的价格低位，促使传统的脱脂奶粉消费国纷纷增加进口。其中，欧盟出口量为 69.7 万吨，较 2016 年 57.4 万吨增

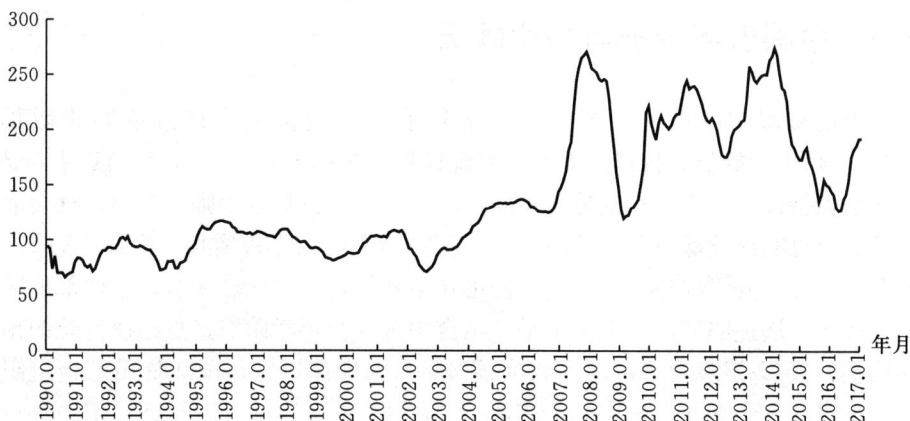

图 3-2 全球乳品价格指数

数据来源：FAO（2002—2004 年＝100）。

长了 21.4%；美国出口量为 64.3 万吨，较 2016 年 59.3 万吨增长了 8.4%；新西兰出口量为 40.8 万吨，较 2016 年 44.4 万吨下降了 8.1%。③全球黄油贸易量为 92.9 万吨，较 2016 年的 96.3 万吨下降了 3.5%，其主要原因在于欧盟奶酪需求增加挤占了黄油出口贸易量，加之欧盟需求与全球需求的进一步增长，大幅度推高了国际黄油价格。其中，新西兰出口量为 51.4 万吨，较 2016 年的 50.3 万吨增长了 2.2%；欧盟出口量为 16.6 万吨，较 2016 年的 20.8 万吨下降了 19.9%；白俄罗斯出口量为 8.8 万吨，较 2016 年 8.4 万吨增长了 4.8%。④全球奶酪贸易量为 257.3 万吨，较 2016 年的 247.8 万吨增长了 3.8%。主要受到澳大利亚、中国、日本、韩国、智利、墨西哥、沙特等国的需求放大，奶酪贸易量呈现出持续增长，其中，欧盟出口量为 84.8 万吨，较 2016 年的 80 万吨增长了 6%；新西兰的出口量为 35 万吨，较 2016 年的 35.5 万吨下降了 1.4%；美国出口量为 34.2 万吨，较 2016 年的 28.9 万吨增长了 18.2%。

总体来看，由于全球乳品价格指数与饲料价格指数之间的缺口存在，未来一段时期内，全球乳品价格存在明显的下行空间，但是从不同乳品来看，由于需求的结构性差异，例如黄油、奶酪的需求放大将会在一定程度上被价格上涨所平抑，而脱脂奶粉则只能通过降低价格增加出口来维持市场出清，全脂奶粉的价格存在一定的波动空间，但是缺乏上涨的动力。目前来看，乳品价格在经过 2016—2017 年的价格上涨之后，目前到达一个阶段性的高位，尽管 2018 年全球大宗农产品价格有温和上涨空间，但是就乳品价格指数而言，存在较强的回调空间，就具体乳品价格而言，价格分化仍然维持。

3.3 中国宏观经济与奶业概况

根据国家统计局公布数据，2017 年前三季度国内生产总值同比增长6.9％，稳中向好势态持续发展。国家统计局数据显示：2017 年 1—11 月主要经济增长指标在上年同期基数比较高，经济平稳运行韧性很强。其中，社会消费品零售总额继续保持两位数的增长，实物网上商品零售增长速度达 27.6％，消费呈现加快升级的势头；投资结构也在不断优化，从区域来看，中西部地区增长较快，增速明显高于全国水平。结合中国社会科学院财经战略研究院的预测数据，2017 年宏观经济增速将实现 6.8％的增速，这与国际货币基金组织2017 年 10 月发布的《世界经济展望》结论相一致（较《世界经济展望》2017年 4 月发布的 6.6％的经济增速上调了 0.2％），这也反映出中国经济的强劲增长。从价格运行来看，2017 年 11 月全国居民消费价格指数（CPI）环比持平，同比上涨 1.7％，农产品和食品价格继续保持稳定。

从农业生产来看，根据国家统计局公布数据：2017 年全国粮食总产量61 791 万吨，比 2016 年增加 166 万吨，增长 0.3％。其中，谷物产量 56 455 万吨，减少 0.1％，玉米产量 21 589 万吨，减少 1.7％；稻谷产量 20 856 万吨，增加 0.8％；小麦产量 12 977 万吨，增加 0.7％。2016 年中国牛奶产量为3 602 万吨，较 2015 年 3 755 万吨下降 4.1％，根据美国农业部海外农业局公布数据，2017 年中国牛奶产量预测为 3 550 万吨，较 2016 年下降 1.4％。2016—2017 年国内牛奶产量下降主要原因在于 2014—2016 年奶牛养殖的利润不足导致牛群数量下降，2016 年下半年以来，随着奶价复苏带来的养殖利润出现，牛群数量基本保持稳定，同时随着奶牛品种改良带来的单产水平提高，2018 年全国原料奶产量将会出现一定的增长，预计未来牛奶产量将会触底反弹。根据美国农业部海外农业局预测数据，2018 年中国牛奶产量将达到 3 650 万吨，较 2017 年增长 2.8％。目前中国奶牛养殖的恢复性增长将会面临未来全球乳品价格下行压力，持续面临一定的挑战。

从原料奶价格运行来看（图 3-3），根据农业部畜牧业司监控数据，2017年 1—11 月的原料奶收购价为每千克 3.48 元，与 2016 年全年平均收购价每千克3.47 元基本持平，其运行波动情况也与 2016 年基本保持一致。从鲜奶零售价运行来看，2017 年 1—11 月的鲜奶零售价为每千克 10.5 元，与 2016 年全年平均零售价每千克 10.54 元基本持平。综合 2015 年以来国内原料奶收购价与鲜奶零售价变动状况，可以发现，最近 3 年以来国内牛奶价格一直保持相对稳定，与国际乳品市场的分化日趋明显，其根源在于消费结构，即液态奶与干乳制品消费的分化：国内液态奶消费与干乳制品之间的替代关系进一步削弱，近年来国内奶粉加工量基本维持在 145 万吨左右，对乳制品的需求可以通过进口进行弥补和调节，国内液态奶生产就形成了相对封闭的市场运行格局，使得国内原料奶与液态奶的供销格局保持相对稳定。这也意味着国内奶牛养殖在面临国际乳品价格下行压力之下将会保持一定的韧性。

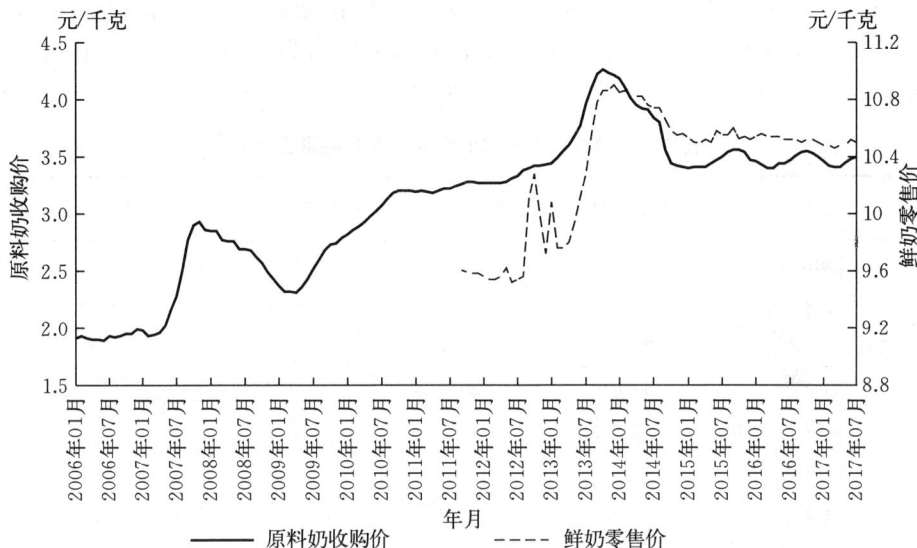

图 3-3　国内原料奶收购价

数据来源：农业部畜牧业司。

根据中国奶业贸易月报数据，2017 年 1—10 月我国共计进口各类乳制品 205.3 万吨，同比增加 13.9%，进口额 72.2 亿美元，同比增长 40.6%（表 3-1）。其中，进口干乳制品 149.4 万吨，同比增加 18.3%，进口额 64.8 亿美元，同比增长 41.8%；进口液态奶 55.9 万吨，同比增加 3.6%，进口额 7.39 亿美元，同比增长 30.9%。具体来看：①奶粉（大包粉），1—10 月进口 63.6 万吨，同比增加 23.2%，进口额 19.1 亿美元，同比增长 53.5%，价格 2 998 美元/吨，同比增长 24.6%，其中新西兰占 77%、欧盟占 12.1%。②乳清，1—10 月进口 43.6 万吨，同比增加 5.7%，进口额 5.59 亿美元，同比增长 52.7%，价格 1 283 美元/吨，同比增长 44.5%，主要来自美国占 54.9%、欧盟占 34.9%。③鲜奶，1—10 月进口 53.2 万吨，同比增加 1.6%，进口额 6.9 亿美元，同比增长 29.1%，价格 1 290 美元/吨，同比增长 27.2%，主要来自欧盟占 55.8%、新西兰占 31%、澳大利亚占 11.2%。④婴幼儿配方乳粉 1—10 月进口 22.9 万吨，同比增长 33.7%，进口额 31.3 亿美元，同比增长 33.9%，全年进口预计近 30 万吨；10 月进口 2.7 万吨，同比增长 46.7%，进口额 3.8 亿美元，同比增长 48.9%。由于黄油、奶酪等多元化的消费快速增长，我国乳品进口需求快速增长，但是干乳制品来源仍然相对集中，与全球乳品贸易格局相吻合。

中国乳制品出口量很小，主要出口产品为广东供应香港的鲜奶。液态奶 1—10 月出口 2 万吨，同比增加 5.4%，出口额 1 961 万美元，同比增长 11.5%；1—10 月出口各类乳制品 2.6 万吨，同比增加 6.1%，出口额 3 828 万美元，同比增长 3.55%；干乳制品 1—10 月出口 0.6 万吨，同比增加 8.4%，出口额 1 866.3 万美元，同比下降 3.7%。

表 3-1 2017 年 1—10 月中国乳制品进口情况

	进口量（万吨）	同比（%）	进口额（亿美元）	同比（%）
乳制品	205.3	13.9	72.2	40.6
干乳制品	149.4	18.3	64.8	41.8
婴幼儿配方乳粉	22.9	33.7	31.3	33.9
奶粉	63.6	23.2	19.1	53.5
乳清	43.6	5.7	5.6	52.7
奶酪	9.3	18.9	4.3	25.7
奶油	7.9	14.6	4.2	64.7
炼乳	2.1	32.9	0.4	30.2
液态奶	55.9	3.6	7.4	30.9
鲜奶	53.2	1.6	6.9	29.1
酸奶	2.7	70.2	0.5	59.1

数据来源：《中国奶业贸易月报》2017 年 11 月。

3.4 中国奶业展望及趋势

党的十九大报告指出：中国特色社会主义进入新时代，我国社会主要矛盾已经转化为人民日益增长的美好生活需要和不平衡不充分的发展之间的矛盾。同时也指出：实施乡村振兴战略，构建现代农业产业体系、生产体系、经营体系；加快完善社会主义市场经济体制，完善促进消费的体制机制，增强消费对经济发展的基础性作用。从党的十九大报告出发，结合我国当前奶业发展的基本形势，可以做出以下判断：①随着中国经济社会不断发展，奶业生产的现代化程度会不断提高，乳品消费也将呈现出中高端化的趋势；②包括肉类、奶类在内的国内动物蛋白生产将无法支撑未来国内市场需求，无论从全面建成小康还是到两个一百年目标的实现，国内农业生产资源都将构成硬约束，充分有效配置全球农业资源，坚持对外开放是基本国策；③无论乳制品进口对国内乳品加工和奶牛养殖产生何种冲击，国内乳品加工与奶牛养殖行业都将长期存在，负轭前行，而非从业态上消失或颠覆性重构。

具体到 2018 年，虽然有乐观态度认为奶业将开启新周期，但是全球乳品的相对过剩与价格下行压力是显而易见的。从全球宏观经济来看，经济复苏的势头正在显现，全球大宗商品价格将进入温和上升通道，但是其基本面的相对宽松抑制了波动幅度，而国际乳品价格与谷物价格之间存在明显裂口，使得乳品价格的下行压力加大。当然，部分乳制品如黄油、乳酪需求放大将会对乳品价格起到一定的支撑作用。就中国国内市场而言，由于消费理性与消费信心的重建，国内液态奶与干乳制品的市场分化日趋明显，这也使得乳品进口的增加并未对液态奶及原料奶产生影响，国内国际乳品市场形成消费隔离，这一趋势也将成为未来一个时期的主基调。玉米生产者补贴是国内农业供给侧结构性改革重要举措，加之奶牛养殖规模化程度和技术效率的提高，使得养殖业利润空间开始显现，国内牛奶生产将进入加速增产期，根据农业部奶业"十三五"规划，2020 年原料奶产量达到 4 100 万吨，这也将对现有的乳业生产格局带来提振。

最后，2018 年全球面临的"黑天鹅"与"灰犀牛"风险包括东北亚朝核问题、中东与耶路撒冷问题、全球性的低通胀问题。东北亚与中东局势的恶化将有可能带来全球新一轮石油危机，野村证券的估计是极端状况下石油价格将达到 80 美元，在此背景下全球性大宗商品暴涨将会不可避免。中国坐拥全球最大的粮食库存，如果出现东北亚问题，那么将会有助于平抑国内价格，而如果中东局势恶化，那么中国将在粮食领域受益。相对于此，全球性的低通胀概率则会显著，由于互联网全球经济与贸易格局中的作用，使得交易效率大幅度提升，交易成本大幅度下降，这也使得全球性的低通胀成为一种趋势，由此对大宗农产品带来的负面作用不容小觑。

4　2018 年中国奶业经济形势展望及相关思考与建议

□刘长全　韩　磊

4.1　2017 年中国奶业经济发展特点

4.1.1　生鲜奶价格触底反弹，国内外价差呈缩小趋势

2017 年，生鲜奶价格经历了先降后升的曲线变化［图 4-1 (a)］，走势与 2016 年高度相似。根据农业部对主产省生鲜奶价格的监测数据，2017 年 1 月初生鲜奶价格为 3.54 元/千克，与 2016 年年初的 3.57 元/千克相比略有下降。之后生鲜奶价格持续走低，到 7 月底降至 3.4 元/千克的最低点，比年初下降了 3.95%，与 2016 年的最低价基本持平。从 8 月初开始，生鲜奶价格开始反弹并持续上升，到 12 月 27 日升至 3.51 元/千克的最高点，比年中最低点高 3.24%，基本回到了年初最高价格。根据国家奶牛产业技术体系对国内部分规模养殖场的监测数据，生鲜奶收购价格走势与农业部监测结果一致，且峰值及

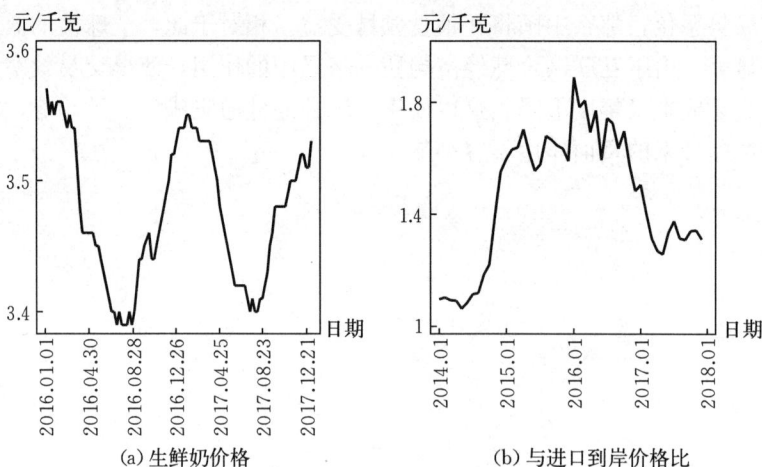

图 4-1　国内主产省生鲜奶价格变动趋势

数据来源：农业部。

其所处时间也基本吻合。

2016 年下半年以来，随着国际奶业市场逐步调整到位，乳品供求关系平衡趋紧，国际市场奶粉价格和奶粉进口到岸价格同步增长，且增幅大大高于国内生鲜奶收购价格。因此，国内生鲜奶收购价格与奶粉进口到岸价格的比值趋于缩小，但差距依然存在［图 4-1（b）］。2017 年 12 月，中国进口奶粉到岸价格折人民币同比增长 13.2%[①]，同期，国内原料奶收购价格同比只增长了 0.2%。截至 2017 年 12 月，国内生鲜奶收购价格与进口奶粉折原料奶的到岸价格的差距从 1.15 元/千克降至 0.84 元/千克，国内生鲜奶收购价格比进口奶粉折原料奶后的到岸价格高 31.3%，与上年同期相比降了 17.2 个百分点。

4.1.2 总成本持续下降，奶牛养殖经济效益明显改善

2017 年，饲草料成本明显下降，国内奶牛养殖业的经济效益明显改善，奶农的困境得到缓解。根据农业部监测数据，2017 年 12 月豆粕均价为 3.34 元/千克，比 1 月份下降 8.1%。从国家奶牛产业技术体系牧场监测数据来看，2014 年 9 月以来，规模牧场单位总成本持续下降，从 3.77 元/千克降至 2017 年 12 月的 3.33 元/千克（图 4-2）。2017 年 1—12 月，奶牛养殖平均总成本比年初下降 0.15 元/千克，下降 4.3%。从反映奶牛养殖经济环境的奶饲比来

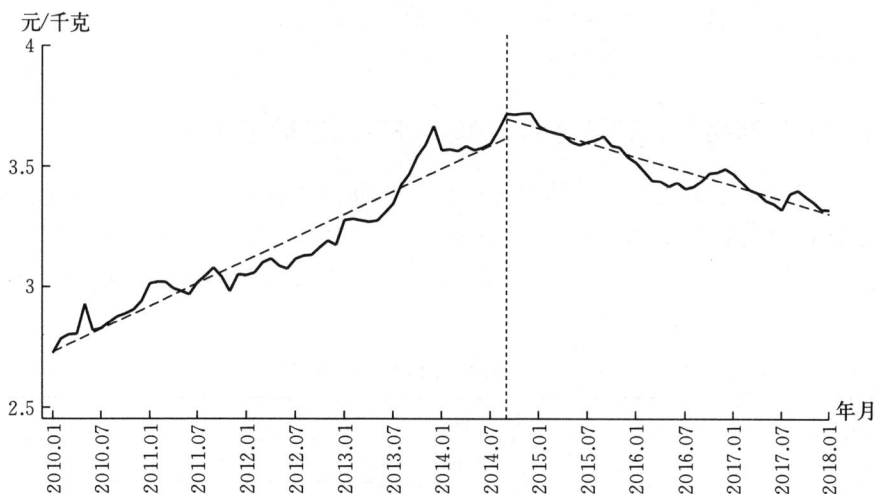

图 4-2 规模养殖单位总成本变动趋势

数据来源：国家奶牛产业技术体系。

---

① 如果忽略人民币升值因素，按美元计进口到岸价格增长了 18.1%。

看，2017 年国内主产省奶饲比虽然仍低于国际奶饲比，但较往年有明显提高，全年平均为 1.49，比 2016 年提高 0.05，这也意味着奶牛养殖恢复到盈利水平（图 4 - 3）。

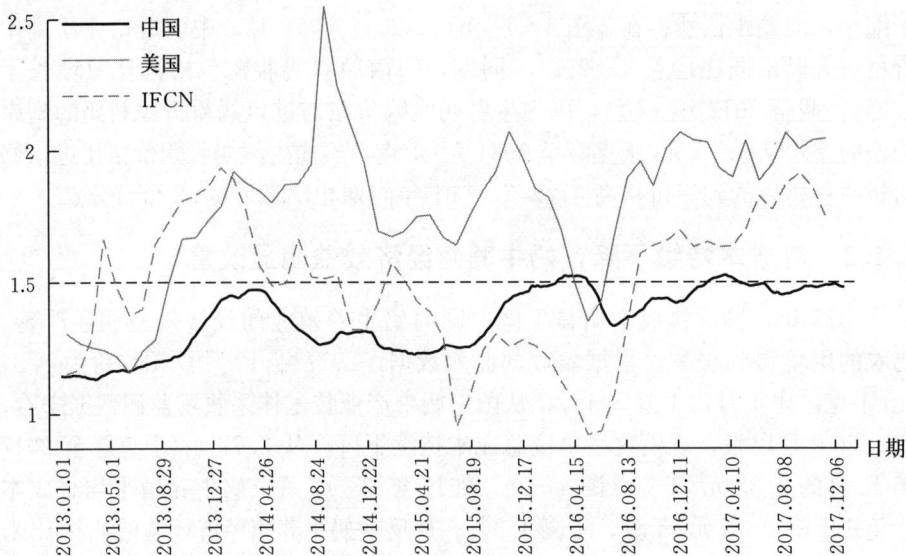

图 4 - 3　国内主产省奶饲比与美国、IFCN 奶饲比

数据来源：农业部、USDA 和 IFCN。

4.1.3　乳制品进口继续增长，鲜奶进口增速明显下降

2017 年，中国各类乳制品的进口数量和进口金额全面增长，进口量都创历史新高，但是进口量同比增长速度有所放缓（表 4 - 1）。全年全部乳制品进口总量达到 247.05 万吨，同比增长 13.5%；进口金额 88.05 亿美元，同比增长 37.9%。

表 4 - 1　2017 年乳制品进口情况

	数　　量		金　　额	
	总量（万吨）	同比（%）	总额（亿美元）	同比（%）
乳制品	247.05	13.5	88.00	37.9
液态奶	70.17	7.1	9.46	38.8
鲜奶	66.76	5.3	8.79	37.5
酸奶	3.41	62.7	0.67	58.6
干乳制品	176.88	16.2	78.57	37.8

（续）

	数 量		金 额	
	总量（万吨）	同比（%）	总额（亿美元）	同比（%）
奶粉	71.81	18.7	21.68	46.3
乳清	52.96	6.5	6.66	47.4
奶酪	10.80	11.2	4.97	18.7
奶油	9.16	11.8	5.00	65.0
炼乳	2.56	28.2	0.46	27.2
婴幼儿配方奶粉	29.59	33.7	39.80	32.3

数据来源：中国海关。

分品种，进口量同比增长速度最高的是酸奶，其次是婴幼儿配方奶粉、炼乳和大包粉，鲜奶进口的增长速度明显下降。①2017 年，液态奶累计进口总量 70.17 万吨，同比增长 7.1%；液态奶进口总额为 9.46 亿美元，同比增长 38.8%。其中，鲜奶进口量同比增长速度从 2016 年同期的 38.0%大幅下降到 5.3%，虽然酸奶进口量同比增长速度较 2016 年同期也有所下降，但仍保持在 62.7%的高位。②2017 年，干乳制品进口总量 176.88 万吨，同比增长 16.2%；干乳制品进口金额为 78.57 亿美元，同比增长 37.8%。其中，奶粉进口总量 71.81 万吨，同比增长速度与 2016 年的 10.4%上升到 18.7%。与 2016 年相比，炼乳、乳清、奶油和奶酪进口总量的增长速度都有所下降，分别降低了 54.8、7.6、3.0 和 17.4 个百分点。③2017 年，婴幼儿配方奶粉进口量为 29.59 万吨，同比增长 33.7%，进口金额为 39.80 亿美元，同比增长 32.3%。与 2016 年相比，婴幼儿配方奶粉进口量和进口金额的增长速度分别提高了 7.9 个百分点和 10.4 个百分点。

4.2 2018 年中国奶业经济形势展望

4.2.1 生鲜奶价格将继续小幅回升

2017 年，国内生鲜奶收购价格呈先降后升走势的基本原因是过去两年国内外奶业生产的调整，在奶业供求关系基本调整到位的背景下，奶业市场进入稳中有增的恢复性增长通道。2016 年 5 月至 2017 年 2 月，国际奶业生产主要国家和地区的产奶量连续 10 个月下降①。2016 年，这些国家和地区总产奶量同比下降 0.25%，其中，新西兰减产 1.66%、澳大利亚减少 5.99%。2017 年

---

① 统计范围包括美国、欧盟 28 国、新西兰、澳大利亚、巴西和阿根廷。

截至 9 月份，这些国家和地区总产量增长 0.43%，增幅低于 IFCN 对全球乳品消费需求增长 1.6% 的估计。在此背景下，2017 年，国际市场乳品整体价格水平同比都有较大增长，FAO 乳品价格指数从年初的 193.0 点继续回升，最高时达到 224.2 点。2017 年，GDT 全脂奶粉拍卖价格同比增长 26.3%。2017 年 1—11 月，国际市场主要乳品批发价格都明显增长，其中，全脂奶粉增长 23.1%、黄油增幅高达 45.7%（表 4-2）。

表 4-2　国际市场主要乳制品批发价格

单位：元/吨，%

时间	全脂奶粉	脱脂奶粉	黄油	切达奶酪
2015	2 619.4	2 045.0	3 650.6	3 480.3
2016	2 614.2	1 936.1	3 794.2	3 322.4
2017 年 1—11 月	3 217.0	2 002.6	5 528.4	3 733.6
2017 年 1—11 月同比	23.1	3.4	45.7	12.4

需要注意的是，2017 年国际价格出现先升后降变化，这是奶业供求关系对奶饲比快速上升做出反应的结果。2017 年，国际奶业的平均奶饲比有较大上升，一度超过 1.9，与 2013 年年初的高峰水平基本持平。奶饲比大幅提高驱动供给增长，给调整到位的供求关系带来新的压力。目前，国际奶业平均奶饲比虽然随着国际奶价的下降有一定回落，但仍高于 1.7，供给增加的动力依然较强，国际奶价大幅增长的可能性不大。在国内，随着奶牛养殖恢复到盈利水平，生鲜奶供给可能随着价格增长出现明显增长。而且，国内生鲜奶收购价格与进口奶粉折原料奶的到岸价格的差距大幅缩小，国内奶价的下降压力和回升阻力也都大幅下降。综合考虑以上因素，2018 年国内生鲜奶价格将继续保持增长态势，但增幅有限，可能有小幅震荡。

4.2.2　乳品消费市场稳中有降

乳制品产量数据总体上反映了乳品消费情况。根据国家统计局公布的数据，2017 年，全国液态奶产量 2 691.66 万吨，同比下降 1.66%。如果按国内生产液态奶与进口液态奶之和计算，2017 年液态奶消费量同比下降 1.46%[①]。

---

　　① 乳制品加工数据的统计对象是年销售额 2 000 万元以上的规模以上企业，不是全部乳品企业，各年实际统计的企业会有些差异。此处同比变化是 2017 年所统计企业的产量与相关年鉴公布的 2016 年产量（即 2016 年所统计企业的产量）相比的同比变化。如果按 2017 年所统计企业的 2017 年产量和 2016 年产量计算，2017 年液态奶产量同比增加 4.53%（国家奶牛产业技术体系产业经济研究室发布的《中国奶业经济月报》相关数据为这一口径），液态奶消费总量同比增长 4.59%，干乳制品产量同比增长 0.42%。

2017 年，全国干乳制品产量 243.38 万吨，同比下降 4.97%。综合来看，2017年乳品消费需求稳中略降，预计 2018 年仍将保持总体平稳的势头。

4.2.3　乳品进口总量有可能小幅回调

2018 年乳制品进口可能有小幅回调，做出判断的主要依据是：①国内生鲜奶收购价格与进口奶粉折原料奶的到岸价格的差距大幅缩小，还原乳制品生产的经济动力也将大幅下降；②在国内奶牛养殖恢复到盈利水平后，国内产出对价格变化的反应更加强劲；③随着国内奶业质量管理体系的完善和乳品质量的提升，消费者对国内乳品质量的信心在恢复。因此，国内消费需求的增长有望更多通过国内供给的增长得到满足。

4.3　加快中国奶业转型发展的思路与建议

随着改革的深化及奶业发展体制机制的健全，奶业发展环境有望继续改善，但围绕提升竞争力、促进可持续发展和巩固提升奶牛养殖基础地位等目标，仍需坚定不移地推动奶业发展方式转变，完善奶业产业组织模式与奶业管理体制机制。

4.3.1　稳步推进奶牛适度规模养殖

适度规模养殖有利于先进的设施、管理和技术的应用，有利于效率提升和成本节约，但是，规模不是越大越好。从发改委成本收益监测数据来看，超过适度规模，奶牛养殖的规模经济特征并不突出，甚至因管理成本、资金成本、土地成本、粪污处理成本等大幅上升而导致规模不经济。因为产业基础、资源条件的差异，各地区的适度规模也应该是差异化的。总体而言，发展以家庭牧场为基础的适度规模养殖是中国奶业现代化建设的必然要求。

当前，100 头以上规模养殖在总存栏中的占比已经达到 52.3%。平均规模只有 10 头的情况下，继续推进适度规模养殖的基本思路是：第一，稳步退出散养户。散养户设备条件更差、人工投入更多、交奶收奶成本更高、质量控制难度更大、奶牛品种改良和单产水平提高更慢、先进的管理和喂饲技术难以得到应用，一系列因素都不利于竞争力提升。同时，散养户的商品化率也更低，奶牛养殖往往源于传统习惯和自身生活需要，并不完全面向市场竞争。但是，由于散养为从业中具有相对弱势的农户提供了就业和增收的渠道，因此，散养户的退出应稳步推进，充分考虑从业农户的发展需求和生活习惯转变的渐进过程。第二，不断壮大中等规模养殖主体，使其逐步成为奶牛养殖业的主体。第三，继续发展多元化的规模经营模式。适度规模经营不是单一的养殖方式，关键不在于养殖方式是家庭牧场、养殖小区还是合作社等具体形式，而是原料奶质量有保障、粪污能得到有效处理、技术支持和公共服务能得到满足。因此，要继续完善小区养殖模式，发展奶牛养殖专业合作社，加强奶牛养殖业中间组织与社会化服务体系建设，解决小规模奶牛养殖户的服务和技术需求。

4.3.2　着力保障和提升奶牛养殖户利益

近年受奶业危机冲击最严重的主要是养殖环节，尤其是中小规模养殖、养殖小区，包括一些大规模养殖户。在奶业低迷阶段，加工企业利润大幅增长，奶牛养殖户大量退出，归根结底是奶业产业组织模式与利益联结机制不合理。在日本、法国等国家，通常由奶农组织代表奶农与加工企业谈判，通过谈判地位、议价能力的提升为奶农争取更多的经济利益。在中国，"企业＋养殖户（场）""企业＋奶站＋养殖户（场）"是最普遍的奶业产业化组织模式，其中，企业、奶站、养殖户是相互独立的利益主体。由于原料奶收购是数量少、规模大的加工企业与数量多、规模小的养殖户之间的交易，属于典型的寡头垄断格局，加工企业在收购价格和收购量等方面都掌握话语权，利益博弈的结果通常是养殖户被控制在生存或微利的经营状态，这进一步导致了养殖户的脆弱性和对市场波动的敏感性。同时，企业和奶站也通过博弈中的话语权将产业面临的市场风险全部转嫁给养殖户。由于这种不合理的产业组织结构，奶牛养殖成为整个奶业产业链中最弱势的环节，产业链上不对等地位与恶性竞争并存导致市场波动时过度投资与"倒奶杀牛"交替出现，养殖户难以得到长期发展，更不用说先进技术的应用和技术进步作用的提升。

可以说，如何改变奶业产业链的不合理利益分配格局是巩固中国奶业产业基础、实现奶业持续稳定发展面临的首要问题和挑战。为此，要加快完善奶业产业组织模式与利益联结机制，建立有利于保障养殖户利益和产业发展的原料奶价格形成机制。首先，通过加强奶农组织建设，减少无序竞争、过度竞争对市场波动的放大作用，通过建立集体谈判制度提升奶农整体议价能力，让奶农更多分享产业发展过程中的增值收益。其次，完善优质优价的引导机制。对原料奶施行按质论价的差别定价是各国的普遍做法。近年，国内一些地区在原料奶收购中也实行差别定价政策，但不是根据原料奶质量，而是区分牧场和养殖小区，牧场价格高于养殖小区，进而加速了养殖小区、合作社和小区内养殖户的退出。这一做法在引导养殖户提升原料奶品质方面的作用并不突出。因此，差别定价政策需根据原料奶品质，优质优价，引导和鼓励奶牛养殖户提升原料奶品质。

4.3.3　继续推进粮改饲，加快发展种养一体化生产模式

奶业发达国家普遍是种养一体化生产模式，这不仅是一种习惯与传统，更是产业特征与经济利益驱动的结果，是养殖户保障青贮饲料供给的必然选择。对中国的全面振兴奶业与粮改饲战略来说，种养一体化都是决定政策成效的关键因素。

饲料转化率低是中国奶业生产成本高、竞争力低的重要原因，优质青贮饲料供给不足是饲料结构优化的重要短板。目前，发达国家饲料转化率已达到1.5，而中国只有1.2。现代奶牛营养研究表明，饲料结构，特别是精饲料与青贮饲料的构成是影响饲料转化率的重要因素。近年，国家积极发展优质饲草料种植，实施了振兴奶业苜蓿发展行动、粮改饲试点等，这一方面是调整粮经饲结构、扭转因粮食安全政策引起的资源错配的必然要求，另一方面也支撑了奶牛养殖业的发展。2017年，农业部继续加强粮改饲试点，试点面积扩大到1 000万亩。粮改饲试点地区很大比例仍是种植玉米，从收获籽粒玉米转为销售青贮，也有很多地区即使不在粮改饲试点范围，农户也会因为当地养殖业发展的需求销售青贮玉米。但是，从调查情况看，销售青贮的农户种植的依然是普通籽粒品种玉米，在收获阶段根据市场情况，选择收获籽粒还是作为青贮销售。青贮专用品种应用明显不足，意味着粮改饲的技术优势未能得到充分发挥，从这点来说，粮改饲战略只实现了一半的预期目标。

青贮专用品种应用不足有品种研发相对滞后的原因，更重要的是种养分离生产模式下不完全合约引起的交易风险。农产品生产是具有资产专用性的投资，种植青贮专用品种玉米的资产专用性高于种植普通籽粒品种玉米。种植普通籽粒品种如果遇到青贮价格不合适或者收购青贮的企业拒收、压价等敲竹杠行为，农户依然可以转向销售籽粒确保基本收入。但是，青贮专用品种玉米不能转籽粒销售，且收获期短，到收获期如果不能及时收获销售，农户的损失就会很大。在遇到市场不景气或者收购青贮企业的压价、拒收行为时，农户议价能力很弱。正是因为其资产专用性很高，在种养分离的情况下，合约的不完全性导致农户无法完全消除销售环节面临的市场风险和敲竹杠风险，即使是计划作为青贮销售，农户也会选择种植普通籽粒品种玉米。资产专用性越强产业链越需要通过纵向一体化来消除不确定性和敲竹杠问题。因此，种养一体化是促进青贮专用品种种植，甚至整个优质牧草种植的必然要求。

4.3.4　完善奶业相关管理体制和政策

第一，完善奶业补贴制度。改变过去偏向大规模牧场和工厂化养殖的补贴政策，以适度规模养殖为导向，以家庭牧场为重点，加强和完善奶牛标准化规

模养殖支持政策，促进养殖场（小区）改扩建和设施设备改造升级，提升奶牛养殖的标准化、机械化、信息化、智能化水平。第二，根据多元化适度规模经营方式发展的要求，加快奶牛养殖的社会化服务体系建设，包括育种、疫病管理等技术服务，也包括生产资料采购、宣传与推广等市场服务。第三，要继续深化农村土地制度改革，促进土地长期、稳定地向养殖户流转。相对于一般农业活动，奶牛养殖投资的回报周期长，没有稳定、长期的预期，养殖户就不会投资。第四，建立和完善奶业市场稳定机制。建立乳品相关储备制度，提高对乳品市场波动的调节能力；加强贸易与自给率监测，可将自给率作为警示指标并与价格的快速变动相结合确定储备调节机制启动的触发器。第五，加强资源环境监管，增加粪污治理与资源化利用的政策支持。一方面通过发展种养一体化生产模式促进粪污的资源化利用，将粪便从需要处理的污染物变为生产要素投入；另一方面，在严格监管的基础上，通过资源税、环境税将奶牛养殖的资源环境成本内部化，尤其防止规模化过程中污染问题的扩大。在粪污治理与资源化利用方面加强对传统养殖户与规模化养殖场（小区）的财政、金融和技术支持。第六，以第三方检测制度为突破口，促进乳品质量建设和保障养殖户平等交易权利。生鲜奶质量第三方检测制度是奶业发达国家通行做法，是构建全产业链乳品质量管理管理体系的关键环节。第三方检测制度也有利于提升乳品质量检测信息的权威性、透明度，从而进一步提振消费者信心。

第二篇........................

专题研究篇

1 中国奶业竞争力国际比较及发展思路[*]

1　中国奶业竞争力国际比较及发展思路[*]

□刘长全　韩　磊　张元红

1.1　引言

奶业是中国农业供给侧结构性改革的重要任务和突破口，也是实现乡村振兴战略提出的"产业兴旺"目标的重要抓手。一方面，在资源环境约束越来越紧、绿色发展成为重要发展理念的背景下，优先发展奶业以满足食物消费结构升级需求是战略层面的合理选择。根据中国食物成分表（杨月欣等，2009），乳制品在提供动物源营养方面有突出的成本优势：提供等量膳食热量，所需牛奶比所需鸡肉、牛肉和羊肉的生产成本分别低 18.9％、67.4％和 51.7％；提供等量钙，所需牛奶比所需猪肉、牛肉、羊肉和鸡肉的生产成本分别低98.9％、96.9％、99.3％和 97.7％。成本优势通常意味着更加节约资源，可以兼顾食物消费结构升级需求与资源集约、绿色发展需要。另一方面，奶业是中国农业供给侧结构性改革中亟待弥补的结构性短板。近年来，中国乳制品消费需求快速增长，未来还将有大幅增长，但是，国内生产能力与消费需求之间的差距持续扩大。而且，发展奶业还可以带动青贮玉米、苜蓿等饲用作物的种植和粮经饲结构调整，有利于优化农业生产与水土资源的匹配和农业生产效率效益的提高。

近年来，国家对奶业发展给予了高度重视，2017 年中央 1 号文件提出"全面振兴奶业"，2018 年中央 1 号文件进一步强调"做大做强民族奶业"。但是，竞争力不足已成为中国奶业发展与振兴的重要制约，并导致国内奶业生产徘徊不前、乳制品进口持续快速增长。本文首先从绝对优势、比较优势与品牌竞争力三个角度系统分析中国奶业竞争力并进行国际比较，然后从资源禀赋、技术、规模化进程、贸易与农业政策等方面分析中国奶业竞争力不足的主要原因，最后提出提升中国奶业竞争力的思路。

　＊　本文是农业农村部国家奶牛产业技术体系（编号：CARS-36）产业经济研究室"全球化背景下中国奶业转型发展研究"项目的阶段性成果。原载于《中国农村经济》2018 年第 7 期。

1.2 中国奶业生产、消费与贸易面临的困境

目前，中国奶类总产量位居世界第三位。但是，自 2008 年"三聚氰胺"事件以来，在国内乳制品消费总量不断增长的情况下，国内以牛奶为主的原料奶产量持续徘徊，乳制品进口量快速增长，新增消费需求主要由进口来满足。

1.2.1 牛奶产量徘徊，乳制品产量低速增长

2017 年，中国牛奶总产量 3 545 万吨，是 2000 年的 4.3 倍；乳制品产量 2 935 万吨，是 2000 年的 14.1 倍（表 1 - 1）。

表 1 - 1　中国奶业生产分阶段比较

	2000 年	2008 年	2017 年	2000—2008 年年均增速（%）	2008—2017 年年均增速（%）
牛奶产量（万吨）	827	3 556	3 545	20.0	0.0
乳制品产量（万吨）	208	1 811	2 935	31.1	5.5

数据来源：中国奶业年鉴编辑委员会：《中国奶业年鉴》(2017)，北京：中国农业出版社。

2000 年以来，中国奶业产出增长过程中生产方式和养殖水平都有大幅提升。首先，奶牛规模化养殖水平显著提高。2017 年，100 头以上规模养殖比例达到 56%，比 2008 年提高了 36.5 个百分点[①]。其次，奶牛单产水平稳步增长。2017 年，全国奶牛年均单产达到 7 吨，比 2008 年增加了 2.2 吨[②]，提高了 45.83%。再次，原料奶质量明显提高。2015 年，农业部国家奶牛产业技术体系对 1 200 多个 100 头以上规模牧场的奶牛生产性能的测定结果显示，每毫升牛奶体细胞数降至 33.3 万个，只有 2008 年水平的一半左右。但是，2008 年以来中国牛奶总产量一直处于徘徊状态。2000—2008 年，中国牛奶总产量从 827 万吨增长到 3 556 万吨，年均增长 20%；2009—2017 年，牛奶总产量在 3 500 万～3 700 万吨之间徘徊；2017 年牛奶总产量与 2008 年基本持平。2008 年以来，中国乳制品产量增速也有明显下降，2000—2008 年年均增长 31.1%，2008—2017 年年均增长 5.5%。

1.2.2 需求潜力未能充分发挥，乳制品消费水平与发达国家差距明显

根据国家统计局调查数据，2014 年，中国城乡居民人均奶类消费量为

---

①②《农业农村部：我国奶业迈进全面振兴新时期》，http://finance.people.com.cn/n1/2018/0525/c1004 - 30014956.html。

12.6 千克，其中，城市居民 18.1 千克、农村居民 6.4 千克 ［图 1-1 (a)］。
按这个消费水平和总人口计算，2014 年，城乡居民奶类消费总量只有 1750 万
吨，而当年国内原料奶总产量为 3 724.64 万吨，乳制品折原料奶的净进口量
为 1 300 万吨，国内消费水平仅相当于国内原料奶总供给量的 34%，这大大低
估了中国居民的乳制品消费水平。比较来看，人均奶占有量更准确地衡量了中
国乳制品消费水平。2016 年，中国人均奶占有量 35.8 千克，是 2000 年的 4.2
倍 ［图 1-1 (b)］。但是，与发达国家相比，中国的乳制品消费水平依然很
低，未来消费需求增长空间很大。按折原料奶后的数量，2016 年澳大利亚、
新西兰、欧盟 28 国和美国人均乳制品消费量都超过中国人均奶占有量的 6 倍，
日本人均乳制品消费量为中国人均奶占有量的 1.7 倍[①]。

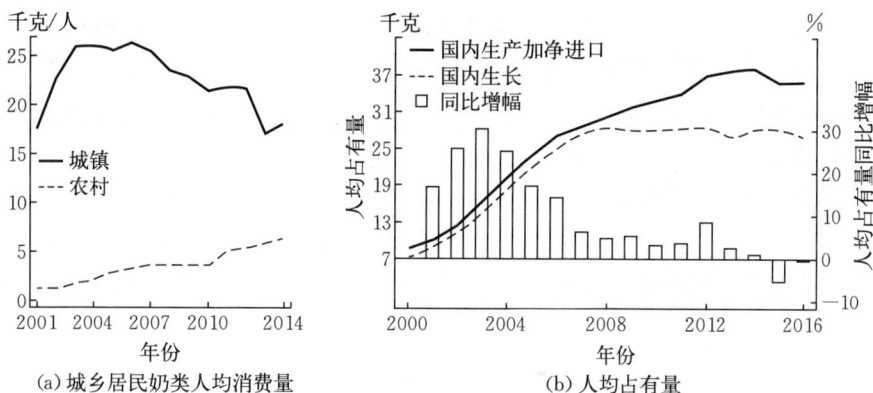

(a) 城乡居民奶类人均消费量　　　(b) 人均占有量

图 1-1　中国奶类消费水平变化

注：2012 年及以前城镇居民人均乳制品消费量是根据城镇居民人均鲜奶、酸奶和奶粉的购买量
计算，其中，奶粉购买量按 1∶8.5 折算为液态奶。

数据来源：中国奶业年鉴编辑委员会：《中国奶业年鉴》（2002—2017 年，历年），北京：中国
农业出版社。

　　虽然国家统计局数据低估了城乡居民的乳制品实际消费水平，但是，它所
反映出的城乡乳制品消费差距仍是值得关注的（图 1-1 (a)）。当前，中国乳
制品消费在区域间、城乡间很不均衡，过高的终端市场价格成为乳制品消费群
体扩张和消费水平提高的重要障碍。如果液态奶均价按 12.5 元/千克计算[②]，

---

①　发达国家人均乳制品消费量数据来源于《荷斯坦》杂志、北京东方戴瑞乳业信息咨询有限公
司《2017 年中国奶业统计资料》。

②　根据商务部市场监测数据（http：//cif.mofcom.gov.cn/cif/html/marketDatas/index.html?
nfcpgnxh_224058=），2016 年 12 月底，国内市场牛奶、酸奶的均价分别为 11.32 元/升、14.08 元/
千克。

中国农村居民年人均消费 36 千克液态奶，那么，人均乳制品支出就要达到
450 元，占 2016 年农村居民人均食品支出的 13.8%，是 2016 年城镇居民
人均食品支出中乳制品支出占比的 3 倍。乳制品支出占比的增加必然要挤
占其他食物的消费，对农民尤其是低收入农民来说，被挤出的将是能够以
更低价格提供热量和营养的基础性食物，这实际上是不现实的。没有收入
的大幅增长或乳制品价格的大幅下降，乳制品消费量和支出占比很难有较
大提高。

1.2.3 进口持续快速增长，新增消费需求主要由进口满足

在原料奶产量徘徊不前的情况下，中国乳制品产量之所以能够稳步增长，
按人均占有量计算的乳制品消费量也持续增长，主要是因为新增乳制品产量生
产所使用的是进口原料奶粉，新增乳制品消费需求也主要是通过进口得到满
足。2008—2017 年，中国乳制品进口总量从 35.1 万吨增加到 217.4 万吨[①]，
年均增长 22.5%。由于中国乳制品出口量很小，乳制品进口量快速增长也就
意味着其净进口的快速增长。

分类别来看（图 1-2），干乳制品进口量自 2012 年以来一直保持在每年
100 万吨以上，2017 年进口量为 147.2 万吨，同比增长 13.2%。中国进口的
干乳制品主要是奶粉和乳清粉，其中很大部分的奶粉被还原用于乳制品生产，

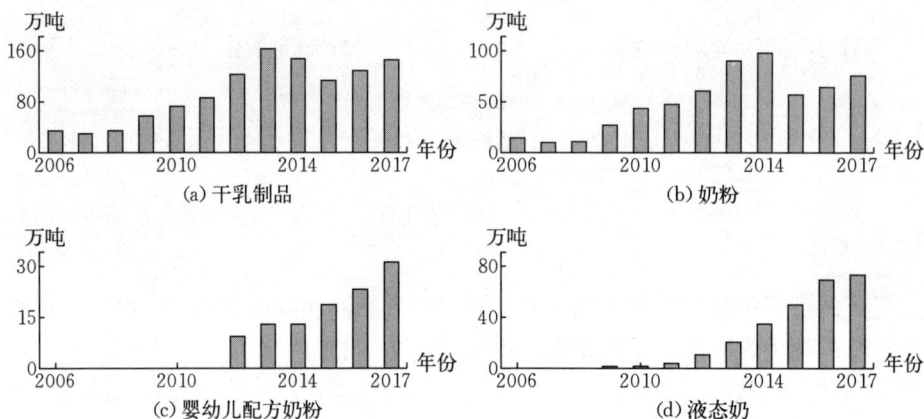

图 1-2　中国乳制品分品种进口情况

数据来源：2016 年及以前的数据来自《中国奶业年鉴》（2007—2017 年，历年），2017 年数据来
自中国海关。

---

① 不包括婴幼儿配方奶粉。

替代了国内原料奶的供给。值得注意的是，80％以上的成分是水、长距离运输很不经济的液态奶的进口量近年来快速增长，从 2008 年的 0.8 万吨增加到 2017 年的 70.2 万吨，年均增长 64.4％。近几年，婴幼儿配方奶粉进口量也有快速增长，2017 年达到 29.6 万吨，同比增长 33.8％。

1.3 中国奶业竞争力的国际比较

中国奶业发展面临以上问题的根本原因是竞争力不足，既体现为与成本和效率相关的绝对优势不足以及"中国奶业"品牌竞争力缺失，也体现为贸易上的比较优势不足。

1.3.1 中国奶业缺乏绝对优势，成本与价格大幅高于奶业发达国家

中国奶业开放程度较高，成本和价格是影响市场竞争力的关键因素。从收购价格来看，2009—2014 年，中国原料奶收购价格持续攀升，自 2011 年开始明显高于新西兰、美国、德国等奶业发达国家和主要乳制品出口国家的水平（图1-3）。2014年，国内原料奶收购价格达到最高点，之后开始回落，但是其他国家原料奶收购价格降幅更加明显。因此，国内原料奶价格与这些国

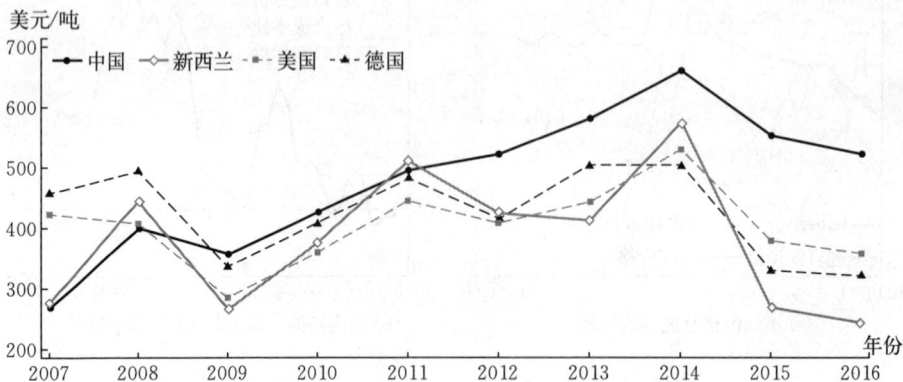

图 1-3 中国与奶业发达国家的原料奶收购价格比较

数据来源：2007—2016 年德国、新西兰数据及 2007—2015 年美国数据来自 FAO 数据库（ht-tp：//www. fao. org/faostat/en/）；2016 年美国数据来自 CLAL 网站（https：//www. clal. it/en/in-dex. php）；中国数据根据农业农村部每周发布的《畜产品和饲料集贸市场价格情况》（http：//www. moa. gov. cn/ztzl/nybrl/）中的"主产省生鲜乳收购价格"计算得到。汇率数据来自中国人民银行授权中国外汇交易中心发布的人民币汇率中间价（http：//www. chinamoney. com. cn），年度平均汇率是全年所有交易日的汇率中间价的平均值。

家原料奶价格之间的差距不仅没有缩小，反而有所扩大。2016年，按美元计算的中国原料奶收购价格比美国高46%，比德国高62%，比新西兰高114%。

相对于原料奶价格，可贸易性强且主要用于乳制品加工的原料奶粉的价格更能反映奶业国际竞争力。中国进口奶粉折原料奶后的到岸价格（以下简称"进口奶粉折原料奶价格"）与国内原料奶收购价格、原料奶生产成本的对比关系也更能反映中国奶业面临的国际竞争压力（图1-4）。自2011年开始，进口奶粉折原料奶价格基本上一直低于国内原料奶收购价格，给国内奶牛养殖业带来了较大冲击。自2014年下半年开始，进口奶粉折原料奶价格开始低于国内规模牧场的原料奶生产成本。价格差距最大时，国内原料奶收购价格几乎达到进口奶粉折原料奶价格的2倍，国内原料奶生产成本也比进口奶粉折原料奶价格高出50%。中国进口奶粉到岸价格的波动特征与国际市场奶粉价格非常一致，但是，前者相对后者有半年左右的滞后期。中国奶业缺乏竞争力既导致乳制品进口增加，也为国际市场乳制品价格波动向国内传导提供了条件。2016年下半年，随着国际奶业市场调整逐步到位，供求关系趋紧，国际市场奶粉价格和中国进口奶粉到岸价格都开始回升，国内原料奶收购价格、原料奶生产成

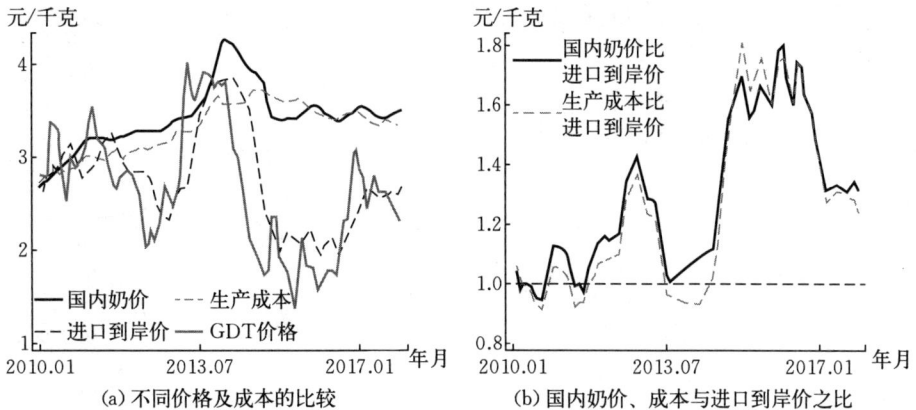

(a) 不同价格及成本的比较　　(b) 国内奶价、成本与进口到岸价之比

图1-4　国内奶价、生产成本与进口到岸价格

注：国内奶价为主产省生鲜乳平均收购价格，进口到岸价指进口奶粉折原料奶价格，GDT价格指全球乳制品贸易平台全脂奶粉拍卖价格，生产成本是农业农村部国家奶牛产业技术体系监测牧场平均总成本。

数据来源：国内奶价来源于农业农村部《畜产品和饲料集贸市场价格情况》，http://www.moa.gov.cn/ztzl/nybrl/；生产成本来源于农业农村部国家奶牛产业技术体系牧场监测数据；进口到岸价来源于中国海关；GDT价格数据来源于全球乳制品贸易平台网站（https://www.globaldairytrade.info）。

本与进口奶粉折原料奶价格的比值也都趋于下降，但差距依然存在。2017 年年底，国内原料奶生产成本比进口奶粉折原料奶价格高 23.8% ［图 1-4 (a)］，国内原料奶收购价格比进口奶粉折原料奶价格高 31.1% ［图 1-4 (b)］。

1.3.2 "中国奶业"缺乏品牌竞争力，乳制品消费存在明显的进口偏好

受国内乳制品质量安全事件影响，消费者对国内乳制品质量信心不足，消费者在乳制品消费方面存在明显的进口偏好。2015 年以来，中国乳制品质量管理体系逐步健全，先后出台了《婴幼儿配方乳粉产品配方注册管理办法（试行）》《巴氏杀菌乳和 UHT 灭菌乳中复原乳的鉴定》等法规，进一步提升了乳制品质量，优化了消费环境。消费者在国产与进口乳制品间的选择倾向也有所调整，但进口偏好依然明显。根据商务部对婴幼儿配方奶粉零售价格的监测数据，2011 年年初，进口品牌平均单价比国内品牌高出近 40%，2014 年年底二者差距缩小到约 26%（图 1-5）。在此期间，进口品牌和国产品牌婴幼儿配方奶粉价格的绝对差距从超过 50 元/千克缩小到 45 元/千克以内。

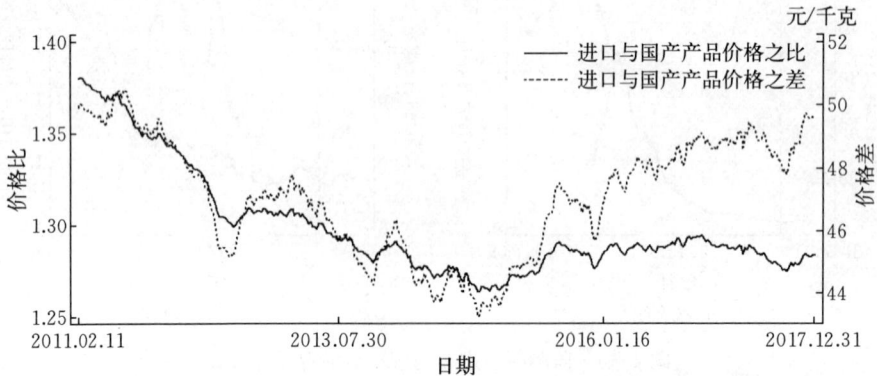

图 1-5　婴幼儿配方奶粉进口品牌与国产品牌的价格差距

数据来源：商务部市场监测数据，http://cif.mofcom.gov.cn/cif/html/marketDatas/index.html? nfcpgnxh_224058=。

但是，2015 年年初以来，进口品牌与国产品牌的婴幼儿配方奶粉的价格差距又呈扩大倾向，相对差距从 2014 年 11 月份的最低点 26.4% 上升到 2017 年年底的 28.4%，绝对差距从 43.3 元/千克上升到 49.7 元/千克（图 1-5）。

在农业农村部国家奶牛产业技术体系监测的东北某大型超市，自 2008 年"三聚氰胺"事件以来，液态奶与婴幼儿配方奶粉销售量中进口产品的占比都有大幅攀升（图 1-6）。2008—2017 年，该超市液态奶销售量中进口产品的占比从 1.2% 增长到 41.4%，最高达到 48.4%；婴幼儿配方奶粉销售量中进口

产品的占比从 16.4% 增长到 70.0%。从价格对比来看，进口液态奶均价曾长期高于国产液态奶，"三聚氰胺"事件后一度达到国产液态奶均价的 2.1 倍[图 1-6（a）]。之后，进口液态奶与国产液态奶的价格差距趋于缩小，甚至自 2016 年开始进口液态奶均价明显低于国产液态奶。这并不是消费者偏好的逆转，而是进口液态奶利用其成本与价格优势争夺更大市场份额的策略。由于婴幼儿配方奶粉的刚性需求特征以及消费者对其品质更加敏感，进口婴幼儿配方奶粉的均价长期高于国产婴幼儿配方奶粉，并且二者之间的价格差距在"三聚氰胺"事件后有大幅增加。2008 年，进口婴幼儿配方奶粉的价格比国产婴幼儿配方奶粉平均高 32%，2012 年差距增加到 80%，2014 年以来虽然有所下降，但 2017 年仍高达 61% [图 1-6（b）]。需要指出的是，虽然监测超市数据反映出的进口与国产婴幼儿配方奶粉的价格差距大大高于商务部监测数据，但是，两者反映的进口与国产婴幼儿配方奶粉价格差距的变化趋势是一致的。

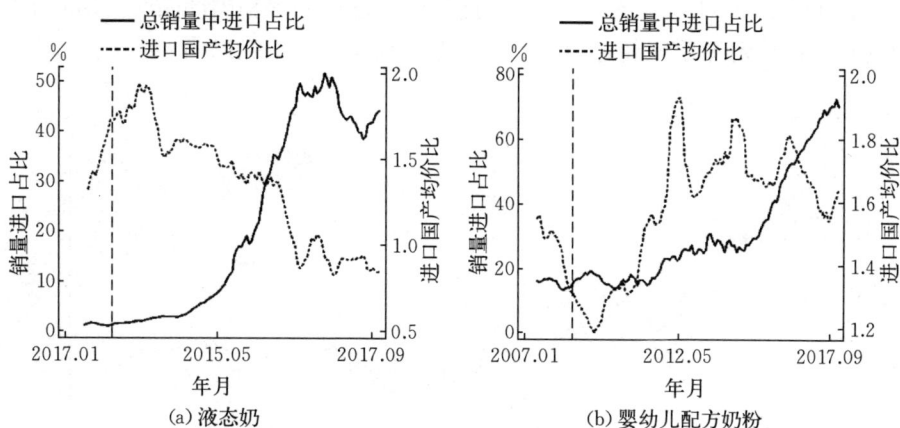

图 1-6　监测超市进口与国产乳制品价格差距

数据来源：农业农村部国家奶牛产业技术体系产业经济研究室监测的东北某大型超市的销售数据。

从具体品牌来看，消费者对进口乳制品的偏好更多地体现在产地上，而不是品牌本身。图 1-7 反映了 2007 年以来 4 个主要品牌的进口与国产婴幼儿配方奶粉在监测超市的平均销售价格及其变化情况。其中，A 为在国内生产的国内品牌，B、C 是既在国内生产也有进口的国外品牌，D 是全部进口的国外品牌。可以看出，进口产品的平均价格普遍且长期高于国内产品，即使对于同一品牌，进口产品的平均价格也高于国内产品。以 B 品牌为例，2017 年年底，其进口产品均价为 415 元/千克，国内产品均价为 180 元/千克，进口产品均价比国内产品均价高 130.6%。由于同一品牌的进口产品和国内产品在成分上基本是同质的，两者的价格差距并不能反映品质的差异，因此，在进口产品价格

远高于国内产品价格的情况下，进口产品销售量占比的上升反映出消费者乳制品消费存在明显的进口偏好。

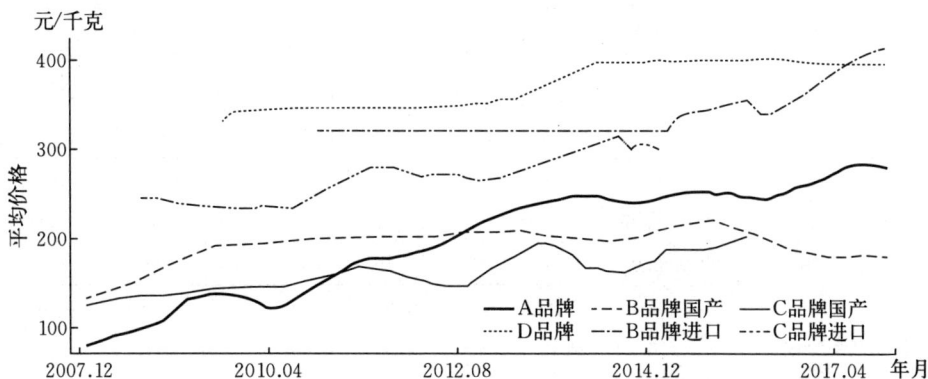

图 1-7　监测超市国内外品牌婴幼儿配方奶粉平均价格

数据来源：农业农村部国家奶牛产业技术体系产业经济研究室监测的东北某大型超市的销售数据。

1.3.3　中国奶业缺乏比较优势，贸易竞争力指数趋于下降

成本和价格反映了绝对优势的差异，贸易及贸易结构则进一步反映了比较优势意义上的竞争力差异。国际市场占有率（MS）、贸易竞争力指数（TC）、显示性比较优势指数（RCA）和显示性竞争比较优势指数（CA）[①] 都是常用的衡量产业国际竞争力的指标（帅传敏等，2003）。纵向来看，与中国乳制品进口主要来源国、世界乳制品生产和贸易大国新西兰、澳大利亚、美国、德国、法国、荷兰以及与中国资源禀赋相近的日本和韩国相比[②]，中国奶业国际竞争力一直处于较低水平，而且 2008—2015 年各指数都出现了一定程度的下降（表 1-2）。其中，显示性比较优势指数从 0.05 降至 0.01，显示性竞争比较优势指数从 −0.14 降至 −0.44，这两个指数的变化更综合地反映了中国奶业国际竞争力的下降。横向来看，中国奶业竞争力极低，上述 4 个指数都大大低于新西兰、美国等奶业发达国家，甚至有的还低于亚洲近邻韩国和日本。

---

① TC、RCA 与 CA 的计算公式分别是 $TC_{ij} = (X_{ij} - M_{ij})/(X_{ij} + M_{ij})$、$RCA_{ij} = (X_{ij}/X_{it})/(X_{wj}/X_{wt})$、$CA_{ij} = RCA_{ij} - (M_{ij}/M_{it})/(M_{wj}/M_{wt})$，其中，$X_{ij}$ 表示 i 国第 j 类产品的出口额，M_{ij} 表示 i 国第 j 类产品的进口额，X_{it} 表示 i 国所有产品的出口额，X_{wj} 表示全世界第 j 类产品的出口额，X_{wt} 表示全世界所有产品的出口额，M_{it} 表示 i 国所有产品的进口额，M_{wj} 表示全世界第 j 类产品的进口额，M_{wt} 表示全世界所有产品的进口额。

② 用于比较的乳制品包括 SITC（第三版）中编码为 022（牛奶、奶油以及黄油和奶酪以外的其他乳制品）、023（黄油及其他乳制油脂）以及 024（奶酪及凝乳）的部分。出于加总和比较的需要，本文以美元计价的进出口贸易额来进行比较。

表 1 - 2 中国奶业竞争力及其变动趋势

指数	年份	中国	新西兰	澳大利亚	美国	德国	法国	荷兰	日本	韩国
MS	2001	0.15	9.27	5.44	2.45	15.58	12.84	11.61	0.03	0.03
	2008	0.46	9.48	3.21	4.40	14.31	11.27	10.14	0.04	0.04
	2015	0.09	11.58	2.57	5.75	12.67	10.08	10.19	0.05	0.13
TC	2001	−0.67	0.98	0.80	−0.21	0.21	0.30	0.33	−0.98	−0.91
	2008	−0.46	0.97	0.58	0.28	0.17	0.36	0.36	−0.96	−0.86
	2015	−0.96	0.95	0.44	0.32	0.16	0.34	0.34	−0.95	−0.79
RCA	2001	0.03	41.82	5.33	0.21	1.69	2.75	3.33	0.01	0.01
	2008	0.05	50.10	2.78	0.55	1.58	3.06	3.00	0.01	0.02
	2015	0.01	55.60	2.26	0.63	1.57	3.36	3.54	0.01	0.01
CA	2001	0.03	41.82	5.33	0.21	1.69	2.75	3.33	0.01	0.01
	2008	−0.14	49.44	2.05	0.35	0.13	1.76	1.32	−0.44	−0.22
	2015	−0.44	54.36	1.44	0.42	0.16	1.93	1.63	−0.51	−0.36

数据来源：根据联合国统计署贸易数据库（https：//comtrade. un. org/data/）和世界贸易组织数据库（http：//stat. wto. org/StatisticalProgram/WSDBStatProgramHome. aspx？Language＝E）有关数据计算得到。

1.4 中国奶业竞争力不足的主要原因

1.4.1 人多地少资源禀赋条件下绝对优势缺失

由于人多地少的资源禀赋特点，中国饲草料投入品价格大幅高于奶业发达国家，且绝对差距基本上不可能消除，因此，中国奶业绝对优势不足的问题难以逆转。原料奶总成本主要由饲料投入、人工成本、固定资产折旧和土地成本构成，其中饲料成本占一半以上的比例，饲料成本高低成为决定原料奶成本高低的关键因素。根据《全国农产品成本收益资料汇编》数据[①]，2014 年之前，中国奶牛养殖总成本快速上升，之后则缓慢下降。在此期间，由于其他各项成本都在持续增长，饲料成本下降是总成本增长趋势逆转的主要原因。中国奶牛养殖使用的主要饲草料，包括玉米、苜蓿等，都大量依赖进口，而且国内价格通常高于进口到岸价格，进口到岸价格又大幅高于奶业发达国家的国内市场价

---

① 国家发展和改革委员会价格司：《全国农产品成本收益资料汇编》（2007—2017 年），中国统计出版社。

格。2017 年 12 月，中国玉米进口到岸价格为 1.58 元/千克，比国内价格低 15%，折合 0.239 6 美元/千克[①]。同期，美国玉米主要市场中伊利诺伊州均价为 0.126 4 美元/千克[②]，比中国进口到岸价格低 47%。由于美国奶业生产主要采用种养结合模式，奶农玉米投入的机会成本是玉米的农场出售价格，而这个价格通常低于美国国内主要市场价格。2017 年 12 月，美国玉米的农场出售均价为 0.124 美元/千克，比伊利诺伊州均价还要低 1.9%，比中国进口玉米到岸价格低 48%。饲草投入品价格的对比情况同样如此。根据中国海关数据，2017 年 12 月，中国进口苜蓿干草 9.94 万吨，到岸均价 312.21 美元/吨，进口总量的 98% 来自美国。同期，美国苜蓿干草的农场出售均价为 148 美元/吨，比中国苜蓿干草进口到岸价格低 52.6%。玉米、苜蓿等饲草料投入品价格的巨大差异必然导致中国与美国原料奶生产成本的差距。

1.4.2 技术进步在中国奶业发展中的贡献率仍然较低

2014 年，中国成母牛单产平均为 5.5 吨/年，而世界平均单产水平为 7.6 吨/年，美国、德国和荷兰分别为 9.6 吨/年、7.7 吨/年和 8.5 吨/年[③]。2017 年，中国奶牛饲料转化率只有 1.2，而发达国家已达到 1.5（李胜利，2017）。单产水平与饲料转化率的差距主要源于奶牛育种、营养、防疫与管理等方面的差距，本质上是奶牛养殖科技水平与科技进步贡献率的差距。虽然近年来中国奶牛养殖的全要素生产率（TFP）呈上升趋势，但技术进步在中国奶业发展中的作用依然处于较低水平。利用中国奶牛养殖成本收益数据[④]对奶牛单产影响因素的计量分析表明，对奶牛单产影响最突出的是精饲料投入量，折原粮计算的精饲料每增加 1%，奶牛单产提高 0.27%。青贮饲料投入、医疗防疫投入和设施设备投入的作用相当。劳动和土地投入对奶牛单产的影响并不显著，表明在技术、管理依然是主要短板的情况下劳动投入、土地投入的增加不能显著提高奶牛单产。基于索洛余值法对中国奶牛养殖业全要素生产率进行测算（Solow，1957），从 TFP 增长率来看，技术进步在中国奶牛单产增长中的作用依然处于较低水平，2007 年以来的多数年份 TFP 增长率小于零，但是，技术

---

① 玉米进口到岸价格为美国墨西哥湾 2 级黄玉米（蛋白质含量 12%）运到黄埔港的到岸税后价；国内价格为东北 2 等黄玉米运到广州黄埔港的平仓价；价格换算时美元与人民币的汇率按当月所有交易日的汇率中间价的均值 1：6.594 2 计算。数据来源：农业农村部《2017 年 12 月农产品供需形势分析月报（大宗农产品）》，http://www.moa.gov.cn/ztzl/nybrl/rlxx/201801/t20180119_6135318.htm。

② 美国农业部《饲料粮统计资料》，https://www.ers.usda.gov/data-products/feed-grains-database/feed-grains-yearbook-tables.aspx。

③ 《荷斯坦》杂志、《2017 年中国奶业统计资料》。

④ 国家发展和改革委员会价格司：《全国农产品成本收益资料汇编》（2007—2017 年，历年），中国统计出版社。

进步的贡献在增加，特别是自 2012 年以来 TFP 增长率持续上升，2016 年
TFP 的增长率已达到 1.8%（表 1-3）。分规模来看，TFP 增长率没有表现出
明显的差距。

表 1-3 2007—2016 年奶牛养殖 TFP 增长率

单位：%

年份	总体	散养	小规模	中规模	大规模
2007	−3.5	−3.8	−5.2	−1.4	0.7
2008	−1.4	0.9	−2.4	−2.2	−6.8
2009	−0.7	0.9	−0.4	−4.3	−0.6
2010	−2.3	−1.7	−1.4	−4.6	−2.2
2011	0.9	3.8	−1.9	2.5	−2.2
2012	−2.2	−4.5	0.6	−4.4	0.3
2013	−1.3	1.3	−3.6	−1.3	−2.3
2014	0.0	0.2	−0.5	−1.1	1.0
2015	0.7	−5.3	1.9	6.4	0.7
2016	1.8	2.1	−1.5	1.9	2.9

数据来源：《全国农产品成本收益资料汇编》（2007—2017 年）。

1.4.3 过快的规模化与不合理的规模结构加快成本增长

奶牛养殖规模的扩大应该是一个渐进的过程。例如，加拿大奶牛养殖场平
均奶牛数量从 50 头增加到 80 头用了 20 年；日本从 10 头增加到 30 头用了 15
年，从 30 头增加到 60 头用了 16 年，之后又用了 10 年增加到 78 头[1]。但是，
2010—2016 年，中国奶牛养殖 100 头以上规模养殖比例从 32.9% 快速提高到
52.3%。在乳制品质量安全得到空前关注与奶业市场持续低迷的背景下，多方
面原因导致中国奶牛养殖业的规模化速度加快。其中最突出的两个原因为：第
一，以大规模养殖为导向的补贴政策。与法国等欧盟国家以保障中小规模养殖
户发展为导向的补贴政策不同[2]，中国奶业补贴政策是以大规模养殖为导向
的。国家奶牛标准化规模养殖补贴只面向大规模养殖户，而且规模越大补贴额

---

[1] 这里加拿大和日本的平均规模都是包括成母牛、青年牛和犊牛等的全群存栏规模。加拿大数
据来自 2011 年、2016 年 *Statistics of the Canadian Dairy Industry* （http://publications.gc.ca/site/
eng/9.500489/publication.html）。日本数据来自日本农林水产省历年《畜产统计调查》 （http://
www.maff.go.jp/j/tokei/kouhyou/tikusan/）。

[2] 法国对奶牛养殖户进行补贴的规模上限是 50 头，既是为了鼓励适度规模养殖，也是为了促进
中小规模养殖户的发展。

度越大。2011 年以来，奶牛标准化规模养殖补贴的起步标准由存栏 200 头调整为 300 头，2017 年中央财政对存栏 300～499 头、500～999 头、1 000 头以上三个规模的牧场分别予以 80 万元、130 万元和 170 万元补贴。第二，加工企业实施的具有歧视性的差别化定价政策。加工企业往往根据养殖规模和养殖方式将养殖户划分为不同档次并支付不同的牛奶收购价格，其中小规模养殖户、散养户及养殖小区通常被划归较低的档次并获得较低的价格，这种定价策略迫使这些养殖户退出市场。

从《全国农产品成本收益资料汇编》数据来看，大规模养殖并不是最经济的生产方式（表 1-4）。2016 年，小规模养殖的单位成本最低，比散养低 2.46％，而中规模和大规模养殖的单位成本分别比散养高 5.61％和 10.88％。过快的规模化特别是大规模、超大规模养殖的快速发展不利于中国奶业竞争力的提高，这主要是因为：首先，过快的规模化导致奶牛养殖主体较高的资产负债比例及资金成本，大规模固定资产投资后的折旧成本也较高。其次，散养户快速退出后由奶牛养殖小区①转成的规模牧场因为基础设施、卫生条件等未能同步改善，规模养殖所需的管理能力、疫病防控能力等也未能同步提高，导致较高的疫病发生率，在一定程度上提高了单位成本（刘长全，2016）。再次，大规模养殖的发展不利于本地化、低成本饲草料的使用，也不利于种养一体化生产方式的实现。没有种养一体化和更紧密的契约关系，优质饲草和青贮专用玉米品种的种植因为交易风险的存在而受到限制，不能充分发挥技术潜力。同时，粪污资源化利用率难以得到提升，粪污综合利用的净收益也难以提高。

表 1-4　中国奶牛不同养殖规模的单位成本

年份	单位主产品总成本（元/千克）				规模养殖与散养单位成本的比值		
	散养	小规模	中规模	大规模	小规模	中规模	大规模
2006	1.47	1.40	1.72	1.80	0.95	1.17	1.22
2007	1.65	1.60	1.92	1.95	0.97	1.17	1.18
2008	1.84	1.79	2.03	2.26	0.97	1.10	1.23
2009	1.88	1.89	2.14	2.31	1.01	1.14	1.23
2010	2.12	2.07	2.47	2.56	0.98	1.17	1.21
2011	2.26	2.25	2.64	2.83	1.00	1.17	1.26
2012	2.52	2.56	2.88	3.11	1.02	1.14	1.23

---

① 奶牛养殖小区是多个独立经营的散户、小规模养殖户集中养殖的场所，养殖小区与奶牛属于不同的所有者。根据发展模式的不同，在养殖小区内奶牛养殖可以由独立的养殖户分散管理，也可以由小区统一管理。

（续）

年份	单位主产品总成本（元/千克）				规模养殖与散养单位成本的比值		
	散养	小规模	中规模	大规模	小规模	中规模	大规模
2013	2.72	2.69	2.99	3.33	0.99	1.10	1.23
2014	2.98	2.85	3.23	3.44	0.96	1.09	1.15
2015	2.88	2.78	3.03	3.31	0.96	1.05	1.15
2016	2.85	2.78	3.01	3.16	0.97	1.06	1.11

数据来源：国家发展和改革委员会价格司：《全国农产品成本收益资料汇编》（2007—2017 年，历年），中国统计出版社。

中国奶业规模化发展未能扭转不合理的组织结构对竞争力提升的制约。中国奶业产业链上的原料奶市场是典型的买方垄断市场结构，在市场低迷的环境下，养殖户由于缺乏谈判能力通常只能获得生存水平的回报，规模化过程中发展起来的较大规模的养殖户也不能获得较有利的谈判地位。养殖户是市场风险、自然风险的主要承担者，频繁的市场波动引起更大的生产波动和经营亏损，养殖户的投资能力、发展能力都受到限制，奶业发展的基础长期薄弱。

1.4.4 农业政策与贸易环境不利于中国奶业发展

中国乳制品贸易政策、人民币汇率变化以及奶业发达国家的农业政策都在影响中国乳制品贸易格局及奶业竞争力。一是中国高度开放的奶业市场及与主要乳制品进口来源国签订自由贸易协定促进了乳制品进口增加。根据 WTO 等的报告（WTO 等，2016），2015 年，中国农产品平均关税水平为 15.7%，在全球 135 个国家和地区中由高到低排第 117 位[1]。其中，乳制品平均关税水平为 12.33%，低于农产品平均关税水平。新西兰是中国乳制品进口最主要的来源地，2017 年中国进口量的 48.3%、进口额的 61% 来自新西兰。根据 2008 年与新西兰签订的自由贸易协定，中国最迟于 2017 年将从新西兰进口乳制品的关税降至零。2014 年，中国与澳大利亚签订自由贸易协定，在 2019 年将从澳大利亚进口乳制品的关税降至零[2]。二是人民币升值的影响也非常突出。2017 年 1—11 月，人民币对美元的平均汇率上升了 4.1%。如果按美元计价，2017 年 10 月进口奶粉到岸价格比 2017 年 1 月上涨 15.4%；如果考虑汇率变化，按人民币计价，同期进口奶粉到岸价格则上涨 11.0%，人民币汇率上升抵消了国际奶业市场回暖、价格回升的影响。三是美国、欧盟等国家和地区对

---

① 中国非农产品的平均关税水平排第 112 位，相对而言，中国对农产品的关税保护水平略低于非农产品。

② 对 4022100 和 4022900 两个税号的奶粉实行特殊保障措施。

本国（地区）奶业生产提供大量补贴成为影响中国乳制品贸易与奶业生产的重要因素。欧盟地区奶牛养殖户的收入有一半左右来自各种补贴[①]，补贴政策促进了奶业生产，也在地区内部导致乳制品供过于求，过剩产品只能低价出口到国际市场。2015 年，欧盟取消奶业配额制度，乳制品供给进一步增长，给国际乳制品供求平衡带来更大压力，这也是过去一轮国际奶业市场价格走低的重要原因。四是中国货物贸易顺差导致国外乳制品能以极低的价格运到中国，这也是乳制品进口增加的重要原因。由于货物贸易顺差原因，欧美与中国之间往与返的货物运输需求差距较大，为了减少往中国方向的货轮的空驶，货运公司往往能接受很低的运费。根据笔者的调研，德国生产的液态奶从德国汉堡港运至中国的运费仅折合 0.1 元/千克。

1.5 提升中国奶业竞争力的思路

为破解当前中国奶业发展困局、提升奶业竞争力，需要通过推进适度规模养殖和种养一体化加快生产模式的转变；加强乳制品质量建设，提升"中国奶业"品牌竞争力；提高技术进步在奶业发展中的贡献率；完善国内奶业管理体制和扶持政策。

1.5.1 稳步推进奶牛适度规模养殖

适度规模养殖对于提升奶业竞争力的作用体现在它有利于先进设施、管理措施和技术的应用，有利于各种低成本的地方饲草资源的利用，有利于劳动投入的节约，有利于奶牛品种的持续改良等方面。但是，一旦超过适度规模，管理成本、资金成本、土地成本、粪污处理成本等都会大幅上升。从各国奶牛养殖业的发展实际来看，平均规模超过 100 头的只有新西兰、澳大利亚和美国等为数不多的国家，这与它们的资源条件、人地比例有很大关系，日本、韩国以及加拿大等的平均规模都只有 70 多头，欧盟总体的平均规模甚至只有 40 头。

适度规模不是一个确定的养殖规模，而是与资源条件相匹配、既经济有效又有利于农村农民发展的规模区间，并且因各地产业基础和资源条件的不同而具有差异。当前，中国继续推进奶牛适度规模养殖。一是要稳步退出散养户。散养户因设备条件更差、人工投入更多、售奶成本更高、质量控制难度更大等一系列因素不利于竞争力提升，但是，散养为相对弱势的农户提供了就业和增

---

① 根据欧盟农场财务数据网络（Farm Accountancy Data Network）（http：//ec.europa.eu/agri-culture/rica/database）的数据，2016 年，补贴收入与税收支出相抵后的净收入在欧盟奶牛养殖户的毛收入中平均占 33%，在净收入中平均占 72%。

收的渠道，因此，退出散养户的政策要充分考虑从业农户的发展需求和生活习惯转变的渐进过程。在国家加快推进全面建成小康社会和大力实施乡村振兴战略的背景下，更要关注适度规模养殖在解决就业、缓解贫困和促进农民增收方面的功能，避免过快规模化和发展超大规模养殖带来的冲击。二是要不断壮大中等规模养殖主体，使其逐步成为奶牛养殖业的主体。三是要继续发展多元化的规模经营模式。完善小区养殖模式，发展奶牛养殖专业合作社，加强奶牛养殖业中间组织与社会化服务体系建设，满足小规模养殖户对服务和技术的需求。

1.5.2 发展种养一体化生产模式，发挥粮改饲技术优势的潜力

优质青贮饲料供给不足是制约饲料结构优化和饲料转化率提高的重要短板。近年来，国家积极发展优质饲草料种植，实施了"振兴奶业苜蓿发展行动"、粮改饲试点等，这一方面是调整粮经饲结构、扭转因粮食安全政策引起的资源错配的必然要求，另一方面也支撑了奶牛养殖业的发展。但从实践情况看，农户销售的青贮饲料依然主要是普通籽粒品种玉米，农户在收获阶段根据市场情况选择收获籽粒还是销售青贮。籽粒玉米和青贮玉米因用途差异对玉米品种有不同要求，按照青贮要求选育的青贮专用品种有其技术优势，青贮专用品种应用不足意味着粮改饲的技术优势未能得到充分发挥。

青贮专用品种应用不足一方面是品种研发相对滞后的结果，另一方面是种养分离生产模式下农户为应对不完全合约引起的交易风险的最优选择。农户农产品品种选择是一种面临资产专用性问题的投资行为（黄祖辉等，2002），种植青贮专用品种玉米的资产专用性程度高于种植普通籽粒品种玉米。种植普通籽粒品种玉米时如遇到青贮价格不合适或者收购青贮的养殖场拒收、压价等"敲竹杠"行为，农户依然可以转向销售籽粒以确保基本收入。但是，青贮专用品种玉米不能转向籽粒销售且收获期短，到收获期如果不能及时收获和销售，农户的损失就会很大。正是因为青贮专用品种玉米的资产专用性很高，在种养分离的情况下，合约的不完全性导致农户无法完全消除销售环节面临的市场风险和"敲竹杠"风险（Williamson，1981），即使农户种植玉米的目标是销售青贮，其最优选择仍是种植普通籽粒品种玉米，然后再根据市场情况决定是否将玉米作为青贮来销售。因此，种养一体化是促进青贮专用品种种植、甚至整个优质牧草种植的必然要求。

1.5.3 促进奶业技术进步，走创新驱动的发展道路

由于资源条件限制，中国奶业竞争力的提升只能主要依靠技术进步。具体来说：一要完善奶牛养殖技术研发体系，加强奶牛营养、育种、设施装备等各

个方面的研究。二要促进奶牛品种改良，支持奶牛新品种（系）和优良品种选育，建设种奶牛生产性能测定中心和遗传评估中心，进一步增强良种供种能力，强化遗传资源保护利用，保障中国奶牛良种数量和质量安全。三要加大青贮饲草品种研究力度，加强青贮玉米和苜蓿种植、收获、加工等技术的研究。四要增强奶业技术推广体系，完善激励机制，构建多层次、多元化的技术推广与服务模式；普及推广机械化挤奶技术、全混合日粮（TMR）饲喂技术；加强疫病防控力度，尤其是加强对乳房炎、酮病等奶牛常见疾病的防控。

1.5.4　恢复消费者信心，提升"中国奶业"品牌竞争力

提高消费者信心是破解国内奶业发展困局的关键，也是提升"中国奶业"品牌竞争力的基础。为此，要将质量安全置于首要位置，持续加强乳制品质量安全建设。一要完善法律法规与管理架构，继续完善乳制品相关质量标准。二要加快构建覆盖全产业链的乳制品质量管理体系，在质量管理中实现事前预防与事后监测并重，确保挤奶、储存、运输等关键环节的技术规范与质量控制要求得到落实，在质量检测等环节引入由政府主管部门认定的第三方机构，实现质量监管的规范、公开、透明。三要严格规范和监管复原乳使用。四要规范乳制品市场竞争行为及广告宣传，降低不合理终端市场价格。防止乳制品企业利用消费者信心不足过度宣传"高端"乳制品，将消费者引向"高端化"的非理性消费模式，避免过度宣传"高端"产品对消费者关于乳制品总体质量安全认知的负面影响。

1.5.5　完善奶业管理体制和奶业政策

完善奶业管理体制和政策体系是奶业转型发展与竞争力提升的保障。一要完善奶业补贴制度。改变过去偏向大规模牧场和工厂化养殖的补贴政策，以适度规模养殖为导向，以家庭牧场为重点，加强和完善奶牛标准化规模养殖支持政策，促进养殖场（小区）改扩建和设施设备改造升级，提升奶牛养殖的标准化、机械化、信息化、智能化水平，同时加强奶牛养殖的社会化服务体系建设。二要建立和完善奶业市场稳定机制。建立乳制品储备制度，提高政府对乳制品市场波动的调节能力；加强贸易与自给率监测，可将自给率作为警示指标与价格的快速变动相结合，确定储备调节机制启动的"触发器"。三要完善奶业产业链利益联结机制，促进奶农发展和巩固奶业发展的养殖业基础。为此，要完善原料奶价格形成机制，建立优质优价的引导机制；加快建立原料奶质量第三方检测制度，保障奶农公平交易的权利。四要加强资源环境监管，增强粪污治理与资源化利用的政策支持。贯彻绿色发展理念，在严格监管的基础上，将奶牛养殖的资源环境成本内部化，尤其防止规模化过程中污染问题的扩大。

在粪污治理与资源化利用方面加强对传统养殖户与规模化养殖场（小区）的财政、金融和技术支持。

参考文献

黄祖辉，王祖锁，2002. 从不完全合约看农业产业化经营的组织方式. 农业经济问题
　　（3）.

李胜利，2017. 当前国内外奶业形势分析及中国奶业竞争力提升. 新疆畜牧业（1）.

刘长全，2016. 2015 年畜牧业生产和市场变化与 2016 年走势分析//魏后凯，杜志雄，黄秉
　　信. 中国农村经济形势分析与预测（2015—2016）. 北京：社会科学文献出版社.

帅传敏，程国强，张金隆，2003. 中国农产品国际竞争力的估计. 管理世界（1）.

杨月欣，王光亚，潘兴昌，2009. 中国食物成分表 2009. 2 版. 北京：北京大学医学出版社.

Solow R，1957. Technical change and the aggregate production function. Review of Economics
　　and Statistics，39（3）：312 - 320.

Williamson Oliver E，1981. The economics of organization：The transaction cost ap-
　　proach. American journal of sociology，87（3）：548 - 577.

WTO，ITC and UNCTAD，2016. World Tariff Profiles 2016. World Trade Organization.

2 中国奶牛养殖业成长的烦恼：成也土地，败也土地*

□刘玉满

改革开放以来，特别是 21 世纪以来，我国奶牛养殖业实现了长足发展，无论是奶牛存栏量还是生鲜乳总产量，增长速度都超出了人们的预期和想象。诚然，我国奶牛养殖业的高速增长得益于多种因素，其中，一个重要因素就是土地要素没有对奶牛养殖业发展构成硬约束。换言之，我国的奶牛养殖业的高速增长是在与土地相脱节，即"种养分离"的养殖模式下实现的，这在许多发达国家是无法想象的。随着 2014 年 1 月 1 日施行的《畜禽规模养殖污染防治条例》的贯彻落实，使得各级政府对于奶牛养殖业发展所形成的粪污处理力度的空前加大，"种养一体化"①的养殖模式呼之欲出。因此，在新的生态环保政策趋于越来越加严格的背景下，土地供给将毫无疑问地成为奶牛养殖业未来发展的主要瓶颈。

2.1 土地是奶牛养殖业发展的硬约束

土地是发展奶牛养殖业必须投入的不可或缺的生产要素，这是因为建设牛舍及与之相匹配的运动场需要土地，用于奶牛维持生命和牛奶生产所需要的粗饲料和精饲料均来自土地。同样的，奶牛生产过程中每天的排泄物也需要一定规模的土地进行消纳。因此，奶牛养殖业对土地的需求具有高度的依赖性。另外，不同于猪、禽等其他小型农场动物，奶牛个体大，吃的多排的也多，这就意味着奶牛养殖业需要更多的土地。换言之，如果没有足够的土地支撑，发展奶牛养殖业就会面临着优质精粗饲料供给不足和环境承载超负荷的双重挑战。因此，土地供给保障就构成了对奶牛养殖业发展的硬约束。

---

* 本文原载于《中国乳业》2018 年第 10 期。

① "种养一体化"的概念本来等同于"种养结合"，但近几年，在我国"种养结合"的概念有被严重泛用的趋势。有些地方、有些企业不管种植业用地距离牧场远近，只要种草、种饲料了就认为自己采用了"种养结合"的养殖模式。笔者曾经访问过的某养殖企业，其种植业用地与养殖场之间有几十公里的距离，但该企业认为自己采用的就是"种养结合"的养殖模式。实际上，发达国家的"种养一体化"是养殖场被种植业用地所环绕，基本是牧场和农场在空间上的重合。

据测算，一般一头年产奶量在 6～8 吨的泌乳牛每天约采食整株青贮玉米 25 千克、精饲料 10 千克、紫花苜蓿 4 千克，一年的需要量分别为 9 125 千克、3 650 千克（含玉米按 50％计算）和 1 460 千克；如果按照全株玉米青贮单产 3 吨、玉米单产 0.4 吨和紫花苜蓿单产 0.8 吨估算，相应地土地需求分别为 3 亩①、4.6 亩和 1.8 亩，合计为 9.4 亩。如果再考虑非泌乳牛（犊牛、后备牛、干乳牛等）的饲喂需求，并把泌乳牛与非泌乳牛合并成泌乳牛单位计算，一个泌乳牛单位约需要 15 亩土地。这也是一些奶业发达国家的经验数据。不难看出，奶牛养殖，尤其是规模化养殖对土地的需求属于刚性需求。换言之，如果没有土地这一基本生产要素作为保障，奶牛养殖业根本无法进行。

另外，一头成母牛一天的粪尿排泄量超过 50 千克，其排泄量远远超出猪、羊、禽等其他种类的农场动物。这些排泄物需要经过处理后作为农家肥还田，这在客观上也需要土地，也同样表现为对土地的刚性需要。当然，随着沼气发电技术的应用和推广，似乎大幅度降低了奶牛养殖所形成的粪污对土地的依赖程度。但是，沼气发电技术在应用推广过程中存在过度依赖政府补贴问题，运营成本很高，经济上并不划算。而且，生产沼气产生的沼渣处理也需要土地，如果沼渣处理不当又会形成新的污染。因此，如果土地供给没有保障，无论是政府还是养殖企业都应主动放弃采用沼气发电技术。

从一些发达国家发展奶牛养殖业的国际经验看，政府根据土地接纳粪污的承载能力，对于单位面积土地的合理载畜量做出明确的法律条文规定。一般情况下，农场主只能依照政府的规定和自己实际经营的土地面积决定奶牛养殖规模，有多少土地养多少牛，绝不敢触碰政府设定的合理载畜量这条红线。如果没有足够的土地，又想养更多的牛，农场主只能对多余的粪污另作处理，例如生产沼气并用沼气发电。但是，对粪污另作处理会增加额外费用，经济上并不划算。所以，除非政府提供补贴，否则农场主不会主动采用沼气发电方式来处理粪污。这就意味着农场主多数情况下会采取"有多少地养多少牛"的办法来避免触碰政府设定的合理载畜量这条红线。因此，土地是对奶牛养殖规模的刚性约束。也许正是因为土地的刚性约束，美国、加拿大、欧盟各国以及日本、韩国等发达国家的奶牛养殖主体几乎都是清一色的家庭牧场。家庭牧场的养殖规模按成母牛计，以百头以下居多，千头牧场比例很低，万头牧场则更少见。而且，发达国家的家庭牧场普遍实行的是"种养一体化"的养殖模式，奶牛养殖所需要的优质粗饲料都能做到自给自足，粪污可以还田，形成了养殖业与种植业的良性循环。

需要指出的是，许多发达国家的奶牛养殖业都经历了从散养到规模化转型

---

① 亩为非法定计量单位，1 亩＝1/15 公顷。——编者注

升级的过程。20世纪60年代，欧盟各国、日本、韩国按成母牛计的户均养殖规模均在10头以下，经过半个多世纪的转型升级，户均养殖规模仍在百头以下。这充分说明，虽然奶牛规模化养殖既是产业发展的客观要求又是产业未来的发展方向，但是，奶牛的规模化养殖是一个经济发展过程，它与一个国家的经济发展阶段是密切相关的。纵观发达国家的奶业发展，它们的奶牛规模化养殖都经历了漫长的发展历程。根据发达国家的经验，发展奶牛规模化养殖并非规模越大越好，奶牛养殖业要与种植业相结合，养殖规模要与土地经营规模相匹配。

2.2 土地无约束成就了奶牛养殖业的高速增长

中华人民共和国成立后，我国奶牛养殖业发展经历了一个从无到有、从小到大的成长过程。1949年，全国的良种及改良种奶牛只有12万头，牛奶总产量只有20万吨。直到改革开放初期的1978年，全国奶牛良种及改良种存栏量也只有47.5万头，牛奶总产量88万吨。这说明改革开放之前的30年，无论是从奶牛存栏量还是从牛奶总产量，其增长速度是非常缓慢的，增长速度如此之低，基本达到了可以忽略不计的程度。改革开放后，伴随着国民经济的发展、人民生活水平的提高以及市场需求的拉动，我国奶牛养殖业进入了一个新的发展时期。

从改革开放初期到目前，如果以牛奶总产量增长的年均递增速度来划分，我国奶牛养殖业经历了高速增长、加速增长和停滞增长三个发展阶段。1978—2000年是我国奶牛养殖业的高速增长阶段，牛奶总产量从88万吨增加到827万吨，年均递增速度为11%。2000—2008年是我国奶牛养殖业的加速增长阶段，牛奶总产量从827万吨增加到3 556万吨，年均递增速度高达20%。同改革开放初期的前22年相比，2000—2008年奶牛养殖业增长存在着一个明显的加速度。2009年至今为我国奶牛养殖业的停滞增长阶段，这期间牛奶总产量基本在3 500万~3 700万吨徘徊，2008年的"三聚氰胺"事件使我国牛奶总产量的加速增长曲线发生了改变。

还可以采用另外一种度量方法来观察我国改革开放以来的奶牛养殖业增长速度。如果把每增长牛奶1 000万吨作为一个台阶，那么，1978—2001年我国奶牛养殖业迈上了第一个台阶，2001年牛奶总产量达到了1 026万吨，耗时23年。2001—2004年我国奶牛养殖业迈上了第二个台阶，2004年牛奶总产量达到了2 261万吨，耗时仅3年。2004—2006年我国奶牛养殖业迈上了第三个台阶，2006年牛奶总产量达到了3 193万吨，耗时仅2年。因此，可以毫不夸张地说，21世纪的前8年是我国奶牛养殖业奋起腾飞的时期。然而，我国奶牛养殖业何时再能迈上一个新台阶，已成为业界人士的共同期盼。

无论是从年均递增速度看还是从增长台阶来看，1978—2008 年我国奶牛养殖业的增长速度在不停地换挡，而且档位越来越高，由改革开放初期的在高等级公路上行驶切换到高速公路上行驶，又从在高速公路上行驶切换到在高铁上行驶。毫无疑问，这一时期奶牛养殖业的高速发展既有市场需求的拉动又有政策的推动，还有科学技术进步的有力支撑。然而，还有一个更为重要的因素被长期忽略了，那就是土地因素。前述已经提到，在奶业发达国家，土地是发展奶牛养殖业的前置条件，也即硬约束，有地才能养牛，有多少地才能养多少牛。但是在我国，发展奶牛养殖业的政策环境与发达国家则完全不同，土地与养牛是可以完全脱节的，有地可以养牛，没地照样可以养牛，而且没地还可以大规模地养牛。

养牛没有土地，也就是通常所说的"种养分离"养殖模式，是我国奶牛养殖业的最大特色。由于没有土地作为硬约束，所以几乎所有的养殖主体，包括散养户、养殖小区、合作社、小规模牧场、千头牧场、万头牧场等，都统统采用了"种养分离"的养殖模式。虽然"种养分离"养殖模式不是奶牛养殖业高速增长的引擎，但是，在各级政府、乳品企业、金融部门等多种引擎的助推下，它留给了奶牛养殖业实现高速增长的自由空间。事实上，除了增长引擎的作用之外，我国奶牛养殖业的高速增长就是通过"种养分离"的养殖模式实现的。

1978—2008 年的 30 年，我国奶牛存栏头数从 48 万头增加到 1 234 万头，年均递增率为 11.4%。奶牛存栏量增长最快的时期是 2000—2008 年，存栏头数从 489 万头增加到 1 234 万头，年均递增率 12.3%。按泌乳牛占比为 50% 计算，2008 年成母牛存栏量为 617 万头。设想一下，如果我国奶牛养殖业采用"种养结合"的养殖模式，再考虑到一个泌乳牛单位需要 1 公顷土地来支撑，那么，2008 年我国奶牛养殖业对土地的直接需求量约为 9 255 万亩，在农村土地为集体所有，尤其是实行个人承包的土地制度背景下，土地供给如何能满足奶牛养殖业如此高速增长的需求？因此，"种养分离"的养殖模式成就了我国奶牛养殖业的高速增长。

2.3 土地约束使奶牛养殖业陷入举步维艰

上文已经提到，2008 年"三聚氰胺"事件的发生成为中国奶牛养殖业发展的转折点，彻底改变了奶牛养殖业的增长曲线，不但让奶牛养殖业在高铁轨道上踩了急刹车，而且还把其拖下高铁，走上一条凹凸不平的崎岖山路。奶牛养殖业从此进入了跌宕起伏的停滞增长阶段。2008—2017 年，牛奶总产量由

3 556万吨下降到3 545万吨，即使2015年牛奶总产量达到了3 754万吨的历史峰值，也只比2008年增长了5.6%。不难看出，这9年奶牛养殖业几乎是在原地踏步。中国的奶牛养殖业从来没有像今天这样如此接近第四个台阶，看似并不遥远，但每前进一步又是异常艰难。

客观地说，2008年后奶牛养殖业陷入低谷与土地约束并无直接关联。实际上，直到目前土地尚未成为奶牛养殖业发展的硬约束，主要的罪魁祸首是人所共知的"三聚氰胺"事件的发生，这对消费者信心是一种毁灭性的打击。前文提到的助推奶牛养殖业高速增长的市场、政策和金融三个引擎中，由于消费市场这个主要发动机哑火，使得政策和金融两个助推器显得如此苍白无力。除此之外，销售终端的乳品价格过高，又进一步抑制了消费市场的复苏，使得本来就不景气的消费市场更是雪上加霜。根据笔者对美国、荷兰、法国、日本、新西兰等国家奶业的了解，生鲜奶的收购价格与液态奶的零售价格之比（以下简称收售比价），基本在1∶2至1∶3之间，而我国的收售比价最低为1∶3，高可达1∶5至1∶6。高奶价造成的直接后果是，一端是加工企业的红红火火，另一端是消费市场的冷冷清清，真可谓是冰火两重天。

"三聚氰胺"事件的发生对奶牛养殖业的一个重要影响就是大批的小规模养殖户被认为是"落后"的产能而惨遭淘汰，政府和乳品企业合力加快了由传统养殖业向现代养殖业转型升级的历史进程，而转型升级的一个重要标志就是发展规模化养殖。无论是政府还是乳品企业都积极引导奶牛养殖业向规模化方向发展，因而不计其数的奶牛养殖小区、农民专业合作社、规模化牧场、千头牧场、万头牧场应运而生，奶牛规模化养殖取得很大进展。根据官方的口径，截至目前全国饲养量在100头以上的规模化养殖比例接近60%。需要特别指出的是，在我国无论是政府人员还是企业家都有鼓励大规模养殖的政策偏好，因此催生了一批大规模养殖主体。

然而，发达国家的经验和国内的生产实践均已证明，规模化养殖对土地的需求是一种刚性需求，养殖规模越大就越依赖于土地的供给。因为越是集约化的养殖，单位时间内产生的粪污量越大，越需要大规模的土地承载消纳。这也是为什么在发达国家，土地供给成为奶牛养殖业发展所面临的最为显著的制约因素。一般情况下，一头成母牛一年的排泄量为18吨。不难想象，一个千头牧场或万头牧场一年的粪污排泄量是相当巨大的。一个大规模牧场如果没有与之相匹配的土地规模，就必然不得不采用以沼气发电为主要处理方式的粪污处理方法，否则就会造成环境问题。

需要特别指出的是，在现有技术约束条件下，沼气发电是一种技术上可行、经济上并不可行的需要高度依赖政府补贴才能持续的粪污处理技术。也许正是因为如此，许多发达国家的奶牛养殖业走的是"家庭牧场种养一体化"的发展道路，而不是"种养分离"的千头牧场、万头牧场的发展道路。"家庭牧场种养一体化"看似简单，但是它有两个基本限定条件，一个是牧场的经营规模限定在家庭牧场能够经营的范围之内，另一个是牧场的养殖模式必须是"种养结合"。"家庭牧场种养一体化"的养殖模式的本质，就是奶牛养殖业对土地的刚性需求。美国走的是"家庭牧场种养一体化"的发展道路，欧盟各国走的也是"家庭牧场种养一体化"的发展道路。即使在土地资源十分稀缺的日本，走的也是"家庭牧场种养一体化"的发展道路。

抛开"家庭牧场"不说，因为就目前的政策环境而言，我国基本上没有家庭牧场赖以生存的政策土壤。但是，"种养一体化"是所有奶业发达国家的普遍做法，是发展奶牛养殖业必须遵循的科学规律。既然是科学规律就必须遵守，不能违背，违背了就要付出代价，包括经济代价、环境代价和社会代价。换言之，发展规模化养殖的关键是要处理好经济效益、生态效益和社会效益三者间的关系，要从生态文明建设、和谐社会建设的角度来考虑建设规模化牧场带来的问题和风险。大规模养殖带来的一方面是生产效率的提高，另一方面则是违反科学规律和自然规律的风险（如疫病控制风险、环境污染风险等）。在发展规模化养殖方面，我国应借鉴发达国家的经验，走"适度规模种养一体化"的发展道路，实行"种养结合"，这样既有利于降低成本，又有利于减少环境污染，还有利于减少疫病控制风险和提高动物福利，可以说是一举多得。

可以预见，随着国务院于 2013 年 11 月 11 日发布并于 2014 年 1 月 1 日起开始施行的《畜禽规模养殖污染防治条例》的贯彻落实，以及生态环境部从 2016 年开始实施的环保督察巡视制度，对规模化牧场普遍采用的"种养分离"的养殖模式形成了严格的环保约束，同时也宣告了规模化养殖场环保门槛过低的时代已经彻底终结。规模化养殖场或者自寻土地，走"种养一体化"的发展道路，或者采用粪污资源化利用策略保证环保达标。环保约束的本质是土地约束，规模化养殖场没有土地的日子不好过，奶牛养殖业没有土地其增长将举步维艰。

2.4 土地约束留给奶牛养殖业的思考

从世界发达国家发展奶牛养殖业的经验看，所谓的奶牛养殖业"种养一体化"，实质上是家庭牧场的"种养一体化"；所谓的适度规模经营，实质上是以家庭牧场为基本生产单元的规模经营，尤其是在欧洲，从事奶牛养殖业的经营主体几乎是清一色的家庭牧场。在法国，即使是针对家庭牧场，政府也不鼓励大规模经营，政府出台的补贴政策只针对那些养殖 50 头以下成母牛的家庭牧场。家庭牧场的经营者普遍认为，家庭牧场实行"种养一体化"的养殖模式可以带来以下好处：一是有利于家庭内部劳动力资源和劳动力时间的合理配置，养殖业劳动和种植业劳动也可以错时进行；二是有利于节约养殖生产成本，饲草、饲料的自产自用，既可保证廉价供应又保证质量和安全；三是有利于家庭牧场实现种植业和养殖业的良性循环，养殖业为种植业提供肥料，种植业为养殖业提供饲草饲料，同时还可以减轻养殖业引起的环境污染压力。

当前，我国奶牛养殖业存在的一个重大缺陷就是"种养分离"。"种养分离"不仅推高了养殖成本，而且造成粪污处理难度加大，养殖规模越大带来的环境污染的风险就越高。从国家未来发展奶牛养殖业的政策取向看，发展环境友好型的奶牛养殖业已势在必行。事实上，在环境保护政策日趋严紧的背景下，许多经济发达省份已经采取了生态环境控制优先于奶牛养殖业发展的政策举措。例如，北京、上海等大城市划定了限养区、禁养区，一些大规模奶牛养殖场已经外迁。这就预示着奶牛养殖业"种养分离"的时代已经走到了尽头，未来发展必须要走"种养一体化"的发展道路，土地必将成为奶牛养殖业未来发展的硬约束。过去是"得奶源者得天下"，今后将是"得土地者得天下"。

笔者一直坚信，"种养一体化"既是奶牛养殖业发展的内在要求，又是奶牛养殖业发展的科学规律，因为只有走"种养一体化"的发展道路才能充分发挥奶牛养殖业的经济效益、社会效益和生态效益的有机统一。对于业界而言，现在是时候应该对过去采取"种养分离"的养殖模式所付出的经济代价、社会代价和环境代价做出深刻反思了。回过头来看，过去出台的一些鼓励和引导发展"适度规模化"养殖的政策大方向是正确的，但问题是土地约束与适度规模之间的关系被长期忽视了。结果是规模化的目标实现了，但是，由于采取了"种养分离"的养殖模式，规模化养殖所带来的预期生产效率的提高有可能被对生态环境所产生的副作用抵消，甚至有可能是副作用大于提高的预期生产效率。

我国奶牛养殖业发展所走过的道路已经证明，抛开土地约束条件来谈"适度规模"，从理论到实践都是缺乏根基的。实际上，离开了适度规模的土地作为匹配，奶牛养殖业的经营规模越大，粪污处理的成本就会越高，粪污造成环境污染的风险就会越大，适度规模经营也就无从谈起。因此，在实践中不能把奶牛养殖业的转型升级简单地理解为就是养殖规模化，更不能把规模化简单地理解为规模越大越好。更准确地说，2008年以来我国奶牛养殖业的规模化是在土地要素没有得到充分满足的条件下而进行的盲目扩张，其结果是普遍造成了规模化牧场经济效益、社会效益、生态效益之间彼此不协调问题，发生了规模不经济现象，甚至有些规模化牧场出现了生存危机。

毫无疑问，我国奶牛养殖业未来的增长速度和发展规模将在很大程度上取决于土地供给制度保障。如果没有相应的土地供给制度作保障，奶牛养殖业只能在现有的规模上徘徊，甚至会出现下滑。从未来发展趋势来看，"种养一体化"已经成为我国奶牛养殖业未来发展绕不开的一道门槛，奶牛养殖业到了"以土地换增长"的发展阶段。因此，全社会应该形成一个共识，即：无论经营规模大还是小，无论公司还是养殖户，有地才能养牛，地多多养，地少少养，无地禁养。为此，国家应为奶牛养殖业出台相关的配套土地政策，不仅要对现行的土地制度做出相应调整，还要为奶牛养殖业提供的配套土地进行财政补贴，让养牛人想用地、有地用、用得起。"种养一体化"是发展环境友好型奶业的有效途径，是实现奶业振兴的关键举措，是提高奶业竞争力的有效保障。为此，各级政府出台的有关扶持政策都应聚焦到扶持"种养一体化"养殖模式上来，包括已经出台的振兴奶业苜蓿行动计划、粮改饲政策，以及其他相关扶持政策。

3 中国奶牛养殖技术效率的随机前沿分析

□王术坤

3.1 引言

随着我国居民收入水平的提高，消费者食物需求结构发生变化，动物性食品消费在总消费支出的比例显著提高（曹暕等，2005）。我国消费者对奶产品的消费也逐渐提高，2014 年我国消费者对原料奶的需求量为 3 880 万吨。并且随着我国农村居民收入水平的提高，农村居民对奶产品的需求潜力巨大。

随着我国居民对奶产品需求的增加，我国奶产品的生产也在不断提高。近几年，我国乳业发展加快，已经成为世界第三大原料奶生产国。2015 年我国总共产奶量为 3 755 万吨。尽管小规模养殖户纷纷退出奶牛养殖业，但规模牧场不断扩增。

虽然我国奶产品供给量和需求量的不断增加，但是国内外供需结构不平衡，奶产品质量和价格差异明显，导致我国奶产品也出现了一定程度的"三量齐增"现象。奶粉进口量快速增长，而国内奶牛养殖业销售不畅，储备和浪费严重。另外，国内奶牛养殖不具有国际竞争力，其中主要原因有两个，一是成本高；二是国内奶牛养殖依然以中小规模养殖为主。

提高我国奶牛养殖技术效率，增加奶产品质量是提高我国奶业的关键。我国奶业发展时间较短，从过去小农奶业向现代化奶业发展过程中，牧草、防疫、配种等系统性的产业发展体系没有建立起来，因此，研究奶牛养殖的技术效率情况对于我国奶牛养殖技术和奶业的发展具有重要的指导意义。

目前，已经有很多文献对我国奶牛养殖技术效率进行了研究。微观层面主要是采用农户调查数据进行定量分析。例如，郜亮亮（2015）采用调查的面板数据测度了不同养殖规模的技术效率；曹暕（2005）利用调查农户的截面数据得出我国奶牛养殖的平均技术效率为 70%，养殖规模、专业化程度、参加培训等对奶牛养殖的技术效率具有显著的影响。宏观层面主要采用《全国农产品成本收益汇编》中奶牛养殖的成本收益数据进行定量分析。例如，白静等（2015）利用 2004—2013 年的全国奶牛的成本收益数据测度了内蒙古自治区奶牛业发展水平；刘威等（2011）使用 2004—2008 年奶牛的成本收益数据估计了不同规模下奶牛技术的差异。

上述文献虽然对我国奶牛养殖技术效率进行了较为完善的评估，但是采用的实证数据相对较早。新时期中国奶牛养殖技术发生了很大的变化，之前的研究结果不足以支撑现在中国奶业技术的发展情况。另外，虽然已经有学者研究了奶牛养殖规模对技术效率大小的影响，但是很少有学者研究奶牛养殖规模对技术效率的波动性影响。因此，本文将采取最新的《全国农产品成本收益汇编》的成本收益数据对目前我国奶牛养殖技术进行估计，并且创新性地测度了奶牛养殖的不同规模对奶牛技术效率波动性的影响。

本文结构安排如下，第二部分介绍研究方法和模型；第三部分对所用的数据和相关变量进行描述性分析；第四部分汇报模型结果，主要包括 2006—2016 年我国奶牛养殖技术效率的变化趋势、不同规模下奶牛技术效率的差异和不同规模下奶牛养殖技术效率的波动；第五部分是研究结论和政策建议。

3.2　研究方法和模型设定

本文主要采用两步法的思路首先对我国奶牛养殖的技术效率进行评估，然后采用普通最小二乘法评估养殖规模对奶牛养殖技术效率大小和技术效率波动的影响。

第一步，采用全要素生产率的方法来度量奶牛技术的进步和效率。目前，测度技术效率常用的方法主要有非参数法和参数法两类。非参数法主要以 DEA 方法为主（Vahid and Sowlati，2007；张宁等，2006；李周等，2005）。参数法主要采用随机前沿生产函数法（SFA）。随机前沿生产函数采取的生产函数主要包括 Cobb‐Douglas 生产函数和超越对数生产函数（Kumbhakar，1990；Wang and Tao，2010；周杨等，2017）。非参数法具有不能对前沿面的适用性进行检验以及不考虑随机因素对测量结果的影响等缺点，参数法能够克服上述缺点。另外，Cobb‐Douglas 生产函数相较于超越对数函数更加灵活方便（白静，2015）。因此，本文采用基于 Cobb‐Douglas 生产函数的随机前沿生产函数法对我国奶牛养殖的技术效率进行估计。该模型在技术效率分析方面的应用已经相对成熟，具体理论推导请参照郜亮亮等（2015）、Jondrow 等（1981）、Meeusen 和 Broeck（1977）等相关文献。本文实证模型具体设定如下：

$$\ln(Y_{it}) = a_0 + a_1\ln(x_{1it}) + a_2\ln(x_{2it}) + a_3\ln(x_{3it}) +$$
$$a_4\ln(x_{4it}) + a_5\ln(x_{5it}) + v_{it} - u_{it}$$

式中，下角 i 代表第 i 个省份，t 代表第 t 年。Y_{it} 代表第 i 个省份第 t 年一头奶牛的主产品产量。x_{1it} 代表每头牛的人工成本；x_{2it} 代表医疗防疫费用；x_{3it} 代表固定资产费用；x_{4it} 代表饲料费用；x_{5it} 精饲料比例；x_{6it} 代表土地成本。v_{it} 和 u_{it} 分别表示随机误差项和技术非效率。

第二步，采用最小二乘法估计奶牛养殖规模对养殖技术效率大小和波动程度的影响。技术效率的大小和波动程度分别采用技术效率的期望值和标准差两个指标衡量。该模型的设定主要选取外生于奶牛养殖生产过程中的变量，即这些变量不是奶牛养殖生产过程中的投入和产出变量，但是仍然影响到生产者的行为（郜亮亮等，2015）。另外，为估算养殖规模对技术效率的影响，该处没有采用固定效应进行回归，而是在模型中控制了时间和省份的虚拟变量。具体模型设定如下：

$$Te_i = b_0 + b_1 Scale + b_2 Pro + b_3 Year + e_i$$

式中，Te_i 是采用随机边界生产函数计算的技术效率的期望和方差。技术效率主要是 u_{it} 取符号后的自然指数（郜亮亮等，2015）。b_0 表示常数项；$Scale$ 代表奶牛养殖规模的虚拟变量，Pro 和 $Year$ 分别表示省份和年份虚拟变量；e_{it} 代表随机误差项。

3.3　数据来源和描述性分析

本文采用 2006—2016 年 29 个省份（除江西、西藏、台湾和香港、澳门外）的《全国农产品成本收益汇编》中奶牛养殖的投入和产出数据。因为有些省份的数据缺失不在样本中，所以是一个非平衡面板数据，样本中总共有 537 个观察值。另外，根据《全国农产品成本收益汇编》中对奶牛养殖规模的划分，散户饲养规模为 0～10 头、小规模 11～50 头、中规模 51～500 头、大规模为 500 头以上。

根据文献归纳，本文选取奶牛养殖生产过程中常用的投入和产出变量，主要包括奶牛的主产品产量、人工成本、医疗防疫费用、固定资产折旧、饲料费用、精饲料比例、土地成本。具体指标说明见表 3 - 1。

表 3 - 1　变量的描述性统计

变　量	变量说明	均值	标准差	最小值	最大值
产量	每头牛的主产品产量（千克）	5 771.5	1 057.8	1 303.5	10 217.5
人工成本	每头牛的人工成本（元）	2 190.2	1 154.4	262.8	6 537.6
医疗防疫费用	每头牛的医疗防疫费用（元）	205.0	167.0	11.7	1 684.4
固定资产费用	每头牛的固定资产费用（元）	1 932.7	916.8	327.1	6 582.4

（续）

变　量	变量说明	均值	标准差	最小值	最大值
饲料费用	每头牛食用精饲料费用和青贮饲料费的总和（元）	11 103.8	4 101.3	3 464.2	25 989.5
精饲料比例	每头牛饲养费用中精饲料占比（％）	71.9	10.7	13.8	95.2
土地成本	每头牛的土地成本（元）	64.0	72.9	0.0	461.5
规模	1＝散养；2＝小规模；3＝中规模；4＝大规模	2.9	0.9	1.0	4.0

3.4　模型估计结果

3.4.1　我国奶牛养殖的技术效率分析

随机前沿生产函数模型的估计结果见表 3-2。表 3-2 显示，大部分的变量是显著的，并且具有一定的经济学意义。技术非效率项 u_{it} 的估计值为 0.288，并且在 1％ 的水平下高度显著。由此，可以判断本文采用 SFA 的方法分析奶牛养殖的技术效率是合适的。

表 3-2　随机前沿函数模型的估计结果

变　量	估计参数	标准误	z 统计量
人工成本	−0.049	0.013	−3.79***
医疗防疫费用	0.083	0.010	7.99***
精饲料比例	0.293	0.035	8.41***
饲料费用	0.191	0.027	7.12***
固定资产折旧	0.060	0.019	3.09***
土地成本	−0.003	0.003	−0.98
常数项	6.781	0.214	31.71***
技术非效率项（u）	0.288	0.110	2.62***

注：*** 表示 $P<0.01$，** 表示 $P<0.05$.

基于 Cobb-Douglas 生产函数的 SFA 估计结果显示，除劳动力投入的弹性为负值外，其他显著性变量的弹性都为正值。例如，医疗防疫费用的弹性为 0.083，则表示奶牛养殖过程中，医疗防疫费用每提高 1％，每头牛的主产品产出提高 0.083％。其他解释类似。劳动力投入的弹性为负值的解释结果需要谨慎对待，这一结果与曹暕等（2005）估计结果相似，可能是因为农户生产过程中劳动力投入过多，存在边际报酬为负的情况。但是周扬等（2017）估计的劳动力投入对产出的弹性为正值。

在 u_{it} 已知的情况下，可以计算出奶牛养殖技术效率的平均值，即 $TE = E[\exp(-u_{it})]$（郜亮亮等，2015）。图 3-1 显示了我国奶牛养殖技术效率在不同年份的变化情况。可以看出，2006—2016 年，我国奶牛养殖技术效率的平均值在 0.75 左右，这一结论与曹暕（2005）使用微观调查数据测度的奶牛养殖技术效率和刘威等（2011）使用成本收益的宏观数据测度的结果相近。以上结果说明我国奶牛养殖的技术效率存在显著的效率损失。因此，可以推测我国奶牛养殖技术效率的提高依然存在很大的空间。另外，从图 3-1 可以看出，2006 年以来，我国奶牛养殖的技术效率波动不大，说明近几年我国奶牛养殖的技术效率提高不明显。

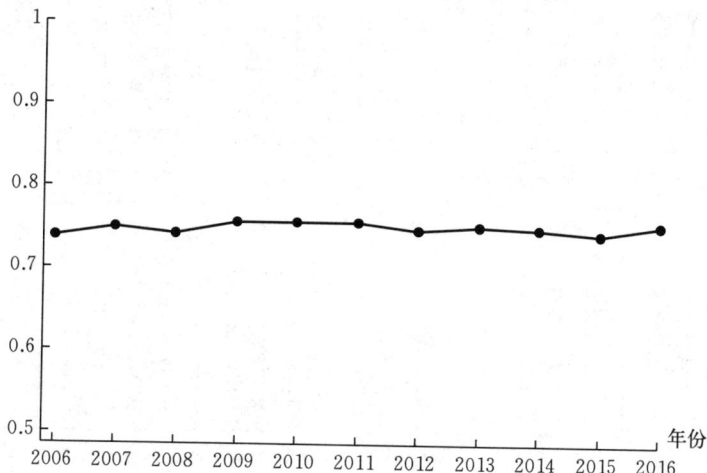

图 3-1　不同年份奶牛养殖技术效率情况

3.4.2　不同养殖规模性对奶牛养殖技术的影响

奶牛养殖规模的差异往往对投入要素的配置不同，因而产生的技术效率大小也不同。有学者认为大规模养殖对要素的配置效率最高，散养和小规模的养殖则降低不同要素的配置效率（周扬等，2017；郜亮亮，2015）。接下来，本文进一步验证不同养殖规模对奶牛养殖技术效率大小的影响。

首先，从图 3-2 可以看出，随着养殖规模的提高，奶牛养殖的技术效率逐渐提高。2006—2016 年，大规模养殖和中规模养殖的技术效率明显高于散养和小规模养殖，小规模比散户养殖的技术效率略高，但是差异不明显，甚至个别年份小规模养殖的技术效率低于散养的农户。例如，2016 年小规模养殖的技术效率为 0.71、散养的技术效率为 0.73。

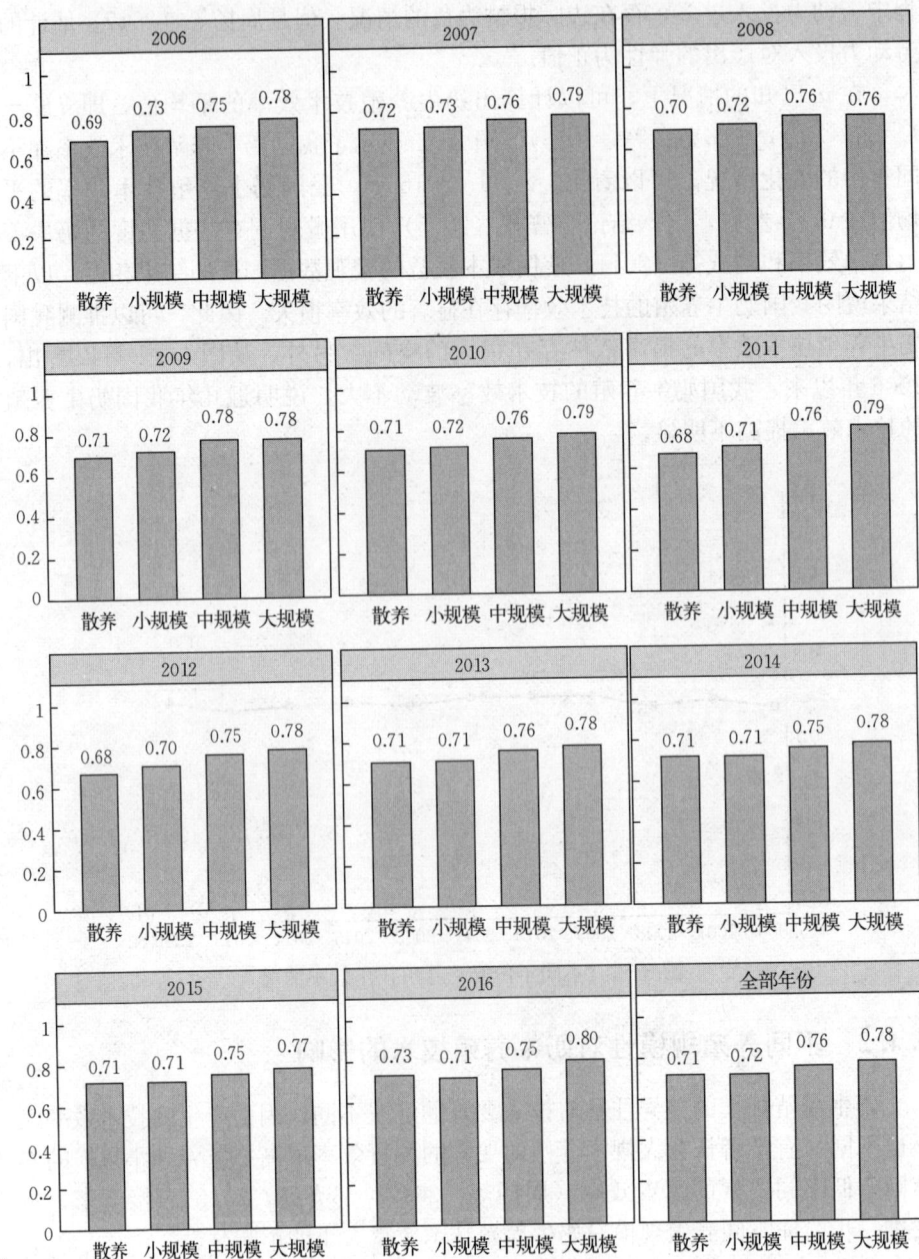

图 3-2 不同规模情况下的技术效率

为进一步检验不同养殖规模对奶牛养殖技术效率的影响，采用最小二乘法进行参数估计。为了更好地测度不同规模对技术效率大小的影响，我们没有使用固定效应模型，而是在模型中加入了省份和年份的虚拟变量作为控制变量。

估计结果见表 3 - 3。

表 3 - 3　不同养殖规模对奶牛养殖技术效率的影响

变　量	技术效率	技术效率的方差
养殖规模（散户为基期）		
小规模	−0.004 7	0.001 6 **
	（−1.150 7）	（−2.368 4）
中规模	−0.000 9	0.002 3 ***
	（−0.218 9）	（−3.330 6）
大规模	0.044 8 ***	0.004 5 ***
	（−10.316 7）	（−6.126 6）
Constant	0.90 ***	0.03 ***
	（−118.505 5）	（−19.318 0）
Observations	537	537
R - squared	0.916	0.753

注：括号内为 t 统计量。*** 表示 $P<0.01$，** 表示 $P<0.05$，* 表示 $P<0.1$

表 3 - 3 第 2 列显示，不同养殖规模对奶牛养殖的技术效率的影响不同。相对于散户养殖，大规模养殖高出 4.48%，但是，小规模养殖和中规模养殖在统计上都不显著。由此可见，提高养殖规模，尤其是大规模养殖更加有利于资源的有效配置，有利于提高技术效率。

3.4.3　不同养殖规模对奶牛养殖技术波动性影响

为检验养殖规模对技术效率的波动情况，本文将技术效率的方差作为因变量做进一步回归分析。表 3 - 3 第 3 列显示，相对于散户的养殖规模，养殖规模越大，技术效率的波动越大。小规模养殖、中规模养殖和大规模养殖分别比散户养殖波动性高出 0.001 6、0.002 3 和 0.004 5。养殖规模对技术效率波动的影响敏感度明显高于对技术效率大小的影响。究其原因，我国大规模养殖奶牛起步较晚，可能在技术改进和规范管理方面差异较大，还没有形成统一的养殖模式。

3.5　结论及政策建议

本文利用 2006—2016 年 29 个省份的《全国农产品成本收益汇编》中奶牛养殖的投入和产出数据，采用随机前沿生产函数的方法对我国奶牛养殖的技术效率进行了系统的测度。主要得出 3 个结论：①2006—2016 年，我国奶牛养殖的技术效率变化不大，奶牛养殖的技术效率在 0.75 左右。②不同养殖规模对技术效率的影响不同，大规模养殖更加有利于配置资源，提高技术效率。③随着养殖规模的不断扩大，奶牛养殖技术效率的波动不断增加。

基于以上结论提出的政策建议如下：①我国应该更加关注奶牛养殖业的发展，奶牛养殖的技术效率依然有很大的增长空间；②鼓励和扶持大规模的奶牛养殖，但是在规模化养殖推进的过程中，应逐步形成统一的技术模式和规范化的管理，减少技术效率的不稳定性。

参考文献

白静，2015. 内蒙古奶牛养殖业技术效率分析——基于随机前沿生产函数方法 [J]. 内蒙古科技与经济 (7)：9-11.

郜亮亮，李栋，刘玉满，刘宇，2015. 中国奶牛不同养殖模式效率的随机前沿分析——来自 7 省 50 县监测数据的证据 [J]. 中国农村观察 (3)：64-73.

李周，于法稳，2005. 西部地区农业生产效率的 DEA 分析 [J]. 中国农村观察 (6)：2-10.

刘威，张培兰，马恒运，2011. 我国不同规模奶牛场的技术效率及其影响因素分析——基于新分类数据和随机距离函数 [J]. 技术经济 (1)：50-54.

张宁，胡鞍钢，郑京海，2006. 应用 DEA 方法评测中国各地区健康生产效率 [J]. 经济研究 (7)：92-105.

周杨，郝庆升，李彩彩，2017. 我国 4 种规模奶牛养殖生产要素配置现状及其优化研究——基于 Translog-SFA 的技术效率分析 [J]. 中国畜牧杂志 (12).

Jondrow J, Lovell C A K, Materov I S, Schmidt P, 1981. On the estimation of technical inefficiency in the stochastic frontier production function model [J]. Journal of Econometrics (19)：233-238.

Kumbhakar S C, 1990. Production frontiers, panel data, and time-varying technical inefficiency [J]. Journal of Econometrics (46)：201-211.

Meeusen W, Broeck J V D, 1977. Efficiency Estimation from Cobb-Douglas Production Functions with Composed Error [J]. International Economic Review (18)：435-444.

Vahid S, Sowlati T, 2007. Efficiency analysis of the Canadian wood-product manufacturing subsectors: A DEA approach [J]. Forest Products Journal (57)：71-77.

Wang Z P, Tao C Q, 2010. Regional production efficiency and its influence factors analysis in China-Based on 2001—2008 inter-provincial panel-data and SFA method [J]. Systems Engineering-Theory & Practice (30)：1762-1773.

4 奶牛不同养殖模式效率的对比研究
——以内蒙古呼和浩特周边地区为例

□乌云花　赵雪娇　乔光华　道日娜

4.1 引言

　　随着乳业经济的快速发展和人们生活水平的不断提高，人们的生活习惯也在逐步改善，牛奶已经从过去的奢侈品转变为现在的生活必需品。截至 2014 年年底，中国牛奶产量为 3 724.6 万吨，较 1996 年的产奶量 629.4 万吨增长了 4.9 倍。从人均消费水平来看，2014 年全国人均奶类消费量为 12.6 千克，而在 1996 年城镇居民人均鲜奶购买量为 4.8 千克，农村居民人均鲜奶购买量只有 0.8 千克。李胜利主编的中国奶业白皮书指出，2014 年中国城镇人均牛奶消费量达到 40 千克，农村人均牛奶消费量达到 24 千克，这一数据远高于国家统计局公布的城镇 15 千克、农村不足 2 千克的牛奶消费水平（李胜利等，2014）。

　　然而，2008 年的"三聚氰胺"事件给快速发展的乳业经济重重一击，严重影响了消费者对国产奶的信任。事件之后，社会各界普遍开始将目光转移到乳制品的安全问题上，政府大力度鼓励奶业合作社和规模化养殖场的建立。截至 2014 年年底，全国家庭牧场 87.7 万家，农民合作社 128 万多家，经营面积在 50 亩以上的专业大户超过 300 万家（新形势下我国农业管理改革研究课题组，2015）。

　　内蒙古是中国畜牧业的重要的生产基地。草原面积约 1.3 亿亩，就可利用草场面积而言，占中国草场总面积的 25%。内蒙古生长有一千多种用于饲养的植物，特别是适于饲养牲畜的羊草、羊茅等禾本和豆科牧草，结合内蒙古优越的土质条件以及降水条件，为内蒙古奶业的发展奠定了良好的基础。2014 年内蒙古奶牛存栏数达到 298.45 万头，占全国奶牛存栏数的 20.4%。近年来，随着全国的规模牧场和奶业合作社的不断增加，内蒙古奶牛养殖模式也正在发生变化，家庭牧场和奶业合作社数量不断增加，小规模奶牛养殖散户有逐渐退出奶业的趋势。

　　学者对奶牛养殖规模及养殖模式方面进行了一系列研究，不同学者的研究结论有一定的差异。解决奶业当前的发展难题必须以规模化养殖为根本（李胜利等，2013）。Alfons 等（1990）利用边际成本效率的计算方法计算出不同规模奶牛养殖的成本效率水平，认为与小规模奶牛养殖相比，大规模奶牛养殖场之间的成本效率差异比小规模奶牛养殖场小（Alfons et al.，1990）。Alvarez 等（2008）的集约化奶牛养殖效果的实证研究表明，集约化养殖场接近成本前沿时，强化和效率之间呈现正相关关系（Alvarez et al.，2008）。Cabrera 等（2010）在研究中指出，生产具有规模报酬不变时，农场生产效率与农业集约化、农业活动的家庭劳动贡献水平、全混合日粮饲喂系统的使用及挤奶频率呈正相关（Cabrera et al，2010）。Tauer 等（2006）利用随机成本曲线分析了小规模的奶牛养殖场成本过高的原因，发现虽然生产前沿成本随着农场规模的扩大而减小，但成本过高的原因是无效率而不是技术（Tauer et al.，2006）。Herck 等（2015）分析了 2003—2009 年保加利亚奶农退出养殖的主要因素是家庭的老龄化、健康问题、非农就业、没有实施供应链现代化和牛奶的质量标准及没有进行与现代供应链整合相关的制度创新等，对养殖场的援助将会对小规模养殖场数量的增长产生有利影响（Herck et al.，2015）。尹春洋（2013）的研究表明，按照年均值核算净利润，每生产 1 千克牛奶的净利润随着养殖规模增大而减少，即散养和小规模养殖具有一定效益优势，而中大规模养殖并无效益优势（尹春洋，2013）。但是，张菲等（2014）的研究表明，从全国层面看，散养和小规模的全要素生产率小于中规模和大规模。关于不同养殖模式的效率方面，学者的研究结论有一定的差异。

那么，到底不同养殖模式的技术效率和规模效率有什么样的区别？到底哪种养殖模式更适合未来的奶业可持续发展趋势？本文利用数据包络分析方法试图分析小规模散户、奶业合作社和家庭牧场等不同养殖模式的效率，从效率角度评价不同养殖模式的优劣，回答本文提出的问题。本文结构如下：第二部分介绍本研究所采用的数据、样本抽样方法和调查的基本内容；第三部分介绍本文研究方法；第四部分统计描述分析不同养殖模式的成本收益；第五部分讨论 DEA 模型估计结果；第六部分是本文的结论。

4.2　数据来源

本研究区域在内蒙古呼和浩特周边地区。享有"中国乳都"之称的呼和浩特，地处内蒙古中部，"伊利""蒙牛"为代表的两大全国知名乳品企业对内蒙古的乳业发展做出了巨大的贡献。无论是牛奶产量还是奶牛头数、人均消费量等均居全国前列。因此本研究选择内蒙古呼和浩特及其周边地区，对不同奶牛养殖模式效率进行研究具有一定的代表性。

　　本文数据来源于作者及其团队于 2014 年 7 月、10 月及 2015 年 1 月三次实地调研，选取的抽样方法为简单随机抽样以及分层随机抽样，对农户采取分层随机抽样。具体方法为：选取内蒙古呼和浩特市周边地区 5 个奶牛主要养殖区域（分别为呼和浩特市和林县、土左旗、赛罕区以及包头市九原区、土左旗），每个旗县按照奶牛头数，抽取 2 个奶牛头数多的镇（奶牛总头数占到全县的 50％以上），每个镇按照奶牛头数，抽取 2 个奶牛头数多的村（奶牛总头数占到全镇的 50％以上），每个村随机抽取 10 个奶牛养殖户，共 200 个奶牛养殖户。由于牧场以及合作社规模一般比较大，结合本次的调研，有的村子里可能还达不到一个，故不适用于分层随机抽样，本次采取简单随机抽样的方法，即每个镇随机调研 2 个牧场、2 个奶业合作社，情况允许的情况下可适当增加，故需要调研至少 20 个牧场以及 20 个奶业合作社，最终的调研结果为 22 个合作社、20 个牧场。在后续整理数据时发现 9 个养殖户的问卷存在信息不全的情况，故予以排除，本次农户样本最终确立为 191 个。

4.3　研究方法

　　本文采用 DEA 分析方法，对比研究三种不同奶牛养殖模式的效率。DEA 模型是对同种类型的单位（决策单元）进行评价，依据每组给定决策单元的"输入"指标和"输出"指标，来评价其优劣。DEA 方法对解决多输入、多输出的问题具有绝对优势。本文产出变量不仅包括作为主产品的牛奶产出，还包括奶牛粪便、淘汰的奶牛、牛犊等副产品收入。投入变量包括劳动力投入、固定资产投入、精饲料投入及粗饲料投入等。

　　在 DEA 模型中，综合效率＝纯技术效率×规模效率。其中，综合效率是对决策单元的资源利用能力、使用效率等多方面因素的综合考量和评价；纯技术效率表示决策单位有效利用生产技术以达到产出最大化的程度，纯技术效率为 1 时表示在当前的技术水平上，投入要素的使用是有效率的；规模效率是衡量决策单元产出与投入的比是否合适，其数值越高表示规模越好，生产力水平越高。综合效率等于 1 表示纯技术效率以及规模效率均有效，当综合效率小于 1 时表示供给的实现方式没有效率。

　　在 DEA 中，一般被评价的单元（即样本）称为决策单元（DMU），设有 n 个决策单元（$j=1, 2, \cdots, n$），每个决策单元具有相同的 m 项投入（$i=1, 2, \cdots, m$）和相同的 s 项产出（$r=1, 2, \cdots, s$）。用 X_{ij} 表示第 j 单元的第 i 项投入量，Y_{rj} 表示第 j 单元的第 r 项产出量。投入向量可以表示为 $X=(x_{ij})_{m \times n}$，产出向量可以表示为 $Y=(y_{rj})_{s \times n}$，若用 v_i 表示第 i 项投入的权值，u_r 表示第 r 项产出的权值，则第 j 决策单元的投入产出比 h_j 的表达式为（马占新等，2013）：

$$h_j = \frac{\sum\limits_{r=1}^{s} u_r y_{rj}}{\sum\limits_{i=1}^{m} v_i x_{ij}} \quad (j=1,\cdots,n) \tag{4-1}$$

令 $h_j \leqslant 1$，则对第 j_0 个决策单元的绩效评价可以归结为如下优化模型，进一步通过引入三个变量 t、w_i、μ_s 将其转化为一个线性规划问题：

$$\begin{cases} \max h_{j0} = \dfrac{\sum\limits_{r=1}^{s} u_r y_{rj0}}{\sum\limits_{i=1}^{m} v_i x_{ij0}} \\ \dfrac{\sum\limits_{r=1}^{s} u_r y_{rj}}{\sum\limits_{i=1}^{m} v_i x_{ij}} \leqslant 1 \quad (j=1,\cdots,n) \\ v_i \geqslant 0 \quad (i=1,\cdots,m) \\ u_r \geqslant 0 \quad (r=1,\cdots,s) \end{cases} \xrightarrow{\quad t=\frac{1}{\sum\limits_{i=1}^{m} v_i x_{ij}},\, w_i = t v_i,\, \mu_s = t u_s \quad}$$

$$\begin{cases} \max h_{j0} = t \sum\limits_{r=1}^{s} u_r y_{rj0} = \sum\limits_{r=1}^{s} \mu_r y_{rj0} \\ \dfrac{\sum\limits_{r=1}^{s} \mu_r y_{rj}}{\sum\limits_{i=1}^{m} w_i x_{ij}} \leqslant 1 \quad (j=1,\cdots,n) \\ \sum\limits_{i=1}^{m} w_i x_{ij0} = 1 \\ w_i \geqslant 0 \quad (i=1,\cdots,m),\, \mu_r \geqslant 0 \quad (r=1,\cdots,s) \end{cases} \tag{4-2}$$

最后经过对偶变换，引入对偶变量 $-\lambda$，θ，以及松弛变量 S^+ 和剩余变量 S^- 后得到如下式子：

$$\min \theta$$

$$\begin{cases} \sum\limits_{j=1}^{n} \lambda_j x_{ij} + S^- = \theta x_{ij} \quad (i=1,\cdots,m) \\ \sum\limits_{j=1}^{n} \lambda_j y_{rj} - S^+ = y_{rj0} \quad (r=1,\cdots,s) \\ S^- \geqslant 0, S^+ \geqslant 0 \\ \lambda_j \geqslant 0 \quad (j=1,\cdots,n) \end{cases} \tag{4-3}$$

上述模型的含义为，当 $h_{j0}=\theta^0=1$，且 $S^+=S^-=0$ 时，则决策单元（DMU）为 DEA 有效；当 $h_{j0}=\theta^0=1$，且至少有一个以上的输入或输出大于0，则决策单元（DMU）为弱 DEA 有效；当 $h_{j0}=\theta^0<1$ 时，则决策单元（DMU）为 DEA 无效。松弛变量 S^+ 和剩余变量 S^- 的值可以判定投入冗余和产出不足，当其不为零时，则理论上需要减少投入或者是增加产出。对于 λ_j，当 $\Sigma\lambda_j=1$ 时，可判定决策单元的规模报酬不变，当 $\Sigma\lambda_j<1$ 时，决策单元的规模报酬递增，当 $\Sigma\lambda_j>1$ 时，决策单元的规模报酬递减。

DEA 方法对处理多输入、多输出的问题具有绝对优势。本文产出变量包括主产品产出（Y_1）以及副产品收入（Y_2），因为这两部分基本涵盖了奶牛养殖的所有收益。Y_1 单位为千克，目的是排除牛奶价格变动的影响。Y_2 单位为元，因为副产品包含奶牛粪便以及淘汰的奶牛、小牛犊等，单位不统一，只能用元来衡量，本次分析是基于同一年副产品的价格，因此价格波动对副产品收入的影响可以忽略不计。投入变量包括劳动力投入（X_1），以天为单位，包括两个部分，即"家庭用工天数"和"雇用劳动力天数"，由于雇佣劳动以及家庭每天投入的时间不等，为统一口径，均以小时数为基础，按法定工作时间 8小时/天折合为天数来计算；固定资产投入（X_2），单位为元，具体包括与奶牛养殖有关的"设施设备折旧及维修费"以及"固定场所折旧及维修费"；精饲料投入（X_3），单位为千克，主要包括玉米以及全价配合饲料（包括 50料），部分饲料配有蛋白、酒糟、麻饼等；粗饲料投入（X_4），单位为元，考虑到粗饲料用量大、种类多、价值小的特点，统一为元，主要包括玉米秸秆、青贮玉米、苜蓿、干草、羊草等。

4.4 不同养殖模式的投入产出对比

结合相关文献的研究和调研区域的具体情况，本文将内蒙古呼和浩特市周边地区奶牛养殖模式分为以下三种：牧场、奶业合作社以及小规模散户养殖（简称散户）。本节主要对比这三种奶牛养殖模式的每头产奶母牛的年投入成本和年产出情况，根据简单统计描述方法初步分析不同养殖模式的优劣。

首先，牧场的平均产出水平高于奶业合作社及散户。总产出包括牛奶的产量以及副产品的产值。副产品包含奶牛粪便以及淘汰的奶牛、小牛犊等。单位统一转化为价值指标，用元来衡量。以每头产奶母牛为分析对象，2013 年牧场的年平均产奶量为 5 885 千克，分别高出奶业合作社 103 千克、散户 529 千克（表 4-1）。副产品也呈现相似状况，牧场的副产品平均产值分别比合作社及散户高出 191 元、289 元。另外，从最大值与最小值之间差距来看，牧场的每头奶牛的产奶量的最大值与最小值之间的差距为 1 860 千克，合作社为

2 800 千克，散户的为 3 575 千克，这在一定程度上说明了牧场的奶牛产奶水平相当，合作社其次，而散户的奶牛产奶水平参差不齐，相差较大。这种现象出现的原因可能取决于奶牛的产奶期以及淘汰率。我们在调研中了解到牧场的奶牛产奶期平均比散户奶牛的产奶期高出 21 天。从副产品产值也可以看出淘汰率的大小，因为淘汰的奶牛在副产品产值中占据非常大的比重。从表 4 - 1 副产品的对比结果可以看出，牧场的奶牛淘汰率比其他模式的快。

表 4 - 1　2013 年三种养殖模式每头奶牛的年产奶量和副产品产值对比

	产出变量	样本量	平均值	标准差	最小值	最大值
牧场	主产品（千克）	20	5 885	649	5 040	6 900
	副产品（元）	20	1 173	589	621	2 776
合作社	主产品（千克）	22	5 782	700	4 200	7 000
	副产品（元）	22	982	320	542	1 679
散户	主产品（千克）	191	5 356	781	4 050	7 625
	副产品（元）	191	884	462	125	2 429

数据来源：作者调查整理。

　　其次，从饲料投入角度分析得出，牧场与合作社在精饲料的投入上相差不大，散户在精饲料的投入上要比牧场和合作社多，在粗饲料的投入上，散户的投入也明显高于合作社及牧场。奶牛养殖的投入主要有饲料的投入、劳动力的投入以及与生产有关的固定场所、设施设备等固定资产的投入。饲料进一步分为精饲料以及粗饲料。本次调研精饲料以全价配合饲料为主，2013 年市场均价为 3 元/千克左右，以玉米面为辅，市场价 2 元/千克左右。粗饲料以玉米秸秆、青贮玉米以及羊草为主，部分伴有少量苜蓿。羊草大部分从东北等地区购买，平均价格 1 元/千克左右。从表 4 - 2 可以看出，牧场与合作社在精饲料的平均投入上相差不大，都在 4 000 千克左右，而散户的每头产奶牛年精饲料平均投入量为 4 217 千克，比牧场和合作社分别高出 220 千克和 210 千克。根据我们的调研，散户户主平均年龄为 50 周岁，多年的奶牛养殖经验已经让他们形成了一套固定的模式。受传统观念"多投入多产出"的影响，他们可能更愿意选择相信自己的亲身经验而不愿意轻易接受他人的指导，因而在精饲料的投入上要比牧场和合作社多。在粗饲料的投入上，散户、牧场和合作社的粗饲料投入成本分别是 3 381 元、2 881 元和 2 748 元，散户的投入也明显高于牧场和合作社。出现这种情况的可能原因有，除了散户的自身养殖习惯的因素以外，还取决于粗饲料的成本。玉米秸秆几乎是家家都自有的养牛饲料，散户在奶牛的玉米秸秆的用量上不是很关注成本，因此，散户的粗饲料投入要比牧场及合作社多。

再次，从劳动力的投入来看，牧场的劳动力投入远远少于其他养殖模式的劳动力投入。随着机械化水平的提高，奶牛的饲养、挤奶等均由原来的手工变为现在的机械操作，劳动所需要的时间大大缩短了，这种优势在大规模的养殖场体现尤为明显。从表4-2可以看出，牧场每头奶牛年均劳动力投入比合作社少9天，比散户少50天。散户由于养殖规模小，除了挤奶环节在政府的要求下不得不采用挤奶器，其他方面均以手工劳动为主，因此劳动投入量大。据我们调研了解，散户养殖奶牛1~5头的，每天基本需要2个劳动力，每天工作5~6小时。

表4-2　2013年三种养殖模式每头奶牛的年投入对比

	产出变量	样本量	平均值	标准差	最小值	最大值
牧场	劳动力（天）	20	17	4	10	26
	固定资产（元）	20	730	270	409	1 336
	精饲料（千克）	20	3 997	470	3 285	4 745
	粗饲料（元）	20	2 881	356	2 363	3 395
合作社	劳动力（天）	22	26	9	14	46
	固定资产（元）	22	696	268	367	1 314
	精饲料（千克）	22	4 007	665	2 738	5 840
	粗饲料（元）	22	2 748	919	1 369	4 061
散户	劳动力（天）	191	67	44	21	274
	固定资产（元）	191	147	138	27	769
	精饲料（千克）	191	4 217	651	3 285	5 840
	粗饲料（元）	191	3 381	533	2 373	4 380

数据来源：作者调查整理。

最后，从固定资产投入来看，牧场比奶业合作社略高一点，散户的固定资产投入少。固定资产主要包括牛棚牛舍、晾牛场、挤奶间、挤奶设备、储奶设备、饲料棚及青贮窖的折旧及维修费等。对散户来讲，他们只需要缴纳一部分的管理费或少量的租金，便可以使用小区或合作社的牛棚牛舍等固定资产以及挤奶设备等，所以散户的固定资产投入量比牧场和奶业合作社分别少583元和549元。

4.5　DEA模型分析不同养殖模式的效率

运用DEAP Version 2.1软件，选择投入主导型模型，运用multi - stage

方法分别从每头奶牛的投入产出值对内蒙古呼和浩特周边地区三种奶牛养殖模式的综合效率、纯技术效率及规模效率进行对比分析。

研究结论显示，三种养殖模式的各种效率都没有达到最优水平，但是相对来讲，牧场和合作社的综合效率和规模效率明显高于散户。综合效率是规模收益不变情况下的技术效率，等于纯技术效率与规模效率的乘积。从表 4-3 可以看出，三种养殖模式下奶牛养殖的综合效率均没有达到 100%，牧场、合作社和散户的奶牛养殖综合效率分别为 88.4%、82.7% 和 77.5%。相对来讲，牧场的奶牛养殖综合效率高于合作社以及散户养殖，这在一定程度上说明了牧场是在当前的技术水平下比较有效地利用了现有资源而达到产出一定的前提下投入相对小的养殖模式。从规模效率来看，牧场和合作社的规模效率明显高于散户。结合本次调研情况，从实际养殖规模来看，牧场的平均奶牛养殖头数为 830 头，合作社为 319 头，而散户的平均养殖头数只有 14 头。从纯技术效率角度来看，合作社的值相对低，为 88.2%。作为衡量资源利用能力的重要指标，纯技术效率的低下说明合作社在现有的技术水平下，投入要素相比其他两种养殖模式而言存在浪费现象，因此提高合作社奶牛养殖效率的关键在于采用更先进的技术以及对现有技术的充分利用。

表 4-3 2013 年三种养殖模式的综合效率、纯技术效率及规模效率对比

	样本量 （个）	养殖规模 （头）	综合效率 （%）	纯技术效率 （%）	规模效率 （%）
牧场	20	830	88.4	95.2	92.7
合作社	22	319	82.7	88.2	93.0
散户	191	14	77.5	88.6	87.2

数据来源：作者调查整理及 DEA 模型整理。

为了进一步说明为什么牧场和合作社的综合效率比散户的高，下面对三种模式的效率数据做进一步的分析。

从 20 个牧场的效率数据看，就技术效率和规模效率而言，绝大多数牧场已经达到较高的水平，但是综合效率有待于进一步提高。6 家牧场的综合效率达到了 1，占到 27.3%，这意味着 6 家牧场的规模效率以及纯技术效率同时达到最优水平。这 6 家牧场的饲料投入、固定资产以及劳动力投入要素相对而言比较合理，没有出现剩余或者不足现象（表 4-4）。从纯技术角度分析，有 11 家牧场的纯技术效率为 1，占总牧场的 55%。这说明这些牧场对当前的技术利用比较充分，技术效率达到最优。从规模效率看，有 6 家牧场的规模效率值为 1，达到最优规模效率，占总牧场的 30%。20 家牧场中，有 6 家牧场处于规模报酬不变阶段，其余的 14 家牧场呈现出规模报酬递增的状态，这说明这 6 家

牧场的奶牛养殖投入要素实现了最优组合，另外的 14 家牧场可以通过扩大投入等手段实现规模报酬效益。总的来讲，20 家牧场中综合效率在 80％以下的有 6 家，占总数的 30％，纯技术效率在 80％以下的只有 1 家，只占总数的 5％；规模效率在 80％以下的也只有 1 家，占 5％，所以就技术效率和规模效率而言，可以说明绝大多数牧场已经达到较高的水平。

表 4－4　2013 年 20 家牧场的综合效率、技术效率及规模效率

牧场	综合效率（％）	纯技术效率（％）	规模效率（％）	规模报酬阶段
1	99.4	100.0	99.4	递增
2	73.0	100.0	73.8	递增
3	100.0	100.0	100.0	不变
4	73.1	79.0	92.5	递增
5	100.0	100.0	100.0	不变
6	100.0	100.0	100.0	不变
7	95.1	100.0	95.1	递增
8	83.8	94.7	88.4	递增
9	90.4	100.0	90.4	递增
10	100.0	100.0	100.0	不变
11	90.1	100.0	90.1	递增
12	92.5	95.4	96.9	递增
13	91.3	98.7	92.5	递增
14	79.7	92.0	86.6	递增
15	69.0	83.7	82.4	递增
16	65.9	80.2	82.3	递增
17	74.8	80.5	92.9	递增
18	100.0	100.0	100.0	不变
19	100.0	100.0	100.0	不变
20	90.1	99.7	90.4	递增

数据来源：DEA 模型整理。

进一步对 20 家牧场的投入要素进行分析得出，总体上看多数牧场的投入要素冗余较少。理论上讲，若某一投入要素出现冗余，则表明产出一定的情况下投入存在浪费现象，在这种情况下需要适当减少投入。从表 4-5 可以看出，除了劳动力投入，总体上牧场的投入要素冗余情况较少，这再次验证了牧场奶牛养殖效率相对较高。劳动力投入有冗余的有 8 家牧场（表 4-5），占到

40%，固定资产有冗余的只有 3 家，占到 15%，精饲料投入有冗余的有 2 家，粗饲料投入有冗余的有 2 家，占比分别为 10%。出现劳动力投入要素冗余相对多一些是因为部分牧场的劳动力资源没有得到合理配置，出现了资源浪费现象。

表 4-5　2013 年 20 家牧场的每头奶牛投入冗余情况

牧场	劳动力投入冗余	固定资产投入冗余	精饲料投入冗余	粗饲料投入冗余
1	0.000	0.000	0.000	0.000
2	−0.803	−449.060	0.000	−156.570
3	0.000	0.000	0.000	0.000
4	−8.751	0.000	0.000	0.000
5	0.000	0.000	0.000	0.000
6	0.000	0.000	0.000	0.000
7	0.000	0.000	0.000	0.000
8	−1.357	−134.340	0.000	−278.550
9	0.000	0.000	0.000	0.000
10	0.000	0.000	0.000	0.000
11	0.000	0.000	0.000	0.000
12	−8.094	0.000	−102.170	0.000
13	−2.696	0.000	0.000	0.000
14	0.000	0.000	0.000	0.000
15	−3.702	0.000	0.000	0.000
16	−5.442	−80.890	0.000	0.000
17	−0.107	0.000	0.000	0.000
18	0.000	0.000	0.000	0.000
19	0.000	0.000	0.000	0.000
20	0.000	0.000	−58.100	0.000

数据来源：DEA 模型整理。

对 22 家奶业合作社的进一步研究发现，27% 的综合效率达到最优，45% 的纯技术效率达到最优，32% 的规模效率达到最优。从表 4-6 可以看出，奶业合作社的综合效率差别很大，奶业合作社的综合效率最大值与最小值相差 57.9%，最低的综合效率只有 42.1%，综合效率达到 100% 的奶业合作社有 6 家，占总数的 27%。从技术效率看，技术效率达到 100% 的合作社有 10 家，占到 45%。再从规模效率来看，规模效率达到 100% 的有 7 家合作社，占总数比例为 32%。从规模报酬来看，有 3 家合作社呈现规模报酬递减的趋势，相对应的纯技术效率均为 100%，说明这 3 家合作社的技术利用程度已经达到最佳，在此基础上多投入只会造成浪费。

表 4-6　2013 年 22 家奶业合作社的综合效率、技术效率及规模效率对比

奶业合作社	综合效率（%）	纯技术效率（%）	规模效率（%）	规模报酬阶段
1	75.4	96.6	78.1	递增
2	99.4	100.0	99.4	递增
3	73.0	83.3	87.6	递增
4	69.4	73.2	94.8	递增
5	100.0	100.0	100.0	不变
6	96.7	97.7	99.1	递增
7	99.2	100.0	99.2	递减
8	61.5	63.6	96.7	递增
9	99.8	100.0	99.8	递减
10	100.0	100.0	100.0	不变
11	100.0	100.0	100.0	不变
12	100.0	100.0	100.0	不变
13	100.0	100.0	100.0	不变
14	93.8	93.8	100.0	不变
15	100.0	100.0	100.0	不变
16	56.6	70.4	80.5	递增
17	42.1	60.2	69.9	递增
18	66.0	76.9	85.7	递增
19	71.6	75.0	95.5	递增
20	89.5	100.0	89.5	递减
21	76.4	88.5	86.3	递增
22	50.0	60.3	82.8	递增

数据来源：DEA 模型整理。

对 22 家奶业合作社的投入要素进行冗余分析发现，合作社的投入要素存在不同程度的冗余（表 4-7）。从要素投入类别来看，精饲料投入出现冗余的合作社最少，仅有 1 家，占比为 4.5%。但是粗饲料的冗余程度比较高，有 7 家，占比为 31.8%，而且冗余的最大值是最小值的将近 6 倍。另外，劳动力投入及固定资产投入冗余出现情况也比较多，分别有 7 家和 8 家合作社出现了冗余，占比分别是 31.8% 和 36.4%。这说明当前合作社在劳动力、固定资产的配比及粗饲料的使用上还存在着一定程度的浪费，应该适当减少相应要素的投入或者适当扩大养殖规模而使多余的资源得到最充分的利用。

表 4-7　2013 年 22 家奶业合作社的每头奶牛投入冗余情况

	劳动力投入冗余	固定资产投入冗余	精饲料投入冗余	粗饲料投入冗余
1	−21.190	0.000	0.000	0.000
2	0.000	0.000	0.000	0.000
3	−2.970	−14.140	−107.150	0.000
4	−6.239	−484.310	0.000	−343.650
5	0.000	0.000	0.000	0.000
6	0.000	−159.610	0.000	−1 852.820
7	0.000	0.000	0.000	0.000
8	0.000	0.000	0.000	−495.510
9	0.000	0.000	0.000	0.000
10	0.000	0.000	0.000	0.000
11	0.000	0.000	0.000	0.000
12	0.000	0.000	0.000	0.000
13	0.000	0.000	0.000	0.000
14	−11.360	−176.500	0.000	−2 053.500
15	0.000	0.000	0.000	0.000
16	−3.610	0.000	0.000	0.000
17	0.000	−65.800	0.000	0.000
18	0.000	−337.420	0.000	−870.890
19	−0.310	−395.710	0.000	−1 095.200
20	0.000	0.000	0.000	0.000
21	−4.480	0.000	0.000	0.000
22	0.000	−1.440	0.000	−809.130

数据来源：DEA 模型整理。

最后，对 191 个散户样本做进一步的效率分组研究发现，散户综合效率达到最优的比例为 11%（表 4-8）。还有将近 10% 的散户综合效率小于 60%。将近 1/3 的散户综合效率在 70%～80%。综合效率不高的主要原因是规模效率的问题，而不是技术效率的问题。比如，从表 8-8 可以看出，技术效率达到最优的散户有 41 户，占全部样本的 21.5%，技术效率大于 90% 的散户有 70 户，占全部样本的 36.7%，两项合计达到 58.2%。换言之，一半以上的散户技术效率达到或接近最优水平。而规模效率达到最优的散户只有 22 户，占 11.5%，规模效率大于 90% 的散户有 56 户，占 29.3%，两项合计达到 40.8%，不到一半。由此看来，要提高散户养殖的综合效率，应该从适当扩大养殖规模入手，提高规模效率。

表 4 - 8 2013 年散户养殖的综合效率、纯技术效率及规模效率的分组数据

效率分组 (%)	综合效率		纯技术效率		规模效率	
	户数（户）	比重（%）	户数（户）	比重（%）	户数（户）	比重（%）
效率＝100	21	10.9	41	21.5	22	11.5
90≤效率＜100	23	12.1	70	36.7	56	29.3
80≤效率＜90	32	16.8	38	19.9	66	34.6
70≤效率＜80	55	28.8	37	19.3	35	18.3
60≤效率＜70	41	21.5	5	2.6	12	6.3
效率＜60	19	9.9	0	0.00	0	0.0
合计	191	100	191	100	191	100

数据来源：DEA 模型整理。

对 191 户散户的投入要素进行冗余分析发现，散户的各种投入要素都存在不同程度的冗余，劳动力冗余最多。超过 70% 的散户劳动力投入存在冗余情况（表 4 - 9）。从前面的简单描述分析中我们已经发现散户的劳动力投入远远大于牧场和合作社。散户的固定资产投入也存在一定程度的冗余。精饲料和粗饲料的投入冗余情况不是很严重，分别有 23.6% 和 15.2% 的散户存在精饲料和粗饲料的冗余。这说明当前散户养殖模式在劳动力以及固定资产的配比上不合理，存在很大的浪费，造成散户养殖的综合效率不高。应该适当减少相应要素的投入或者适当扩大养殖规模而使多余的资源得到最充分的利用。

表 4 - 9 2013 年散户养殖的每头奶牛投入冗余情况

	户数（户）	比重（%）
劳动力投入冗余	135	70.7
固定资产投入冗余	103	53.9
精饲料投入冗余	45	23.6
粗饲料投入冗余	29	15.2
合计	191	100

数据来源：DEA 模型整理。

4.6 结论

本文利用 20 个牧场、22 个奶业合作社及 191 个奶农的数据，利用统计描述分析及 DEA 模型分析相结合的方法，对比研究了三种奶牛养殖模式的统合效率、纯技术效率及规模效率。研究结论表明，平均来讲，三种模式的各种效率都没有达到最优水平。但是相对来看，牧场的综合效率和纯技术效率比奶业合作社和散户的高。就规模效率而言，牧场和奶业合作社的接近，都比散户的规模效率高。但是一半以上散户的技术效率也达到了最优或接近最优水平。

进一步的研究表明，散户养殖模式的各种投入要素存在大量的冗余，散户养殖在投入量上存在一定的浪费。在不减少产出的前提下，需要科学合理地降低各种投入才能提高散户养殖的效率。另外，从产出角度分析，散户的年最高单产虽然能达到 7 625 千克，每头每天产出超过了 25 千克，但是最低单产只有 4 050 千克，头均日产不到 14 千克，散户养殖奶牛的单产差距很大。在投入一定的情况下，通过提高单产增加产出，也可以提高散户养殖的效率。

上述实证研究结论有较深刻的政策含义。近几年政府提倡规模化、标准化、机械化及合作化的养殖道路，牧场和合作社有了快速发展，小规模养殖散户有逐渐退出乳业的趋势。如果从效率角度分析，牧场、合作社和散户的技术效率和规模效率有一定的差别，但是大部分牧场和合作社的技术效率和规模效率仍然没有达到最优，散户的技术效率也并不低。在未来一段时间内中小规模养殖仍是中国奶牛养殖的不可忽视的力量。考虑到中小规模养殖散户的技术效率和规模效率都存在提升的空间，政府应当正确引导中小规模养殖散户适度扩大养殖规模，逐步进行专业化改造，改良品种，科学饲养，降低成本，提高单产，进一步提高养殖效率。政府制定奶业政策时应该考虑如何降低奶户的养殖风险和市场风险等潜在的风险。

参考文献

李胜利，2013. 2012 年中国奶业回顾与展望[J]. 中国畜牧杂志，49（2）：31－36.

马占新，马生昀，包斯琴高娃，2013. 数据包络分析及其应用案例[M]. 北京：科学出版社.

尹春洋，2013. 中国奶牛规模养殖的成本效益分析[J]. 中国畜牧杂志，49（16）：4－6，10.

张菲，卫龙宝，2013. 我国奶牛养殖规模与原料奶生产效率研究——基于 DEA－Malmquist 方法的实证[J]. 农业现代化研究，34（4）：491－495.

Alfons W，Loren W，Tauer，1990，Regional and temporal impacts of Technical Change in the U. S. Dairy Sector [J]. American Journal of Agriculture Economics，72（4）：923－934.

Alvarez A，Corral J，Solís D，Pérez J A，2008. Does Intensification Improve the Economic Efficiency of Dairy Farms? [J]. Journal of Dairy Science，91（9）：3693－3698.

Cabrera V E，Solís，D，Corral J，2010. Determinants of technical efficiency among dairy farms in Wisconsin [J]. Journal of Dairy Science，93（1）：387－393.

Herck K V，Swinnen J，2015. Small farmers，standards，value chains，and structural change：panel evidence from Bulgaria [J]. British Food Journal，117（10）：2435－2464.

Tauer L W，Mishra A K，2006. Can the small dairy farm remain competitive in US agriculture? [J]. Food Policy，31（5）：458－468.

5 奶牛养殖规模变化及养殖户生产行为、经济效益分析

——基于 470 个牧场调查数据的分析

□ 杨 洋 刘长全

5.1 调查地区奶牛养殖总体情况

自 2014 年奶业市场低迷以来，在各有关部门和单位的共同努力下，奶牛养殖业得到恢复。

5.1.1 奶牛养殖整体情况

从调查的情况看，调查地区 311 户调查对象奶牛存栏量不断增加，泌乳牛头数所占比例不断上升，牛奶产出不断增加。2014 年，奶牛年末存栏数为 260 171 头，泌乳牛存栏数为 120 066 头，在整体奶牛存栏数的占比为 46.15%，全年牛奶产量为 981 945.351 吨；2015 年存栏量为 262 440 头，同比增加 0.87%，泌乳牛头数为 124 163 头，泌乳牛所占比例为 47.31%，泌乳牛头数增长率为 3.41%，牛奶产量为 1 057 092.81 吨，同比增加 7.65%。同时，泌乳牛平均产奶量也在不断增加，2014 年平均每头泌乳牛的年平均产奶量为 8.18 吨，2015 年每头泌乳牛年平均产奶量为 8.51 吨，增长率 4.10%，泌乳牛产奶能力逐渐增强。由此可见，虽然面对消费者的信心缺乏与国外进口奶制品的冲击等诸多对奶业发展不利的情况，但人民对生活质量要求的提高，对牛奶消费需求的激增，使我国的奶牛养殖业仍在困难的环境中不断发展。具体表现在存栏数的不断增加，泌乳牛的存栏数占比逐渐增长，奶牛养殖技术不断提高。

因为调查中各个对象建厂时间跨度较大，因此人为将其划分为三个阶段：A 阶段（建厂时间 2000 年之前）、B 阶段（建厂时间 2001—2008 年），C 阶段（建厂时间 2008 年之后）。选择这样的划分是因为 2000 年我国正式加入世界贸易组织，奶业得到较大发展，因此 2000 年之前的建厂模式与 2000 年之后有着较大差异。选择 2008 年作为又一个分水岭是因为这一年暴发的"三聚氰胺"

事件使国内奶业遭受巨大打击，奶牛养殖业的情况发生变化。之后涉及建厂时的分析对比，均采用这种划分方式。

表 5-1　2014 年、2015 年泌乳牛存栏数、平均产奶量及其增长率

	2014 年	2015 年	增长率
存栏数（头）	260 026	262 275	0.86%
泌乳牛存栏数（头）	120 066	124 163	3.41%
泌乳牛占比（%）	46.15	47.31	
产奶量（吨）	981 945.351	1 057 092.381	7.65%
平均产奶量（吨/头）	8.178 38	8.513 748	4.10%

表 5-2　不同阶段建厂养殖场规模变化

单位：家

阶段	建厂至 2014 年			2014—2015 年		
	扩大	缩小	不变	扩大	缩小	不变
A	24	2	0	15	10	1
B	88	11	4	59	41	3
C	79	17	2	49	41	8

在整体存栏数不断提高、规模不断扩大的背景下，部分养殖场存在缩小规模的情况。由表 5-2 得知，建厂时间在 2000 年之前的养殖场与建厂时相比，2014 年有 24 家扩大了存栏数、2 家缩小存栏数，2015 年与 2014 年相比有 15 家扩大了规模、10 家缩小规模、1 家保持不变。建厂时间在 2001—2008 年的养殖场在建厂至 2014 年时有 88 家增加了存栏数、11 家减少了存栏、4 家保持不变。2014—2015 年有 59 家扩大了规模、41 家缩小规模、3 家保持不变。建厂时间在 2008 年之后的建厂至 2014 年间有 79 家扩大了规模、17 家缩小规模、2 家保持不变，2014—2015 年有 49 家扩大了规模、41 家缩小了规模、8 家保持不变。通过以上数据可以发现，建厂至 2014 年间扩大规模的养殖场较多，缩小的比较少，保持不变的占据很少的比例，这一方面是因为这一阶段时间跨度较大，变化较明显；另一方面也说明了我国奶牛养殖业处在不断发展的过程中，大部分养殖场可以在行业中维持生存，并且扩大规模。同时可以发现 2014—2015 年阶段扩大规模的养殖场与缩小规模的养殖场相差不是很大，这可能是因为缩小规模的养殖场对于奶牛的处理是在内部进行流转，也有可能是因为观察时间过短而出现的巧合。

表 5 - 3　2014 年、2015 年不同规模养殖场产奶量及增长率

规　　模	2014 年（吨）	占比（%）	2015 年（吨）	占比（%）	增长（%）
散养（$Q \leqslant 10$）	1 529.539	0.156	1 925.847	0.182	25.910
小规模（$10 < Q \leqslant 50$）	4 289.253	0.437	3 596.276	0.340	−16.156
中规模（$50 < Q \leqslant 500$）	394 226.868	40.148	399 813.292	37.822	1.417
大规模（$Q > 500$）	581 899.691	59.260	651 756.966	61.656	12.005
合计	981 945.351		1 057 092.381		

注：Q 代表养殖奶牛头数。

由表 5 - 3 得知，2014 年与 2015 年，均是大规模养殖场产奶量所占比例最大，但在增长率上，表现不同。散养的增长率最大，高达 25.91%。大规模养殖虽然本身基数较大，但表现出了规模养殖的优势，增长率达到 12.005%。中规模养殖基本不变，增长率为 1.417%。小规模养殖则不增反减，产奶量降低了 16.156%。这说明了大规模养殖所带来的优势，始终能不断地增长。而散养则由于家庭成本较大，规模很小，所以在总量上不占优势，但可以给予奶牛较好的照顾，且快速吸收先进技术，转变饲养模式，使牛奶产量增加。中规模养殖规模效应与规模所带来的拖累相抵，小规模养殖则可能完全享受不到规模养殖的优势，反而被规模拖累。

5.1.2　养殖模式变化

样本中公司化牧场、家庭牧场、养殖小区包括小区养殖户，以及散户分别占比 53.27%、23.68%、13.08%、9.97%。根据调研情况发现，养殖小区数量不断减少，27.88% 的小区转换成了牧场，转换成为公司化牧场的有 37.93%，44.83% 的小区转化成为家庭化牧场。由表 5 - 4 得知，公司化牧场中的 28.21% 由小区转换而来，家庭牧场中的 48.15% 由小区转换而来。由图 5 - 1 得知，自 2002 年以来便存在小区转牧场的情况，但数量较少，2013 年以后开始变成常态，这说明牧场养殖的优势是在近些年才被发现的，并得到认可。综合以上数据，可以估计未来小区数量会进一步缩减，牧场式养殖模式会进一步增加，家庭牧场相比于公司化牧场将成为小区转换的主要模式。转牧场时养殖户对于奶牛的处理方式不同。64.81% 的养殖户选择采用卖给小区的方式，12.96% 的选择卖给其他牧场、小区或小区外养殖户的方式，剩余部分选择进入其他小区或是将以上方法组合使用。通过奶牛的处理方式可以看出大部分养殖户会选择熟悉的规模型机构进行交易，降低交易成本。

表 5-4　不同类型牧场由小区转成情况

	小区转牧场	非小区牧场
公司化牧场	28.21%	71.79%
家庭牧场	48.15%	51.85%

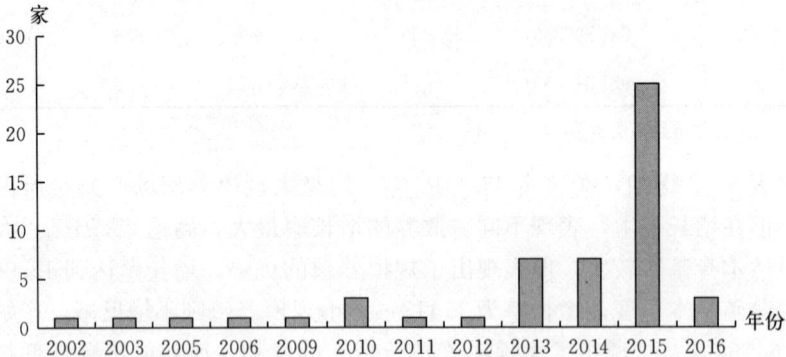

图 5-1　小区转牧场时间分布

　　由表 5-5 可知，虽然建厂时间分布的阶段不同，但是小区养殖户数量总体呈现出下降的趋势。建厂时间处于 2000 年之前的小区在建厂时养殖户平均可达到 26 户，到 2015 年，平均户数只有 15 户。建厂时间处于 2001—2008 年的小区在建厂时小区平均户数为 23 户，到 2015 年仅剩下 10 户。建厂时间在 2008 年以后的小区在建厂时平均户数为 20 户，至 2015 年为 13 户。可以发现，小区养殖户的平均数量不仅在同一建厂时间阶段的小区内随时间的发展而减少，而且建厂时间靠后的小区在 2014 年与 2015 年的平均户数也少于建厂时间靠前的小区。可以发现，小区的养殖户数越来越少已经成为趋势，且新设小区的户数也可能存在下降的趋势。建厂时间在 2008 年之后的退出户的奶牛处理中有 35.29% 采用卖给其他牧场、小区或小区外养殖户的方式，29.41% 采用卖给原小区的方式，17.65% 采用卖给原小区养殖户的方式，仅有 5% 的选择进入其他小区，剩余部分采用组合的方式。由以上数据可以看出，在处理退

表 5-5　不同阶段建厂小区养殖户平均数量

单位：户

阶段	建厂时	2014 年	2015 年
A	26	19	15
B	23	15	10
C	20	16	13

出户奶牛上，70％以上的小区都会采用卖出的方式，通过此种方式处理奶牛可以满足想要扩大存栏数的养殖户的需要，减少养殖户在购买中出现的风险，同时获得资金，为小区内剩余养殖户提供服务。

5.1.3　养殖规模变化

奶牛养殖规模按照国家统计局《饲养业品种规模分类标准》划分，散户饲养规模为1～10头，规模化养殖分为小规模（11～50头）、中规模（51～500头）、大规模（500头以上）。建厂时间划分以上文为准。

由表5-6可得，建厂时平均规模随着时间的变化有明显的提高。建厂时间在2000年以前的养殖平均规模为240头，处于中规模；2001—2008年的养殖平均规模为410头，仍然处于中规模，但相较于前一阶段已有明显的提高；建厂时间在2008年以后的平均规模为676头，达到大规模养殖。随着时间的推移，发展奶牛规模化养殖是我国奶业发展必经之路，奶牛养殖的进入门槛逐年提高，奶牛养殖业对进入者的资本、风险抵抗能力有了更高的要求。

表5-6　不同阶段建厂时平均规模

	2000年以前	2001—2008年	2008年以后
平均规模（头）	240	410	676

由图5-2可知，建厂时规模构成随建厂时间所处阶段的不同存在差异。中规模养殖是最受养殖户喜欢的规模，在三个阶段中都处于首位，且随着建厂时间的发展，中规模养殖在不断扩大。在2008年以后建厂的中规模养殖虽然略有下降，但仍然是最受欢迎的养殖规模，这一方面可能是因为调查数据样本的代表性存在一些问题，另一方面也可能是中规模对养殖户的资本要求不是很

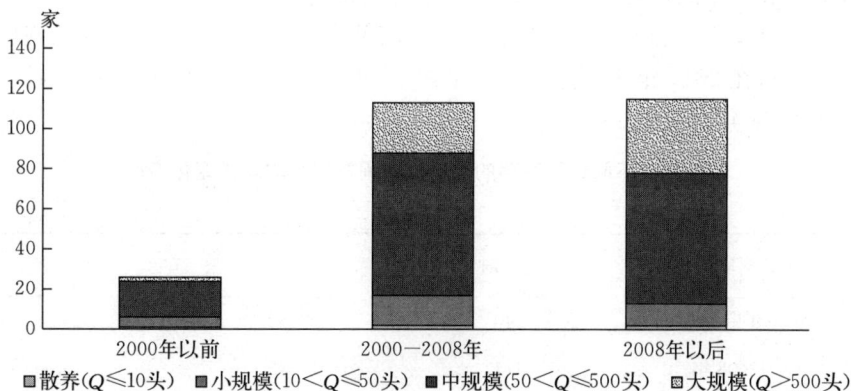

图5-2　不同阶段建厂时规模结构

高，同时这一规模的存栏数可以初步获得规模效应所带来的利益，所以在建厂初期，养殖户会选择建立中规模养殖场。散养在三个阶段中都处于最低的位置，基本未发生明显变化。建厂时间为 2000 年之前的小规模养殖优于大规模养殖，2000 年之后则相反，大规模养殖相较于小规模养殖处于优势地位，并且建厂时间在 2008 年之后的大规模养殖有了明显的提升。在中、小规模均有明显下滑的情况下，只有大规模养殖上升，这说明了奶牛养殖的进入门槛逐年提高，同时也表示大规模养殖正在逐渐成为奶牛养殖的主流选择。

表 5-7　不同阶段建厂时规模结构

单位：家

建厂时间	散养 ($Q \leqslant 10$ 头)	小规模 ($10 < Q \leqslant 50$ 头)	中规模 ($50 < Q \leqslant 500$ 头)	大规模 ($Q > 500$ 头)
2000 年以前	1	5	18	2
2000—2008 年	2	15	71	25
2008 年以后	2	11	65	37

由图 5-3 得，建厂时间阶段不同的奶牛养殖规模的发展情况存在相似之处。建厂时，均是中规模所占比例最大，随着时间的变化，小规模、中规模养殖所占比例不断减少，大规模所占比例不断增加，甚至所占比例居于领先位置。这样的发展模式进一步证实了大规模化为主的奶牛养殖方式是一种由市场选择的、国家支持的、符合养殖户利益的养殖模式。

如表 5-8 所示，建厂时间处在 2000 年之前的厂规模整体呈现上升状态。2000—2008 年建厂的 103 家牧场也是呈现规模扩大的趋势。建厂时间在 2008 年以后的表现不同，在建厂时至 2014 年有明显上升，2014—2015 年下降较为明显。同时发现，随着时间的推移，建厂时间靠后的牧场在同一时代的规模均比较大，这在 2014 年表现十分明显，2015 年时建厂时间在 2008 年之后的则略小于 2008 年之前的。

表 5-8　不同建厂时期的牧场随时间发展平均规模变化情况

单位：头

建厂时间	建厂时	2014 年	2015 年
2000 年以前	240	583	568
2000—2008 年	417	849	852
2008 年以后	740	1 117	827

(a)

(b)

(c)

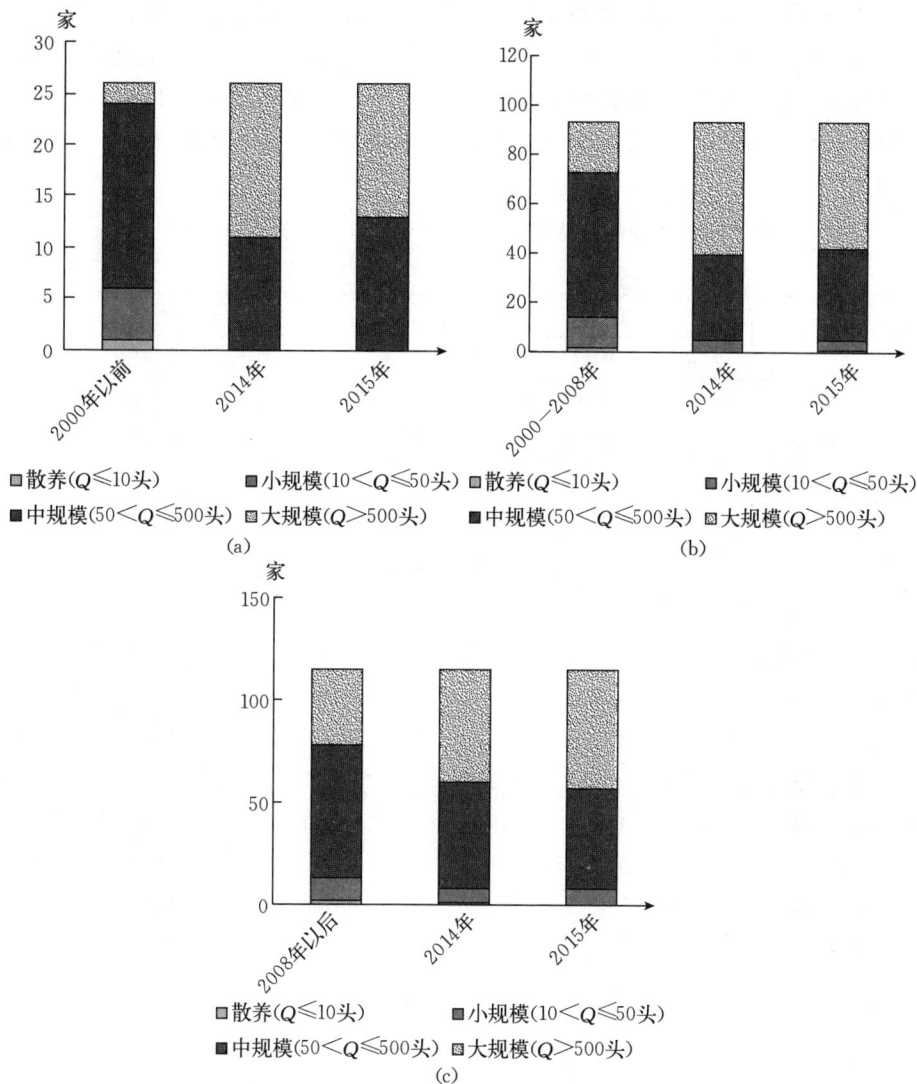

图 5-3　不同阶段奶牛养殖规模变化

5.2　不同规模奶牛养殖的成本效益分析

5.2.1　成本分析

由表 5-9 可知，养殖成本最大的是大规模，2014 年大规模养殖成本比散户平均高出 300 多倍，比小规模高出 120 多倍，比中规模高出约 4.37 倍；

2015 年大规模养殖成本比散户平均高出 380 多倍，比小规模高出 160 多倍，比中规模高出约 4.76 倍。总体来看，奶牛养殖成本与规模呈正相关，规模越大，成本费用越高。2014—2015 年，奶牛养殖成本是否增长与其规模有关，不同规模奶牛养殖的总成本涨幅在 −14% 与 17% 之间，总成本上涨幅度最大的是大规模，为 17%，其次是中规模，9%；小规模、散户有所下降，分别为 −14%、−8%。

表 5 - 9 不同规模奶牛的成本收益情况（2014 年，2015 年）

单位：万元

项　　目	2014 年平均				2015 年平均			
	散养	小规模	中规模	大规模	散养	小规模	中规模	大规模
总收入	8.36	17.83	592.57	2 946.69	6.99	15.83	475.17	3 209.73
1. 牛奶收入	6.59	13.81	551.74	2 655.00	4.4	12.52	433.71	2 906.153
2. 奶牛收入	1.77	4.02	40.83	291.69	2.59	3.31	41.46	303.58
总成本	8.33	20.31	472.47	2 534.96	7.66	17.44	514.79	2 964.82
生产成本	8.33	20.12	447.28	2 395.18	7.66	17.16	474.31	2 782.35
一、物质与服务费用	6.73	18.38	414.33	2 226.31	7.13	15.36	434.87	2 602.52
（一）直接费用	5.20	14.83	358.65	1 643.65	4.66	12.34	361.95	1 794.20
1. 购买奶牛	1.20	5.00	82.45	475.95	0	3.00	60.24	512.69
2. 饲料成本	3.70	9.26	262.82	1 068.07	4.26	8.87	283.04	1 161.97
3. 水电燃料动力	0.15	0.19	8.58	57.07	0.17	0.23	12.67	62.65
4. 医疗防疫	0.15	0.38	4.80	42.56	0.23	0.24	6.00	56.89
（二）间接费用	1.52	3.55	55.68	582.66	2.47	3.02	72.92	808.32
1. 固定资产折旧	1.05	2.42	25.31	180.67	1.36	2	33.97	196.6
2. 维修成本	0.14	0.2	5.47	35.94	0.22	0.21	6.04	39.6
3. 保险费	0	0.001	1.54	238.58	0	0.002	3.83	440.14
4. 管理成本	0.33	0.5	7.75	61.72	0.56	0.45	6.11	65.61
5. 利息支出	0	0.31	14.33	59.62	0.33	0.31	21.58	59.34
6. 技术服务	0.002	0.12	1.28	6.13	0.002	0.05	1.39	7.03
二、人工成本	1.60	1.74	32.95	168.87	0.53	1.80	39.44	179.83
土地成本	0	0	23.66	21.07	0	0.02	21.25	20.48
其他	0	0.19	1.53	118.71	0	0.26	19.23	161.99
总利润	0.03	−2.48	120.10	411.74	−0.67	−1.61	−39.62	244.91

　　物质服务费用和人工成本构成了奶牛养殖的生产成本，无论是散养还是规模化养殖，物质与服务费用占总成本的比重都接近 90%，甚至超过 90%，是

奶牛养殖成本中的主体部分。物质与服务费用中的饲料费用占总成本的比重为40%～60%，饲料价格的走势直接决定着养殖成本的高低。2014年青贮玉米价格为412.39元/吨，精饲料价格为2 566.415元/吨，到2015年分别升至456.40元/吨、2 591.96元/吨，青贮玉米和精饲料价格的增长幅度分别为10.67%、1.00%（表5-10）。饲料价格的快速上涨直接导致奶牛养殖成本的攀升。小规模、散户的饲养成本下降可能与其存栏数变化有所联系。

表5-10　不同年份饲料价格变化表

单位：元/吨,%

	2014年	2015年	涨幅
青贮玉米	412.39	456.40	10.67
精饲料	2 566.42	2 591.96	1.00

不同饲养规模固定资产折旧费用占总成本的比重为5%～18%，比重趋于稳定，且相差不大。固定资产投入随养殖规模的扩大而增加，中、大规模固定资产折旧额最大，占比较为稳定，增幅差异较大，分别为34%、9%。散户与小规模养殖固定资产折旧费用较少，散户养殖固定资产折旧增幅较大，但占比变化幅度也较为稳定，小规模养殖的固定资产折旧呈下降的趋势。说明养殖规模越大，养殖主体的运作规范化、专业化程度越高，投入的基础设施和仪器设备更多，固定资产折旧总额自然较大。

2014年，散户、小规模、中规模、大规模养殖的人工成本占总成本的比重分别为19.22%、8.57%、6.97%、6.66%，2015年，该比重分别为6.92%、10.32%、7.66%、6.07%。除散户外，其他规模养殖户均提高了在人工成本上的投资，小规模、中规模、大规模涨幅分别为3.45%、19.70%、6.49%。劳动力价格上涨使人工成本在总成本中的地位愈加重要，逐渐成为压缩利润空间的重要因素，人工成本占总成本的比重随规模的扩大而减少。由于规模化养殖的养殖专业化、机械化程度高，雇工费用及家庭用工折价总和最少，大规模饲养具有节约劳动力的优势。

5.2.2　收益分析

牛奶收入与奶牛收入构成了奶牛养殖的总收益。散养与小规模养殖，牛奶收入占总收入的比重接近80%，中规模与大规模甚至超过90%，是奶牛总收入中的主体部分。牛奶收入主要由生鲜乳收购价格与奶牛产奶量决定，奶牛产奶量在表5-3处已经有了详细解释，此处不再赘述，结论为规模越大，产奶量越大，增长越快。鲜奶收购价格如表5-11，为0为数据缺失，通过现存数据，可以得出结论，收入方面，收购方对牛奶的收购价格存在歧视，通过表

5-11可以发现，对于不同品质的牛奶收购商采取不同的价格，高品质的收购价格一般高于低品质的价格。对于同一品质的牛奶，收购方对于不同规模的牛奶养殖户也采取不同的收购价格，此时对于大规模的价格制定要优于小规模养殖机构。从牛奶品质出发，大规模、规范式的奶牛养殖机构因为专业化人士较多，饲养的奶牛品种也优于小规模的奶牛养殖户，因此单位牛奶价格有很大的可能会高于小规模、民间养殖散户。而且收购方出于对专业化养殖牧场的信任，提高了对大规模同品质牛奶的收购价格，又因为牛奶收入在总收入中所占比例很大，小规模养殖机构平均收入会低于大的养殖机构。

表5-11　不同品质、不同规模生产的牛奶收购价格

单位：元/千克

阶段	2014 年平均				2015 年平均			
	散养	小规模	中规模	大规模	散养	小规模	中规模	大规模
A	0	3.23	3.23	3.55	0	3.51	3.51	3.62
B	0	3.27	3.27	3.3	0	3.47	3.47	3.60
C	2.7	3.05	3.05	3.01	0	3.12	3.12	3.36

5.2.3　利润分析

由表5-9可知，大规模养殖的总净利润为正，2015 年较 2014 年利润有所下降，但仍未亏本。散户与中规模在 2014 年获得正的净利润，2015 年净利润呈下降趋势，为负。小规模养殖在 2014 年与 2015 年一直为负利润。这说明了小规模的奶牛养殖户在成立之初可以凭借灵活、低成本的优势获取利润，之后因为各种成本费用的提升、收购价格的歧视，这一群体的整体净利润逐渐下降，甚至没有利润。

5.3　建厂时间不同的养殖场建厂时奶牛养殖成本效益分析

由表5-12得，随着建厂时间的后移，各项收入与各项成本呈现上升的趋势，成本方面，生产成本占总成本比例最大，物质与服务费用在生产成本中起关键作用。可以发现，除了建厂时间在 2000 年之前的养殖场仍然是饲料成本大于购买奶牛的成本外，建厂时间在 2000 年以后的两个阶段均是购买成本远大于饲料成本，这一方面可认为是时代的进步使得奶牛品种得到优化，牲畜价格上升情况高于农产品，另一方面也可以说时代的发展使得规模养殖逐渐成为主流。利润方面三个时间段建厂的养殖场平均利润均为负数，但从表5-9可以看出，随时间的发展养殖场可以获得利润。

表 5 - 12　不同建厂时间建厂时奶牛的成本收益情况

单位：万元

项　　目	建厂时间 2000 年 之前平均	建厂时间 2001— 2008 年平均	2008 年之后平均
总收入	126.54	386.82	401.48
1. 牛奶收入	124.51	371.34	385.01
2. 奶牛收入	2.03	15.48	16.47
总成本	142.86	953.8	1 394.43
生产成本	138.17	924.58	1 358.01
一、物质与服务费用	131.59	901.58	1 337.24
（一）直接费用	108.79	845.62	1 271.51
1. 购买奶牛	25.65	613.84	1 066.76
2. 饲料成本	76.64	216.67	192.55
3. 水电燃料动力	5.51	8.08	7.27
4. 医疗防疫	0.99	7.03	4.93
（二）间接费用	22.8	55.96	65.73
1. 固定资产折旧	8.15	29.17	36.55
2. 维修成本	1.05	8.67	9.89
3. 保险费	0.83	3.13	4.05
4. 管理成本	5.09	6.3	6.3
5. 利息支出	7.43	8.21	8.57
6. 技术服务	0.25	0.48	0.37
二、人工成本	6.58	23	20.77
土地成本	0.69	3.99	2.31
其他	4	25.23	34.11
总利润	−16.32	−566.98	−992.95

5.3.1　基本分类

根据四种养殖模式所对应的存栏数，运用统计方法将养殖模式的大致存栏数范围划分出来。公司化牧场规模较大，440～3 500 头的较多，家庭牧场范围为 237～1 500 头，养殖小区 200～1 000 头居多，散户存栏数范围为 6～40 头。

5.3.2　养殖现状

5.3.2.1　饲养饲料

四种规模的养殖户都是以粗饲料为主、精饲料为辅助进行饲养，不同的是选取的比例大小有所不同（表 5 - 13）。在粗饲料方面，公司化牧场所占比例最大,家庭化牧场仅次于公司化牧场,小区使用比例与散户接近。在精饲料的使用上发生了变化,公司化牧场使用的仍是最多,家庭化牧场使用精饲料最少,散户仅次于公司化牧场,居于第二,小区使用比例位居第三,且后两者使用的比例相似。

表 5-13   不同类型养殖场粗细饲料占比

单位:%

	公司牧场	家庭牧场	小区牧场	散户牧场
粗饲料占比	82.32	76.79	66.92	66.11
精饲料占比	17.68	23.21	33.08	33.89

5.3.2.2   用地

养殖户用地分为牛舍用地与饲草饲料用地,但因为后者数据缺失,故只分析前者。如表 5-14 所示,公司化牧场租赁土地占比最大,其次为自有土地,2014—2015 年租赁土地呈下降趋势,自有土地拥有量呈上升趋势,购买基本不变。家庭化牧场同样是租赁土地占比最大,其次为自有土地,租赁呈先上升后下降趋势,自有与购买土地均呈现先下降后上升趋势。小区式养殖模式在2014 年时,租赁土地占比最大,2015 年自有土地超过租赁土地,占比为最大。散户自有土地占比最大,自有土地占比呈下降趋势,购买租赁呈上升趋势。

表 5-14   不同规模奶牛养殖户拥有土地状况分析

单位:%

年份	公司化牧场			家庭牧场			小区牧场			散户		
	自有	购买	租赁	自有	购买	租赁	自有	购买	租赁	自有	购买	租赁
2014	27.66	10.64	61.70	25.58	6.98	67.44	37.50	0.00	62.50	81.82	9.09	9.09
2015	30.61	10.20	59.18	29.82	10.53	59.65	55.56	0.00	44.44	70.83	16.67	12.50

5.3.2.3   粪污处理

在牛舍清粪方式上,公司化牧场有近一半的组织采用了车辆刮粪方式,18.75%采用了自动刮板,12.5%选择人工清粪,剩下的采用机械水冲、其他等单一或与之前的方式相组合手段。家庭化牧场有近70%的人选择使用车辆刮粪,11.86%的人选择人工清粪,没有人选择单独使用机械水冲手段。小区中有16.67%选择人工清理的方法,58.33%的人选择车辆刮粪,25%的人选择组合这两种方法。在调查的散户中,人们选择的只有人工清粪方式。可以发现养殖户除散户外选择车辆刮粪的占据了较大比例,单纯选择机械水冲方式的养殖户不存在,基本都是以组合方式使用机械手段。可以看出清粪方式的选择与规模化、专业化有很大关系,规模越大,选择的方式自动化程度越高。规模小、自营性质的明显选择人工处理的比较多（表 5-15）。

表 5-15 不同类型养殖场牛舍清粪方式选择情况

单位：%

	公司牧场	家庭牧场	小区牧场	散户牧场
车辆刮粪（自制刮粪车）	48.21	69.49	58.33	0
自动刮板	18.75	3.39	0	0
机械水冲	0	0	0	0
人工清粪	12.50	11.86	16.67	100
其他	0.89	1.69	0	0
组合方式	19.65	13.57	25.00	0

在粪污处理方式上，各个规模养殖户选择的方式根据规模的大小与是否进行种养一体化而有所不同。在青贮完全不自产的养殖户中，公司化牧场有39.44%的人选择堆肥发酵，32%的人选择各种组合方案；沼气发电与其他均只有2.82%的人选择，化粪池有近10%的人选择，其他方式均低于10%。家庭化牧场中有57.5%的人选择堆粪发酵，17.5%的人进行组合，10%的人进行干湿分离垫料，没有人选择化粪池进行处理，选择其他方式的均低于10%。小区中各有37.5%的人选择堆粪发酵与组合方式，各12.5%的人选择制作有机肥与生产垫料，其余方式没有人单独选择。调查的散户均采用堆肥发酵。从这些选择中我们可以看出堆肥发酵是最常被选择的方式，且将各种方式组合起来也是养殖户经常采取的手段。也可以发现越是大规模养殖，采取的方式越多样（表 5-16）。

表 5-16 完全不自产养殖场粪污处理方式选择情况

	公司牧场	家庭牧场	小区牧场	散户牧场
沼气发电	2.82%	5.00%	0	0
制作有机肥	5.63%	7.50%	12.50%	0
化粪池	9.86%	0	0	0
堆肥发酵	39.44%	57.50%	37.50%	100%
干湿分离生产再生垫料	7.04%	10.00%	12.50%	0
其他	2.82%	2.50%	0	0
组合	32.39%	17.50%	37.50%	0
总户数（户）	71	40	8	5

2015年，对青贮玉米或苜蓿进行自产的养殖户与完全不自产的养殖户的粪污处理方式有所不同。公司牧场方面情况基本不变，但是选择组合方式的远远超过堆肥发酵，成为最多人选择的方式，堆肥发酵与其他处理方式比较仍有明

显优势。家庭牧场中的表现是养殖户对粪污处理的选择方式变少了，没有人选择沼气发电、干湿分离与其他，但较于完全不自产的养殖户中没有人选择化粪池的情况，此时有 15.79％的养殖户选择使用化粪池，堆肥发酵仍是最多人选择的方式。在小区牧场中，是否进行种养一体化的变化也较为明显，堆肥发酵的比例增长明显，化粪池的选择由 0 增长到 25％，组合选择有所下降，而制作有机肥、生产垫料此时无人选择（表 5－17）。散户牧场此时变化为只选择制作有机肥。发生这样的变化可能与种养一体化有所联系，具体原因需要进一步分析。

表 5－17　种养一体化养殖场粪污处理方式选择情况

	公司牧场	家庭牧场	小区牧场	散户牧场
沼气发电	2.70％	0	0	0
制作有机肥	2.70％	10.53％	0	100％
化粪池	2.70％	15.79％	25％	0
堆肥发酵	29.73％	47.37％	50％	0
干湿分离生产再生垫料	5.41％	0	0	0
其他	5.41％	0	0	0
组合	51.35％	26.32％	25％	0
总户数（户）	37	19	4	1

5.3.2.4　风险防范

各个规模的养殖户在经营过程中都发现了风险防范的重要性，无保险比例都在逐年降低。如图 5－4，公司化牧场无保险所占比例最低。家庭化牧场无保险比例逐年降低，目前无保险组织约有一半。小区无保险比例降低，所占比例约为 40％。散户无保险所占比例最大，但近些年呈下降趋势。

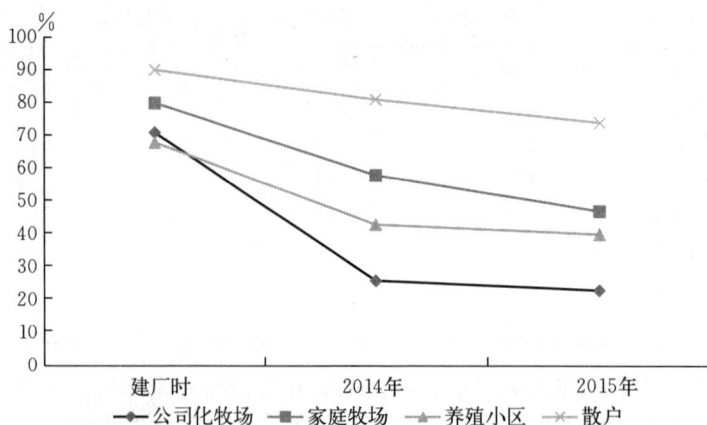

图 5－4　不同规模奶牛养殖户无保险率变化

6 京津冀乳制品冷链物流能力评价及地区差异研究

□刘 芳 陈吉铭 王 琛

6.1 引言

　　京津冀乳制品冷链物流能力的高低以及地区差异直接影响三地乳业协同发展战略的顺利推进，也是京津冀乳业冷链物流发展过程中亟待明确的关键性问题。有利于切实了解三地乳制品冷链物流能力的差异，有效促进三地实现优势互补，推动京津冀乳制品冷链物流协同发展以及地区奶业优化升级。

　　目前来看，冯华等将动态整合与协同思想纳入供应链物流能力评价体系之中，并基于企业调研数据进行实证分析，使得物流能力评价指标体系的全面性和科学性得到进一步提升。周梦华、王涵以区域性视角，运用主成分分析法对我国31个省及长春市的农产品物流能力进行评价。赵薇达等对农产品冷链物流服务能力进行界定，并采用模糊综合评价法对农产品冷链物流企业的服务能力进行评价。蒋明琳等基于协同绩效视角，利用模糊综合评价法对农超对接模式下农产品冷链物流的协同管理能力等指标进行了评价。

　　此外，目前针对乳制品冷链物流能力评价方面的研究还很少，本章在借鉴供应链物流能力评价指标体系的基础之上，建立京津冀乳制品冷链物流能力评价指标体系，并基于熵值法评价京津冀地区14家乳制品企业的冷链物流能力，了解京津冀地区不同城市、不同乳制品企业的冷链物流能力差异，以期对京津冀乳制品冷链物流能力进行较为科学、客观的评价，为进一步促进京津冀三地相互学习和优势互补以及京津冀乳制品冷链物流系统的优化发展提供参考。

6.2 评价指标体系构建

6.2.1 设计思路

　　为建立客观、科学、合理的乳制品冷链物流能力评价体系，本研究在查阅与其相关的文献之后，梳理目前国内外在这一领域的研究及运用状况，通过收集整合评价指标，并对指标分类分层，拟定相应的指标体系，并通过调查问卷的形式收集专家对指标的意见，逐步修正指标体系的结构与内容。并在此基础上，采取专家调查法进一步筛选优化指标构成，运用熵值法确定评价指标的权重，对乳制品企业冷链物流能力进行评估。

6.2.2 评价指标体系的构建

本章遵从评价指标体系设计的全面性、科学性以及合理性原则，从乳制品供应链全局的角度来构建乳制品冷链物流能力层次评价模型。首先，考虑乳制品冷链物流实际运作中能够反映冷链物流能力的各个主要方面，本章将冷链物流运作能力、冷链关系管理能力、冷链动态整合能力、冷链协同能力、冷链服务能力纳入评价模型，形成二级指标。然后再考虑不同乳制品冷链物流企业的主要物流活动（包括冷藏保存、资源利用、冷链运输、配送到户、冷链物流成本、物流过程管控等物流活动），因此初步确定了指标体系的三级指标，完成乳制品冷链物流能力评价指标体系的初步设计，从而得到了包含冷链物流运作能力、冷链关系管理能力、动态整合能力、冷链协同能力以及冷链服务能力在内的5个一级指标和16个二级指标构成的乳制品冷链物流能力的评价指标体系。然后经过信度和效度分析，最终确定了乳制品冷链物流能力的评价指标体系（表6-1）。

表6-1 乳制品冷链物流能力评价指标体系

目标层	一级指标	二级指标
乳制品冷链物流能力 M	冷链物流运作能力 M_1	物流基础设施 m_{11}
		物流成本 m_{12}
		城市节点数 m_{13}
	冷链关系管理能力 M_2	信任度 m_{21}
		合作规范性 m_{22}
		合作意愿 m_{23}
	冷链动态整合能力 M_3	市场反应速度 m_{31}
		产品可得性 m_{32}
		冷链柔性 m_{33}
	冷链协同能力 M_4	资源整合能力 m_{41}
		信息交换系统 m_{42}
		供应链一致性 m_{43}
	冷链服务能力 M_5	顾客满意率 m_{51}
		顾客抱怨率 m_{52}
		顾客服务响应时间 m_{53}

6.2.3 指标体系含义说明

在指标体系确立的前提之下，明确各指标的具体含义如下：

（1）冷链物流运作能力：它反映的是乳制品企业自身最基本的冷链物流运作能力，也是必须具备的冷链物流业务处理能力。下设 3 个三级指标：物流基础设施、物流成本和城市节点数。

① 物流基础设施：考虑数据的可得性，假定一般冷藏车的价格为 10 万元/台，企业冷库建造费用为 0.05 万元/平方米，以企业冷库的建造费用与冷藏车的购置费用的总和为准，因此该指标为定量指标。

② 物流成本：基本包含仓储、运输、包装、人工等成本，考虑数据可得性，本章着重统计仓储成本和运输成本两项内容。其中，年运输成本＝每吨运输价格×运输乳制品量/年，年仓储成本＝仓储面积×单位面积仓储成本/年，该指标是定量指标，单位为万元。

③ 城市节点数：企业乳制品覆盖的城市的个数，该指标为定量指标。但由于此项数据较难获得且不够准确，本章根据企业乳制品的辐射范围来划分等级，各等级得分为 100、80、60、40、20。

（2）冷链关系管理能力：冷链关系是由各个乳制品企业所实施的乳制品冷链物流模式所决定的，包括和冷链物流商（自营冷链物流或第三方冷链物流）、配送中心的关系管理，下设 3 个三级指标：信任度、合作规范性和合作意愿。

① 信任度：指对冷链物流商的信任认可程度，该指标为定性指标。本章根据各乳制品企业的不同情况来划分等级，各等级得分为 100、80、60、40、20。

② 合作规范性：指与冷链物流商合作是否有书面协议，是否能够明确各自的义务并各司其职，该指标为定性指标。本章根据各企业的不同情况来划分等级，各等级得分为 100、80、60、40、20。

③ 合作意愿：指与冷链物流商合作的希望程度，该指标为定性指标。本章根据各乳制品企业的不同情况来划分等级，各等级得分为 100、80、60、40、20。

（3）冷链动态整合能力：它反映的是乳制品企业面对复杂的外界环境，通过调整冷链物流资源配置，较为正确地把握乳制品市场走向，抢抓机遇以及在应急处理等方面的表现。下设 3 个三级指标：市场反应速度、产品可得性和冷链柔性。

① 市场反应速度：企业能够根据市场需求调整产品战略和资源配置，来满足消费者的需求，该指标为定性指标。本章根据各乳制品企业的不同情况来划分等级，各等级得分为 100、80、60、40、20。

② 产品可得性：产品配送的地点可分为超市、商场、专卖店、批发市场和住户等，指标以乳制品企业配送方式的多样性为评判标准，该指标为定性指标。本章根据各乳制品企业的不同情况来划分等级，各等级得分为 100、80、60、40、20。

③ 冷链柔性：指乳制品企业能否快速整合冷链物流资源，应对外部不确定性和环境变化，快速响应消费者的需求，保证冷链物流系统正常高效运作。本章根据 14 家乳制品企业的冷藏车的数量为评判标准，分为 ≥70 辆，≥30 辆，≥10 辆，≥5 辆，<5 辆五个等级，各等级得分为 100、80、60、40、20。

(4) 冷链协同能力：指在乳制品冷链物流实现过程中乳制品供应链上各企业之间的战略协同、业务协同、物流协同的情况，反映了乳制品供应链一体化管理的程度。下设 3 个三级指标：资源整合能力、信息交换系统、供应链一致性。

① 资源整合能力：企业能够整合内外部资源，实现乳制品冷链物流系统高效运行的能力，该指标为定性指标。本章根据各乳制品企业的不同情况来划分等级，各等级得分为 100、80、60、40、20。

② 信息交换系统：企业对乳制品冷链物流系统运行过程中的各种信息的获取、处理、分析、应用及共享能力，该指标为定性指标。本章根据各乳制品企业的不同情况来划分等级，各等级得分为 100、80、60、40、20。

③ 供应链一致性：企业与冷链物流商实现高效配合的能力，该指标为定性指标。本章根据各乳制品企业的不同情况来划分等级，各等级得分为 100、80、60、40、20。

(5) 冷链服务能力：它反映消费者对冷链物流服务水平的感受。良好的冷链物流服务能力能够提高消费者的消费欲望和消费信心，是企业持续发展的关键所在，影响着企业乳制品的市场占有率，下设 3 个三级指标：顾客满意度、顾客抱怨率、顾客服务响应时间。

① 顾客满意度：指得到满足的订单数（即无差评）与订单总数之比。该指标是定量指标。

② 顾客抱怨率：指消费者抱怨次数与总交易次数之比。该指标是定量指标。

③ 顾客服务响应时间：指乳制品在预定时间内送达的订单数与总订单数之比。该指标是定量指标。

6.3　基于熵值法的综合评价

在综合评价所使用的方法中，熵值法所给出的指标权重值与得尔菲法和层次分析法相比具有较高的可信度和客观性，因此本章基于 2017 年 6—8 月对各乳制品企业（$C_1 \sim C_{14}$）的调研所获取的样本数据，尝试采用熵值法对京津冀乳制品冷链物流能力进行评价。

6.3.1　目标企业样本数据确立

根据已经确立的评价指标体系和评价方法，本章选取北京乳制品企业（$C_1 \sim C_6$）、天津乳制品企业（$C_7 \sim C_{10}$）以及河北乳制品企业（$C_{11} \sim C_{14}$）作为评价对象，并对以上 14 家乳制品企业（$C_1 \sim C_{14}$）的相关数据（表 6-2）进行计算和整理。通过计算，得到各二级指标的具体值，并利用熵值法计算得出各二级指标以及各一级指标的权重值，结果如表 6-3 和表 6-4 所示。

表 6-2　乳制品冷链物流能力评价指标原始数据

指标	C_1	C_2	C_3	C_4	C_5	C_6	C_7
m_{11}	1 300	120	405	117.5	35	80	1 045
m_{12}	543	91	135	32	20	50	367
m_{13}	100	80	80	100	60	80	80
m_{21}	100	100	100	100	100	60	100
m_{22}	100	100	100	60	60	60	100
m_{23}	100	60	60	40	100	20	100
m_{31}	80	100	100	100	100	80	100
m_{32}	100	80	80	60	60	60	80
m_{33}	100	40	80	60	20	40	100
m_{41}	100	100	100	100	100	60	100
m_{42}	100	60	60	40	100	20	100
m_{43}	100	60	60	40	100	20	100
m_{51}	98	97	97	96	94	95	95
m_{52}	2	3	3	4	6	5	5
m_{53}	98	97	97	94	97	95	95

指标	C_8	C_9	C_{10}	C_{11}	C_{12}	C_{13}	C_{14}
m_{11}	365	550	360	1 340	650	450	550
m_{12}	104	217	143	657	281	193	236
m_{13}	100	100	60	100	80	80	100
m_{21}	100	100	100	100	100	100	100
m_{22}	60	100	60	100	80	80	100
m_{23}	20	60	40	100	80	60	80
m_{31}	80	80	80	80	80	80	100
m_{32}	60	80	40	100	80	80	100

（续）

指标	C_8	C_9	C_{10}	C_{11}	C_{12}	C_{13}	C_{14}
m_{33}	60	80	60	100	80	80	80
m_{41}	100	100	100	100	100	100	100
m_{42}	20	60	40	100	80	60	80
m_{43}	20	60	40	100	80	60	80
m_{51}	93	96	93	97	95	96	93
m_{52}	7	4	7	3	5	4	7
m_{53}	96	95	94	97	95	95	94

表6-3 乳制品冷链物流能力评价指标标准化数据以及各二级指标权重值

指标	C_1	C_2	C_3	C_4	C_5	C_6	C_7
m_{11}	0.181	0.014	0.054	0.014	0.002	0.008	0.145
m_{12}	0.019	0.092	0.085	0.102	0.103	0.099	0.048
m_{13}	0.111	0.056	0.056	0.111	0.001	0.056	0.056
m_{21}	0.077	0.077	0.077	0.077	0.077	0.001	0.077
m_{22}	0.124	0.124	0.124	0.001	0.001	0.001	0.124
m_{23}	0.124	0.063	0.063	0.032	0.124	0.001	0.124
m_{31}	0.002	0.164	0.164	0.164	0.164	0.002	0.164
m_{32}	0.119	0.080	0.080	0.041	0.041	0.041	0.080
m_{33}	0.114	0.029	0.085	0.057	0.001	0.029	0.114
m_{41}	0.077	0.077	0.077	0.077	0.077	0.001	0.077
m_{42}	0.124	0.063	0.063	0.032	0.124	0.001	0.124
m_{43}	0.124	0.063	0.063	0.032	0.124	0.001	0.124
m_{51}	0.150	0.120	0.120	0.091	0.031	0.061	0.061
m_{52}	0.150	0.120	0.120	0.091	0.031	0.061	0.061
m_{53}	0.171	0.129	0.129	0.002	0.129	0.044	0.044

指标	C_8	C_9	C_{10}	C_{11}	C_{12}	C_{13}	C_{14}	权重值
m_{11}	0.049	0.075	0.048	0.187	0.089	0.061	0.075	0.087
m_{12}	0.090	0.072	0.084	0.001	0.062	0.076	0.069	0.031
m_{13}	0.111	0.111	0.001	0.111	0.056	0.056	0.111	0.051
m_{21}	0.077	0.077	0.077	0.077	0.077	0.077	0.077	0.018
m_{22}	0.001	0.124	0.001	0.124	0.063	0.063	0.124	0.112
m_{23}	0.001	0.063	0.032	0.124	0.093	0.063	0.093	0.059
m_{31}	0.002	0.002	0.002	0.002	0.002	0.002	0.164	0.197
m_{32}	0.041	0.080	0.001	0.119	0.080	0.080	0.119	0.036
m_{33}	0.057	0.085	0.057	0.114	0.085	0.085	0.085	0.036

（续）

指标	C_8	C_9	C_{10}	C_{11}	C_{12}	C_{13}	C_{14}	权重值
m_{41}	0.077	0.077	0.077	0.077	0.077	0.077	0.077	0.018
m_{42}	0.001	0.063	0.032	0.124	0.093	0.063	0.093	0.059
m_{43}	0.001	0.063	0.032	0.124	0.093	0.063	0.093	0.059
m_{51}	0.001	0.091	0.001	0.120	0.061	0.091	0.001	0.074
m_{52}	0.001	0.091	0.001	0.120	0.061	0.091	0.001	0.074
m_{53}	0.087	0.044	0.002	0.129	0.044	0.044	0.002	0.089

表 6-4　乳制品冷链物流能力评价指标体系一级指标权重值

一级指标	冷链物流运作能力 M_1	冷链关系管理能力 M_2	冷链动态整合能力 M_3	冷链协同能力 M_4	冷链服务能力 M_5
权重值	0.168	0.189	0.268	0.135	0.237

6.3.2　评价结果

通过以上分析得到京津冀地区乳制品冷链物流能力（目标层）综合评价得分以及各一级指标的得分，评价结果见表6-5。

表 6-5　乳制品冷链物流能力评价结果

企业	冷链物流运作能力 M_1	冷链关系管理能力 M_2	冷链动态整合能力 M_3	冷链协同能力 M_4	冷链服务能力 M_5	冷链物流能力 M
C_1	0.022 0	0.022 6	0.008 7	0.016 0	0.037 4	0.021 3
C_2	0.006 9	0.019 0	0.036 3	0.008 8	0.029 3	0.022 6
C_3	0.010 2	0.019 0	0.038 4	0.008 8	0.029 3	0.023 7
C_4	0.010 0	0.003 4	0.035 9	0.005 2	0.013 5	0.015 9
C_5	0.003 4	0.008 8	0.033 9	0.016 0	0.016 1	0.017 3
C_6	0.006 6	0.000 2	0.002 8	0.000 2	0.012 9	0.005 0
C_7	0.016 9	0.022 6	0.039 4	0.016 0	0.012 9	0.022 9
C_8	0.012 6	0.001 6	0.003 8	0.001 5	0.007 9	0.005 5
C_9	0.014 4	0.019 0	0.006 3	0.008 8	0.017 3	0.013 0
C_{10}	0.006 8	0.003 4	0.002 4	0.005 2	0.000 4	0.003 2
C_{11}	0.021 9	0.022 6	0.008 7	0.016 0	0.029 3	0.019 4
C_{12}	0.012 5	0.013 9	0.006 3	0.012 4	0.012 9	0.011 1
C_{13}	0.010 5	0.012 1	0.006 3	0.008 8	0.017 3	0.011 0
C_{14}	0.014 3	0.020 8	0.039 8	0.012 4	0.000 4	0.018 7

从评价结果可以看出，北京乳制品企业（$C_1 \sim C_6$）的冷链物流能力居京

津冀首位，其中 C_1、C_2 和 C_3 的评价得分均在 0.02 以上。河北乳制品企业（C_{11}～C_{14}）的冷链物流能力居于第二位，其中 C_{11} 和 C_{14} 的评价得分均在 0.018 以上。天津乳制品企业（C_7～C_{10}）的冷链物流能力居于第三位，其中 C_8、C_9 和 C_{10} 的评价得分均在 0.014 以下。以下对 M_1～M_5 五个一级指标的评价结果逐一进行说明。

6.3.2.1 京津冀乳制品冷链物流运作能力分析

河北乳制品冷链物流运作能力最强，天津位居第二，北京乳制品冷链物流运作能力最弱。其中，河北乳制品冷链物流设施和设备的规模和数量最大，能够满足大范围和长距离的乳制品冷链物流运输，有利于低温乳制品在更多城市的销售，虽然河北乳制品冷链物流成本总量最高，但目前来看其带来的负面影响没能阻碍冷链物流运作能力的发挥；天津各乳制品企业冷链物流运作能力较为平均；北京各乳制品企业之间冷链物流运作能力差异较大。

6.3.2.2 京津冀乳制品冷链关系管理能力分析

河北乳制品冷链关系管理能力最强，北京位居第二，天津乳制品冷链关系管理能力最弱。其中，京津冀三地乳制品企业对冷链物流商的信任程度基本一致，差距最小，河北乳制品企业对冷链物流商的信任程度最高；河北低温乳制品生产量最大，对乳制品冷链物流需求大，与冷链物流商的合作意愿也最为强烈，合作的规范性最强；北京低温乳制品的产量较低，对乳制品冷链物流需求较弱，与冷链物流商的合作意愿较强。天津低温乳制品的产量最低，对乳制品冷链物流需求最弱，与冷链物流商的合作意愿一般。

6.3.2.3 京津冀乳制品冷链动态整合能力分析

北京乳制品冷链动态整合能力最强，河北位居第二，天津乳制品冷链动态整合能力最弱。其中，北京各乳制品企业能够根据市场需求调整产品战略和资源配置，来满足消费者的需要，市场反应速度最快；河北冷藏库和冷藏车的数量和规模最大，而且乳制品配送的方式最为多样，主要包含商超、专卖店、批发市场和配送到户等，冷链柔性最强。

6.3.2.4 京津冀乳制品冷链协同能力分析

河北乳制品冷链协同能力最强，北京位居第二，天津乳制品冷链协同能力最弱。其中，京津冀乳制品企业资源整合的能力差异较小，河北乳制品企业资源整合的能力最强，能够利用和整合内外部资源，实现乳制品冷链物流系统高效运行；河北乳制品企业信息交换、处理、分析、应用及共享能力最强；河北乳制品企业供应链一致性最强，有利于与冷链物流商实现高效配合。天津乳制品企业信息交换、分析、共享能力以及供应链一致性最弱。

6.3.2.5 京津冀乳制品冷链服务能力分析

北京乳制品冷链服务能力最强，河北位居第二，天津乳制品冷链服务能力最弱。其中，北京消费者对乳制品冷链物流服务水平的感受最为满意，河北消费者对冷链物流服务水平的感受较满意，天津消费者对冷链物流服务水平的感受一般；在乳制品企业对客户需求的响应方面，北京各乳制品企业的评分最高，可以看出北京拥有较好的冷链物流服务能力，对于继续提高消费者对低温乳制品的消费欲望和消费信心，继续提高低温乳制品的市场占有率等方面具有重要作用。

6.4　政策建议

（1）河北地区应积极寻求政府支持，加强冷链物流先进设施设备的引进，在保证冷链设施和设备规模的前提之下，促进质量提升，以求充分发挥其乳制品冷链物流运作能力方面的优势，为提高京津冀冷链物流系统的运作效率做出贡献。

（2）河北地区应建立大型的配送中心，充分发挥其冷链关系管理能力以及冷链协同能力，依托目前主要的"乳制品企业＋第三方冷链物流"模式，构建起规范可靠的辐射京津冀三地的乳制品冷链物流网络。

（3）天津与河北地区应注重借鉴和学习北京乳制品企业的冷链动态整合能力和冷链服务能力，充分认识动态整合能力以及冷链服务能力对于提升冷链物流能力的重要性，从而进一步提高冷链的柔性和消费者满意度，补充短板，从而促进三地乳制品冷链物流优势互补和协调发展。

参考文献

冯华，何佳莉，刘洋，2014. 供应链物流能力绩效评价体系的调研分析［J］. 中南财经政法大学学报（1）：113－118.

蒋明琳，林晓伟，舒辉，2017. 农超对接模式下农产品冷链物流协同绩效的评价［J］. 重庆三峡学院学报（2）：28－36.

王涵，2016. 长春市区域生鲜农产品物流能力评价研究［D］. 吉林：吉林大学.

赵达薇，刘乔，刘静，2013. 农产品冷链物流服务能力评价研究［J］. 管理现代化（1）：46－48.

周梦华，2012. 农产品物流能力区域差异性及模式选择研究［D］. 武汉：武汉理工大学.

7 中美奶业生产成本与收益的比较分析及对中国的启示[*]

□耿 宁^① 肖卫东 阚正超 马 梅

7.1 引言

随着人民生活水平和全球市场化程度的不断提高，中国奶牛产业面临的产品供给压力与国际竞争压力不断增大。同时，中国农业资源日趋紧张、环境约束不断增强，奶牛疫病接连发生，使得中国奶牛产业的发展面临更加巨大的挑战。如何保障中国牛奶安全供给、提升奶业国际竞争力，进而实现奶业的持续健康发展成为政府与学术界普遍关注的问题。国内外学术界对奶业的相关研究主要集中于奶业成本收益等相关方面。Leveen 和 Hall（1978）较早地研究了经济效率与奶农养殖规模的关系，其研究结果显示相对合适规模的农户可以取得与规模相关的大部分成本费用的节约。另外，奶牛品种、养殖规模、饲养技术、养殖模式等因素对奶牛单产水平有较大影响（Matthew，2006）。然而根据联合国粮食及农业组织 FAO 最新统计，2014 年美国牛奶产量 9 346 万吨，居世界首位，其中奶牛单产水平为 10.15 吨。2014 年中国奶牛单产水平仅为2.99 吨，目前中国依旧通过提高奶牛存栏量来提高总产量，中美两国在奶牛生产效率方面存有较大差距（胡月，2014）。因此，本章就中美两国在奶牛存栏、单产、总产量和牛奶制品贸易以及不同养殖规模下奶牛生产成本与收益方面进行比较分析，旨在得到促进中国奶业可持续发展的政策启示。

7.2 中美奶业生产情况比较分析

7.2.1 美国奶牛存栏整体呈下降趋势，中国奶牛存栏快速增长后趋缓

从奶牛存栏量整体变化情况来看（图 7-1），1975 年美国成年奶牛存栏量

* 基金项目：山东省自然科学基金（ZR2016GB08）资助项目；国家奶牛产业技术体系（CARS-36）资助项目。

① 耿宁（1984—），女，山东东阿人，博士，讲师，研究方向为产业经济。E-mail：gengning321@sina.com。

为 1 113.9 万头，从 1990 年开始降到 1 000 万头以下，比 1975 年下降了 10.3%。随后在 1991 年至 2004 年，奶牛存栏量下降趋势明显，从 2005 年至 2014 年，奶牛存栏量有缓慢上升趋势，但从四十多年的发展来看，奶牛存栏量整体呈下降趋势。在此期间，中国奶牛存栏量整体呈增长趋势。从趋势上来看，2007 年之前，中国奶业发展较快，2007 年奶牛存栏达到 1 264.13 万头，较 2006 年增长 14.04%，较 2000 年增长 159.77%。2008—2010 年，奶牛存栏量出现先降后升的小幅波动现象。经过国家政策扶持和整顿调整后，中国奶业生产能力又逐渐恢复起来（于海龙，2012）。到 2014 年奶牛存栏量增加至 1 256.05 万头，相较于 2013 年增加 40.13 万头，总的来说，奶牛存栏量基本稳定。

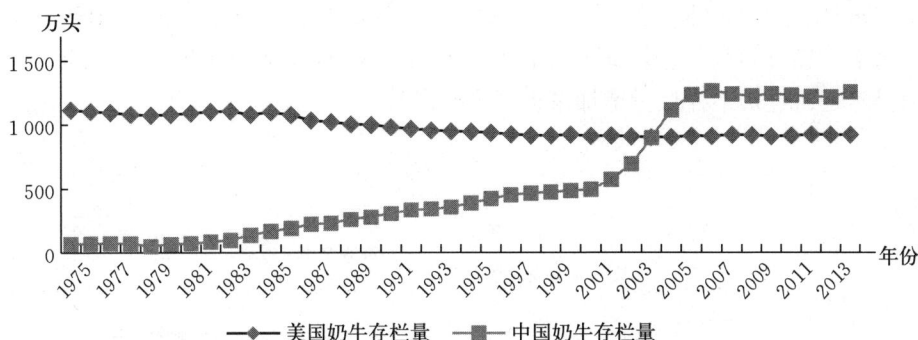

图 7-1　中美两国奶牛存栏量变化趋势（1975—2014 年）

数据来源：联合国粮农组织（FAO）官方数据，http://www.fao.org/faostat/en/#data/QL。

7.2.2　中美奶牛单产水平存有较大差距，中国奶牛单产提高缓慢

中美牛奶产量总体呈现稳步增长态势（图 7-2）。从数据上来看，美国的牛奶产量一直高于中国，中国牛奶产量在 2007 年之前，增长趋势较为明显。经过 2008 年、2009 年调整后，逐步得到回升。2009 年中国牛奶产量出现下降，下降了 0.98%。之后，牛奶产量逐步呈现恢复性增长，虽然增长趋势较 2007 年之前有所下降，但整体稳步增长。2014 年中国牛奶产量 3 760.96 万吨，同比增长 7 万吨。

从单产水平来看（图 7-3），美国奶牛单产水平提高较快，而中国奶牛单产水平提高较为缓慢。1975 年美国每头奶牛单产为 4.69 吨，2014 年美国奶牛单产为 10.15 吨。2000 年以前，中国奶牛单产水平一直稳定在 2 吨以下[①]，从 2001 年开始，单产水平呈现缓慢上升趋势，一直升到 2012 年的 3.1 吨，为单

---

① 数据来源：FAO。奶牛单产＝年牛奶总量/奶牛存栏量。

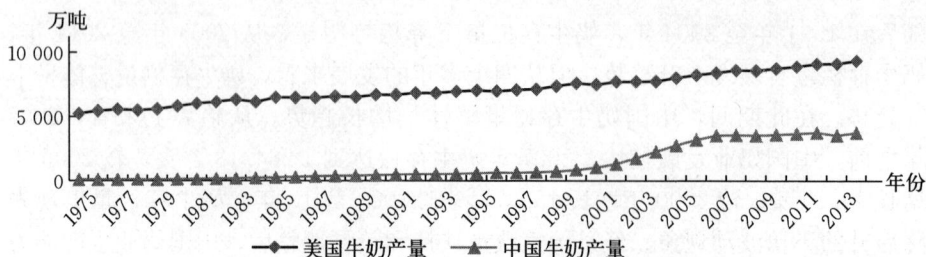

图 7-2 中美牛奶产量变化情况（1975—2014 年）

产水平的最高点。2012—2014 年，单产水平又呈现小幅下降，总体上来看，单产水平稳定在 3 吨左右，与美国的单产水平差距明显。2014 年美国奶牛单产水平（10.15 吨）是中国同期单产水平的 3.34 倍。从奶牛数量上来看，中国仍然是通过奶牛存栏量增加来提高牛奶产量。

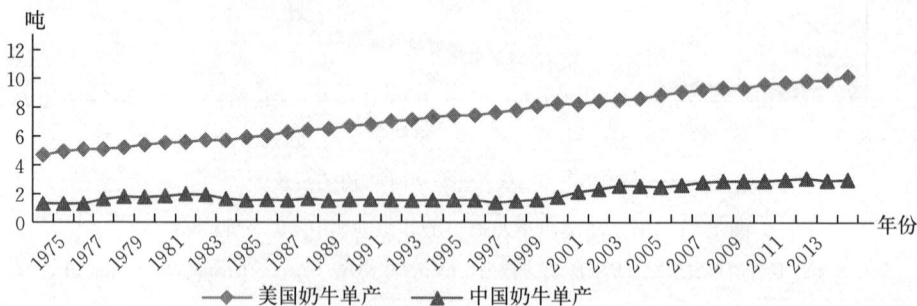

图 7-3 中美奶牛单产比较（1975—2014 年）

7.3 中美不同养殖规模下成本与收益比较分析

7.3.1 中美不同养殖规模的成本组成分析

根据美国农业部对于奶牛饲养规模标准，奶牛养殖业分为农户散养和规模饲养两种方式[①]。2014 年和 2015 年的牛奶平均生产成本均为 3.66 元/千克（或 26.67 美元/英担[②]）。其中运营成本分别为 2.64 元/千克和 2.49 元/千克；

---

① 农户散养规模是小于 50 头；对于规模饲养又分为小规模场（大于 10 头且小于或等于 50 头）、中规模场（大于 50 头且小于或等于 100 头、大于 100 头且小于或等于 200 头、大于 200 头且小于或等于 500 头、大于 500 头且小于或等于 999 头）、大规模场（大于 1 000 头）三种。

② 美国计量单位为英担，1 英担＝100 磅，1 磅≈0.453 6 千克。2014 年和 2015 年全年人民币平均汇率分别为 1 美元兑 6.216 6 元和 6.228 4 元。

分摊成本分别为 1.15 元/千克和 1.18 元/千克。在运营成本中，2014 年和 2015 年购买饲料总成本分别为 2.17 元/千克和 2.06 元/千克，分别占运营成本的 82.20% 和 82.73%，占总成本比例分别为 59.28% 和 56.28%，可见饲料成本的上涨是各国畜牧业都面临的一个主要问题。雇工费用所占比例相对较低，占总成本比例分别为 6.03% 和 6.34%，而机械设备资金所占比例要高于雇工费用，占总成本比例分别为 13.78% 和 13.99%，在某种程度上，机械设备替代了部分劳动力，这与美国畜牧业机械化程度较高有关。

而中国奶牛养殖业分为农户散养和规模饲养两种方式进行会计核算①。中国奶牛养殖总成本由物资费用和人工费用两大部分构成。不论奶牛养殖规模大小，物资与人工费用占总成本近 90%，是奶牛养殖最主要成本，其中饲料费用约在总成本的 70% 以上，固定资产折旧等间接费用约占总成本的 13%；人工费用包括家庭用工费用和雇工费用，其中养殖规模越大，雇工费用越高。在奶牛饲养总成本构成中，间接饲养成本（除了直接成本中的精饲料费和青贮饲料费以外的直接费用、间接费用和人工费用）所占比例较小且相对稳定，饲料成本是影响总生产成本的决定性因素，也就是说饲料价格的变动直接决定了生产成本的走势。

7.3.2 中美不同养殖规模成本变动分析

从不同养殖规模成本变动情况来看，美国的规模化养殖能够有效降低生产成本。规模越大，美国奶牛养殖户生产成本越低，各项费用随着养殖规模扩大呈下降趋势。2014 年和 2015 年 1 000 头以上规模养殖农场生产成本分别为 2.87 元/千克和 2.84 元/千克，而小于 50 头的农场生产成本分别为 6.62 元/千克和 6.63 元/千克，是 100 头以上规模养殖户成本的两倍之多。从 2005 年至 2015 年，每生产 1 千克牛奶的平均养殖成本均保持在 3.3～3.8 元/千克，平均成本数值年度变化不大，同时养殖成本中的饲料购买费用随着规模越大而越低。

从中国不同规模养殖户来看，中国奶牛规模化养殖并没有能够有效降低生产成本。规模越大，奶牛养殖场（户）生产成本反而越高，各项费用随着养殖规模扩大呈上升趋势。从具体生产成本来看，每头奶牛的物质与服务费用以大规模化为最高，2015 年大规模（500 头以上）养殖农场生产成本为 24 933.25 元/头，小规模户和散养户较低，为 16 453.27 元/头和 16 292.62 元/头。每头

---

① 根据《全国农产品成本收益汇编》对奶牛饲养规模分类标准，农户散养规模是小于 10 头；对于规模饲养又分为小规模场（户）（大于 10 头且小于或等于 50 头）、中规模场（户）（大于 50 头且小于或等于 500 头）、大规模场（户）（大于 500 头）三种。

奶牛养殖成本大规模场（户）要高于散户和小规模户近 800 元。从 2005 年至 2015 年的数据来看，每生产 1 千克牛奶的成本同样出现同一趋势，小规模户生产成本最低，大规模生产成本最高，2015 年的数据显示，大规模户反而比小规模户每生产 1 千克牛奶成本要多出 0.5 元。根据《全国农产品成本收益资料汇编》统计，每生产 1 千克牛奶，散养户生产成本从 2005 年的 1.56 元/千克上涨至 2015 年的 3.17 元/千克；小规模户生产成本从 2005 年的 1.51 元/千克上涨至 2015 年的 3.10 元/千克；中规模户生产成本从 2005 年的 1.79 元/千克上涨至 2015 年的 3.30 元/千克；大规模户生产成本从 2005 年的 1.91 元/千克上涨至 2015 年的 3.71 元/千克。每种规模下的生产成本涨幅都近 2 倍。由此可见，中国奶牛养殖的规模经济效应并没有凸显。

7.3.3 中美不同养殖规模的收益分析

从美国奶牛养殖收益来看，养殖规模越大净收益越大。2015 年，从每千克牛奶产值来看，不同规模奶牛养殖差别不大，2014 年的牛奶产值基本上保持在 2.4 元/千克左右；2015 年的牛奶产值基本上保持在 3.4 元/千克左右，甚至大规模养殖户每千克牛奶毛收益要低于小规模养殖户。从净收益上来看，规模养殖场（户）是有收益的，虽然每千克牛奶的收益要低于小规模养殖场（户），但整体上，还是实现了规模经济。

在 2005—2015 年，中国奶牛养殖户每生产 1 千克牛奶的净收益均为正值。从不同养殖规模来看，养殖净效益以散养或小规模户为最高，只有 2014 年大规模养殖户净收益为 1 元/千克，超过其他规模户，其余年份大规模户养殖净收益最低。2013 年，散养户净收益最高，达到 1.2 元/千克；小规模户、中规模户和大规模户的净收益分别为 1.02 元/千克、0.93 元/千克和 0.83 元/千克。2015 年数据显示，大规模户的净收益达到 0.82 元/千克，要低于散养户的净收益（0.88 元/千克）。进一步说明，中国奶牛养殖的规模经济效应并未体现。但从每头奶牛的利润来看，包括主产品产值和副产品产值，规模养殖户的养殖净利润最高，2014 年和 2015 年大规模养殖户的每头奶牛的净利润分别为 7 362.74 元和 6 208.11 元，均比同期散养、小规模和中规模养殖户的净利润要高。但从成本利润率来看，散养模式成本利润率最高。

7.4 结论与启示

总体来看，美国奶业发展迅速主要原因是：一方面规模化养殖表现出了较大的成本收益优势。另一方面，注重科学技术创新成果的实际转化是提升奶牛养殖收益的重要手段，尤其体现在奶牛优质品种方面。因此，对中国奶业的发展，予以几点启示。

7.4.1 中国奶业规模化标准化水平需要进一步提高

中国的奶业生产规模化程度虽然不断提高，但与美国等国家相比，仍然处于较低的水平。2011 年中国 500 头饲养规模以上奶牛存栏占总存栏的20.80%，而美国 2011 年 500 头以上农场奶牛的存栏量占美国奶牛总产量的58.50%，50 头以下饲养规模的奶牛存栏量仅占美国奶牛存栏总量的 5.90%，500 头以上农场牛奶产量占美国牛奶产量的 62.90%，50 头以下农场牛奶产量比例为 4.20%。与美国奶业相比，散养户仍是中国生鲜乳生产的主体，专用饲草饲料缺乏，饲养方式粗放，高产奶牛比例不高，同时乳品质量安全监管依然薄弱，开办主体复杂，监管难度大，乳品质量安全保障体系不健全、乳制品市场秩序不规范，这种状况造成淡季压价、旺季争抢奶源的现象时有发生，奶农组织化程度低，造成乳制品企业单方面决定生鲜乳价格，奶农利益难以保证。

7.4.2 改良奶牛品种，着力提高奶牛单产水平

从生产看，2014 年中国奶牛单产水平只有 2.99 吨，而美国 2014 年的单产水平已达到 10.15 吨，是中国同期单产的 3.39 倍。中国目前牛奶总产量的增加主要依靠奶牛数量的增长。1995—2015 年，中国牛奶产量从 608 万吨增加到 3 760 万吨，同期奶牛存栏从 390 万头增加到 1 256 万头，增加了 866 万头。目前中国要提高牛奶产量必须走提高单产的道路，才能真正成为奶业强国。而奶牛优良品种的培育是中国奶牛产业科学发展的关键，也是我国由奶业大国向强国转变的前提和基础。

7.4.3 规模化养殖场要向质量效益型转变

美国通过规模化养殖有效降低了生产成本，提高了效益。同时成本中的饲料购买费用，规模越大，饲料成本也越低。而中国规模化养殖并没有有效降低成本和提高效益，大规模场（户）饲养成本大幅高于散户和小规模户，同时养殖收益最低，没有真正发挥规模化养殖的效果。养殖规模的提升，要同时注重经营成本的减少，提高单位生鲜乳品质和效益。

7.5 展望

奶业是现代农业和食品工业的标志性产业，也是社会高度关注的产业。通过对比分析中美奶业生产成本收益，尤其是中美两国不同规模下成本收益的差

异，可以发现中国奶业大规模养殖的规模经济效应并不明显。为有效推进当前我国奶业的可持续发展，需要采取积极有效的措施。一方面，奶牛良种的选育与培育是我国奶业可持续发展的关键，也是提高奶业经济效益和乳品质量的关键环节。如何培育与推广应用自主知识产权的奶牛良种，是我国奶业未来良好发展的关键所在。应着力推进奶牛优良品种的选育与繁育，提高奶牛单产水平。另一方面，就全国奶牛养殖而言，要重视不同规模养殖的特点，大规模养殖的规模效应优势并不明显，需要优化整合散养户和小规模养殖户，进一步扩大奶牛养殖的利润空间，有效推进我国奶业的良性发展。

参考文献

班洪赟，周德，田旭，2017. 中国奶业发展情况分析：与世界主要奶业国家的比较 [J]. 世界农业 (3)：11-17.

郭利亚，王玉庭，张养东，等，2015. 中国奶业发展现状及主要问题对策分析 [J]. 中国畜牧杂志，51 (20)：35-40.

胡月，李富忠，等，2014. 不同养殖规模下的奶牛区域优势分析 [J]. 中国畜牧杂志 (8)：21-25.

刘芳，危薇，何忠伟，2014. 中外奶业政策比较分析 [J]. 世界农业 (1)：68-73.

罗小红，何忠伟，刘芳，2016. 中国奶业区域布局及发展研究 [J]. 农业展望，12 (2)：45-53.

钱贵霞，郭晓川，郎建国，郭建军，2010. 中国奶业危机产生的根源及对策分析 [J]. 农业经济问题 (3)：30-35.

于海龙，李秉龙，2012. 中国奶牛养殖的区域优势分析与对策 [J]. 农业现代化研究，33 (2)：150-154.

袁祥州，程国强，齐皓天，2015. 美国奶业安全网：历史演变、现实特征与发展趋势 [J]. 农业经济问题，36 (10)：101-109，112.

Hall. Bruce R，Leveen. E. Phillip，1978. Farm Size and Economic Efficiency：The Case of California. American Agricultural Economic (11)：32-47.

Matthew Gorton，Mikhail Dumitrashko，2006. Overcoming Supply Chain Failure in the Agri-food Sector：A Case Study from Moldova [J]. Food Poficg (7)：52-61.

8　外资进入我国奶业的趋势、挑战与对策

——从恒天然在我国奶业的投资情况看

□ 刘长全

　　加快奶业发展是城乡居民食物消费结构升级的需要，也是农业供给侧结构性改革的重要内容，2017 年中央 1 号文件重点提出"全面振兴奶业"。近年，国外乳品企业加快进入我国奶业，进入领域从乳品销售向乳品加工和奶牛养殖等各个环节扩展，并对我国奶业发展带来全方位挑战：传统奶农弱势地位更加凸显、外企在终端市场上全面挑战国内企业、现行奶业管理体制及奶业相关的资源与环境管理体制也面临挑战。为此，需要加快构建有利于养殖环节健康发展的奶业产业组织体系，通过乳品质量管理体系建设恢复消费者信心并降低不合理终端乳品价格，完善奶业市场管理机制，加强资源与环境监管，增加粪污治理与资源化利用的政策支持。

8.1　国外乳品企业全面进入我国奶业已成趋势

　　国际乳业巨头雀巢、达能、恒天然较早进入中国市场并投资建厂，菲仕兰、美国奶农、阿拉、拉克塔利斯等近年也通过不同方式向中国奶业投资。其中，以新西兰恒天然集团在华投资最为突出，其进入中国奶业大致可以分为三个阶段。

　　(1) 以产品输入为主的阶段。20 世纪 80 年代，新西兰开始向中国出口生产婴幼儿和幼儿配方奶粉所必需的脱盐乳清粉。20 世纪 90 年代，在香港设立中国区总部，在广州、北京和上海开设办事处，向中国市场出口浓缩乳清蛋白粉、乳铁蛋白等功能性原料。

　　(2) 以发展养殖为主的资本进入阶段。2005 年，恒天然与当时的三鹿集团签署合资协议。2007 年，恒天然在河北唐山启动第一个牧场群建设，2013 年在山西应县启动第二个牧场群建设。目前，唐山牧场群年产奶 1.7 亿升，应县牧场群年产奶 1.8 亿升。2014 年，恒天然与雅培公司签约，联合投资兴建第三个牧场群。

（3）以发展加工、构建全产业链为主的资本进入阶段。2014 年 8 月，恒天然与贝因美宣布建立全球伙伴关系，利用恒天然在新西兰、澳大利亚及欧洲的奶源和生产基地，面向中国市场打造从牧场到餐桌的完整供应链。2014 年 12 月，恒天然应用中心在上海成立，利用恒天然世界级的乳品研发能力开发针对中国市场的配方与产品。此后，恒天然又分别在广州、成都、北京等地设立应用中心。2015 年 3 月，恒天然成功收购贝因美 18.8％的股份。2016 年 2 月，双方签署协议建立合资架构以收购恒天然位于澳大利亚的达润工厂。

8.2 外资全面进入中国奶业的影响与风险

8.2.1 传统奶农的弱势地位将进一步凸显

近中期，国内原料奶产量预计达到 4 500 万～5 000 万吨，外资进入养殖环节对国内原料奶供给能力不会产生显著影响，在其中的占比也不会太高。恒天然按其规划完成 6 个牧场群建设后，在国内原料奶总供给中约占 2％。但是，纵向一体化的恒天然能够更好地维护和反哺养殖环节利益，助其在不稳定的市场中稳步发展。反观国内大多数养殖户，原料奶收购是数量少、规模大的加工企业与数量多、规模小的养殖户之间的交易，属于典型的寡头垄断格局，加工企业在收购价格和收购量等方面都掌握话语权，养殖户通常被控制在维持生存或微利的经营状态，这决定了奶农的脆弱性和对市场波动的敏感性。产业链上不对等地位与恶性竞争并存导致市场波动时过度投资与"倒奶杀牛"交替出现，养殖户难以得到长期发展，这无疑为外资扩张在国内的养殖活动提供了便利条件。

8.2.2 将在乳品终端市场全面挑战国内企业

外资乳品企业在我国构建全产业链发展格局是为了提升其在中国奶业市场中的地位，尤其是为了在终端市场上获得更大份额并全方位挑战国内乳品加工企业。在中国的本地化和全产业链发展对国外乳品企业来说有两个方面的好处：①可以发展低温巴氏奶及进入特色乳品等一些细分市场。虽然国内养殖成本较高，但是较高的终端市场价格为外资企业的全产业链发展提供了可能，他们看重的正是我国高附加值的液态奶市场和婴幼儿配方奶粉市场，并将在这两个领域与国内企业展开竞争。②更好地掌握国内乳品消费市场及消费者偏好等信息，从而更好地将全球资源与我国奶业市场对接。

8.2.3 给现行奶业管理体制带来挑战

我国奶业缺少收储等应对波动的常态化稳定机制，市场发生波动时，主要依靠地方政府、主管部门和奶业协会等对乳品加工企业的劝导来稳定原料奶价格和收购。这种调控举措的有效性很大程度上依赖于这些机构的权威性，依赖于这些机构与加工企业之间的互动关系。类似恒天然这样的外资进入奶牛养殖和乳品加工环节后，因其与市场管理机构之间的弱联结特征，劝导型市场管理机制的有效性必然降低。但是，外资进入对原料奶市场的影响并不容忽视。就恒天然来说，一直以来都深度影响中国原料奶价格，并且随着其直接进入国内原料奶生产环节，其对原料奶市场的影响也将从间接变为直接，影响的手段也更加多元化，已不为常规的贸易举措等控制。即使恒天然在国内原料奶总产出中只占有 2% 左右的份额，在一个对供求平衡高度敏感的市场上，掌控供给节奏和定价话语权，2% 也足以成为影响市场均衡、市场稳定和价格的重要力量。

8.2.4　给奶业相关的资源与环境管理体制带来挑战

总体而言，中国对奶业相关的资源和环境管理并不严格，很多外部性成本养殖户并没有负担。与其他农业部门一样，奶牛养殖产业发展在满足基本消费需求的同时，也被赋予了解决就业、缓解贫困和促进农民增收的功能，既带来社会成本也承担社会功能，放松资源、环境管理要求似乎有着一定的合理性。但是，恒天然等外资进入奶牛养殖环节后大力发展规模化牧场，其在促进就业等方面的功能非常微薄，甚至彻底冲击了传统养殖业的增收、减贫和保障功能，环境影响还特别突出。在此情况下，再继续强调其社会功能并对其资源、环境问题采取放纵的态度就难以得到认同。恒天然牧场群的建设还激发了国内大规模牧场建设的趋势，在总体上颠覆了奶牛养殖业所具有的社会功能属性。因此，奶牛养殖，特别是规模养殖企业，越来越回归其盈利性市场主体的本质属性，从公共政策、公共利益角度去定位奶牛养殖业越来越缺乏社会基础，对其资源环境影响监管不到位问题正日益突出。

8.3　应对外资进入中国奶业的思考与建议

8.3.1　构建有利于养殖环节健康发展的奶业产业组织体系

以保障和促进奶农发展为导向完善奶业产业组织体系，构建应对外资挑战的微观基础。重点是加强奶农组织建设，一方面减少无序竞争、过度竞争对市场波动的放大作用，另一方面提升奶农整体的议价能力，改善产业链上下游利益分配关系，让奶农更多分享产业发展过程中的增值收益。加强奶农组织建设，要明确和强化奶业协会代表奶农这一属性定位，要加强奶农专业合作社、联合社建设，逐步建立"自下而上"、覆盖全国、地方和基层的奶农组织，再进一步探索以奶农组织为中介的集体谈判机制，切实保障奶农利益。

8.3.2 培育消费者信心，降低不合理终端乳品价格

终端乳品价格过高是中国乳品消费不振、乳品进口大幅增长等问题的关键原因，也是外资全面进入中国的驱动力量，终端乳品价格过高的诱因则是消费者对乳品质量安全缺乏信心、乳品消费缺乏理性。乳品企业利用消费者信心不足将同质化的乳品冠以高端、低端名号，既放大了消费者"非优则次"的疑虑，也抬高了乳品消费价格，将消费者引向"高端化"的非理性消费模式。为此，一方面要规范乳品市场竞争行为及广告宣传，另一方面要加快构建全产业链的乳品质量管理体系，明确养殖、挤奶、储存、运输、加工等各个生产阶段与操作环节的技术规范和质量控制要求、明确质量控制的关键环节和关键环节的质量控制标准，在质量管理中实现事前预防与事后监测并重，加快建立第三方检测制度。

8.3.3 完善奶业市场管理机制

加快建立更加市场化、统一纳入内外资生产主体的奶业管理体制。首先要加强市场稳定机制建设，一方面提升奶农组织在调节和稳定市场供求方面的协调功能，另一方面要建立乳品相关储备制度，提高对乳品市场波动的调节能力。其次要加强贸易与自给率监测。《全国奶业发展规划（2016—2020 年）》提出 70% 的奶源自给率目标，但是，当前不具备配额、关税等调节自给率的手段，外资进入后也将利用信息与市场优势更多开发中国以外的低成本奶牛养殖资源，威胁奶业自给率目标。当前，可将自给率作为警示指标与价格的快速变动相结合，确定储备调节机制启动的触发器。

8.3.4 加强资源环境监管，增加粪污治理与资源化利用的政策支持

首先，在资源、环境方面加强对奶牛养殖业的规制和监管，通过资源税、环境税将外部成本内部化，坚决防止外资进入过程中出现"收益流出去，资源环境成本留下来"的结果。其次，在粪污治理与资源化利用方面加强对传统奶牛养殖主体的政策支持。外资养殖企业在资源集约利用、污染控制、粪污资源化利用等方面已掌握了丰富的经验和信息，通过打造牧场群在粪污处理和利用上也具有明显的规模化优势。加强资源与环境监管短期内有利于外资企业获得领先优势，这个问题无法回避，但可以通过公共政策支持快速消除相关差距。

9 农业价值链金融、价值链组织与农户技术采纳[*]

□ 董　翀

9.1　引言

习近平总书记在十九大报告中提出，实施乡村振兴战略，加快推进农业农村现代化；构建现代农业产业体系、生产体系、经营体系，发展多种形式适度规模经营，培育新型农业经营主体；实现小农户和现代农业发展有机衔接。这为我国农业未来的发展指明了方向。随着我国现代农业的不断发展，农业生产的目标逐渐从简单粗放的、追求产量的单一目标转向技术密集的、追求生产高效和产品高质的多元目标，农业生产经营方式也逐渐从小而分散的个体经营转向适度规模、多方合作的价值链组织经营。农业经营主体为了获得价值链转型升级所带来的红利，必须采纳新的技术和要素。一方面，从事规模化经营需要使用新型机械，转向高价值农产品生产也需要投入更优质的农资（Key、Runsten，1999）；另一方面，由于市场的分割和基础设施的落后，农业生产经营主体在生产和销售过程中面临较高的交易成本（Ganesh Thapa，2010）。这意味着农户从事现代农业生产经营需要支付远高于传统农业的成本，大量资金需求也因而产生。

发展中国家的农业生产经营主体普遍面临较严重的信贷约束（Guirkinger、Boucher，2008；马九杰等，2013）。由于农业信贷具有较高的信息成本和交易成本，农村金融供给面临脆弱性约束、运营约束、能力约束和法律约束，农户难以从正规金融机构获得信贷（Miller，2004）；同时，农业信贷难以确保被完全用于生产要素投入，从而降低资金的使用效率。价值链金融基于互联合同（Bell，1988），借助对交易网络信息流和物流的有效掌握（马九杰、罗兴，2017），利用其内嵌的信息甄别机制、抵押替代机制和贷款偿还机制（Fries、Akin，2004），降低了信息不对称程度，节约了农业信贷的交易成本，顺应了

---

　*　本章研究受到国家自然科学基金国际合作项目"变化市场中农产品价值链转型及价格、食品安全的互动关系——以蔬菜、渔产品和乳制品为例"（编号：71361140369）、国家社会科学重大项目（13&ZD023）、北京市社科重大项目（15ZDA16）、国家奶牛产业技术体系专项项目的资助。

由农户组织化程度提高和价值链延伸带来的金融需求的转变（刘西川、程恩江，2013），有助于降低农户采纳新技术的门槛，从而促进农户采纳新技术。

农业价值链组织作为一种加强从农业生产资料供应到农产品生产、加工、储运、销售等一系列环节联结和协作的一体化组织形式（王凯、颜加勇，2004），能够提升整个价值链的运行效率和效益。其核心部门往往可凭借其市场势力对价值链上下游经营主体进行协同管理，因此，其对某种新技术的选择偏好也会通过行业规范、准入门槛、价格激励和惩罚机制等途径对上下游主体的技术采纳选择产生影响（耿宇宁等，2017）。

国内外众多学者的研究表明，农户禀赋差异导致具有异质性的农业生产经营主体采纳新技术的成本、收益和风险判断不同，从而不同程度地影响农户技术采纳行为（Feder et al.，1985；孔祥智等，2004）。也有研究发现，通过增加农村金融供给，缓解农户的流动性约束，能够刺激农户采纳某种新技术，特别是对低资本禀赋的农户（蔡健、唐忠，2013）。还有学者提出，价值链组织形式也可能对农户技术采纳产生影响，例如合作社自身的技术选择偏好会对农户技术采纳产生诱导力，从而影响农户技术采纳行为（耿宇宁等，2017）；如上文献为本章研究提供了思路和基础，但是，已有文献得出的研究结论并不一致，价值链组织形式和信贷支持对不同禀赋农户技术采纳的影响在一定程度上具有不确定性，同时，研究价值链金融影响农户技术采纳的文献鲜少见到。价值链金融作为价值链管理的重要策略，既可以通过改善价值链上农户的信贷可得性影响其禀赋，又可以借助价值链组织形式对农户技术采纳发挥诱导力，其影响具有一定的综合性，因此，讨论价值链金融对农户技术采纳的影响是有价值的。鉴于此，本章基于实地调研数据，以奶业为例，以奶牛养殖户为研究对象，探究价值链金融对其采纳浓缩精饲料这一新技术的影响，这对加快中国农业价值链转型升级，提高农业生产效率和农产品竞争力，具有重要的现实意义。

9.2 理论框架与模型构建

9.2.1 理论框架

根据 Atanu Saha（1994）和朱希刚、黄继焜（1994）构建的农业技术采纳模型，农户选择采纳新技术的依据是最优化决策，即若采纳的边际收益大于边际成本，则采纳是最优决策。孔祥智等（2004）对技术采纳模型进行了修正，指出农户对某种新技术的采纳行为是基于其对新旧技术产生效果的对比，即只有当采纳新技术的预期净收益大于现有技术的净收益，其采纳新技术才是最优选择。本研究认为，农户的技术采纳行为可分为两个阶段，第一阶段为尝试性采纳，第二阶段为稳定采纳。在尝试性采纳阶段，影响农户采纳决策的是采纳新技术的预期净收益与现有技术净收益的差异，即：

$$p_t f_t(q_t) \gamma(z) - c_t(q_t) \geqslant p_0 f_0(q_0) - c_0(q_0) \qquad (9-1)$$

式（9-1）中，p_t、f_t、q_t 和 c_t 分别是农户采纳了新技术后的农产品价格、生产函数、生产规模和生产成本，$\gamma(z)$ 是由农户禀赋、外界诱导力等影响采纳的因素 z 决定的主观风险函数，p_0、$f_0(.)$、q_0 和 c_0 分别是传统技术条件下的农产品价格、生产函数、生产规模和生产成本。

通过第一阶段的尝试和对比，农户确定新技术的净收益高于现有技术的净收益后，则其进入稳定采纳阶段，此时会在新技术的生产函数上进行利润最大化或成本最小化的最优化决策，调整对新技术的采纳程度，即：

$$\max \pi_t = p_t' f_t'(q_t') \gamma'(z') - c_t'(q_t') \qquad (9-2)$$

式（9-2）中，p_t'、f_t'、q_t' 和 c_t' 分别表示农户在稳定采纳阶段的农产品价格、生产函数、生产规模和生产成本，$\gamma'(z')$ 表示稳定采纳阶段的农户主观风险函数。

9.2.2　模型构建

本研究对奶牛养殖户采纳浓缩精饲料这一新技术要素的行为进行分析，试图找出供应链金融通过改善农户禀赋、施加诱导力影响其技术采纳行为的证据。中国奶业价值链正在经历转型升级，浓缩精饲料是养殖环节较为重要的新技术之一，相对于传统饲料，其营养成分全面，使用方便，但成本较高。奶牛养殖户正在逐步采纳。对农户采纳浓缩精饲料行为的影响，本章根据上述理论框架分两步进行研究。首先，对农户是否采纳浓缩精饲料行为决策进行 Probit 回归，考察在控制了农户禀赋等相关变量的条件下，价值链金融和价值链组织化程度对农户采纳行为的影响；然后，对已经采纳浓缩精饲料超过一年的农户的单头奶牛日均浓缩精饲料使用量进行 Tobit 回归，分析在稳定采纳阶段，在控制了农户禀赋等相关变量的条件下，价值链金融和价值链组织对农户采纳行为的影响。

Probit 模型是一种广义的线性模型，其被解释变量 Y 是一个 0，1 变量，事件发生的概率依赖于解释变量，即 $P(Y=1) = g(X)$，即 $Y=1$ 的概率是一个关于 X 的函数，其中 $g(.)$ 服从标准正态分布。而 Tobit 模型则适用于因变量是连续的但在某一点上受限或被截取的情况。在本研究中，农户对浓缩精饲料使用量总体分布于一个较大的正数范围，但也有相当数量的农户对浓缩精饲料使用量为 0，即因变量正值大致连续分布但包含一部分以正概率取值为 0 的结果变量。

因此，对农户是否采纳浓缩精饲料行为决策的模型定义为：

$$P(Y_{i1}) = \alpha_1 X_{i1} + \varepsilon_{i1} \qquad (9-3)$$

式（9-3）中 $P(Y_{i1})$ 表示第 i 个样本农户采纳浓缩精饲料的概率，$P(Y_i) > 0$ 表示其采纳了浓缩精饲料，即至少是处于尝试性采纳阶段，也可能已经在稳定采纳阶段；$P(Y_i) \leqslant 0$ 表示其未采纳浓缩精饲料，包括从未采纳过和曾经采纳过但现在不采纳了两种情况。X_{i1} 为影响第 i 个样本农户采纳浓缩精饲料的因素，包括农户禀赋、所处价值链组织、价值链金融可得性以及其他特征。α_1 为待估系数，ε_{i1} 为随机干扰项。

调研中发现，一些农户会根据奶牛单产和生鲜乳价格的变化调整浓缩精饲料和自加工混合饲料的配比。因此，对采纳浓缩精饲料超过一年的农户，对单头奶牛的日均浓缩精饲料使用量决策的模型定义[1]为：

$$P(Y_{i2}) = \alpha_2 X_{i2} + \varepsilon_{i2} \qquad (9-4)$$

式（9-4）中 $P(Y_{i2})$ 表示第 i 个样本农户对单头奶牛日均实际使用浓缩精饲料的数量，X_{i2} 为影响第 i 个样本农户实际使用浓缩精饲料数量的因素，包括农户禀赋、所处价值链组织、价值链金融可得性以及其他特征。α_2 为待估系数，ε_{i2} 为随机干扰项。

9.2.3 数据来源

本研究所使用的数据来源于 2013 年至 2014 年由中国人民大学和国际食物政策研究所联合组织的国家自科基金国际合作项目调研。该调查涉及奶业价值链上从奶牛饲料供应商、奶牛养殖户、生鲜乳收购站、乳品加工厂、乳制品经销商到传统零售商和超市等各环节的经营主体。本研究仅使用了其中的奶牛养殖户数据，其抽样方法是：在内蒙古自治区选取两个奶业经济总量较大的地级市，在两市奶业经济总量较大的区县中随机抽取 4 个区县，每个区县随机抽取 2 个乡镇，每个乡镇随机抽取 4 个村，在每个村的奶牛养殖户中随机抽取 15 个农户，经过数据清理和筛选，共获得 486 个有效农户样本。

9.2.4 变量选取

根据上述文献的研究结论和理论逻辑，结合调研中的实际情况，本章选取了农户是否使用浓缩精饲料，以及混合精饲料中浓缩精饲料投入量两个因变量；选取了奶牛养殖户的户主受教育年限、家庭规模、养殖规模、养殖经验、奶业劳动力数量、饲料种植面积和奶业相关社会资本等变量反映农户禀赋；并

---

[1] 假设不存在过度使用浓缩精饲料的情况，在实证分析时参照理论上的合理饲喂量，去掉了样本中的异常值。

选取饲料赊购变量反映农户获得的价值链金融服务。需要说明的是，浓缩精饲料的赊购并非是农户基于自身信用而直接从饲料供应商处得到的赊购，而是由乳品加工厂参与的。直接或间接（如通过私人奶站、合作社、牧场等）给乳品加工厂交奶的农户先从饲料供应商处得到饲料并使用，一段时间后（一般是一个月）与乳品加工厂结算生鲜乳款时结算饲料款。乳品厂支付给饲料供应商饲料款，支付给农户扣除饲料款后的奶款剩余部分。这是一种典型的供应链金融。此外，本章选取了养殖场所、收奶方性质和生鲜乳收购价格等变量反映农户参与的价值链组织形式。

9.3 实证分析

9.3.1 样本描述

通过对样本进行分析得知，在 486 个有效样本中，有 80 户仍完全使用传统自加工饲料，未采纳浓缩精饲料，有 406 户采纳了浓缩精饲料。在采纳样本中，每头牛日均混合精饲料中浓缩精饲料的投入量均值为 3.75 千克。将全部样本按照是否采纳了浓缩精饲料分为未采纳和采纳两组进行对比。两组样本的户主受教育年限、家庭规模、奶业劳动力数量、奶业相关社会资本、养殖场所、收奶方性质、借贷等变量的均值比较接近，但养殖规模、养殖经验、饲料种植面积、获得赊销的比例、粗饲料价格和到饲料销售点的距离等变量均值均有较大差距（表 9-1）。

表 9-1 变量定义及描述性统计

变量名	变量定义	均值			标准差
		全部	未采纳	采纳	
是否使用浓缩精饲料	0＝否，1＝是	0.84			0.37
浓缩精饲料使用量	使用浓缩精饲料超过一年的农户对单头奶牛日均浓缩精饲料投入量（对数值）	3.75			3.72
户主受教育年限	户主实际受教育的年限（年）	6.80	6.30	6.90	3.31
家庭规模	在家时间超过六个月的人口数量（人）	3.78	3.53	3.83	1.27
养殖规模	2013 年养殖奶牛头数（头）	11.83	1.68	13.31	28.42
养殖经验	家庭从事奶牛养殖业的年限（年）	3.82	6.33	3.33	7.60
奶业劳动力数量	家庭从事养牛业的劳动力数（人）	5.52	5.74	5.48	1.12
饲料种植面积	2013 年饲料玉米种植亩数（亩）	18.53	16.01	19.02	19.12
奶业相关社会资本	从事奶业相关工作的亲友，0＝无，1＝有	0.04	0.09	0.03	0.19

（续）

变量名	变量定义	均值			标准差
		全部	未采纳	采纳	
饲料赊购	0=无赊购，1=有赊购	0.72	0.44	0.77	0.45
养殖场所	1=自家庭院，2=公共养殖小区，3=自家养殖小区，4=合作社，5=自家养殖牧场	1.49	1.56	1.47	0.88
收奶方性质	1=奶站，2=合作社或牧场，3=加工厂	1.50	1.12	1.58	0.87
生鲜乳收购价格	2013年生鲜乳平均收购价格（对数值）	3.97	3.84	3.98	0.60
借贷	0=无借贷行为，1=有借贷行为	0.55	0.54	0.55	0.50
粗饲料价格	2013年购买粗饲料价格（对数值）	0.59	1.58	0.40	0.82
到饲料销售点距离	距饲料销售点的距离（公里）	10.13	13.99	9.47	39.85
地区虚拟变量	0=W市，1=H市	0.50	0.49	0.51	0.50

9.3.2 回归结果

9.3.2.1 价值链金融、价值链组织与技术采纳决策

使用 Probit 模型对价值链金融、价值链组织形式与农户采纳浓缩精饲料行为的关系进行分析，模型回归结果如表 9-2 所示。在全部样本的回归中，农户的家庭规模、养殖规模和奶业劳动力数量等禀赋特征变量对采纳浓缩精饲料均有显著的正向影响；饲料赊购变量也有显著正向影响；养殖场所和生鲜乳价格等价值链组织特征变量也有显著影响，但养殖场所变量有负向影响。在控制变量中，农户使用的粗饲料价格有显著负向影响。可能的原因是，合作社和家庭养殖牧场采纳了更新的技术，如全混合日粮（TMR），替代了浓缩精饲料。全混合日粮是将精饲料、粗饲料、矿物质和维生素等充分混合而成的饲料，其精粗比例稳定、营养浓度一致，代表着更为先进的饲喂技术，其需要使用大型机械和高价格的优质粗饲料（如苜蓿、羊草等），只有部分合作社和家庭养殖牧场有能力进行如此大规模的专用性资产投资。将全部样本按照地区分为两组分别进行回归，即 H 市组和 W 市组。相较于 W 市，H 市地区生产总值、人均生产总值、人均收入等经济指标多年来均明显优于 W 市，还有两大乳品加工龙头企业，有力带动了当地奶业的发展，因而市场发育更成熟，基础设施更好。如表 9-2 所示，农户禀赋特征的所有变量对 W 市农户是否使用浓缩精饲料均没有显著影响，但养殖规模变量对 H 市农户有显著影响；饲料赊

购对 W 市农户也没有显著影响，但对 H 市农户有显著影响；在价值链组织特征中，养殖场所仅对 W 市农户有显著影响，生鲜乳收购价格变量对两市农户均有影响。在其他控制变量中，借贷仅对 W 市农户有显著影响，粗饲料价格对两市农户均有显著负向影响，到饲料销售点的距离变量仅对 H 市农户有显著负向影响。

9.3.2.2　稳定采纳期价值链金融、价值链组织与技术采纳程度

进一步对连续使用浓缩精饲料超过一年的农户对单头奶牛日均使用浓缩精饲料的数量进行 Tobit 模型回归，结果见表 9 - 2。在全部样本的回归中，农户的养殖规模、奶业劳动力数量、饲料种植面积和奶业相关社会资本等禀赋特征变量对采纳浓缩精饲料数量均有显著影响，养殖规模和奶业劳动力数量有正向影响，饲料种植面积和奶业相关社会资本有负向影响；但是，反映价值链金融行为的饲料赊购变量和反映价值链组织形式的全部变量影响均不显著。控制变量中，到饲料销售点的距离和地区虚拟变量均有显著正向影响。而从分地区的两个子样本来看，养殖规模和奶业劳动力数量变量均有显著正向影响；饲料赊购均没有显著影响；在价值链组织特征中，仅生鲜乳收购价格变量对 W 市农户有显著正向影响。在其他控制变量中，粗饲料价格对 H 市农户有显著负向影响，到饲料销售点的距离变量仅对 W 市农户有显著正向影响。

表 9 - 2　农户采纳浓缩精饲料的 Probit 和 Tobit 模型回归结果

项　目	是否使用浓缩精饲料模型回归结果			单头奶牛日均浓缩精饲料使用量回归结果		
	全部样本	W 市	H 市	全部样本	W 市	H 市
户主受教育年限	0.01	0.03	−0.02	0.97	−1.77	1.24
	(0.04)	(0.05)	(0.06)	(1.71)	(2.24)	(1.41)
家庭规模	1.18**	1.48	0.000 8	8.87	10.12	16.42
	(0.57)	(0.92)	(0.26)	(8.42)	(9.10)	(10.07)
养殖规模	0.07*	0.05	0.07***	11.03***	11.62***	6.49***
	(0.04)	(0.05)	(0.02)	(0.20)	(0.23)	(0.34)
养殖经验	0.001	−0.03	−0.04	−0.35	−1.24	−0.85
	(0.02)	(0.03)	(0.03)	(0.94)	(1.15)	(0.85)
奶业劳动力数量	1.11*	1.47	0.09	19.21*	17.93*	23.18**
	(0.6)	(0.95)	(0.33)	(9.90)	(10.80)	(11.35)
饲料种植面积	0.02	0.03	0.02	−1.75***	−0.04	0.34
	(0.01)	(0.03)	(0.02)	(0.31)	(0.39)	(0.38)
奶业相关社会资本	0.97	0.78	0.24	−86.18**	−76.27	18.32
	(0.83)	(0.91)	(0.93)	(42.80)	(55.07)	(38.20)

（续）

项 目	是否使用浓缩精饲料模型回归结果			单头奶牛日均浓缩精饲料使用量回归结果		
	全部样本	W 市	H 市	全部样本	W 市	H 市
饲料赊购	0.4 ***	0.43	0.33 **	6.32	15.66	10.06
	(0.28)	(0.37)	(0.47)	(13.31)	(16.38)	(11.93)
养殖场所	−0.3 ***	−0.31 *	−0.19	−1.64	0.62	−1.14
	(0.12)	(0.16)	(0.18)	(6.38)	(7.90)	(5.60)
收奶方性质	0.14	0.45	0.17	2.56	5.51	−0.81
	(0.17)	(0.35)	(0.24)	(6.43)	(7.50)	(6.20)
生鲜乳收购价格	0.7 *	0.86 *	1.86 *	8.13	72.84 **	6.87
	(0.38)	(0.45)	(0.99)	(9.78)	(35.73)	(5.90)
借贷	0.05	0.59 *	−0.74	16.62	13.99	2.50
	(0.26)	(0.34)	(0.51)	(11.24)	(14.71)	(9.25)
粗饲料价格	−0.7 ***	−0.51 **	−1.03 ***	−2.07	−0.02	−15.36 **
	(0.17)	(0.22)	(0.26)	(8.56)	(10.88)	(7.54)
到饲料销售点距离	−0.001	0.003	−0.03 ***	1.27 ***	1.82 ***	0.14
	(0.01)	(0.01)	(0.01)	(0.16)	(0.20)	(0.15)
地区虚拟变量	−0.34			40.66 ***		
	(0.36)			(12.78)		

注：*** 、** 和 * 分别表示在 1%、5% 和 10% 的水平上显著。

9.4 结论与启示

　　首先，农户禀赋特征对农户技术采纳行为有显著的影响。家庭规模和养殖规模相对较大、从事奶业的劳动力较充裕，意味着其有较好的禀赋条件，有能力从事相对专业的养殖工作，因此更倾向于使用浓缩精饲料这种新技术。然而，在稳定采纳该技术的农户中，饲料种植面积虽然意味着更好的禀赋条件，但由于传统精饲料对浓缩精饲料具有一定的替代作用，因此该变量对浓缩精饲料的使用量有负向影响。有奶业相关社会资本的农户有条件了解并采纳更加先进的技术，如 TMR 技术，也会替代浓缩精饲料的使用。禀赋特征对农户技术采纳的影响在地区间存在明显差异，这与两个地区本身的资源禀赋差异有关，但养殖规模和奶业劳动力数量变量对农户单头奶牛日均浓缩精饲料使用量的影响非常稳定，适宜要素配比是专业化经营的重要前提，而专业化的经营主体采纳新技术的行为是比较稳定的。

其次，对于尝试性采纳的农户来说，其采纳新技术行为的基础是预期净收益高于现有技术收益，无论其是否遭受信贷约束，价值链金融都能使农户更易于获得尝试新技术的机会，即饲料赊购确实有助于降低农户采纳浓缩精饲料的门槛。但是，若农户尝试后发现采纳新技术的收益并未明显高于现有技术收益，则选择不再采纳；若确实高于现有技术收益，则进入稳定采纳阶段。进入稳定采纳阶段的农户根据利润最大化或成本最小化原则，决策对新技术采纳的程度，即决定对单头奶牛日均精饲料中浓缩精饲料的使用量，此时价值链金融的影响便不显著了。

然后，价值链组织特征中，养殖场所变量负向影响的主要原因可能是合作社和家庭养殖牧场采纳了更先进的技术，替代了浓缩精饲料。散养户、养殖小区、合作社和家庭养殖牧场分属不同的价值链组织形式，与差异化的生鲜乳收购价格挂钩，各农户对不同技术的采纳既反映了其自身的发展阶段，也体现了价值链核心企业的价值链管理策略。价值链核心企业对价值链组织的形成和发展有一定的诱导力，这会进一步影响各主体的技术采纳行为。

最后，在控制变量中，借贷、粗饲料价格和到饲料销售点的距离变量分别在全部样本和两个子样本回归中显示出一定的显著性，可以推断：进一步增加农村金融供给、促进要素市场发育和优化基础设施条件，能够有效促进农户采纳新技术。

参考文献

蔡健，唐忠，2013. 要素流动、农户资源禀赋与农业技术采纳：文献回顾与理论解释[J].江西财经大学学报（4）：68-77.

耿宇宁，郑少锋，王建华，2017. 政府推广与供应链组织对农户生物防治技术采纳行为的影响[J].西北农林科技大学学报（社会科学版）（1）：116-122.

孔祥智，方松海，庞晓鹏，马九杰，2004. 西部地区农户禀赋对农业技术采纳的影响分析[J].经济研究（12）：85-95.

刘西川，程恩江，2013. 中国农业产业链融资模式——典型案例与理论含义[J].财贸经济，34（8）：47-57.

马九杰，等，2013. 订单农业与价值链金融：贸易和信贷互联的交易制度及其影响[M].北京：中国农业出版社：9-11.

马九杰，罗兴，2017. 农业价值链金融的风险管理机制研究——以广东省湛江市对虾产业链为例[J].华南师范大学学报（社会科学版）（1）：76-85.

王凯，颜加勇，2004. 中国农业产业链的组织形式研究[J].现代经济探讨（11）：28-32.

朱希刚，黄继焜，1994. 农业技术进步测定的理论方法[M].北京：中国农业科技出版社：48-65.

Ganesh Thapa, 2010. 亚洲和拉美地区经济转型过程中小规模农业面临的挑战和机遇[J]. 中国农村经济 (12): 77 - 86.

Ataun Saha, H Alan L, Rorbert S, 1994. Adoption of emerging technologies under output uncertainty [J]. American Journal of Agricultural Economics, 76 (11): 836 - 846.

Bell Clive, 1988. Credit market, contracts, and interlinked transactions [J]. Handbook of Development Economics (1): 381 - 423.

Feder G, Just R E, Zilberman D, 1985. Adoption of agricultural innovations in developing countries [J]. A Survey Economic Development and Cultural Change (33): 255 - 297.

Fries R, Akin B, 2004. Value chains and their significance for addressing the rural finance challenge [R]. USAID: 18 - 29.

Guirkinger C, Boucher S R, 2008. Credit constraints and productivity in Peruvian agriculture [J]. Agricultural Economics, 39 (3): 295 - 308.

Key N, Runster D, 1999. Contract farming, smallholders, and rural development in Latin America: the organization of agro - processing firms and the scale of out grower production [J]. World Development, 27 (2): 381 - 401.

Miller C, 2004. Twelve key challenges in rural finance [EB/OL]. http: //www. microfi-nancegateway. org/ gm/document1. 9. 26300/26323 _ file _ Twelve _ Key _ Challenges _ in _ Rural _ Finance. doc.

第三篇..........................

国际研究篇

1 世界乳制品供需研究报告

□董晓霞　张　静

乳制品作为日常饮食中补充蛋白质和钙的重要来源，对人类健康和均衡营养具有重要的意义。然而在乳品内外价差和国内需求既定的情况下，中国乳制品供需平衡依赖国际市场已成为不可避免的选择。近几年世界大部分地区的牛奶价格持续下滑，奶价一直处于相对较低的水平，2017 年这一形势有了显著好转。最新数据显示，2017—2018 年全球牛奶产量虽增长缓慢，但需求呈现复苏迹象，价格由低位回升。2017 年全球乳制品价格走势出现分化，黄油和奶酪价格上涨，全脂奶粉和脱脂奶粉价格微降，其中黄油和脱脂奶粉的价格走势差异凸显了近期消费者对牛奶脂肪的偏好。预计 2018—2019 年黄油价格将下行，因强劲的消费需求降幅不会太大；考虑欧盟和美国充足的出口供应，奶酪和全脂奶粉价格将温和下滑，脱脂奶粉价格将继续走低。

1.1 世界供需新形势

1.1.1 全球牛奶供应增长放缓，消费需求强劲

2000 年以来，全球牛奶产量以平均每年约 769 万吨的速度持续增长，年均增长 1.9%，全球牛奶消费量以平均每年约 165 万吨的速度保持增长，年均增长 1.1%，因此每年消费量占牛奶产量的比重呈现 2% 的下降趋势。短期看，牛奶产量和消费量的增速在 2014 年出现了小高峰，2015 年开始减速，2016 年增速最慢仅分别为 0.2% 和 0.5%。2017 年全球牛奶产量 5.01 亿吨，比 2016 年提高 1.4%，比 2015 年提高 1.6%，但仍低于近 17 年 1.9% 的年均增速；消费量 1.83 亿吨，比 2016 年提高 1.3%，比 2015 年提高 1.8%，高于年均 1.1% 的增长率（图 1 - 1）。可见 2017—2018 年全球牛奶供需呈现"供应减缓、需求强劲"的整体形式。

1.1.2 欧美依旧产量主力，印度增速领跑全球

从地区来看，欧盟和美国依然是全球最大的牛奶生产基地，2017 年牛奶产量分别为 1.5 亿吨和 0.98 亿吨，供应了全球 30% 和 20% 的牛奶产量（图 1 - 2）。其次为印度 0.72 亿吨和中国 0.36 亿吨，分别占全球的 14% 和 7%。虽然欧盟

和美国的产量依然是全球主力，但近年也不可避免地出现了增速乏力的迹象。如 2015 年欧盟取消牛奶生产配额制度之后，2016 年产量仅比 2015 年增加了80 万吨，2017 年的产量仅比 2016 年增长了 70 万吨，增速均为 0.5％左右；美国相对较好，2017 年产量比 2016 年增长了近 150 万吨，比 2015 年提高了322 万吨，增速分别为 1.6％和 3.4％（表 1-1）。

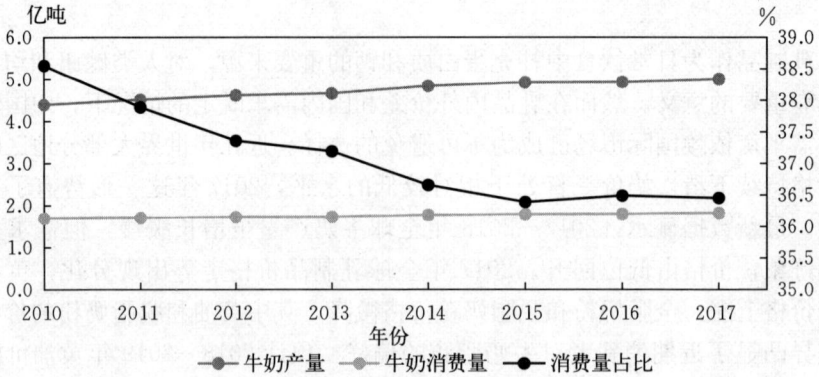

图 1-1　近年全球牛奶产量和消费量

注：此处仅指牛奶，不包括水牛奶和羊奶等。

数据来源：USDA。

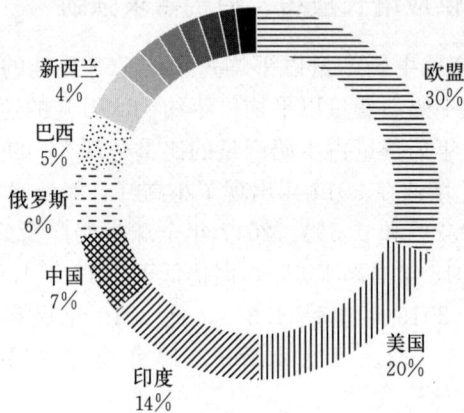

图 1-2　2017 年各主产区牛奶产量比

数据来源：USDA。

在主要奶源地区中，印度的增速最为明显。2017 年印度牛奶产量 7 200 万吨，虽然仅占全球牛奶产量的 14％，但与 2016 年比增产 400 万吨（同比增长

5.9%)，比 2015 年提高了 800 万吨，比 2014 年提高了 1 150 万吨，年均增速 5%～6%，远高于全球牛奶产量的平均增速。此外，加拿大、巴西、白俄罗斯等国家的同比增速超过 2%，美国、新西兰、墨西哥等国家的同比增速超过 1%。与之相反，中国的牛奶产量近三年呈现逐年下降趋势，由 2015 年的 3 792 万吨，降到 2016 年的 3 640 万吨，再到 2017 年的 3 588 万吨，逐年减产 1.5%左右，远低于全球牛奶产量平均增长速度。与中国情况类似的国家有乌克兰、阿根廷、澳大利亚和日本等（表 1-1）。

表 1-1　2017 年全球牛奶生产量

单位：千吨,%

国家 (地区)	2017 年 产量	比 2016 年		比 2015 年		比 2014 年		2018 年 估计产量
		变化量	变化率	变化量	变化率	变化量	变化率	
欧盟	151 700	700	0.5	1 500	1.0	5 200	3.5	152 100
美国	97 840	1 497	1.6	3 221	3.4	4 355	4.7	99 473
印度	72 000	4 000	5.9	8 000	12.5	11 500	19.0	76 000
中国	35 880	−520	−1.4	−2 044	−5.4	−1 733	−4.6	36 875
俄罗斯	30 600	90	0.3	52	0.2	101	0.3	30 550
巴西	23 550	824	3.6	−1 220	−4.9	−1 939	−7.6	23 980
新西兰	21 540	316	1.5	−47	−0.2	−353	−1.6	21 850
墨西哥	12 100	144	1.2	364	3.1	636	5.6	12 230
乌克兰	10 300	−75	−0.7	−284	−2.7	−852	−7.6	10 250
阿根廷	10 090	−101	−1.0	−1 462	−12.7	−1 236	−10.9	10 700
加拿大	9 450	369	4.1	677	7.7	1 013	12.0	9 800
澳大利亚	9 300	−186	−2.0	−791	−7.8	−358	−3.7	9 530
白俄罗斯	7 300	160	2.2	256	3.6	595	8.9	7 425
日本	7 280	−114	−1.5	−99	−1.3	−54	−0.7	7 240
韩国	2 081	11	0.5	−88	−4.1	−133	−6.0	2 091
其他	15	1	7.1	2	15.4	−5	−25.0	0
全球	501 026	7 116	1.4	8 037	1.6	16 737	3.46	510 094

　注：其中中国数据包括台湾。

　数据来源：USDA。

1.1.3　整体库存下调，黄油和脱脂奶粉消费量增长

从全球乳制品生产类别看，黄油、奶酪、脱脂奶粉和全脂奶粉 2017 年库存均保持在一个较低的水平，其中黄油 52.3 万吨、奶酪 83.8 万吨、脱脂奶粉

81.7 万吨、全脂奶粉 84.1 万吨。黄油近几年呈现稳定缓慢增长态势，产量和消费量均以年均 3% 的速度同步增长，预计 2018 年产量和消费量增速分别为 2.4% 和 2.9%，库存将继续下调至 48.5 万吨。奶酪 2017 年的产量和消费量较 2016 年增长均不到 1%，过去 8 年平均增长速度在 2% 左右，预计 2018 年产量和消费量增速依然不到 1%，库存下调至 77.7 万吨。全脂奶粉和脱脂奶粉产量虽远远小于黄油和奶酪，但脱脂奶粉产量较 2016 年和 2015 年均略微下调，减产 6 万～7 万吨，但需求量较过去两年却大幅上涨了 6.7%，预计 2018 年脱脂奶粉需求量与 2017 年相当，生产量将上调至 481 万吨，因此库存会略微提高至 92.3 万吨。全脂奶粉 2017 年产量较 2015 年的高峰期也有所下降，但产能却比 2016 年上升了大约 4%，需求量同比保持平稳，比 2015 年明显提高，预计 2018 年全脂奶粉生产量和消费量都将会再上一个新台阶，库存继续下调至 83 万吨（表 1-2）。

表 1-2   全球乳制品生产消费和库存量

单位：千吨

	供需	2010 年	2011 年	2012 年	2013 年	2014 年	2015 年	2016 年	2017 年	2018 年
黄油	生产量	8 125	8 495	8 787	9 254	9 651	9 904	10 014	10 193	10 435
	消费量	7 818	8 097	8 419	8 721	9 038	9 204	9 443	9 670	9 950
	库存量	307	398	368	533	613	700	571	523	485
奶酪	生产量	16 761	16 943	17 483	18 186	18 659	19 150	19 391	19 516	19 635
	消费量	16 325	16 499	16 897	17 618	17 958	18 389	18 669	18 678	18 858
	库存量	436	444	586	568	701	761	722	838	777
脱脂奶粉	生产量	3 379	3 656	3 964	4 041	4 524	4 760	4 749	4 689	4 810
	消费量	2 842	3 019	3 258	3 485	3 581	3 771	3 630	3 872	3 887
	库存量	537	637	706	556	943	989	1 119	817	923
全脂奶粉	生产量	3 826	4 174	4 273	4 568	4 961	5 097	4 613	4 795	4 905
	消费量	2 793	2 892	3 021	3 648	3 763	3 949	3 912	3 954	4 075
	库存量	1 033	1 282	1 252	920	1 198	1 148	701	841	830

注：2018 年数据为预测值。

1.1.4 乳制品生产和消费日趋集中，中国是全脂奶粉产消第一大国

从国家和地区乳制品产量和消费量占全球的比例来看，不同乳制品中排名靠前的国家和地区日趋集中和稳定。其中，印度是黄油生产和消费第一大国，

而欧盟是奶酪第一生产和消费地区。如图 1-3 和图 1-4 可以看出，2017 年黄油生产前三名的国家和地区分别是印度（53%）、欧盟（23%）和美国（8%），黄油消费前三名的国家也是印度（56%）、欧盟（22%）和美国（9%）。从图 1-5 和图 1-6 可以看出，2017 年奶酪生产前两位是欧盟和美国，占全球产量的 78%，其中欧盟占全球奶酪产量的一半，同期奶酪消费量前两位的国家和地区依然是欧盟和美国，分别为 48% 和 29%。

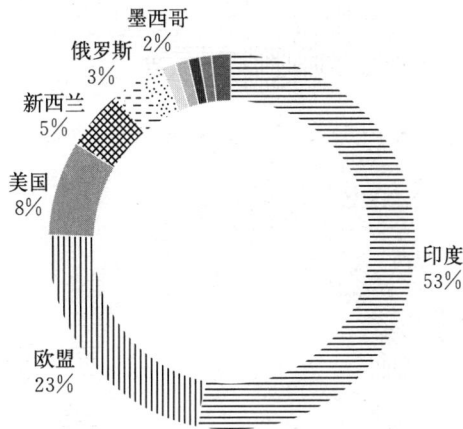

图 1-3　2017 年全球黄油生产格局

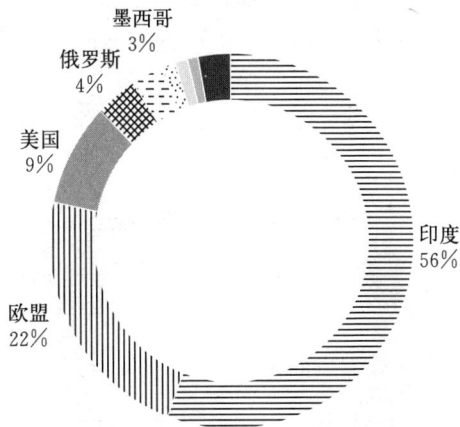

图 1-4　2017 年全球黄油消费格局

从奶粉生产量和消费量来看（图 1-7～图 1-10），2017 年欧盟和美国依然是脱脂奶粉生产主要国家（地区），共产出全球 58% 的脱脂奶粉。但排名靠

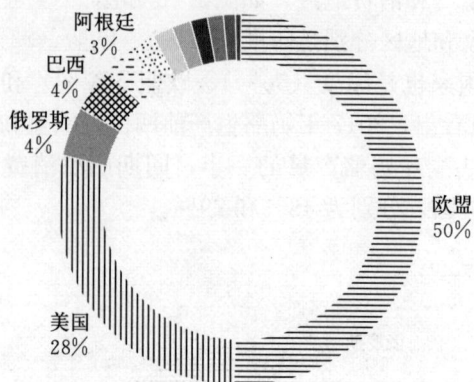

图 1-5　2017 年全球奶酪生产格局

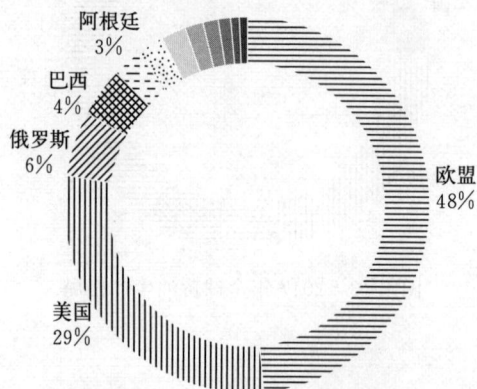

图 1-6　2017 年全球奶酪消费格局

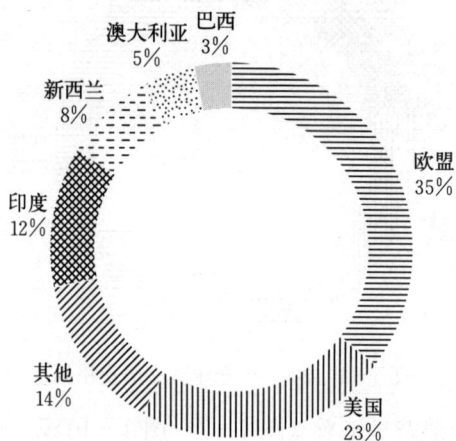

图 1-7　2017 年脱脂奶粉生产格局

前的脱脂奶粉消费大国（地区）除了欧盟和美国外，还包括印度（15%）。虽然中国并非脱脂奶粉的生产大国，消费量也仅占全球 7%，但中国全脂奶粉的生产和消费却都是世界第一，生产量在 2017 年和新西兰相当，均占全球产量的 29%，消费量超过全球消费量的一半（51%），2017 年全脂奶粉消费第二名是巴西（17%）。

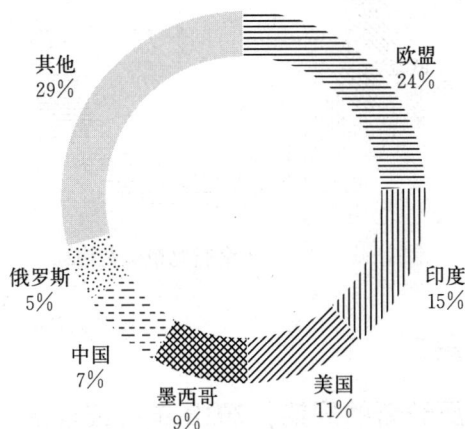

图 1-8　2017 年脱脂奶粉消费格局

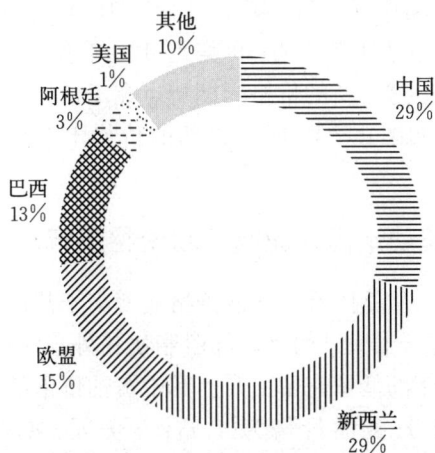

图 1-9　2017 年全脂奶粉生产格局

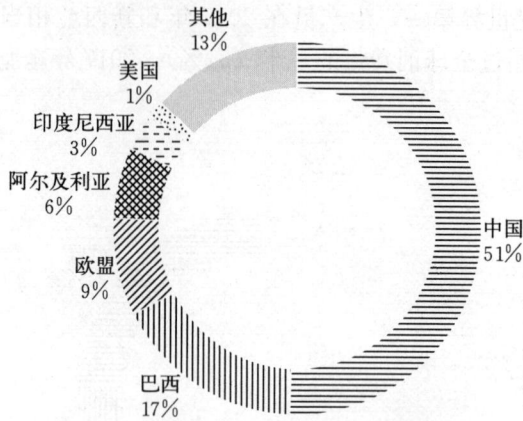

图 1-10　2017 年全脂奶粉消费格局

1.2　国际价格走势

1.2.1　全球奶价历经新的周期，2018 年持续走高

　　根据国际牧场联盟（IFCN）发布的反映奶类商品国际价格变化的乳品价格指数，全球奶价历经了一个新的短暂升降周期。全球奶价自 2016 年年中回升以来，2017 年 1 月恢复至 36.1 美元/100 千克，上半年先经历了一个短暂的升降周期，然后在波动中于 2017 年 7 月份上升至 38.9 美元/100 千克，但 2017 年下半年价格却逐步下降至 31.9 美元/100 千克。虽然 2017 年奶价整体呈现出波动的状态，但这个新的价格周期特点在于价格下行持续时间很短，之后便迅速恢复上涨。如图 1-11 所示，新的价格上升周期出现在 2018 年上半年。

1.2.2　黄油价格波动走高，脱脂奶粉价格下行

　　如图 1-12 所示，从整体看，黄油价格显著高于其他乳制品，而且价格差距在 2017—2018 年逐步加大。另外，除脱脂奶粉外，2017 年其他乳制品价格均从 2015 年和 2016 年的低位有所回升。其中黄油价格的升降幅度显著大于其他乳制品，2017 年 1 月黄油价格为 4 634.9 美元/吨，8 月份迅速上升至 6 624 美元/吨，上涨 42.9%；下半年又逐步跌至 4 877 美元/吨，跌了 26%，但始终高于 2016 年年初的价格水平。2017 年价格上涨的原因可能在于 2016 年第二季度和 2017 年第一季度的黄油产量减少以及需求强劲。2018 年上半年

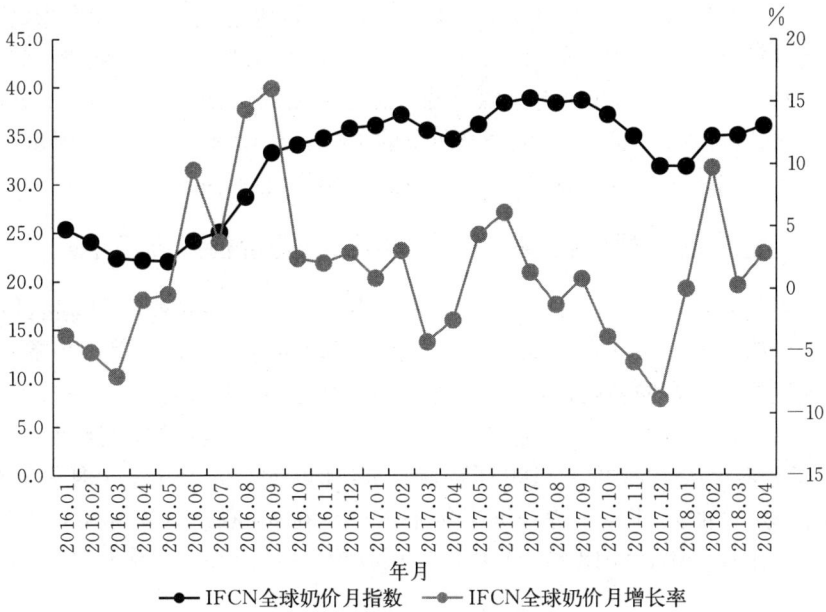

图 1-11　IFCN 全球奶价指数

数据来源：IFCN Dairy Data，https：//ifcndairy.org/about-ifcn-neu/ifcn-dairy-research-center-method/。

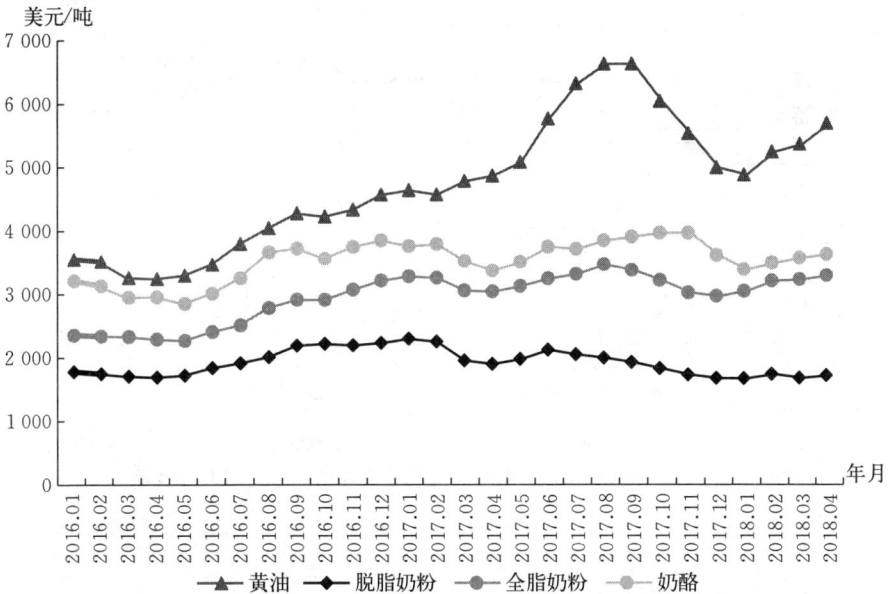

图 1-12　全球乳制品批发价格

数据来源：AHDB Dairy，http：//dairy.ahdb.org.uk/market-information/milk-prices-contracts/wholesale-prices。

价格也在逐步攀升，4 月份升至 5 694 美元/吨。相比之下，奶酪和全脂奶粉的价格波动幅度很小、相对平稳，2017 年平均价格分别为 3 724 美元/吨和 3 196 美元/吨，2018 年上半年也有小幅上升。脱脂奶粉的价格则出现持续下调，从 2017 年年初的 2 296 美元/吨下调至年末的 1 678 美元/吨，下跌 26.9%，2018 年上半年价格也未出现上升趋势，依然在 1 700 美元/吨左右。

1.2.3 主产区原奶价格基本一致，中国原奶价格居高不下

原料奶收购价格 2016 年下半年开始回升，2017 年各主产国和地区的原料奶收购价格明显趋于一致，欧盟小幅上涨，新西兰保持平稳，美国小幅下降，但新西兰的低成本原料奶价格优势不再显著，与美国和欧盟的原奶价格差距逐步缩小，2018 年上半年甚至超越美国（图 1-13）。中国的原奶收购价格在 2017 年上半年从 49.2 欧元/100 千克降至 43.4 欧元/100 千克，7 月份又很快升到了 53.35 欧元/100 千克，下半年基本稳定在 50 欧元/100 千克，但 2018 年上半年出现降价，2018 年 4 月中国原奶收购价折合为 44.9 欧元/100 千克。

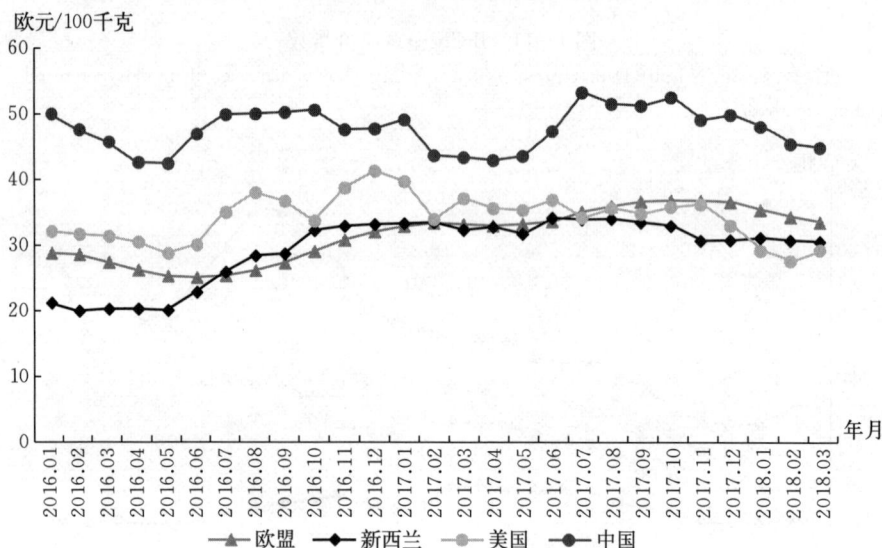

图 1-13 主要地区原奶收购价

注：Farmgate Milk Prices，非实际销售价格，按照脂肪含量 4.2%、蛋白质含量 3.4% 的统一规格调整后计算所得。

数据来源：AHDB Dairy。

1.2.4 欧盟、澳大利亚、新西兰超越美国，主导黄油和奶酪高价市场

长期以来，美国生产的黄油和奶酪在国际贸易中的批发价格都相对较高，

2016 年 6 月以前，美国的黄油和奶酪价格显著高于欧盟和澳大利亚、新西兰，自 2016 年下半年开始，欧盟、澳大利亚和新西兰的价格逐步上涨，2017 年上半年的聚合程度最高，之后欧盟和澳大利亚、新西兰价格持续上涨，其中欧盟的上涨幅度最大（图 1 - 14、图 1 - 15）。例如黄油价格从 2017 年 1 月的 4 516.7 美元/吨一路飙升至 2017 年 9 月的 8 062.5 美元/吨，提价 78.5％。澳大利亚和新西兰则从 4 412.5 美元/吨提高到 6 237.5 美元/吨，提价 41.4％。与此同时，美国从 4 975.4 美元/吨小幅提高到 6 237.5 美元/吨，提价 25.4％。虽然 2017 年下半年开始三个国家和地区的价格都有所下调，2018 年 1 月份价格分别跌至 5 025 美元/吨、4 844 美元/吨和 4 762.5 美元/吨，但从 2 月份开始价格差距又被扩大，且预计仍将继续扩大，2018 年 4 月欧盟黄油价格 6 543.8 美元/吨，每吨价格比新西兰高 956.3 美元，比美国高 1 594 美元。

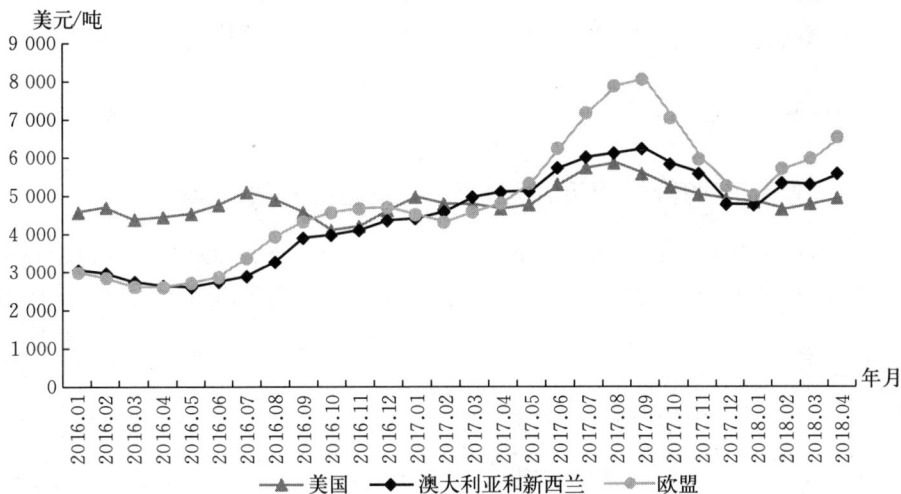

图 1 - 14　主要地区黄油批发价格

数据来源：AHDB Dairy。

与黄油价格走势相似，美国的奶酪价格在期初略高于欧盟、澳大利亚和新西兰。但欧盟奶酪价格从 2017 年 1 月的 3 542.2 美元/吨慢慢升至 2017 年 9 月的 4 198.2 美元/吨，累计增幅 18.5％。澳大利亚和新西兰则从 3 762.5 美元/吨提高到 4 143.8 美元/吨，提升 10.1％。与此同时，美国奶酪价格从 3 750.3 美元/吨降至 3 661.4 美元/吨，降低 2.4％。虽然 2017 年下半年三个国家和地区价格都有所下调，12 月价格分别为 3 775.9 美元/吨、3 633.4 美元/吨和 3 593.8 美元/吨，但自 2018 年 1 月开始价格差距逐步扩大，2018 年预计仍将继续，2018 年 4 月欧盟奶酪价格 3 927.6 美元/吨，比新西兰高 140.1 美元，比美国高 458.2 美元。

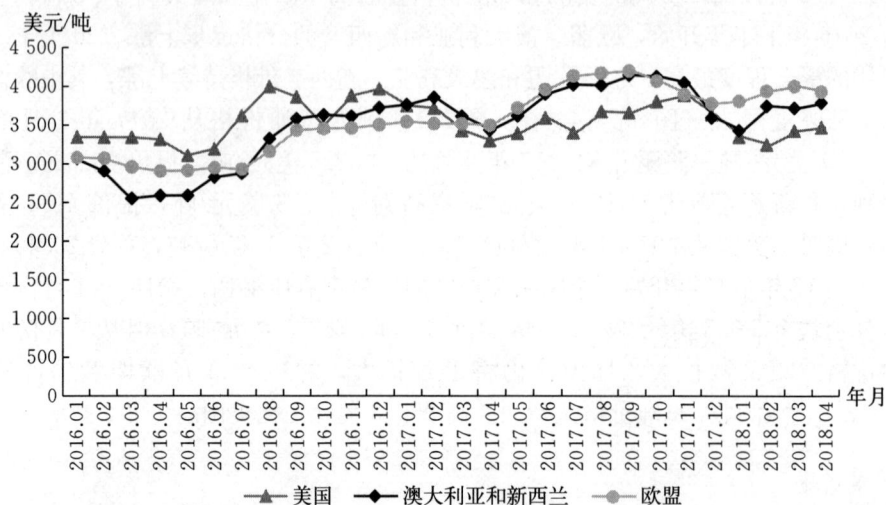

图 1-15　主要地区奶酪批发价格

数据来源：AHDB Dairy。

1.2.5　奶粉市场价格相近，波动频率和幅度一致

各主产国和地区脱脂奶粉和全脂奶粉价格差距很小，波动频率和幅度高度一致。结合图 1-16 和图 1-17 可以看出，新西兰在奶粉出口中的价格优势越

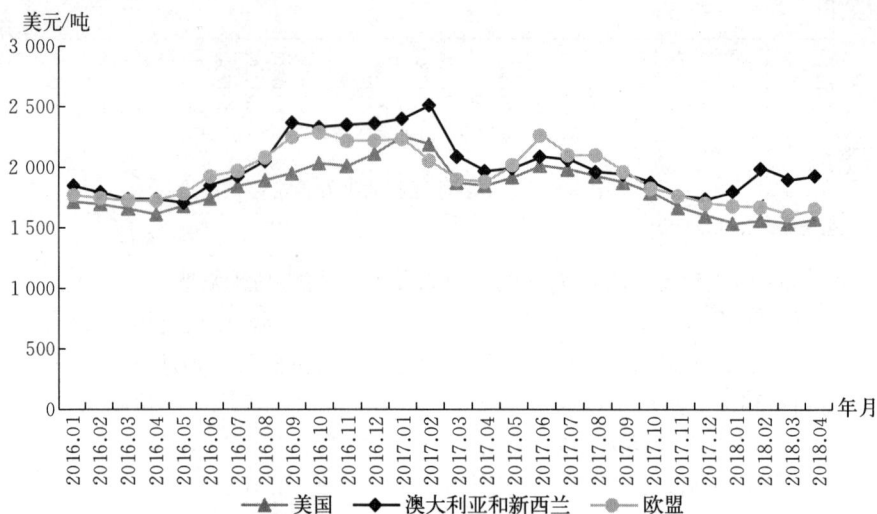

图 1-16　主要地区脱脂奶粉批发价格

数据来源：AHDB Dairy。

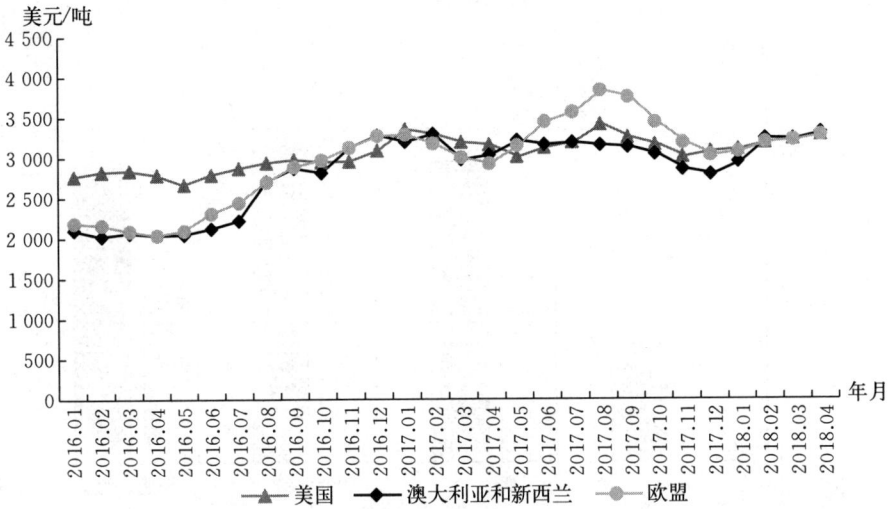

图 1-17 主要地区全脂奶粉批发价格

数据来源：AHDB Dairy。

来越弱，2017 年 3 月开始美国脱脂奶粉价格已经略低于新西兰，且一直持续至今，2018 年上半年新西兰脱脂奶粉与大洋洲脱脂奶粉的价差最高为 426 美元/吨。欧盟的脱脂奶粉价格与新西兰相差不大，2018 年上半年略高于大洋洲。

三个主产区价格聚合程度在全脂奶粉上的表现最明显，其中欧盟全脂奶粉的价格波动幅度相对较大，虽然其在 2017 年下半年领先大洋洲和美国，但 2018 年以来三个主产区的价格高度同步。2018 年 4 月欧盟、大洋洲和美国的全脂奶粉价格分别为 3 281.3 美元/吨、3 312.5 美元/吨和 3 284.2 美元/吨，价格差距在 30 美元左右。

1.3 世界贸易格局

1.3.1 脱脂奶粉的贸易量最大，黄油的进出口量最小

2017 年各乳制品的进出口量分别如图 1-18 所示，脱脂奶粉的进出口量最大，分别为 136.5 万吨和 219.8 万吨。其次是奶酪和全脂奶粉，奶酪的进出口量分别为 121.5 万吨和 197.6 万吨；全脂奶粉的进出口量分别为 109 万吨和 195.7 万吨。贸易量最小的乳制品是黄油，其进出口量分别为 33.6 万吨和 81.9 万吨。

图 1-19～图 1-22 依次展示了黄油、奶酪、脱脂奶粉和全脂奶粉进出口量的逐年变化情况。其中黄油的贸易量近年有所下降，2017 年为 81.9 万吨，

千吨

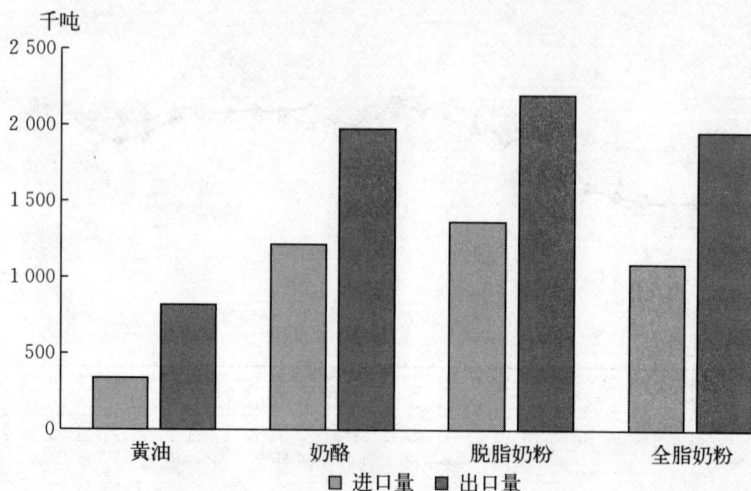

图 1-18　2017 年各乳品进出口量

数据来源：USDA。

同比减少 13.3％，2018 年预计出口量为 83.1 万吨，与 2017 年比略增。与黄油走势相似，近年来全脂奶粉贸易量小幅下降，但这一趋势预计在 2018 年将会扭转。奶酪和脱脂奶粉贸易量自 2000 年以来一直稳步上升，2018 年预计仍会继续上升。

千吨

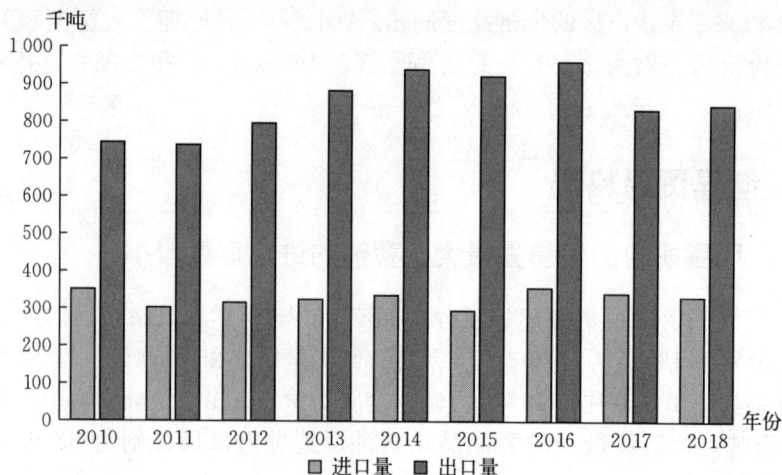

图 1-19　全球黄油进出口量

千吨

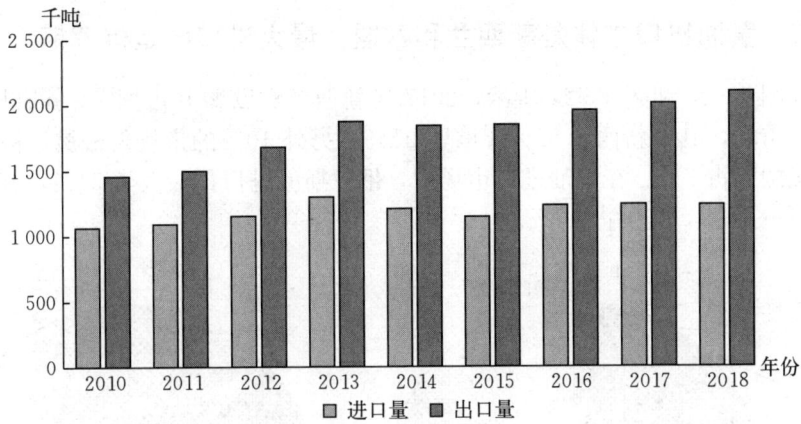

图 1-20　全球奶酪进出口量

千吨

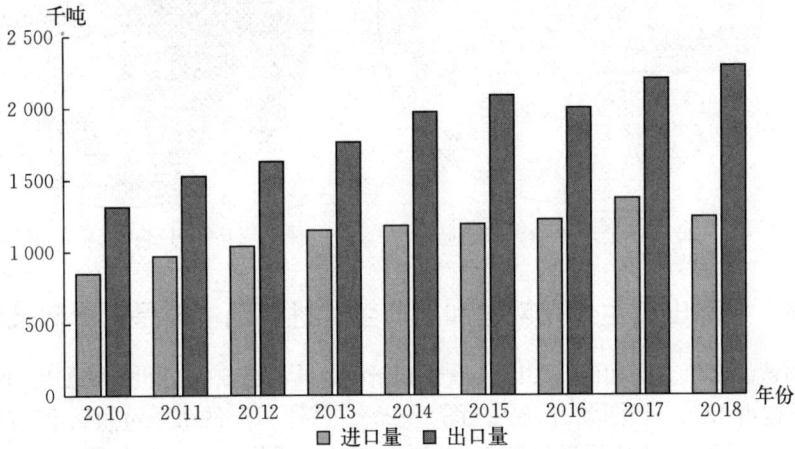

图 1-21　全球脱脂奶粉进出口量

千吨

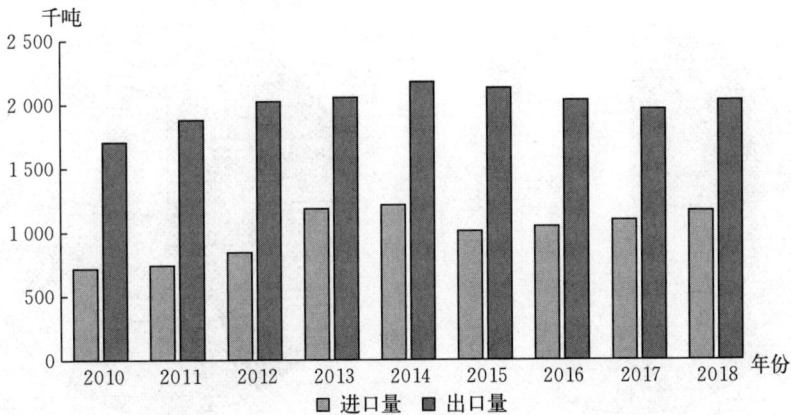

图 1-22　全球全脂奶粉进出口量

1.3.2 黄油出口主体是新西兰和欧盟，最大进口国是俄罗斯

如图 1-23 和图 1-24 所示，2017 年新西兰和欧盟共占据 78% 的世界黄油出口市场，其中新西兰 57%，欧盟 21%。另外 10% 的市场份额属于白俄罗斯，美国仅占 3%。在黄油进口市场中，俄罗斯的进口量最大为 34%，其次是墨西哥占 16%，美国占 13%。

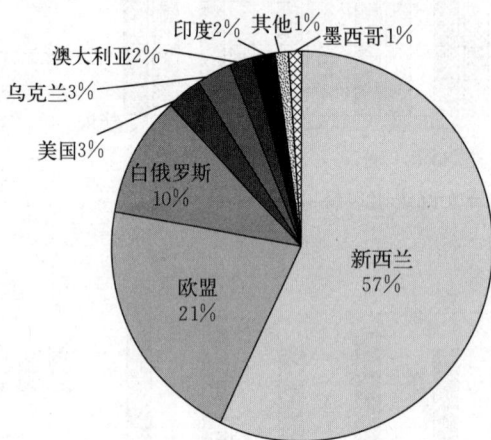

图 1-23 2017 年全球黄油出口格局

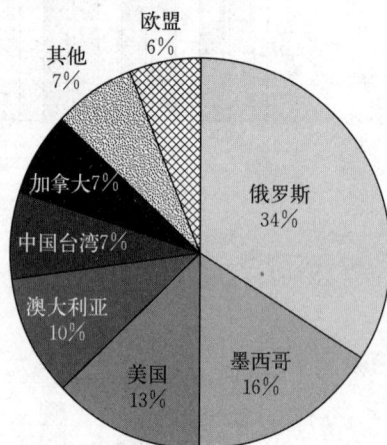

图 1-24 2017 年全球黄油进口格局

1.3.3 奶酪出口主体是欧盟和新西兰，进口国主要是日本和俄罗斯

与黄油出口市场相似，2017 年欧盟和新西兰共占据 60% 的世界奶酪出口市场，其中欧盟占 42%，新西兰占 18%（图 1-25）。另外 17% 的市场份额属于美国。在奶酪进口市场中，日本进口量最大占 22%，其次是俄罗斯占 19%（图 1-26）。

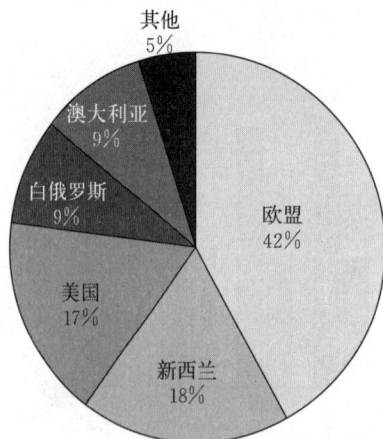

图 1-25 2017 年全球奶酪出口格局

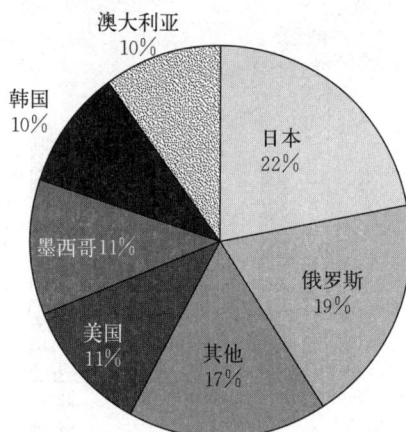

图 1-26 2017 年全球奶酪进口格局

1.3.4　脱脂奶粉出口主体是欧盟和美国，进口国主要是墨西哥和中国

如图 1-27 和图 1-28 所示，2017 年欧盟和美国共占据 62％的世界脱脂奶粉出口市场，其中欧盟占 35％、美国占 27％。另外 18％的市场份额属于新西兰，澳大利亚仅占 8％。在脱脂奶粉进口市场中，墨西哥的进口量最大为 23％，其次是中国 21％，菲律宾第三占 13％。

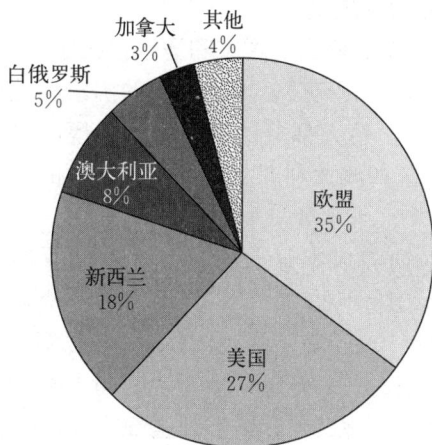

图 1-27　2017 年脱脂奶粉出口格局

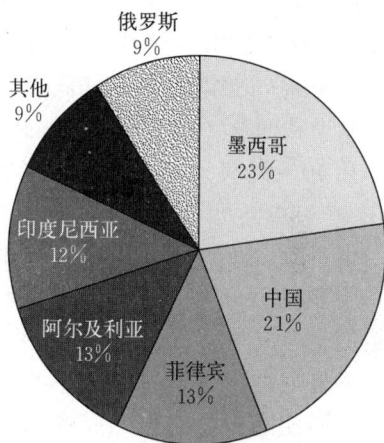

图 1-28　2017 年脱脂奶粉进口格局

1.3.5　全脂奶粉出口靠新西兰和欧盟，中国是主要进口国

如图 1-29 和图 1-30 所示，2017 年新西兰和欧盟共占据 88％的全球全脂奶粉出口市场，其中新西兰占 68％，欧盟占 20％。在全脂奶粉进口市场中，

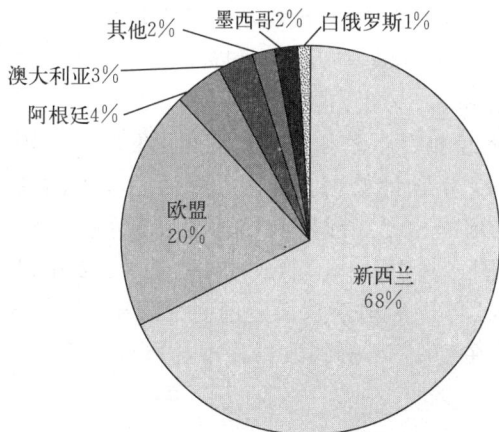

图 1-29　2017 年全脂奶粉出口格局

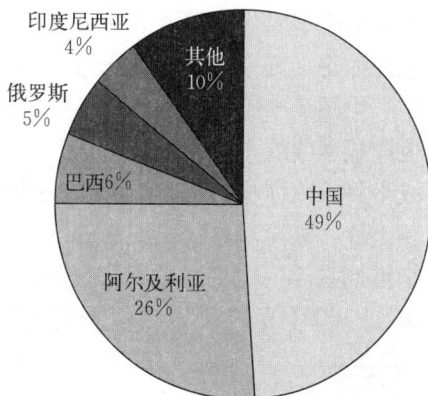

图 1-30　2017 年全脂奶粉进口格局

中国的进口量最大，占了几乎一半（49%），其次是阿尔及利亚占26%。

1.4 世界主要国家产业竞争力

1.4.1 主产国奶牛饲养成本下降

国际牧场联盟（IFCN）自2000年以来先后对多个国家的奶牛典型农场饲养总成本进行监测。各个国家每100千克同等质量（4%脂肪和3.3%蛋白质）的原料奶生产成本差异很大，2016年生产成本较低的国家和地区在拉丁美洲、非洲、中欧/东欧和新西兰（低于30美元/100千克）；成本最高的国家和地区是加拿大和西欧（高于60美元/100千克）。绝大部分的美国平均规模的农场成本在40~60美元/100千克。中等成本区如澳大利亚、新西兰和巴西的成本均在30~40美元/100千克。

俄罗斯、新西兰和秘鲁等国的奶牛饲养成本显著降低。其中俄罗斯由2015年的50~60美元/100千克降低至2016年的30~40美元/100千克，新西兰的生产成本由2015年的30~40美元/100千克下降到20~30美元/100千克，秘鲁则由30~40美元/100千克降至20~30美元/100千克。与上述国家不同，同期阿根廷的生产成本由20~30美元/100千克上升至30~40美元/100千克，相比较而言，中国的生产成本竞争力较小，平均规模农场每生产100千克牛奶依然需要50~60美元。主产国奶牛饲养成本下降的原因主要是饲料价格下跌、美元走强以及牛奶价格低迷时期的成本削减。

1.4.2 主产区成本预计止跌回稳

图1-31展示了IFCN长期监测的全球6个主产区奶农生产成本的概况，该图是IFCN[①]基于2000—2017年6个主产国一般规模农场（既不是大型农场也不是小型农场）损益表中所有费用（包括劳动力、土地和资本的机会成本）统计而得，其中牛奶标准化为4%脂肪和3.3%蛋白质。

由图1-31可以看出，由农场投入价格、汇率和乳业政策变化推动的牛奶生产成本曲线具有很高的动态性。2017年预计德国、美国、新西兰和中国的成本将止跌回稳，基本维持2016年的成本水平。印度和巴西的成本水平将继续上涨，甚至超越新西兰、德国和美国。其中，德国的成本水平自2012年以来徘徊在45美元/100千克左右。2015年以后由于货币贬值而下降至35~40美元/100千克的水平，这一趋势预计在2017年得到改善，不会再继续下跌。

---

① 关于世界各地典型农场的成本比较是IFCN自2000年以来一直持续跟进的工作内容，参与国家的数量从8个增加到了55个，分析的奶牛场类型数量已经从21类增加到大约170类。

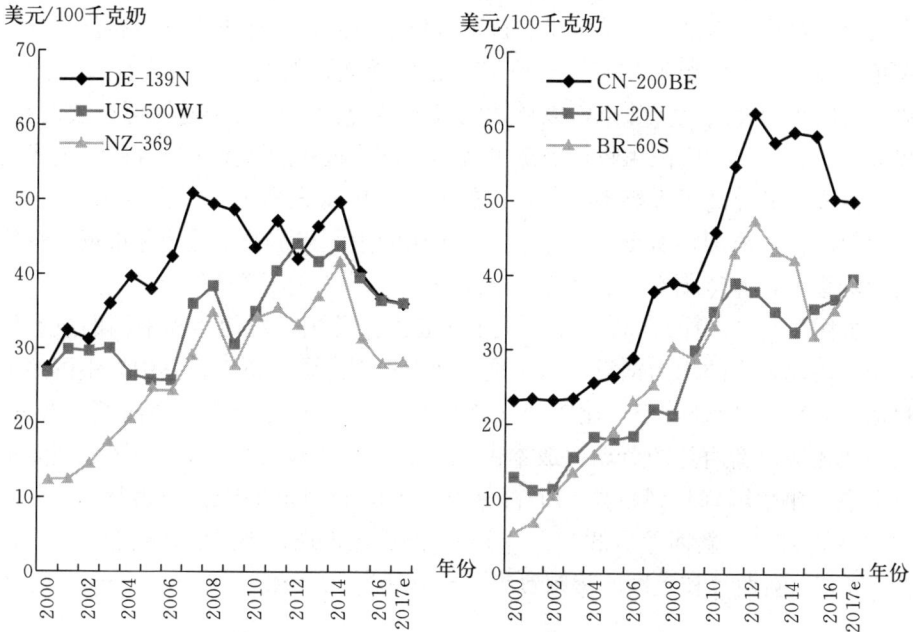

图 1-31　全球 6 个主产国典型农场生产成本变化

注：DE-139N 代表德国（139 头牛的家庭农场）；US-500WI 代表美国（威斯康星 500 头牛家庭农场）；NZ-369 代表新西兰（369 头牛的家庭农场）；CN-200BE 代表中国（北京 200 头牛的养殖企业）；IN-20N 代表印度北部（20 头牛的家庭农场）；BR-60S 代表巴西南部（60 头牛的家庭农场）。

图片来源：IFCN（2017）。

美国由于饲料价格下跌，近年的成本水平和德国类似，均呈下降状态，预计 2017 年依然与德国持平在 35 美元/100 千克。新西兰在 2000—2014 年成本急剧翻了 4 倍，2014 年为 40 美元/100 千克，随后由于全球市场的乳品贸易日趋激烈，新西兰通过不断调整生产系统强度，将其成本降至 30 美元/100 千克以下，2017 年成本预计和 2016 年持平（28 美元/100 千克）。21 世纪以来，由于人民币升值，中国的牛奶生产成本一路走高，但自 2015 年开始明显下降，从最高点的 60 美元/100 千克预计将降至 2017 年的 50 美元/100 千克，依然高于同期其他 5 个国家。巴西和印度的牛奶生产成本自 2015 年开始上涨，预计 2017 年将超过德国和美国，达到 40 美元/100 千克。

1.4.3　饲养模式和养殖规模是成本差异的主因

由图 1-31 可知，欧盟和美国的饲养成本显著高于澳大利亚和新西兰，成本差异的最基本原因在于美国和欧盟是资本和技术密集的圈养和饲喂模式，而澳大利亚和新西兰是以土地投入为主的放养和草饲模式。具体看，美国农场主在自己的饲草饲料地上种植玉米、苜蓿等作物，制作全株玉米青贮和苜蓿青贮满足养殖需求。而德国和荷兰草地资源相对稀缺，他们利用海洋性气候的优势，高度重视发展人工牧草，以科学的种养结合模式推动奶业的可持续发展。澳大利亚和新西兰则因为牧场资源丰富，通过放牧式的适度规模养殖，既降低了饲养成本又提高了牛奶质量。相比较而言，中国人多地少，饲草原料缺乏，苜蓿等高蛋白质饲料需要从国外进口，牛奶的生产成本投入受国际市场饲料价格影响很大，养殖成本也明显高于国外。

如图 1-32～图 1-34 所示，三个代表国家美国、新西兰和中国的成本构成中，占比最多的均为饲料，其次是劳动力和固定资产折旧。其中，中国的饲料成本占比最高（66%），比美国（53%）高 13 个百分点，比新西兰（29%）高一倍还多。新西兰的劳动力成本占比最高（21%），比美国（16%）高 5 个百分点，比中国（14%）高 7 个百分点。美国的固定资产折旧占比约 15%，中国略低 12%，新西兰最低 9%。另一个差异还表现在中国的营销费用占比仅为 5%，而新西兰和美国的营销费用占比分别为 16% 和 13%。

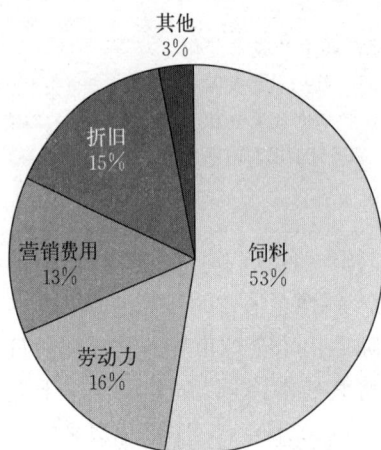

图 1-32　美国奶业 2017 年成本收益构成　　图 1-33　新西兰奶业 2016 年成本收益构成

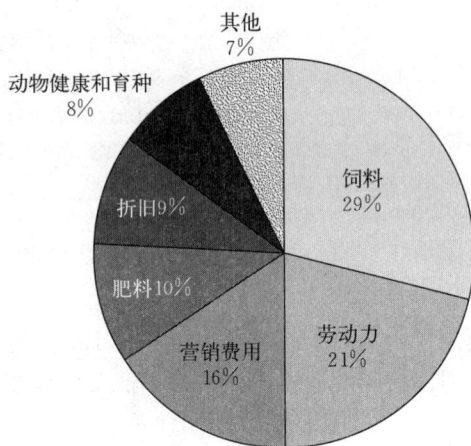

规模化是世界奶业发展的趋势，也是目前中国落后于其他奶业大国的另一个重要因素。2017 年，新西兰和澳大利亚、美国、欧盟的平均养殖规模分别为 410 头、261 头和 181 头，德国和荷兰为 50 头左右，中国和印度的平均养殖规模远低于上述国家（地区）。虽然中国奶牛存栏量已经赶上并超过绝大多数奶业大国，但中国目前依然存在很多小规模养殖户。2016 年，中国奶牛养殖户 155.5 万户，同期美国、新西兰、德国和澳大利亚的养殖户都在 10 万户

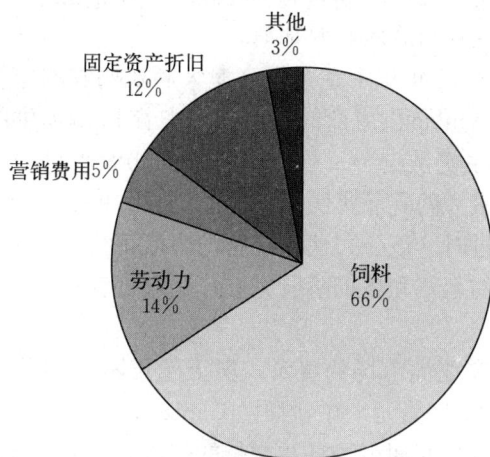

图 1-34 中国奶业 2015 年成本收益构成

注：其他生产成本包括防疫、市场、客户服务、水费、燃料动力费、维修维护、营业资金利息、其他直接生产费用等。

数据来源：USDA ERS，Dairy NZ Economis Survey 2016/2017，全国农产品成本收益资料汇编（2016）。

左右。据《中国畜牧业年鉴 2016》数据，2015 年中国 10 头以下的散养养殖户高达 140.3 万户，占养殖户的 90.2%，10～50 头的小规模养殖户 12.4 万户，50～500 头的中规模养殖户 2.3 万户，大于 500 头的大规模养殖户 3 649 户，大规模养殖户数大约仅占 0.2%。尽管中国奶牛数量不断增加且规模化水平不断提升，但由于散养养殖户占有较大比重，奶牛养殖的平均规模仍然较小。

1.4.4 恒天然集团着力高附加值产品的增值战略

作为全球重要的乳制品加工和出口企业，恒天然在过去一年的最新动态有：

2017 年年初，合作社发布了第一份独立的可持续发展报告[①]。报告显示恒天然集团将从营养、环境和社区服务三管齐下，分别设定了明确的短中长期目标，致力于创造可持续的未来。据其官网的财务数据显示，2017 年中国对恒天然的乳制品进口量同比增加 3%，尤其是液态奶和鲜奶同比激增了 22%。中国显然已成为恒天然全球最大最重要的市场之一。恒天然拥有清晰的在华发展蓝图，即在中国建立一体化的乳制品业务。目前恒天然在华四大业务部门为：

---

① 报告全文可见：https://www.fonterra.com/nz/en/what-we-stand-for/sustainability.html。

牧场业务、乳品原料、餐饮服务和消费乳品。恒天然在进口高品质乳制品的同时，也在中国努力建立高品质奶源基地。

恒天然集团在 2017 年年中宣布提高澳大利亚奶农的原奶收购价，同时也宣布彻底终止其与 Bonlac 供应商的关系，标志着 Bonlac 供应商协议会被新协议取代。2012 年的牛奶供应协议规定恒天然向奶农支付的奶价，依法要等于或者高于澳大利亚最大的乳品集团迈高的原奶收购价。恒天然的澳洲负责人表示该协议现在已经过时。该公司建议，新的协议将纳入更好的农民投入和组织治理。一旦新协议的起草和咨询阶段完成，奶农将有机会对新提议投票选择是否更换。

随着奶油奶酪在亚洲市场的普及，恒天然集团 2017 年还宣布将斥资 1.5 亿新西兰元（约 1.12 亿美元）在新西兰 Canterbury 地区的 Darfield 新建两座奶油奶酪工厂，以满足亚洲市场日益增长的需求。另外，还将投资近 2 000 万新西兰元（约 9 745 万人民币）扩建位于特拉帕的工厂，奶油产品线将从原先的 6 条增至 8 条，分别新增一条黄油生产线和一条奶油奶酪生产线。新增黄油生产线的小黄油产量将从原先每年 2.5 亿个翻番至 6.5 亿个。同时，新增的奶油奶酪生产线将让工厂的产能从每年的 3 万吨增加至 3.35 万吨，目前除了生产 20 千克规格的产品，扩建后的工厂还能够生产 5 千克规格的产品。此类投资和扩建反映出恒天然集团对高附加值乳制品市场做出的积极回应。

1.5　主要国家产业支持政策新变化

2017 年以来，美国乳业安全网继续以"联邦牛奶营销订单"系统为主，以乳业毛利保障计划和乳品捐赠计划为辅，已叫停乳品收入损失合同计划、乳品价格支持计划和乳制品出口激励计划。欧盟在 2017 年下半年和 2018 年继续强化"牛奶市场一揽子计划"的执行。2018 年 3 月签订的"全面与进步跨太平洋伙伴关系协定"将进一步扩大澳大利亚和新西兰的乳制品出口。

1.5.1　联邦牛奶营销订单系统继续主导美国乳业安全网

美国现行的乳业安全网[①]（Dairy Safety Net）从广义上来说包括一系列联邦政府实施的旨在保障乳业生产者利益和促进乳品产业健康发展的支持政策，主要分为营销订单体系、国内支持计划（包括联邦和州的计划）和出口贸易措施三大组成部分。其中，联邦牛奶营销订单（Federal Milk Marketing Orders）政策可追溯到大萧条时期，它规定乳品制造者必须从各自特定区域范围的奶农

① http://e-nw.shac.gov.cn/kjxn/hwzc/hygl/201702/t20170223_1625611.html。

处购买原料奶，这样一方面可以确保奶农获得全年合理的牛奶最低价格，另一方面起到稳定区域内营销关系的作用。该系统将继续主导美国乳业安全网。

另外两个现行政策是 2014 年法案通过的乳业毛利保障计划（Margin Protection Program for Dairy）和乳品捐赠计划（The Dairy Product Donation Program）。乳业毛利保障计划为乳品生产者提供免费的灾难性保障（生产者只需交每年 100 美元的行政费用）和其他各种层次的保障。乳品捐赠计划规定若连续两个月内全美牛奶均价和平均饲料成本的差额低于最低保障利润，美国农业部将以市场价格购买乳制品，捐赠给为低收入家庭提供营养补贴的非营利机构。

然而，乳品收入损失合同计划（Milk Income Loss Contract Program）、乳品价格支持计划（The Dairy Price Support Program）和乳品出口激励计划（Dairy Export Incentive Program）已于近期叫停。这也意味着美国乳品政策由边界保护、生产和出口补贴等以政府管制为主导的奶业政策向更加自主且具有弹性的市场化管制进行转变。

1.5.2　欧盟将继续强化"牛奶市场一揽子计划"的执行

欧盟的奶业政策①可追溯到 20 世纪 60 年代，这些政策分别在不同阶段不同方面为欧盟牛奶生产者和加工者创造了稳定的市场条件，且这些政策在持续不断的更新。2017 年和 2018 年欧盟乳品行业的政策重点在于继续强化"牛奶市场一揽子计划"的执行。"牛奶市场一揽子计划"（Milk Package）是欧盟2012 年 CMO 法案通过的一项重大修正案，规定了牛奶生产者和加工商之间的合同关系，以及农民通过生产者组织集体谈判合同条款（包括价格）的可能性。还为分支机构组织规定了具体的市场规则，为乳品供应链中的参与者组织开展活动和提供对话机会。欧盟委员会于 2016 年 11 月向欧洲议会和理事会报告过去 5 年"牛奶一揽子计划"的运作情况，证实了该政策的实用性，并对一些教学、财务或运营性质的活动提出建议。同时报告强调，作为牛奶一揽子结构基石的生产者组织尚未充分发挥潜力，主要原因是农民对加入生产者组织的目标、影响和优势缺乏足够的了解。因次，需要在不同层面开展提高认识行动，传播生产者合作的好处，分享经验和最佳做法。根据这些结论，欧盟委员会启动了一项宣传运动，在 2017 年第四季度和 2018 年全年部署，以促进在奶业部门创建生产者组织，并改善现有部门的运作。

从过去欧盟乳品政策的演变来看，欧盟委员会正在从"全职市场经理"逐渐转变为"积极的观察员"。在未来，欧盟在分析干预措施、关税配额管理甚

---

① https：//ec. europa. eu/agriculture/milk/policy-instruments_en。

至出口退税等措施上的时间慢慢减少，工作重点将越来越多地放在贸易政策、贸易壁垒（在欧盟内外）以及收集和评估市场信息等方面，并将重点关注供应链的关系，政策的环境表现以及对价格波动的适应能力。在各成员国的支持下，将利用现有的安全网捍卫奶业政策的市场导向，同时鼓励开发风险管理工具，特别是期货市场，以应对价格波动加剧带来的挑战。随着牛奶产量的增长，欧盟将越来越依赖出口来实现市场平衡。因此贸易方面的政策会逐渐成为欧盟乳业政策的主要方向，此外欧盟也需要关注内部市场的运作，否则一个共同的农业政策就毫无意义。在当前增加的保护主义气氛中，这一点更为重要。

1.5.3 "全面与进步跨太平洋伙伴关系协定"（CPTPP）助力新西兰和澳大利亚进一步扩大乳业出口

澳大利亚和新西兰于 2018 年 3 月 8 日在贸易部长会议上签署了包括加拿大、智利、日本、马来西亚、墨西哥、秘鲁、文莱达鲁萨兰国、新加坡和越南在内的"全面与进步跨太平洋伙伴关系协定"。该协定将消除自由贸易圈内 98％以上的关税，这将极大的有助于促进澳洲和新西兰的出口包括乳业出口，推动经济增长。然而，鉴于协定架构的质量以及更多国家如韩国和印度尼西亚的进一步加入的前景，CPTPP 可能还会获得进一步的好处。对于澳大利亚和新西兰乳业来说，CPTPP 最重要的结果是改善了澳大利亚和新西兰进入日本这个重要的奶酪市场的市场准入条件。CPTPP 规定日本逐步取消一些关于奶酪的关税，大幅度开放乳清粉的入口和建立黄油和奶粉的配额量。鉴于欧盟目前正在与日本谈判一项单独的协议，CPTPP 对于保持澳大利亚和新西兰出口商与来自欧盟的乳制品竞争力也很重要。CPTPP（相对于最初的 TPP）的另一个好处是，美国退出协议取消了澳大利亚和新西兰乳制品出口商主要竞争对手的协议优势。

澳大利亚政府已经推出了新的食品原产地标签规则，向澳大利亚消费者提供关于产品来源的更清晰和更一致的原产地信息。新标签已在市场上出现，并将于 2018 年 6 月 30 日起强制执行。该计划会使乳制品的来源更加清晰，包括用作其他食品成分的地方。然而，对奶制品的应用相当复杂，最初可能会导致一些混淆。另外，为了帮助消费者认识更健康的食品，澳洲和新西兰于 2014 年在食品包装中引入了健康星评级（HSR）系统。食品的包装标签会根据产品的营养状况给出 0.5 至 5 星的评分，这个系统已经在自愿基础上实施了五年，并于两年后审查了实施情况。乳制品行业支持 HSR 系统及其帮助消费者做出健康饮食选择的意图。然而在目前的体系下，一些核心乳制品如酸奶和奶酪得分不高（例如，一些普通的希腊酸奶得分为 1.5 星）。这样的评级显然不能反映评分系统的科学性，也不反映澳大利亚膳食指南（ADG）的建议。因此，澳大利亚和新西兰乳业近期一直致力于确保 HSR 系统的任何变化都能够体现出所有牛奶、奶酪和酸奶对健康的益处。为了改善健康星评级系统并协助消费者做出健康的饮食选择，乳业界提出了三项主要建议：①对目前 HSR 评分算法系统进行调整，改善对于小于 3 星核心乳制品的 HSR 评分，旨在更紧密地将 HSR 系统与 ADG 对齐；②基于行业的特殊性考虑，希望维护一个自愿的 HSR 系统（而不是强制性的）；③希望政府开展全面的公共教育健康和营养活动，帮助民众了解乳制品对健康的重要性。

1.6　世界供需形势展望

1.6.1　预计全球牛奶产量持续增长、价格小幅下行

2017 年牛奶价格上涨导致牛奶生产周期处于扩张阶段，主要出口地区（欧盟、美国、新西兰、澳大利亚）的牛奶产量在经历 2016 年的低迷后已经恢复，预计 2018—2019 年将持续增长。如果没有相应的需求增加，额外的供应将导致乳制品和原奶价格压至多年来的低点，而多余原奶可能被用于生产奶酪。

1.6.2　奶酪产量预计增加并成为新的贸易增长点

由于奶酪生产可以带来更高更持续的经济回报，2018—2019 年奶酪市场份额将成为最重要的贸易增长点，澳大利亚、欧盟和新西兰正积极瞄准全球市场。考虑经济效率，主要出口商对增加黄油产量兴趣不高，预计 2018—2019 年黄油产量不会大幅增长，黄油价格仍将维持高位。脱脂奶粉的库存过剩仍将是全球性现象，2018 年年初，欧盟提供的脱脂奶粉干预价格已经低至每吨 950 美元，远低于目前的欧盟和全球价格。加上美国的脱脂奶粉库存、全球奶粉库存将会给明年的国际市场带来相当大的影响。

1.6.3　发展中国家将推动高附加值乳制品生产和贸易增长

未来中国乳品进口将向奶酪、黄油等高附加值产品转变。其他东亚地区的进口量也将继续稳定增长，其中奶酪将主要运往韩国，奶粉则面向印度尼西亚、马来西亚、菲律宾和越南，中东和墨西哥进口预计也会略增。如果俄罗斯在 2019 年取消进口禁令，由于经济恶化以及国内牛奶产量的增长，其进口量也不可能迅速恢复到之前的水平。相对而言，黄油和脱脂奶粉进口预计将增长更快。

2 国际市场乳制品价格波动特征研究

□ 王礞礞　董晓霞

21 世纪以来，全球乳制品价格整体呈现上行趋势，且 2006 年下半年以来价格波动趋于剧烈且频繁；2014 年以来黄油、奶酪、全脂奶粉、脱脂奶粉四大乳制品价格差距明显加大，黄油价格高居首位，但变动趋势仍保持基本一致；美国、大洋洲、欧盟等主产国（地区）乳制品价格走势基本一致，美国的价格波动更为明显。四大乳制品的价格波动均具有明显的周期性，周期集中在 32~48 个月，其中黄油和奶酪价格波动中走高，以 2006 年为界均呈"两阶段"波动特征，脱脂奶粉和全脂奶粉价格均呈"双驼峰"曲线，但是脱脂奶粉价格波动中走低，全脂奶粉价格波动中走高。主产国极端气候频发、全球经济不景气、原油价格波动、贸易国汇率变化、主要贸易国政策调整等是导致全球乳制品供需不平衡从而引起价格波动的主要因素。为了稳定本国奶业生产，保护奶农基本收益，主要生产国均采取了调控措施稳定国内乳制品价格，尽管各国政策和手段不尽相同，但主要表现为三个方面：一是调控政策通过稳定国内供给来稳定国内市场价格；二是调控政策通过运用贸易壁垒降低国际市场冲击从而稳定国内市场价格；三是鼓励出口政策和自由贸易协定提升本国乳制品的国际市场竞争力。

2.1 国际市场主要乳制品价格走势概述

2.1.1 乳制品价格整体呈走高态势，且价格波动趋于频繁

2001 年以来世界主要乳制品的价格整体呈走高态势（图 2-1）。根据农业与园艺发展委员会（AHDB Dairy）数据，2018 年 4 月，世界黄油、脱脂奶粉、全脂奶粉、奶酪的平均价格分别为 5 693.7 美元/吨、1 720.1 美元/吨、3 293.7 美元/吨和 3 628.5 美元/吨。相比于 2001 年 1 月以来历史上曾经出现的最低价位，黄油为 1 411.8 美元/吨（2002 年 9 月）、脱脂奶粉为 1 476.5 美元/吨（2002 年 8 月）、全脂奶粉为 1 669.4 美元/吨（2002 年 8 月）、奶酪为 2012.3 美元/吨（2008 年 11 月），增长幅度分别为 303.3%、16.5%、97.3% 和 80.3%。同时从波动幅度看，2006 年下半年以来四大乳制品的价格波动明显加剧。

美元/吨

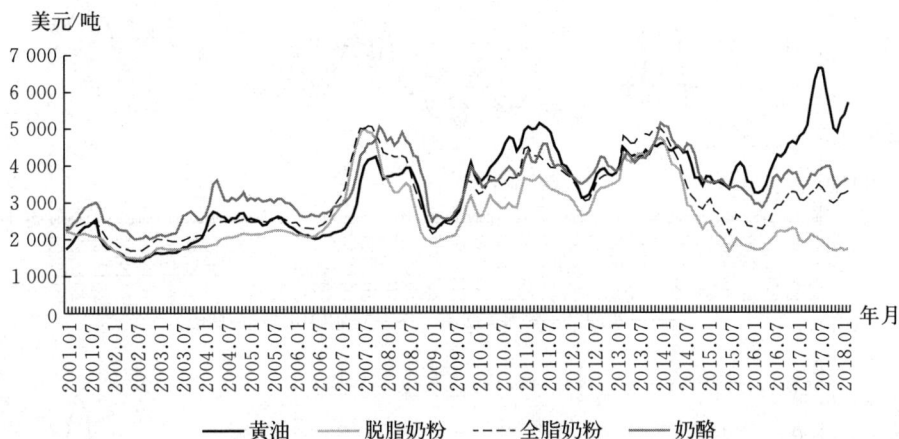

图 2-1　2001 年 1 月至 2018 年 4 月主要乳制品的平均批发价格

数据来源：AHDB Dairy。

2.1.2　四大乳制品价差加大，黄油价格高企稳居首位

2014 年 1 月以前，四大乳制品价格差别不显著，之后其价格走势仍保持一致，但价差明显加大。2014 年 1 月，四大乳制品价格均徘徊在 4 500 美元/吨与 5 000 美元/吨之间，2014 年 6—8 月，黄油与奶酪价格均为 4 480 美元/吨左右，全脂奶粉和脱脂奶粉价格在 4 000 美元/吨左右，价格差距初显。2015 年 8 月，四大乳制品价格曲线开始泾渭分明，其中黄油价格一直在高位波动，奶酪和全脂奶粉在中低位波动，而脱脂奶粉则呈缓慢下降趋势。2018 年 4 月黄油价格为 5 693.7 美元/吨，居四大乳制品之首，是同期奶酪价格的 1.6 倍，是全脂奶粉价格的 1.7 倍，是脱脂奶粉价格的 3.3 倍。

2.1.3　主产国价格走势基本一致，美国乳制品价格波动更为明显

美国、新西兰、欧盟等主要生产国（地区）的四大乳制品价格走势基本相似，但波动程度不同（图 2-2）。除了脱脂奶粉基本一致以外，美国的黄油、全脂奶粉、奶酪价格波动更为明显，每隔不到 5 年，就会有一次非常明显的价格上扬，其中黄油价格波动幅度最为明显。而大洋洲和欧盟的黄油、脱脂奶粉、全脂奶粉价格在 2001 年到 2007 年间相对平稳，2007 年以后开始进入频繁波动期。

美元/吨

美国主要乳制品价格

年月

黄油　　脱脂奶粉　　全脂奶粉　　奶酪

美元/吨

大洋洲主要乳制品价格

年月

黄油　　脱脂奶粉　　全脂奶粉　　奶酪

美元/吨

欧盟主要乳制品价格

年月

黄油　　脱脂奶粉　　全脂奶粉

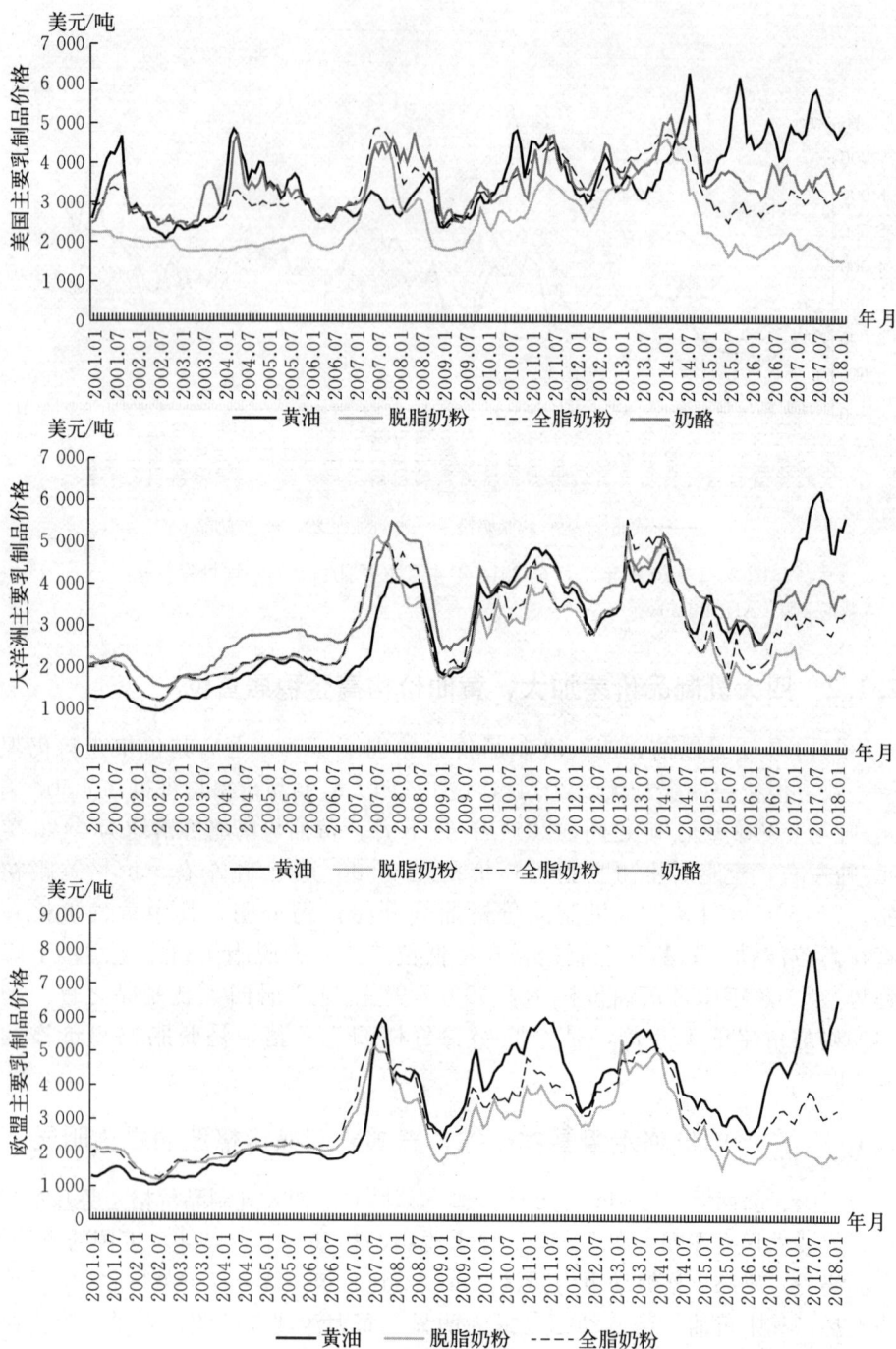

图 2-2　主产国乳制品价格走势

数据来源：AHDB Dairy。

2.2　分品种主要乳制品的价格波动特征

2.2.1　黄油价格波动中走高，呈"两阶段"波动特点

近 18 年全球黄油价格呈现波动中走高的趋势。根据图 2-3 可以看出：①黄油批发价格整体呈上升趋势，是四大乳制品中涨幅最大的品类。从 2001 年 1 月的 1 737 美元/吨升到 2018 年 4 月的 4 877 美元/吨，每吨提高了 3 140 美元，并在 2017 年 5—11 月，2018 年 2—4 月每吨超过 5 000 美元，2017 年 9 月达到有史以来的最高点，6 626 美元/吨。②黄油价格波动具有明显的周期性。大致可以划分为 6 个周期：2001 年 1 月—2002 年 9 月、2002 年 10 月—2006 年 7 月、2006 年 8 月—2009 年 3 月、2009 年 4 月—2012 年 5 月、2012 年 6 月—2016 年 3 月、2016 年 4 月—2018 年 1 月，除头尾两个周期，其余基本在 32~46 个月。

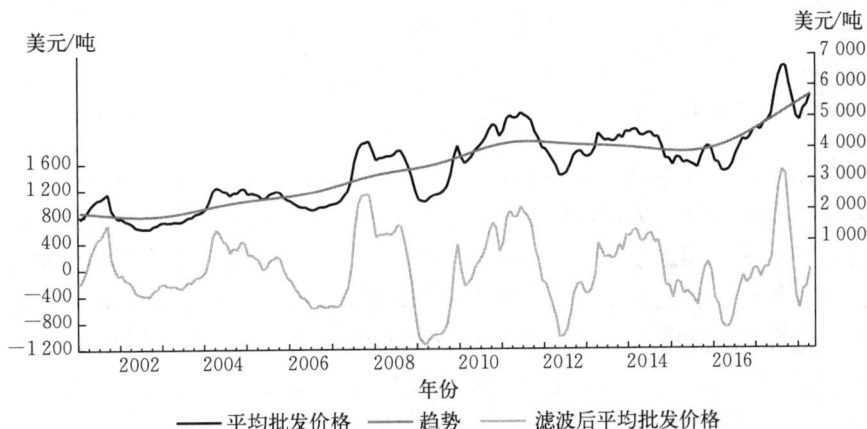

图 2-3　全球黄油平均批发价格和周期

从世界范围看，美国、欧盟、大洋洲三个地区的黄油价格走势以 2007 年 6 月为分界线呈现"两阶段"特征。根据图 2-4 可以看出，2001 年 1 月—2007 年 6 月欧盟和大洋洲的黄油价格接近，走势也基本一致，美国黄油价格远远高于欧盟和大洋洲，是欧盟和大洋洲价格的 2~4 倍。2007 年 7 月以后欧盟和大洋洲的黄油价格快速提升，2007 年 7 月—2008 年 9 月，2009 年 10 月—2014 年 3 月，2017 年 5 月—2018 年 4 月三个时间段，欧盟和大洋洲的黄油价格一度高于美国，尤其欧盟的黄油价格在三个主产国多数时间居首位。同时 2007 年 7 月以后，国际市场黄油价格的波动明显加剧，如 2009 年 3 月欧盟黄油价格为 2 481.3 美元/吨，2011 年 7 月提升至 6 006.3 美元/吨，2012 年 5 月又跌至 3 237.5 美元/吨；2016 年 4 月欧盟黄油价格为 2 612.5 美元/吨，2017 年

9 月提升至 8 062.5 美元/吨，2018 年 1 月再次回跌至 5 025 美元/吨。

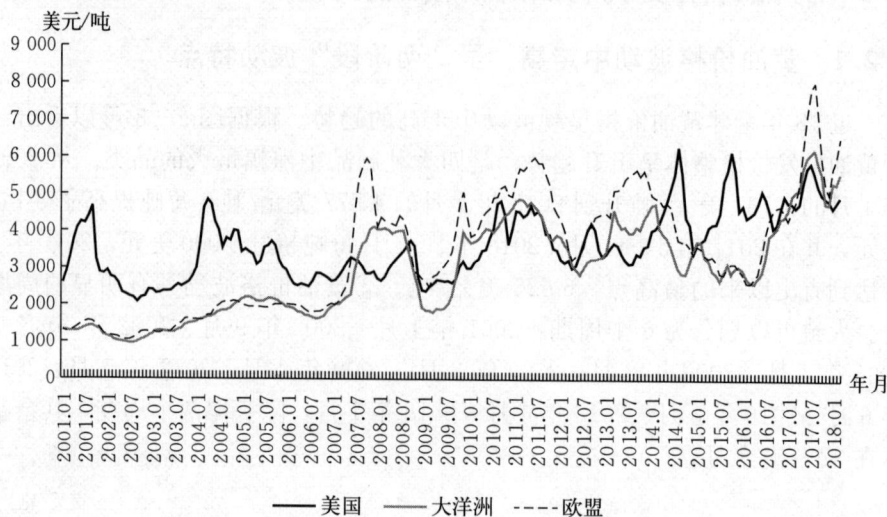

图 2-4　乳制品主产区的黄油价格

数据来源：AHDB Dairy。

　　根据不同阶段不同地区黄油价格的相关性分析，2001 年 1 月—2007 年 6 月，美国黄油价格与大洋洲黄油价格的相关系数为 0.389 3，美国黄油价格与欧盟黄油价格的相关系数为 0.342 2，均表现为中等相关；欧盟黄油价格与大洋洲黄油价格的相关性系数为 0.917 9，表现为强相关。2007 年 7 月—2018 年 4 月，美国黄油价格与大洋洲黄油价格的相关系数为 0.413 5，呈中等相关；美国黄油价格与欧盟黄油价格的相关系数为 0.267 5，呈弱相关；欧盟黄油价格与大洋洲黄油价格的相关性系数为 0.876 4，呈强相关。

2.2.2　奶酪价格波动具有周期性，大洋洲与美国价差缩小

　　与黄油价格走势相似，全球奶酪价格也呈现波动中走高的趋势。从图 2-5 中可以看出：①奶酪批发价格整体呈上升趋势，是仅次于黄油涨幅的品类。从 2001 年初的 2 251 美元/吨上涨到 2018 年 4 月的 3 628 美元/吨，每吨提高了 1 377 美元。2007 年 12 月和 2014 年 2 月达到近 18 年来的两个历史高值，分别为 5 053.85 美元/吨和 5 132.85 美元/吨。②世界奶酪价格具有明显的周期性，大致可以划分为 6 个周期：2001 年 1 月—2002 年 7 月、2002 年 8 月—2006 年 4 月、2006 年 5 月—2009 年 2 月、2009 年 3 月—2012 年 5 月、2012 年 6 月—2016 年 5 月、2016 年 6 月—2018 年 1 月，除头尾两个周期，其余周期大致在 34～48 个月。

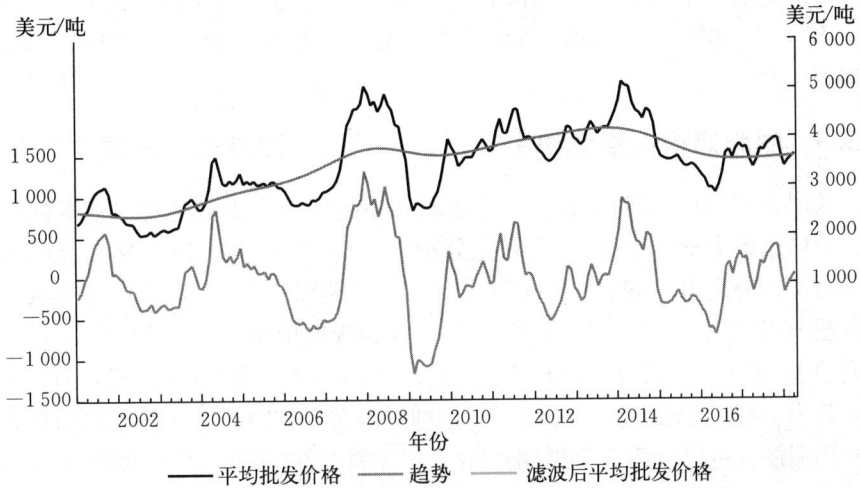

图2-5 全球奶酪平均批发价格和周期

从美国和大洋洲的奶酪价格走势看，以2006年2月为分界线也呈现"两阶段"特征。根据图2-6可以看出，2001年1月—2006年2月，美国的奶酪价格明显高于大洋洲，2004年5月两者价差最大，为2 163.4美元/吨（美国奶酪价格为4 688.4美元/吨，新西兰奶酪价格为2 525.0美元/吨）。2006年3月以后，大洋洲的奶酪价格快速提升，美国和大洋洲的奶酪价格此起彼伏，新西兰奶酪价格与美国奶酪价格的价差最大不超过1 300美元/吨。

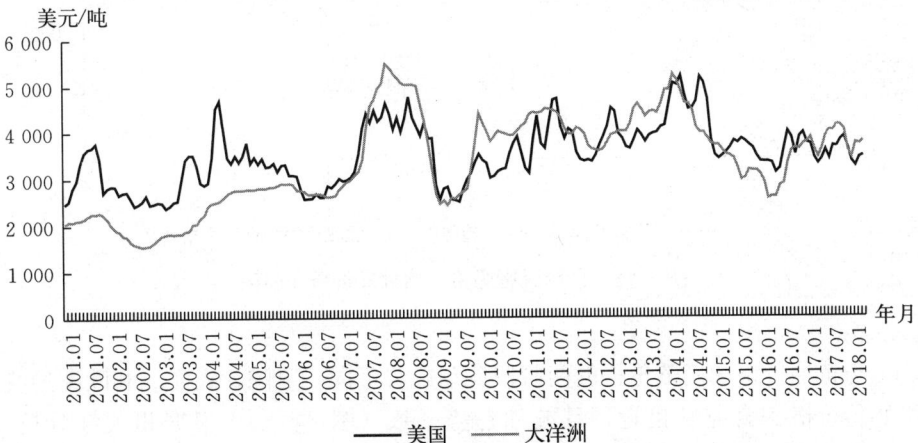

图2-6 乳制品主产区的奶酪价格

数据来源：AHDB Dairy。

根据不同阶段不同地区奶酪价格的相关性分析，2001年1月—2006年2月，美国奶酪价格与大洋洲奶酪价格的相关系数为0.6035，2006年3月—2018年4月，美国奶酪价格与大洋洲奶酪价格的相关系数为0.7606，均表现为强相关。

2.2.3 脱脂奶粉价格波动中走低，走势呈"双驼峰"曲线

从图2-7中可以明显看出：①脱脂奶粉批发价格走势呈现"双驼峰"曲线，价格波动中整体下行。"双峰"分别为2007年8月和2014年2月的两个价格高位，分别为4 993.1美元/吨、4 729.4美元/吨。自此以后，价格一路下行至2015年8月的1 649.1美元/吨，仅为峰期价格的三分之一，2015年9月到2018年4月，价格一直在1 700美元/吨与2 300美元/吨之间波动，2018年4月为1 720美元/吨，价格处于历史低位。②从2006年开始，波动具有明显的周期性，可以分为3个周期：2006年5月—2009年3月、2009年3月—2012年5月、2012年6月—2015年8月。

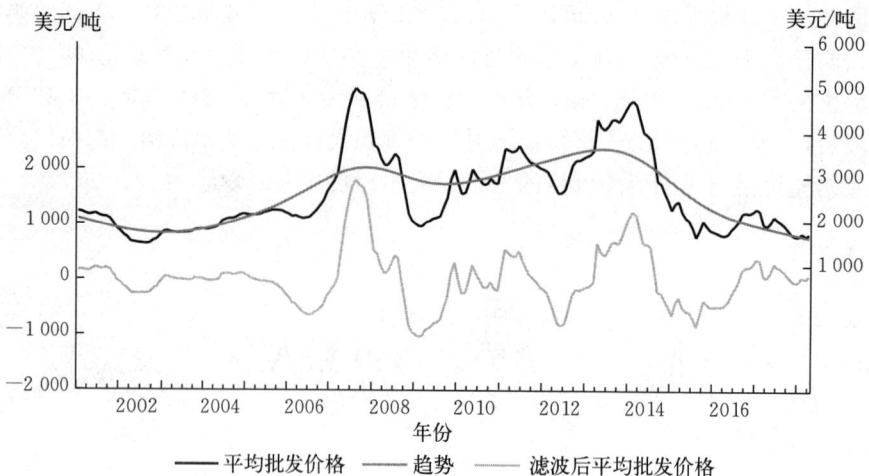

图2-7　全球脱脂奶粉平均批发价格和周期

与黄油价格和奶酪价格的两阶段波动趋势不同，美国、大洋洲和欧洲的脱脂奶粉价格一直非常接近，且波动趋势一致（图2-8）。根据相关性分析，2001年1月—2018年4月，美国脱脂奶粉价格与欧盟脱脂奶粉价格、新西兰脱脂奶粉价格的相关系数分别为0.9179和0.9330，欧盟脱脂奶粉价格与新西兰脱脂奶粉价格的相关系数为0.9704，均呈强相关。

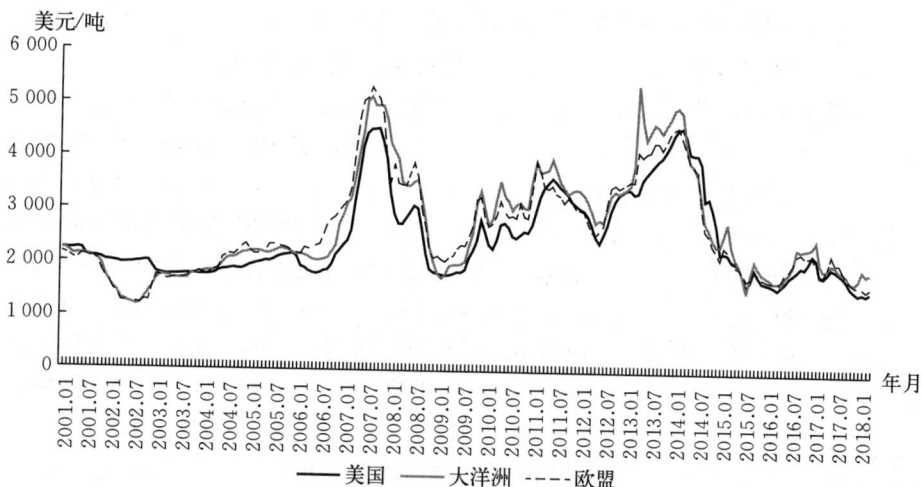

图 2 - 8　乳制品主产区的脱脂奶粉价格

数据来源：AHDB Dairy。

2.2.4　全脂奶粉价格整体上行，美国、欧盟、大洋洲价差缩小

从图 2 - 9 中可以明显看出：①全脂奶粉批发价格与脱脂奶粉批发价格波动趋势相似，呈"双驼峰"曲线，但价格整体呈上行趋势。2007 年 9 月和 2014 年 1 月形成两个价格高位，分别为 5 063.1 美元/吨、4 994.6 美元/吨，之后一路下行至 2015 年 8 月的 2 134.4 美元/吨，不足峰值的二分之一。2015 年 9 月到 2018 年 4 月，全脂奶粉价格在波折中反弹上行，2018 年 4 月达到 3 293 美元/吨，在历史价位中处于中等水平。②自 2006 年开始，全脂奶粉价格波动具有明显的周期

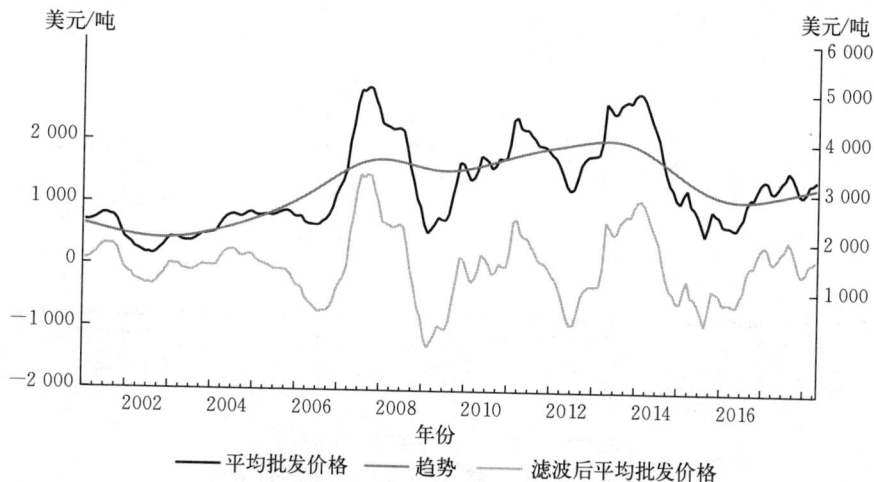

图 2 - 9　全球全脂奶粉平均批发价格和周期

性。大致可以划分为 3 个周期：2006 年 7 月—2009 年 2 月、2009 年 3 月—2012 年 6 月、2012 年 7 月—2015 年 8 月，周期大致为 33~40 个月。

与黄油和奶酪价格走势一致，全脂奶粉价格阶段性波动趋势明显。根据图 2-10 可以看出，2001 年 1 月到 2006 年 11 月，美国的全脂奶粉价格明显高于大洋洲和欧盟，前者价格几乎是后两者的 1.5 倍，且三个地区的价格走势均相对平稳。2006 年 12 月以后，美国、欧盟、大洋洲的全脂奶粉价格波动均加剧，2007 年 8 月、9 月、10 月，三个国家分别出现了近 18 年来的第一次波峰，美国、欧盟、大洋洲的价格分别为 4 883.2 美元/吨、5 600.0 美元/吨和 4 950 美元/吨，第一次谷底出现在 2009 年 2 月、3 月，美国、欧盟、大洋洲的价格分别为 2 375.0 美元/吨、2 163.0 美元/吨和 1 866.7 美元/吨；第二次波峰出现在 2013 年 4 月—2014 年 4 月，美国、欧盟、大洋洲的价格分别为 4 748.3 美元/吨、5 181.3 美元/吨和 5 550.0 美元/吨，第二次谷底出现在 2015 年 8 月，美国、欧盟、大洋洲的价格分别为 3 029.4 美元/吨、2 275.0 美元/吨和 2 291.7 美元/吨。

根据不同阶段不同地区全脂奶粉价格的相关性分析，2001 年 1 月—2006 年 10 月，美国全脂奶粉价格与大洋洲全脂奶粉价格的相关系数为 0.599 0，美国全脂奶粉价格与欧盟全脂奶粉价格的相关系数为 0.510 8，欧盟全脂奶粉价格与大洋洲全脂奶粉价格的相关系数为 0.954 6。2006 年 11 月—2018 年 4 月，美国全脂奶粉价格与大洋洲全脂奶粉价格的相关系数为 0.838 2，美国全脂奶粉价格与欧盟全脂奶粉价格的相关系数为 0.897 6，欧盟全脂奶粉价格与大洋洲全脂奶粉价格的相关性系数为 0.955 5。尽管两个时期的三个国家（地区）的相关系数均为强相关，但相关系数均有所增加。

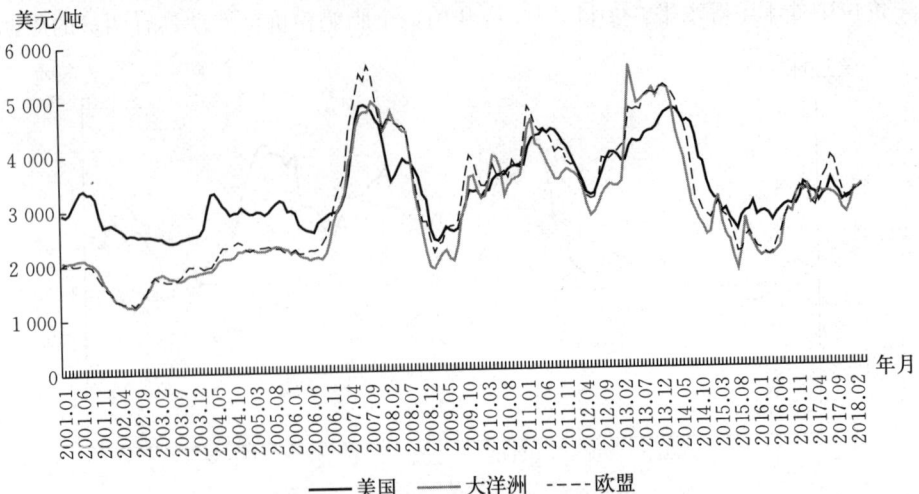

图 2-10 乳制品主产区的全脂奶粉价格

数据来源：AHDB Dairy。

2.3　国际市场乳制品价格波动原因分析

2001 年以来，四大乳制品价格在三个时间段经历了较为明显的波动，分别为 2006—2009 年、2009—2012 年、2012—2016 年，极端气候频发、全球经济不景气、原油价格波动、贸易国汇率变化、贸易国的政策调整等是导致供需不平衡从而引起价格波动的主要因素。目前，全球乳制品市场上主要出口国（地区）是美国、新西兰、欧盟和澳大利亚，出口量合计占全球的 90%；主要进口国是中国和俄罗斯，进口量约占全球的 30%。

2.3.1　极端天气多发导致的产量波动引起价格波动

全球气候变暖使得近年来世界各国极端天气增多，极端天气多发对奶业主产国的产量影响较大。近年来新西兰、澳大利亚、欧盟、美国等主要出口国（地区）受干旱天气影响产量下降是导致乳制品价格上升的主要因素之一。2006 年新西兰大旱，原料奶产量增长停滞；2007 年新西兰大旱，奶牛单产下降 5.91%，全年牛奶产量下降 3.18%；2013 年新西兰遭遇短期严重干旱，奶牛单产降幅超过 4.0%，牛奶产量下降 1.8%。2007 年澳大利亚遭遇干旱天气，奶农通过购买高成本的饲料和宰杀奶牛来维持单产，导致存栏量骤降 4.47%，牛奶产量下降 3.76%；2013 年澳大利亚遭遇 1910 年以来最热夏季，全年牛奶产量增长停滞，2014 年澳大利亚部分地区也受到干旱的影响。2007 年欧盟因为干旱天气的原因，产量增幅几乎停滞。2013 年，美国干旱天气影响了主要饲料玉米和豆粕产量，饲料成本维持近几年来的高点，导致美国原料奶生产增长停滞。2006 年以来极端天气频发对奶业主产国原料奶生产产生了影响，产量的不断波动引起了价格的频繁波动。

2.3.2　全球经济低迷消费不振影响价格回升

全球经济形势对乳制品消费有很大的影响。图 2-11 为 1980 年以来全球 GDP 增长趋势曲线，1980—2018 年的 GDP 增长率平均为 3.5%，2008 年由于全球金融危机爆发，GDP 增长率开始下降，2009 年甚至出现 −0.1% 的负增长。2008 年全球乳制品消费低迷，消费总量降幅为 1.55%，其中黄油消费增长放缓，奶酪消费下滑 2.73%，全脂奶粉消费下滑 2.61%，唯有脱脂奶粉消费触底反弹。而四大乳制品的价格在 2008—2009 年也降至低位。虽然 2010 年全球 GDP 增长迅速恢复至 5.4% 的高位，但 2012 年受到欧洲债务危机的影响，全球 GDP 又一次跌至平均线上下，进而影响了发达国家乳制品消费的恢复和增长。

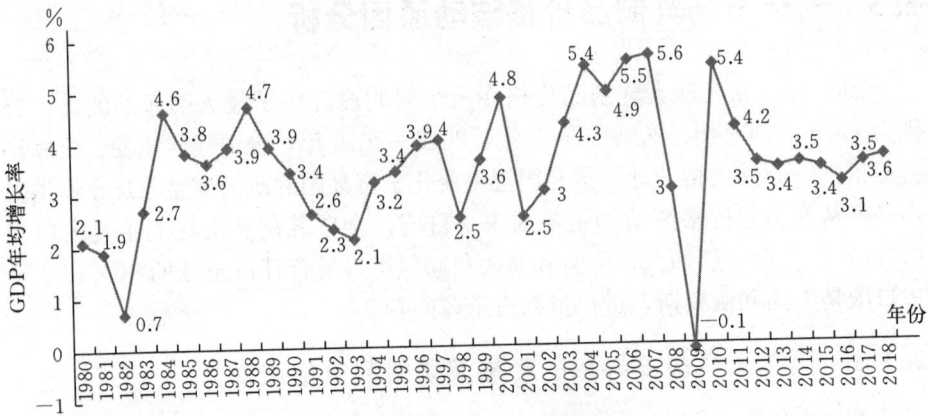

图 2-11　全球 GDP 增长趋势

数据来源：IMF。

2.3.3　原油价格变动间接影响乳制品价格

2008 年全球金融危机后，国际油价经历了"过山车"式的波动，2008 年上半年急剧上升，下半年断崖式下跌，2009 年低谷徘徊，2010 年大幅跳涨，2011 年震荡回升，2012 年以后随着全球经济的复苏才逐渐进入相对稳定期（图 2-12）。原油价格的这一系列变化直接对全球农产品价格带来了影响，也间接影响了乳制品的价格。首先，原油价格对美国玉米的生产和价格有着直接影响，当原油价格下跌时，对用玉米生产的生物燃料需求减少，从而减少了对玉米的需求，带来玉米价格的下跌。而玉米在奶牛养殖所用的饲料中占有很高的比例（51%），由此原油价格的下跌会通过玉米传导到乳制品的价格上，尤其对美国主要出口乳制品脱脂奶粉价格的间接影响最为明显。另外，国际乳制

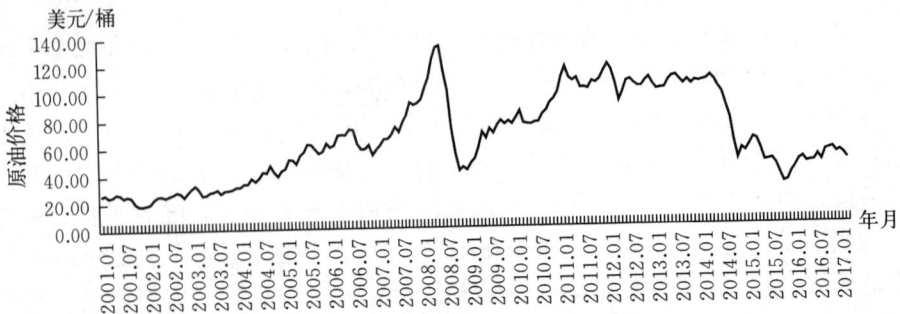

图 2-12　2001—2017 年的原油价格波动

数据来源：IMF。

品贸易属于大宗交易，大部分需要海上运输，因此原油价格也直接影响运输成本，从而影响乳制品的到岸价格。此外，目前国际上主要乳制品进口地区，如俄罗斯和中东等，在经济上高度依赖原油出口，原油价格下跌，这些国家的收入也将减少，从而减弱对乳制品的进口需求，也会带来乳制品价格的波动，如 2015 年开始的国际原油价格暴跌所带来的国际乳制品市场价格低迷等。

2.3.4 主要贸易国政策调整影响乳制品价格

乳制品主要贸易国的政策调整对全球乳制品价格也有所影响。由于牛奶产量增长较快，1984 年欧洲国家开始实施牛奶生产配额制度，使原料奶产量下降，欧洲国家作为奶酪的主要出口国，产量减少相应的推高了奶酪价格。2015 年欧盟取消了牛奶生产配额制度，其原料奶产量和乳制品产量均上升，增加的部分基本用于出口，导致国际市场奶酪供给增加，价格下降。2014 年 8 月进口大国俄罗斯开始对进口原产于美国、欧盟、澳大利亚等国的农产品（含乳制品）采取禁运措施，国际市场需求的减少使得全球乳制品价格走低。2016 年，欧盟成员国英国决定退出欧盟，即英国脱欧事件，也给欧盟及全球乳制品贸易带来了一定的影响，英国是乳制品进口大国，所有乳制品几乎均从欧盟进口，因此该事件的影响和"俄罗斯禁运"相当，英国停止从欧盟进口乳制品后，造成欧盟将过剩的乳制品转向国际市场，造成短期内乳制品过剩，价格下降。2018 年中美贸易争端，中国从美国进口的乳制品、饲草、豆粕等产品关税均增加 25%，直接提高了乳制品价格或从饲料成本等层面间接提高了乳制品价格。

2.3.5 汇率变动影响乳制品价格

全球乳制品交易以美元为基础，各国货币与美元的汇率变化对全球乳制品价格有直接影响。一般情况下，主要出口国的汇率升值，国际市场乳制品价格下跌；主要出口国的汇率贬值，国际市场乳制品价格上涨。图 2 - 13 是 1980—2017 年的国际汇率变化情况。1988 年以来新西兰元、澳元兑美元的汇率波动趋势基本一致。其中新西兰元、澳元兑美元的汇率于 2001 年达到历史高点，分别为 2.4∶1 和 1.9∶1，之后一路下行，2014 年开始出现上扬趋势。1993 年欧盟成立，1999 年出现欧元，欧元兑美元的汇率在 2001 年达到历史最高点，为 1.1∶1，随后逐年下降，2015 年又开始回升。而人民币对美元的汇率则从 1980 年开始一路攀升，于 1994 年达到最高，为 8.6∶1，之后一直缓慢下降，2014 年降至 6.1∶1，2017 年又上涨到 6.8∶1。

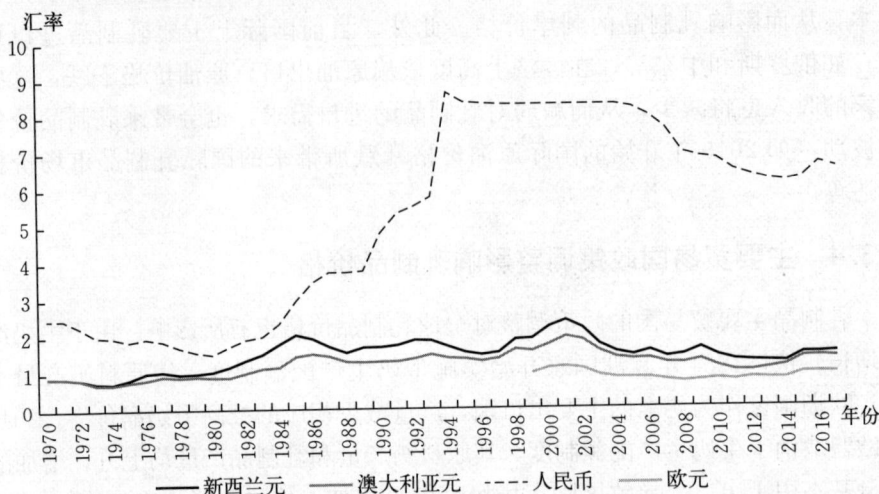

图 2-13　1970—2017 年新西兰元、澳大利亚元、人民币和欧元兑美元汇率变化

数据来源：IMF。

2.4　主要国家（地区）价格调控措施及成效分析

世界各国对乳制品价格的调控措施不尽相同，但有三个共同点：一是通过稳定国内供给来稳定市场价格；二是采用贸易壁垒降低国际市场冲击来稳定国内市场价格；三是鼓励出口贸易提升本国乳制品的国际市场竞争力。

2.4.1　欧盟

欧盟主要以生产配额、定价干预和出口补贴等综合措施进行乳制品价格调控，实现了在稳定市场供给的同时，奶牛养殖场得到合理的收益，而消费者也不必为消费乳制品而增加开支的双重目的。

一是实施牛奶生产配额制，稳定乳制品供给。1961—1980 年欧洲国家牛奶产量集聚增加，为了限制牛奶产量过剩，1984 年开始，欧洲实施牛奶生产配额制，明确了牛奶产量上限（刘芳等，2014），对于超配额生产的牛奶，通过增加额外税收予以抑制，对于市场需求不足情况，通过价格干预以保护价进行收购，但通常保护价低于生产成本价。由于长期实施生产配额制，欧盟在世界乳制品贸易中的地位明显下降，2008 年欧盟开始增加 2% 的牛奶生产配额，此后每年增加 1%，一直持续到 2015 年 3 月 31 日，由于出口需要等外部条件的变化欧盟取消了实施了 30 多年的牛奶生产配额制，转而鼓励奶农自主生产（刘芳等，2014）。

二是实施干预购买和私人储备计划，调节乳制品市场。欧盟制定了区内乳制品市场参考价格，当区内价格低于参考价时，将启动干预购买计划，将产品转入库存。干预购买机构由各成员国政府指定，该机构按照欧盟规定的标准购进产品，并根据"避免扰乱市场平衡"的方式将产品用于加工行业、食品援助、向非营利机构销售、生产饲料等。干预购买分为固定数量和招标购买两个阶段，当欧盟固定干预购买黄油数量达到 7 万吨，脱脂奶粉达到 10.6 万吨时，将转入招标干预购买程序。此外，私人储备援助计划是由欧盟确定私人储备产品的标准和数量，并根据储藏成本和可能的价格趋势调整和确定支持水平，以合同的方式对私人储备乳制品给予补贴，储备时间在 60～180 天。当市场发生不可预见的不利变化时，支持的金额也将增加。

三是进出口限制和出口补贴政策，调节内部供需。1987 年欧洲国家开始减少乳制品的进口，对进口乳制品征收较高的关税。并通过关税配额限定进口量，以保护本地乳制品生产者的利益；同时对某些产量较低的乳制品征收出口税，以保证欧盟内部不至于出现因乳制品短缺而造成的价格过高现象。与此同时，对一些供应充裕的乳制品的出口实行鼓励政策，给予出口价格返还，以补贴出口商因国际市场价格和欧盟内部价格之间的差额而造成的损失。

2.4.2 美国

一是实施奶及奶制品价格支持政策，保护经营者收益。美国实施国内支持为主体，进口限制、出口促进为补充的奶业政策支持系统。早期，美国为了更好地保护奶农利益，减少牛奶价格波动的市场风险，2002 年出台的《农场法》里包含了"牛奶收入损失合同项目"，该项目的具体内容为联邦政府对原料奶设立目标价，一旦原料奶的市场价格低于目标价，联邦政府则给参与该项目的农场主提供部分收入补偿，2008 年该项目在《农场法》中再次授权，并进行了修改，提高了支付比例，增加了支付上限，且目标价格调整与饲料成本变动进行了挂钩。同时，美国还实施了"乳制品价格支持项目"，该项目首次出台于 1933 年美国的《农业法》，1949 年得到永久性授权，具体内容为美国农业部通过农产品信贷公司购买奶油、脱脂奶粉以及奶酪等来维持乳制品的价格保持在一定水平之上，以间接地保护奶农的利益。一旦上述乳制品的市场价格低于支持价格，乳制品加工商可将相关乳制品按照支持价格出售给农产品信贷公司。2008 年，针对原奶售价下跌或饲料价格上涨导致的农户经营利润损失，美国农业部风险管理局开始试运行奶业毛利保险（柴智慧等，2018）。但在 2014 年 2 月，经历了近 3 年的辩论、妥协，美国国会终于通过了 2014 年《食物、农场及就业法案》，该法案逆转了 2002 年和 2008 年《农场法》形成的以高补贴为主的农业支持保护思路，逐步放弃政府对农业生产和农产品市场的直接干预，调控手段趋于市场化（农业部课题组，2014）。而毛利保障计划即是其中新增内容，旨在帮助奶农应对生产过程中由低奶价或高饲料成本造成的低毛利，甚至负毛利风险（柴智慧等，2018）。

二是实施进口限制政策，保障国内乳制品市场稳定。美国对进口乳制品实施了进口分摊项目，该项目是指从每单位的进口乳制品中收取一定比例税收作为促进国内乳制品消费、研究与营养教育资金来源的政策安排。该项目源于1983年《乳制品生产未定法案》中的全国乳制品生产项目，2002年《农场法》中将其修订为对进口乳制品征收15美分/英担*的税收，2008年《农场法》将进口乳制品征收比例降低为7.5美分/英担（王世群，2010）。

三是乳制品出口促进政策，降价增强其国际竞争力。1985年美国乳制品出口激励项目出台，最初目的在于降低美国乳制品的国际市场价格，进而抵消国外乳品产业的不当竞争给美国乳制品产业带来的不利影响，20世纪90年代以后，该政策得到了广泛的推广。2002年的《农场法》将其政策范围进行了外延，可对销往国外的乳制品提供出口补贴。

2.4.3　新西兰

一是对恒天然公司经营活动提出要求，为奶农提供公平的市场环境。新西兰政府对奶业的扶持较少，主要以市场为导向。为确保新西兰国内乳制品市场的有效运转，避免恒天然公司在国内形成垄断地位，新西兰在《2001乳制品行业重组法案》的鼓励竞争管理办法条款中规定，恒天然集团的所有经营活动，必须在确保市场可竞争性的前提下进行，该法案的颁布为奶农与恒天然集团之间的股份买卖提供了自由、公平的环境。

二是出口实施自由贸易政策，提升其乳制品价格的国际竞争力。在对外贸易方面，新西兰政府对乳制品出口实施自由贸易政策，目前已与澳大利亚、印度、中国、韩国、文莱、新加坡等国家达成了自由贸易协定（应若平，2006）。与任何一国签订的自由贸易协定中均对两国的乳制品贸易有所规定，主要是就降低关税问题达成一致意见，自由贸易协定明显降低了新西兰乳制品到协定贸易国的到岸价格，显著提升了其乳制品的国际竞争力（王敏等，2016）。

2.4.4　日本

日本在不同阶段制定了不同的奶业政策促进本国奶业发展，稳定国产乳制品价格和抵御进口乳制品的入侵。第一阶段，早在1961年日本就颁布了《畜产物价格稳定等相关的法律》（简称《畜安法》）（萨日娜等，2014），制定了生

---

* 英担为非法定计量单位，1英担＝50.802 35千克。——编者注

鲜乳保护价格，设定了乳制品价格变动幅度，并给予奶农和乳品企业一定数量的补贴。但由于乳制品价格波动依然明显，日本政府又在1965年实施了《加工原料乳生产者补给金等暂定措施法》（简称《不足支付法》）（萨日娜等，2014），该法针对奶农和乳品企业之间形成的生鲜乳价格差进行补贴，该法的出台稳定了日本国内的生鲜乳和乳制品价格，平衡了奶农和乳品企业之间的利益关系。

第二阶段，日本在1966—2000年，实施了生鲜乳价格补贴政策，即"差价补贴"，政府以"保护价格"与"基准收购价格"之间的差额作为补贴金支付给奶农。同时，日本为了稳定国内黄油、脱脂奶粉、全脂加糖炼乳、脱脂加糖炼乳等的乳制品价格，基于《畜安法》和《不足支付法》，在价格补贴基础上形成了乳制品价格稳定机制，并指定农畜产业振兴机构作为稳定乳制品价格的管理机构，通过设定"稳定指标价格"，并以稳定指标价格为基础，允许乳制品价格在规定范围内波动。这两个制度大大调动了日本奶农的积极性，使生鲜乳供给过剩，为了解决这一问题，日本在1979年开始实施奶业"计划生产政策"，即配额生产，但配额生产挫伤了奶农的积极性，导致了奶农的数量和牛奶产量的减少。

第三阶段，2000以后，日本加入WTO，根据WTO不可实行直接价格补贴的规则，日本对《不足支付法》做了修订，废除了"差价补贴"，开始实施新的"定额补贴"政策，即取消了原来实施的"保护价格"与"基准收购价格"的差额补贴，对加工原料奶的"数量限额"进行补贴。并进一步调整了乳制品"稳定指标价格"波动范围，增设了补充指标。

同时，为了限制国外过多的乳制品进入到国内，日本政府主要通过颁发出口许可证、关税配额制及关税壁垒来限制国外过多的乳制品进入，从而达到稳定国内市场的作用。在关税配额限制范围内，脱脂奶粉、全脂奶粉、奶油等乳制品的进口关税在0～35％，超出配额范围的进口关税高达210％以上。

2.4.5 以色列

以色列政府于2011年颁布了《奶业法》，以法律的形式确立了以色列牛奶生产实行配额机制，并同时实行牛奶的政府定价机制。牛奶生产采用配额制，即当年的配额根据上一年的生产和市场消费情况进行预测，以标准奶（即规定标准脂肪含量和蛋白质含量）制定出配额，对于生产超过配额的养殖户，则会受到相应的罚款；牛奶生产者可以获得目标价格体系的支持，目标价格反映牛奶生产的平均成本加上适当的利润率，以色列每两年会选取大约全国10％的牧场进行调查，以确定牛奶的平均生产成本，包括饲料费、人力费、折旧费、贷款利息等，同时也调查牧场副产品的收入（出售淘汰牛等的收入），并将其从平均收入成本中扣除，得出净平均成本，最后以净平均成本作为牛奶定价的依据，配额内生产的牛奶可以获得高于目标价格一定比例的最低收购价格（邓蓉等，2014）。此外，以色列对牛奶的关税保护水平非常高，奶制品关税是所有农产品中最高的，1999 年为 60％，2012 年以来降到了 35％，虽然有所下降，但与经合组织国家平均水平相比，还是高出 3 倍（曹睐等，2015）。

参考文献

曹睐，祁敏，赵娜，等，2015. 以色列奶业政策分析及对我国的启示 [J]. 中国奶牛（21）：52－57.

柴智慧，李赛男，2018. 中美奶业保险制度和时间的比较及启示 [J]. 中国乳业，194（2）：22－26.

邓蓉，倪和民，2014. 以色列奶业发展经验对中国的启示 [J]. 现代化农业（9）：52－54.

刘芳，危薇，何忠伟，2014. 中外奶业政策比较分析 [J]. 世界农业，417（1）：68－73.

农业部课题组，2014. 2014 年美国农业法案的主要内容及其对我国的启示 [J]. 农产品市场周刊（19）：7－9.

萨日娜，刘玉满，2014. 日本不同转型时期的奶业政策及其对我国的启示 [J]. 中国农村经济（10）：88－95.

王敏，何忠伟，刘芳，2016. 新西兰奶业发展现状及经验借鉴 [J]. 世界农业，449（9）：136－143.

王世群，李文明，2010. 奶业支持政策：美国的经验与启示 [J]. 农业经济（10）：28－30.

应若平，2006. 新西兰乳业发展的组织基础 [J]. 世界农业，326（6）：46－48.

3　后配额时代法国奶业的转制及成效[*]

□ 刘玉满

奶业在法国农业经济中扮演着重要角色，根据法国全法奶业联合总会^①（CNIEL）提供的 2015 年统计数据，奶业提供的直接就业岗位达 20 万个，奶业总营业额为 260 亿欧元，高于钢铁行业。在奶业贸易方面，法国是中国的重要贸易伙伴，特别是婴幼儿配方奶粉，中国从法国进口份额接近 14%。2015年 4 月 1 日取消生产配额后，法国奶业同欧盟其他各成员国一样，进入了后配额时代。本章重点介绍法国奶业生产配额制的引进、废除及过渡期的应对措施等相关情况。

3.1　法国奶业生产配额制的引进与废除

法国是欧盟的重要成员国，法国奶业公共政策执行的是欧盟的共同农业政策。法国奶业生产由非配额制变为配额制有一个重要的历史背景。欧盟从1952 年开始实施共同农业政策，其政策目标有三个，其一是提高农业生产率，其二是提高农业国际竞争力，其三是提高农业自给率。为了实现上述目标，欧盟对包括牛奶在内的重要农产品先后使用了三种政策工具，分别是最低保护价政策、农产品补贴政策和征收关税政策。欧盟共同农业政策执行的结果是：农业单产水平大幅度提高，农业国际市场地位大幅度提升，农业自给率目标也得以实现，并且逐步实现了自给有余。

从法国奶业生产发展情况看，在欧盟共同农业政策的刺激下，20 世纪 60年代初至 70 年代末，法国奶业生产规模不断扩大。成母牛存栏头数从 1961 年的 714 万头增加到 1979 年的 740 万头，增长 3.6%；奶牛单产水平从 1961 年的 2.67 吨提高到 1979 年的 3.59 吨，提高了 34%；牛奶总产量从 1961 年的 1 906万吨增加到 1979 年的 2 655 万吨，增长了 39%。欧盟其他各成员国的农

---

* 本研究是国家奶牛产业技术体系产业经济室阶段成果。2017 年 9 月 6—14 日，国家奶牛产业技术体系产业经济研究室一行 6 人赴法国对法国奶业开展调研，参加调研的有刘长全、刘玉满、苑鹏、李静、姚梅、乔光华，本章执笔人刘玉满。

① 全法奶业联合总会由法国牛奶生产者联盟、法国奶业合作社联盟和法国乳品加工业联盟联合创立。

业发展情况与法国奶业发展情况相类似，都经历了不断增长的过程。随着欧盟共同农业政策刺激作用的不断累积和放大，到了 20 世纪 80 年代初，一些重要农产品，尤其是乳制品出现了严重过剩，奶粉、黄油、奶酪等出现了严重积压，结果导致欧盟用于补贴的财政负担不断加重。另一方面，由于欧盟成员国内部牛奶生产过剩，导致牛奶价格下跌，奶农抗议不断。欧盟为了减轻不断加重的财政负担，稳定牛奶价格，于 1984 年开始实施奶业生产配额制。

根据欧盟的统一农业政策，法国从 1984 年开始实施牛奶生产配额制度。因此，1984 年前后是法国奶业由非配额制生产转入配额制生产的过渡时期。在过渡时期，法国的奶业生产发生了明显变化，详见表 3-1。表 3-1 给出了 1984 年前后各 4 年法国奶业生产数据。从中不难看出，法国奶业生产在实施配额的过渡期前后，无论是成母牛饲养量还是牛奶总产量都由原来的逐年上升趋势转变为逐年下降趋势。这一时期，尽管奶牛单产水平不断提高，但是，由于成母牛饲养量下降速度快于单产水平的提高速度，所以，导致总产奶量呈逐年下滑趋势。这说明实行生产配额制，对于控制牛奶生产供给过剩局面确实是行之有效的行政干预举措。

表 3-1   实施牛奶生产配额前后法国奶业生产变化情况

年份	奶牛头数（万头）	单产水平（吨）	总产奶量（万吨）
1980	726.4	3 757	2 729
1981	726.1	3 775	2 741
1982	716.4	3 895	2 793
1983	717.6	3 954	2 837
1984	700.7	4 064	2 847
1985	668.0	4 163	2 781
1986	650.8	4 353	2 833
1987	617.3	4 472	2 733
1988	572.8	4 650	2 663

数据来源：FAO。

然而，近些年来，以中国为代表的一些新兴经济体对乳制品的需求表现出强劲增长势头，如果继续执行牛奶生产配额制，将会形成对欧盟各成员国参与新兴经济体市场竞争的制度性羁绊而使其错失良机。考虑到乳制品国际贸易格局发生的新变化，欧盟于 2003 年开始考虑取消牛奶生产配额制，并最终决定于 2015 年 4 月 1 日起取消牛奶生产配额制，把农场生产决策经营权交换给农场主，让他们自己根据市场情况进行决策。由于欧盟取消了牛奶生产配额制，因此，2015 年前后法国奶业又经历了一个新的过渡期，即从牛奶生产配额制向非配额制过渡。

毫无疑问，取消配额制必然会对法国奶业产生一定的影响。从奶业生产情况看，由于取消配额制后法国采取了一些替代措施，所以，全国奶业生产并未发生大幅度波动，详情见表 3-2。表 3-2 中的数据表明，法国取消配额制后成母牛存栏量有所增加，但牛奶总产量基本稳定，这主要是因为奶牛单产水平有所下降造成的。奶牛单产水平下降的主要原因可能是越来越多的家庭牧场加入了有机牛奶生产的行列，而有机牛奶的单产水平通常会比普通牛奶有所下降。取消配额制虽然对牛奶生产没有产生实质性影响，但是，对家庭农场的收入水平却产生了重大影响。

表 3-2　取消配额制对法国奶业生产的影响情况

年份	奶牛头数（万头）	单产水平（吨）	总产奶量（万吨）
2012	364.3	6.58	2 400
2013	369.7	6.41	2 371
2014	369.8	6.85	2 533
2015	370.0	6.76	2 500
2016	380.0	6.50	2 470

数据来源：法国畜牧研究所提供。

取消配额制后，对家庭牧场收入的影响主要来自牛奶价格的下降。尽管法国国内牛奶供求关系没有发生实质性变化，但是，由于供过于求所导致的国际乳制品市场价格下跌必然会传导给法国。据法国畜牧研究所的研究人员介绍，取消配额制对于法国家庭牧场收入的影响是非常巨大的。但是，这种影响在不同地区、不同生产者之间存在着明显的差异性。就不同区域而言，2016 年位于平原地区的家庭牧场有一半以上人均收入出现了负增长，而南部山区和丘陵地区的家庭牧场人均收入则下降了 60%。就不同生产者而言，从事有机牛奶和地理标识牛奶生产的家庭牧场虽然人均收入水平有所下降，但由于牛奶的售价较高，所以仍处于赢利状态。

3.2　法国奶业由配额制向非配额制的过渡

在过去的 30 年里，欧盟各成员国的奶业经历了 1984 年从非配额制向配额制的过渡和 2015 年又从配额制向非配额制的过渡。在由配额制向非配额制过渡的过程中，为了适应新制度，迎接新挑战，欧盟各成员国采取了不同的应对策略。欧盟内的奶业生产大国德国、荷兰在配额制取消后完全放开了牛奶生产管制，而作为欧盟第二产奶大国的法国则采取了与德国、荷兰等成员国不同的产业发展策略。需要说明的是，在取消配额制的过渡时期，法国政府并未直接参与影响奶业未来走向的政策和策略制定，而是把决策权交给了行业，由行业决定自己未来的命运。在法国，能够代表奶业行业的经营主体有两类，一类是合作社，另一类是私营公司。我们所访问的索迪雅（Sodiaal）和拉克塔利斯[①]（Lactalis）分别是合作社和私营企业的代表。

法国的奶业合作社有全国性的，也有区域性的。索迪雅（Sodiaal）属于全国性的合作社，截至 2016 年底，1.25 万个成员家庭牧场分布在全国各地，成员家庭牧场的平均生产规模为 50～60 头成母牛，年产 471 万吨生鲜奶，每个牧场的平均年产奶为 376 吨，合作社在全国各地建有 70 座乳品加工厂。特利斯卡利亚（Triskalia）是我们访问的一个地方合作社。该合作社是一家位于布列塔尼省布雷顿（Breton）地区的综合性合作社。它是由所在区域三家从事不同业务的专业合作社于 2010 年合并而成。合作社现有 1.6 万名成员，280 个服务网点。2016 年合作社营业收入为 19 亿欧元。合作社所在地区有 2.6 万家农场，合作社覆盖了当地 60% 以上的家庭农场。合作社所从事的业务活动按照销售额来划分，主要包括畜产品，占 37%；动物饲料生产，占 20%；农作物产品销售，占 19%；消费零售，占 12%；专卖店，占 12%。合作社年生产牛奶 39 万吨，占布列塔尼省总产量的 8%。

除了奶业合作社外，私营公司也是法国奶业的另一大经营主体，其中，达能（Danone）、拉克塔利斯（Lactalis）、保健然（Bongrain）是世界乳企前 20 强公司。此外，还有数以百计的中小型乳品企业。我们所访谈的拉克塔利斯（Lactalis）公司，其经营规模仅次于达能，在法国位居第二位。该公司成立于 1933 年，集奶牛养殖、牧草种植、乳品研发加工、销售于一体，目前与 1.2 万个家庭牧场建立了合同关系，与公司签订合同的家庭牧场平均生产规模为 70 头奶牛左右，在全球 42 个国家建立了 237 个生产基地和加工企业。从 1998 年起，拉克塔利斯公司已经开始向中国提供牛奶、奶油、黄油、天然奶酪和再制奶酪等产品，品牌包括总统 Président，兰特 Lactel、格尔巴尼 Galbani、金章 Société 等，2009 年在上海设立办事处。2017 年，该公司投资 1 亿欧元并购了江苏太子乳业有限公司。

由于合作社公司、私营公司两大阵营的同时存在，为了共同生存和发展，两大阵营之间既有竞争又有合作。两者之间的竞争主要体现在奶源的控制方面，目前双方大致各占法国国内生鲜奶 50% 的市场份额，两者与奶农的经济纽带都是通过合同关系而建立。这就意味着合同期满后，奶农与两大阵营的公

---

① 国内文献中，也译为兰特黎斯。

司之间都有双向选择的机会。因此，两大阵营之间的竞争是不言而喻的。两者之间的合作主要表现在事关行业未来发展前途和命运的重大事项方面，他们必须选择合作。事实上，在应对废除配额制后奶业治理战略和策略方面，两大阵营就合作得非常之紧密。

随着奶业生产配额制于 2015 年的废止，行业管理的行政规则已不再发挥任何作用，取而代之的是乳品企业与家庭牧场之间建立起来的合同制。合同制是经历了 2009 年发生的奶业危机之后，由于市场规律已不能正常发挥作用，法国政府相关部门为稳定国内奶业形势于 2010 年在行业管理主体由公共部门向私营部门交接过程中所采取的重要举措。法国政府根据 2010 年 7 月 27 日起实施的《农业渔业现代化法（2010 - 874 号）》，承诺在 2015 年 4 月 1 日正式废除奶业配额制之前，提前 5 年实行合同制。

事实上，到 2015 年底，几乎所有从事牛奶生产的家庭牧场都与乳品加工商或生鲜奶收购商[①]签订了购销合同，实现了合同制生产（也称订单生产）。从家庭牧场的数量分布看，有 55% 的家庭牧场与合作社公司签订了生鲜奶购销合同，有 40% 的家庭牧场与非合作社或私营乳品加工企业签订了商业性的购销合同，剩下的 5% 家庭牧场尽管还没有与乳品加工商签订购销合同，但也已经与它们建立了联系。值得注意的是，有些向合作社公司出售生鲜奶的非合作社成员家庭牧场，他们与合作社公司签订的购销合同属于一般性的商业合同，即他们不能享受合作社给予合作社成员的各种优惠。从 2016 年起[②]，只有家庭牧场与加工商或生鲜奶收购商之间签订的购销合同才有法律效力。

根据 2010 年政府颁布的关于生鲜奶购销合同行政令中提出的具体规定，生鲜奶购销合同中应含有强制性条款和灵活性条款。强制性条款是签订合同的双方必须遵守的法定条款。灵活性条款是合同双方在具体执行过程中允许有一定弹性的条款。例如，有些条款允许有意写得含糊些，尤其是关于奶价的计算，这样可以给合同双方通过协商解决预留更大空间。还有些条款作为缔约双方的"保留意见"，一旦将来需要便可立即启用。合同双方达成的口头协议不得纳入书面合同内容。书面合同的篇幅可长短不一，有的书面只有十几页纸，有的则含各种附件在内长达百页。强制性条款通常包括合同最短期限、生鲜奶购销数量、如何制定奶价（奶价计算公式要考虑牛奶质量、奖惩等因素）、付款、合同修订、合同终止与续期、重新协商等相关内容。灵活性条款包括合同

---

① 生鲜奶收购商多数情况下与乳品加工商是同一个经营主体，但也有小部分生鲜奶收购商是独立经营主体。

② 2016 年之前的乳品加工商或生鲜奶购销合同分为两类，一类是每个家庭牧场与乳品加工商或生鲜奶收购商之间签订的商业合同，另一类是通过奶农生产者组织代表奶农以讨价还价的方式与乳品加工或生鲜奶收购商先达成合同框架，然后奶农再与乳品加工或生鲜奶收购商签订合同。

双方的附加权限、年轻农场主安置政策、排他性条款、保密性条款、奶农间合同买卖以及优质优价等相关内容。

尽管合同条款很多，但合同制的核心内容其实只有两点：一是量化管控，即每个家庭牧场交售的牛奶量仍按原来的配额数量执行；二是差异计价，即"一场两价"①。我们所访谈的索迪雅合作社是法国最大的乳品加工合作社，该合作社在法国率先建立起被称之为"量价差异化（Differentiated Price/Volume System）"的管理系统。这种计价方法是基于每个家庭牧场原来的生鲜奶生产配额，把每个家庭牧场交售的生鲜奶总量区分为 A 产量和 B 产量，A 产量按占总产量的 90% 计算，B 产量按占总产量的 10% 计算。相应地，索迪雅（Sodiaal）在向家庭牧场支付奶价时，对于 A 产量支付 A 价格，对于 B 产量支付 B 价格。例如，一个年产 50 万升的家庭牧场，A 产量占 90%，即 45 万升，这部分牛奶按 A 价格计价；B 产量占 10%，即 5 万升，这部分牛奶按 B 价格计价。A 价格按国内市场价格计价，B 价格按国际市场价格计价。法国在实施"量价差异化"管理系统过程中，除了执行 A、B 价格外，还有 C 价格。所谓 C 价格，是指乳品公司对于家庭牧场超出合同规定部分的牛奶而支付的价格，C 价格通常低于生产成本。设定 C 价格的目的是不鼓励家庭牧场生产高于合同量的牛奶。需要特别指出的是，除索迪雅合作社公司外，其他合作社公司和私营公司也都采取了类似的做法。

牛奶价格是购销合同中最为敏感的条款，通常是造成奶农与乳品公司之间关系紧张的根源。所以，各乳品企业在确定价格水平和定价周期时要综合考虑自己的产品组合、在不同市场的商业地位、工厂绩效以及利益分享等各种因素。就合作社公司而言，奶价基本取决于加工和营销绩效，而不涉及利益分配问题。定价周期通常为一个月，并由董事会决定，会计年度的年终价格补偿或利润返还也由董事会决定。法国所有的合作社公司都是根据 CNIEL 制定的综合指标计算牛奶收购价格的。A 价格是根据几个综合指标制定的，而且允许生产者与乳品企业之间协商定价。B 价格是根据国际市场的黄油、奶粉价格制定的，几乎不存在生产者与乳品企业之间的价格协商问题。就绝大多数的私营公司而言，他们定价的原则与合作社公司相类似，但价格波动性比合作社公司要大一些。一些中等规模的乳品企业，主要为国内市场生产饮用奶和新鲜乳制品，他们的收购价格时高时低。也有一些大规模乳品企业，他们的产品组合主要面向国际市场，所以它们的收购价格随国际市场价格变化而波动。

① 同一个家庭牧场生产的同批次牛奶，乳品公司收购时按 A、B 两种价格计价。

3.3　法国奶业基本实现了平稳过渡

通过以上的介绍不难看出，在欧盟取消奶业生产配额制后，法国并没有立即跟进，而是继续沿用了原来的配额制管理办法，只是在名义上不再称之为"配额制"而已。但是，法国在牛奶计价方法上进行了创新。在访谈过程中，我们特意向索迪雅（Sodiaal）公司咨询了他们设计的A、B价格体系出于何种考虑。索迪雅（Sodiaal）公司解释说，他们预计欧盟取消奶业生产配额后，会增加国际市场供给，并由此引发奶业市场价格波动。为了避免过渡期内国际市场价格波动给国内市场造成重大冲击，他们设计出了"量价差异化"管理系统。他们之所以延续奶业生产配额制的做法主要是为了防止国内市场供给过剩而引发奶价大幅波动，进而对家庭牧场的正常运转产生冲击。供给稳了，价格也就稳了，家庭牧场经营也就稳了。至于索迪雅（Sodiaal）公司实施的A、B价格体系，他们解释说，这个价格体系既可以保护合作社成员免受国际市场奶价大起大落带来的不利影响，又可以保障合作社成员在国际市场价格高涨时能够分享到一定红利。

在奶业生产配额制取消后，由于法国实施了"量价差异化"管理系统，因而减轻了由于国际奶价的大幅波动对国内奶业造成的冲击程度，有效地帮助法国奶农渡过了难关，基本实现了由配额制向非配额制的平稳过渡。这主要体现在以下几个方面：第一，国内奶业生产基本稳定。根据法国畜牧研究所提供的最新统计数据，2015年法国牛奶总产量2 500万吨，成母牛存栏量为370万头；2016年法国牛奶总产量2 470万吨，成母牛存栏量为380万头，牛奶总产量比2015年略有下降，但成母牛存栏量比2015年有所增长。第二，奶农总体上处于盈利状态。根据特利斯卡利亚（Triskalia）合作社提供的数据，其下属的莱塔（Laita）奶业合作社，2016年家庭牧场的平均生产成本为每吨330欧元，而莱塔（Laita）奶业合作社支付给家庭牧场的平均A价格为340欧元。也就是说，该合作社的家庭牧场处于微利经营状态。第三，有些家庭牧场取得了良好的经济效益。例如，我们所访谈的贝克顿牧场。该牧场生产有机奶，饲养50头成母牛，全年生产牛奶25万升。牛奶的生产成本为每吨340欧元，生产的牛奶全部卖给拉克塔利斯（Lactalis）公司，公司对有机奶收购价格为每吨456欧元，每吨奶获得的毛利润为116欧元。

法国的奶牛养殖业虽然全国各地都有分布，但主要集中在西部和北部以及东部山区。西部和北部生产的牛奶占全国的45%，东部山区占21%。法国奶农养殖的奶牛品种也呈现出多元化的倾向，其中，荷斯坦占66%，蒙贝利亚占17%，诺曼底占10%，其他品种占7%。法国的奶牛养殖业如同欧盟其他成员国一样，走的是以家庭牧场为经营主体的发展道路，农场主既养牛又经营土地，采取种养结合的养殖模式。家庭牧场的养殖规模都不大，按成母牛计算，大约一半的家庭牧场养殖规模为40~80头，平均规模57头，每个牧场的平均产奶量为379吨。养殖规模超过100头的被视为大牧场，大牧场占家庭牧场总量的10%，奶牛存栏和奶牛产量分别占全国总量的20%。法国政府并不鼓励发展大规模家庭牧场，所以产业扶持政策尽量向中小规模的家庭牧场倾斜。政府把对家庭牧场的补贴标准设定为成母牛50头，小于50头的按实际养殖规模补贴，大于50头的超过部分不予补贴。

法国家庭牧场的经营规模经历了不断成长和扩大的过程。根据法国畜牧研究所提供的数据，按饲养的成母牛存栏头数计算，每个家庭牧场的平均规模1983年为17头，1990年为23头，2000年为35头，2010年为49头，2016年为57头。2016年法国家庭牧场经营规模的分布情况是，24%的家庭牧场养殖规模为5~29头，养殖的奶牛头数占全国总存栏量的7%；26%的家庭牧场养殖规模为30~49头，养殖的奶牛头数占全国总存栏量的19%；24%的家庭牧场养殖规模为50~69头，养殖的奶牛头数占全国总存栏量的26%；17%的家庭牧场养殖规模为70~99头，养殖的奶牛头数占全国总存栏量的26%；9%的家庭牧场养殖规模大于100头，养殖的奶牛头数占全国总存栏量的22%。

法国乳制品加工业在欧盟成员国中也同样占有重要地位。根据法国奶业组织CNIEL提供的2015年统计数据，2015年法国乳制品加工业的总营业额为260亿欧元。全国有大小规模不等的加工企业600多家，其中，世界乳制品加工前20强的企业中，法国占据4席，这四家公司分别是位居第二的达能（Danone）、位居第四的拉克塔利斯（Lactalis）、位居第十四的索迪雅（Sodiaal）和位居第十七的保健然（Bongrain）。不难看出，在企业规模方面，法国的乳制品加工企业是以中小型加工企业数量居多。法国乳品加工企业按所有制性质划分，可分为合作社公司和私营公司两大类，上述四家公司中，索迪雅属于合作社公司，其他三家均属于私营公司。

法国的合作社公司和私营公司在推动国内奶业发展方面扮演着不同角色。索迪雅（Sodiaal）公司接待我们的人员认为，合作社公司是奶农的互助组织，合作社的宗旨是为奶农谋利益，既要把奶农生产的产品销售出去，又要帮助奶农赚钱，因此，合作社公司要立足于本土发展。而拉克塔利斯（Lactalis）公司接待我们的人员认为，私营公司的宗旨是为股东追求投资回报，因此，怎么能挣钱就怎么发展，哪里能挣钱就去哪里发展，资本要跟着利润走。目前，拉克塔利斯（Lactalis）公司除了与1.2万个奶农建立了合同关系之外，同时也在奋力开拓国际市场。在市场开拓方面，索迪雅（Sodiaal）公司基本上以满足国内市场为主，而拉克塔利斯（Lactalis）公司则主要瞄准海外市场，并且在 42 个国家建立了 237 个生产基地和加工企业。

　　法国乳制品加工行业生产的乳制品品种非常丰富，但可简单地归为液态奶和干乳制品两大类。法国生产的液态奶 95% 是常温奶（超高温灭菌奶），低温奶（巴氏杀菌奶）只占液态奶总产量的 5%。常温奶的 90% 供应国内市场，另外的 10% 供应国际市场，包括中国市场。在干乳制品方面，法国传统优势在于奶酪生产，实际上法国是欧洲第一大奶酪生产国。根据 CNIEL 提供的资料介绍，法国生产的奶酪品种多达 1 000 多个。法国的奶酪生产既有大规模的工厂化现代工艺，又有小规模的作坊式的传统工艺。由于法国在乳制品加工行业实施了原产地保护制度，使得一些以传统方式生产的、具有地方或家族特色的奶酪企业得以生存和发展。

4　法国奶业家庭牧场的传承与发展及调研后的思考

——法国贝克顿家庭牧场案例调研报告*

□ 姚　梅

2017年9月初，国家奶牛产业技术体系产业经济研究室调研组对法国奶业进行了深度调研。调研期间，调研组获得了一次非常难得的机会：走进了贝克顿先生经营的家庭牧场，并受到贝克顿夫妇的热情接待。调研组花费了大半天的时间与贝克顿夫妇进行了面对面的深入访谈。本研究是基于这次访谈收集到的比较翔实的第一手资料整理而成。需要指出的是，贝克顿牧场是法国6万多个家庭牧场中的一个典型案例，窥一斑而知全豹，我们期待广大读者可以透过贝克顿牧场这一案例，窥视法国的一般家庭牧场。

4.1　贝克顿家庭牧场发展概况

贝克顿家庭牧场位于雷恩市，即法国西北部的奶业之乡布列塔尼大区。雷恩市经济发达，特别是在农业、畜牧业、渔业和机械制造业等方面都拥有较强实力。在畜牧业经济方面，雷恩市最具有影响力的一项活动就是每年一次的畜牧业国际博览会。雷恩市也是法国最重要的奶业生产基地之一。无论是雷恩市还是整个法国，奶牛养殖业的经营主体都是清一色的家庭牧场，大规模的工厂化养殖牧场基本无处可寻。根据法国奶业组织 CNIEL 提供的 2015 年统计数据，法国全国有 6.5 万个家庭牧场，其中，按成母牛计算养殖规模在 40 头与 80 头之间的家庭牧场居多。贝克顿先生所经营的家庭牧场与法国的大部分奶牛场经营模式一样，是家庭饲养模式，其养殖规模为 50 头成母牛。由此可见，我们所访谈的贝克顿家庭牧场只是法国众多家庭牧场中的一个代表。

* 原载于《中国乳业》2018年第3期。2017年9月6—14日，国家奶牛产业技术体系产业经济研究室一行6人赴法国对法国奶业开展调研，本研究是此次调研所形成的系列调研报告之一。参加本次调研的成员有刘玉满、刘长全、乔光华、李静、苑鹏和姚梅。本章执笔姚梅。

　　农场主贝克顿先生的家庭是一个 4 口之家，他的妻子叫希拉尔，在距离农场 15 公里左右的一家医院工作。他们有一双儿女，儿子 27 岁，在雷恩市农机贸易部门工作，女儿 18 岁，在大学读法律专业。目前，牧场养殖了 50 头成母牛和 60 头后备牛及小犊牛。这是一个典型的家庭牧场，家庭拥有农场产权，家庭成员是农场的主要劳动力，基本没有雇工。贝克顿先生对家庭牧场的运营管理等方面负全责，所经营的奶牛养殖收入为家庭的主要收入来源。奶牛养殖采用放牧与舍饲相结合的养殖方式，春夏秋三季多采用草地围栏放牧，在放牧草地建设人工水渠或人造水箱供奶牛饮水之用。放牧时节为 2 月至第二年 10 月，放牧期间可以根据牛的采食量情况进行适当补饲。舍饲时间为 11 月至第二年 1 月，舍饲期间除了饲喂牧草也要补饲配合饲料。

　　实行种养结合的养殖模式是法国家庭牧场的通常做法，贝克顿先生所经营的家庭牧场也不例外。除了养殖奶牛，贝克顿先生还经营着 50 公顷土地，平均每头成母牛拥有 1 公顷土地。在他经营的 50 公顷土地中，有 7 公顷属于自有产权，另外的 43 公顷是租种别人的土地。租用土地的合同期限是 9 年，到期后可以续租（除非土地所有者自己或者他的后代要自己开发这土地，不再续租）。土地的租金为 170 欧元/公顷，土地租用价格由国家决定，土地所有者不能自主决定土地租金高低。国家允许土地租金每年有一定的上涨，但上涨幅度不得超过 1%。贝克顿先生所经营的 50 公顷土地分布在两个不同位置，A 地块 28 公顷，位于牧场周边，B 地块 22 公顷，距牧场 7 公里之外。50 公顷土地全部用于种植牧草，牧草的播种、施肥、收割、晾晒、堆集等环节完全实行机械化作业。在放牧季节，贝克顿先生根据草地面积及牧草生长情况实行分区轮牧。一般情况下，在牧草长至十多厘米左右时开始放牧。在放牧的同时，贝克顿先生还需要对草地进行维护和保养，主要是施肥和补种，但不需要灌溉。

　　贝克顿先生经营的牧场生产有机奶，50 头成母牛全年生产牛奶 25 万升。每千升的牛奶生产成本为 340 欧元，成本构成包括饲料费用、后备牛更新费用、兽医药费用、社会分摊费用，也包括折旧，但不含人工费用，因为没有雇用人力。生产的牛奶全部卖给拉克塔利斯公司（Lactalis），公司负责上门收集牛奶，每三天收集一次。目前，公司的有机奶收购价格为每千升 456 欧元。该公司与贝克顿牧场签订合同，合同期为 5 年。合同期内，贝克顿牧场生产的牛奶必须交售给拉克塔利斯公司。合同期满后，贝克顿先生可以跳出合同，选择与其他公司合作，但这需要提前 12 个月告知拉克塔利斯公司。

　　按照目前的市场价格，一头泌乳牛的市场售价为 1 500～1 700 欧元，一头淘汰牛的市场售价为 800～900 欧元。按成母牛计算，目前该牧场奶牛平均单产只有 5 吨，奶牛单产水平低的主要原因是奶牛只在放牧季节产奶，泌乳期只有 9 个月。另一方面，贝克顿先生表示，在他的经营理念中，他并不追求奶牛高产性能，而是追求牛群的健康、长寿和控制生产成本，进而取得最佳经济效益。因此，他的牛群很少生病，牛的生产寿命也较长。在过去的四年里，他的牛群只有 3 例乳房炎发生，较同类牧场的十几例乳房炎发病数要低好多。事实上，从成本收益上看，每头成母牛每年取得的毛利润为 580 欧元。

4.2 贝克顿家庭牧场的传承

如同其他绝大多数家庭牧场一样，贝克顿牧场是一个世代传承的家庭牧场。据贝克顿先生介绍，牧场的最初建设时间是 1903 年，经过几代人的传承，牧场到 2017 年已经 114 岁了。贝克顿先生是 1994 年从父母手中接过牧场的，已经经营了 23 年。在贝克顿先生看来，家庭牧场不仅仅是一种谋生手段，而且是家族事业、家族文化和家族精神得以延续的一种载体。因此，经营家庭牧场的每一代人在追求上，都更注重牧场的长远发展并且兼顾当前利益，最大限度地做到经济上和生态上的可持续发展。传承性成为这个家庭牧场的一个支点，在过去的一个多世纪的时间里，贝克顿家族不舍不弃地经营和发展着这个牧场，使这个家庭牧场成为其家族延续的一个符号。

现如今，贝克顿先生已经 52 岁，也已到了天命之年。根据法国的相关规定，农场主 62 岁可以退休。退休后可领取退休金，最低每月 480 欧元。因农场主还有农场作为保障，所以农场主领取的退休金要低于产业工人。当然，对于农场主来说，退与不退，决策权掌握在他们自己手中。贝克顿先生介绍说，他要像父辈们一样把家庭牧场传承下去。在法国，家庭牧场的传承对于家庭中年轻一代的男性成员来说是一种自然结果，是一种使命，也是一种默契。但是，这种传承不是墨守成规，而是在传承中改变和发展。贝克顿先生十分欣慰地告诉我们，他的儿子已经答应自愿接班，并将于 2018 年 1 月辞去现有工作，回来和父亲一起经营家庭牧场。儿子加入进来之后，贝克顿要将牧场股份的相当一部分转给儿子。同时，牧场也要更名。在法国，家庭牧场的继承方式多数情况下是子女花钱从父辈那里买下牧场，贝克顿先生也是以购买的方式从他父母手里接过家庭牧场的。子女继承牧场，只缴纳一些交接过程中所需要的手续费，政府不征收财产继承税费，免增值税。

贝克顿先生的儿子在大学里学的是农业，儿子的农业专业选择可以说为进入家族企业和担当经营责任做好了准备。据介绍，法国特别重视农业教育，重视对新农场主的培养，从事农业技术教育的机构众多。其农业教育体系由高等农业教育、中等农业职业技术教育和农民职业教育三个部分组成。这三个部分相互补充、紧密衔接，分别为社会培养高级技术人员、各类农业工程师、行政官员、农业院校教师、经营者或生产者。法国农业教育体系最大的特点是重视实用性，教学过程中重视理论与实践的结合，教学场所能够从课堂扩展到农场，使学生可以较早地接触农业及食品生产领域。

　　法国家庭牧场的传承与政府的重视也是分不开的，政府的政策扶持对于对家庭牧场的传承也起到了激励作用。贝克顿先生介绍说，儿子作为青年人留在农村发展，得到法国政府的安置费 2 万欧元。事实上，每个 40 岁之前的年轻人到农村发展都可以得到这笔补助。补助的目的是为了让年轻人安心在农村中就业，在农场中发展。除此之外，贝克顿先生的家庭牧场还可享受到牛奶生产补贴。根据欧盟现行的农业补贴政策，对牛奶生产没有直接补贴，但是有对于用于奶牛养殖配套的土地进行补贴，补贴标准为每年每公顷 250 欧元。由于贝克顿牧场从事有机牛奶生产，因此，贝克顿牧场又得到每公顷土地 100 欧元的额外补贴。需要说明的是，欧盟对奶牛养殖用地的补贴直接发放给从事奶牛养殖业的家庭牧场，这项补贴不与土地所有者挂钩。

4.3　贝克顿家庭牧场的发展

　　由于市场需求的拉动，有机牛奶市场份额不断扩大，呈现出供不应求的发展态势。贝克顿先生通过细心观察发现了生产有机牛奶的市场商机，于是，牧场从 2008 年开始了由原来生产普通牛奶向生产有机牛奶的转换。法国对有机牛奶生产实行严格的认证制度，贝克顿先生从全国十几家认证机构中选取了一家为自己的牧场进行认证。根据欧盟的相关规定，牧场从生产普通牛奶向生产有机牛奶转变需要两年的转换期，转换期内草地生产和牧场管理要严格按照有机要求进行，生产的牛奶仍按普通牛奶进行销售。转换期结束后，牧场除了接受每年一次的重新认证外，还要接受各种相关的不定期检查。在繁殖方面，提倡奶牛自然繁育，允许人工授精，但是不能使用胚胎移植技术和基因工程等相关技术，禁止使用激素控制奶牛的生殖行为。事实上，贝克顿牧场从 20 世纪 60 年代就开始应用人工授精技术，但并不是由农场主自己操作，而是由奶牛配种、人工授精合作社负责完成，而且没有政府补贴。对于人工授精未孕的个体实现本交配种。

　　贝克顿先生认为，从普通牧场向有机牧场转换这个决策是明智之举，他是一个受益者。因为欧盟各国取消配额后，国际市场出现了牛奶供过于求的情况，普通牛奶价格下跌，很多生产普通牛奶的家庭牧场面临着经营压力。而目前有机牛奶市场需求旺盛，供不应求，价格稳定，他的牧场避免了普通牛奶市场价格波动的影响。而且，有机牛奶价格还可以随着牛奶质量指标的提高而相应提高。为了提高有机牛奶的品质，贝克顿先生选择了养殖诺曼底这个品种。

贝克顿牧场生产的有机牛奶品质的主要指标：乳蛋白 3.2%，乳脂肪 3.8%，菌落数 5 万以下。拉克塔利斯公司为了鼓励牧场生产好奶，对于高于基础指标的部分实行加价奖励，乳蛋白每提高 0.1 个百分点，奶价相应提高 6 欧元/吨，反之降低；乳脂肪提高 0.1 个百分点，奶价相应提高 2 欧元/吨，反之降低。

贝克顿先生坦言，从普通牧场向有机牧场转换既有压力又有风险，压力来自牧场生产成本的上升。由于有机牧草和饲料在生产过程中不允许使用农药、化肥等，其产量仅能达到常规生产的 80%，因而相应地增加了牛奶的生产成本。风险来自贝克顿牧场周边那些从事非有机牛奶生产的邻居们，一旦这些邻居使用的农药、化肥污染了贝克顿牧场，他将失去有机牛奶生产资格，由此造成的损失首先要由贝克顿先生来承担，他要挽回这种损失需要走复杂的法律诉讼程序。如果有机牛奶生产者主观上故意作假，不仅有机认证资格会被吊销，还要受到刑事追究，后果相当严重。根据自己的转换经历，贝克顿先生建议那些计划转换的奶农要尽量提早做好各项准备工作，包括能够容忍低产的思想准备。

贝克顿先生介绍说，他于 2013 年花费了 12 万欧元购买了一台机器人挤奶装置，在当地率先实现了挤奶自动化。有了机器人挤奶系统，不再需要固定挤奶时间了，每头奶牛可根据自己需要自动上位挤奶，实现了牛群全天候自由挤奶。这台机器人挤奶装置每天可挤奶牛 65 头，有效地提高了挤奶的劳动效率，可以降低 75% 的人力成本。不仅如此，机器人挤奶系统还可使奶牛产奶量提高 10%。

在法国，家庭牧场生产规模的扩大受到劳动力、土地、资本等生产要素的制约。随着儿子即将回归牧场，家庭牧场劳动力供给增加了，所以贝克顿先生计划扩大牧场经营规模，把成母牛扩群至 80 头，把产奶量增加至 40 万升。贝克顿先生介绍说，资本要素并不是影响牧场扩大经营规模的主要障碍，得到银行贷款比较容易，而且目前贷款利率很低，还款期限分为 5 年、7 年、12 年、15 年，他可以自己根据需求情况而定，政府和银行对牧场贷款无特殊优惠。最让他受到制约的是土地要素，由于政府对环境监管方面非常严格，在牧场的粪污处理方面他必须谨慎对待。根据规定，液体粪污储存最多不超过 4 个月，固体粪污储存最多不超过 2 个月，而且每公顷的氮施入量不得超过 170 千克。牧场目前采用漏缝地板清粪工艺，地下设有储便池，粪尿能从漏缝地板漏下去，经 6 个月堆肥处理后还田。既节约了粪污处理成本，又实现了种养良性循环。贝克顿牧场目前的 50 公顷土地只能饲养 50 头成母牛。如果牧场要扩大经营规模，贝克顿先生必须找到额外的 30 公顷土地。但截至调研时，这额外的 30 公顷土地还没有着落。

4.4　贝克顿家庭牧场调研后的思考

贝克顿家庭牧场只是法国数以万计家庭牧场中的一个典型案例。如果把贝克顿家庭牧场看作是一只麻雀，那么，这个案例的调研就是对这只麻雀进行了解剖。通过解剖贝克顿家庭牧场的典型案例，给正在转型升级过程中的中国奶业留下一些重要思考和启示。

第一，家庭牧场可以实现适度规模经营。关于适度规模经营问题业界已有很多讨论，许多学者、官员给出的定义也各有不同。贝克顿家庭牧场扩大经营规模的过程使我们从实践上更加明晰了什么是适度规模经营。所谓适度规模经营，就是在现有生产要素约束条件下，能够实现经营利润最大化的经营规模。贝克顿家庭牧场经营规模扩张的前提条件是劳动力、土地、资金、技术等要素的供给需要得到基本保障，而且这些要素的供给水平应与牧场经营规模相匹配。现在回过头来看我国的所谓的"规模化牧场"，难有几家真正做到了自己支配的生产要素资源与牧场经营规模相匹配。离开了生产要素约束条件，适度规模经营就无从谈起。因此，不能把奶牛养殖业的转型升级简单地理解为规模化，更不能把规模化简单地理解为规模越大越好。更准确地说，我国奶牛养殖业的规模化是在人力资本和土地要素没有得到充分满足的条件下而进行的盲目扩张，其结果是造成了大量的规模化牧场规模不经济。这也解释了为什么近些年来我国奶牛养殖业的规模化占比越来越高、养殖规模越来越大，但是，奶业国际竞争力却变得越来越低。

第二，家庭牧场可以生产安全放心的牛奶。贝克顿家庭牧场的存在和发展已经有100多年的历史，经过几代人的传承发展到今天的程度。这说明家庭牧场的培育和发展需要一个历史过程。养殖经验的积累、知识和技术的补充更新、牧场文化的沉淀，都需要这样一个历史过程。因此，发展家庭牧场没有捷径可走，不能搞运动，不能搞突击，不能"大跃进"。另一方面，贝克顿家庭牧场从普通牛奶生产向有机牛奶生产转换的经历清楚地告诉我们一个事实，一杯合格的牛奶、一杯放心的牛奶、一杯有机牛奶是靠对产业的热爱、靠对消费者的诚信、靠严格的管理生产出来的，并不必然与生产规模成正比。再回想一下，2008年"三聚氰胺"事件发生后，我国有多少潜在的家庭牧场、中小养殖企业被无辜地淘汰出局？并由此给养殖户、给奶牛产业、给国家造成难以估量的损失。

第三，家庭牧场可以实现生态循环养殖。种养结合既是贝克顿家庭牧场的基本做法，也是法国家庭牧场的普遍做法。这充分说明，发展奶牛养殖业必须要实行种养结合。家庭牧场实行种养结合有以下好处：一是有利于家庭内部劳动力资源和劳动力时间的合理配置，养殖业劳动和种植业劳动也可以错时进行；二是有利于节约养殖生产成本，饲草、饲料的自产自用，既可保证廉价供应又保证质量和安全；三是有利于家庭牧场实现种植业和养殖业的良性循环，养殖业为种植业提供肥料，种植业为养殖业提供饲草饲料，同时还可以减轻养殖业引起的环境污染压力。当前，我国奶牛养殖业存在的重大缺陷就是种养分离。种养分离不仅推高了养殖成本，而且造成粪污处理难度加大，养殖规模越大带来的环境污染风险就越高。因此，今后政府应把对奶业扶持政策的重点放在如何解决奶牛养殖业用地方面，应鼓励和扶持种养结合的养殖模式，同时各级土地管理部门要相应做好配套服务。

第四，家庭牧场可以实现奶牛养殖业现代化。贝克顿家庭牧场养了 50 头成母牛，即便是按照法国家庭牧场的规模标准，它的养殖规模也只能算是居中。但是，贝克顿家庭牧场从 2013 年购买了挤奶机器人，全部泌乳牛都利用机器人挤奶。当然，该牧场还有其他设施设备，只是本章未予提及。总之，无论是按照法国标准还是按照中国标准，贝克顿家庭牧场都称得上是一个现代化的养殖场。这说明家庭牧场可以成为奶牛养殖业现代化的有效载体，一个养殖场的现代化程度需要有一个适度的规模，但并不必然与生产规模成正比。这就意味着我国在促进奶牛养殖业现代化进程中，应处理好规模化与现代化的辩证关系，不是小规模经营就不能实现现代化，也不是规模越大就越容易实现现代化。奶牛养殖业现代化必须要把适度规模经营作为前提条件，离开了适度规模经营，奶牛养殖业现代化的目标就难以真正实现。

5 农民专业合作社可持续发展的组织模式探索

——法国最大奶农合作社索迪雅（Sodiaal）案例分析[*]

□ 苑 鹏

2017 年 9 月，由中国社会科学院农村发展研究所研究人员和国家奶业产业体系专家组成的访问团一行六人，应法国畜牧研究所的邀请，对法国进行了为期十天的奶业考察，其中重要的一站是访问全法最大的奶业合作社索迪雅（Sodiaal）。通过对索迪雅合作社的案例解剖，访问团深切感到，法国奶业之所以在百余年来始终坚持适度规模、奶农自营的家庭牧场生产方式导向，与法国拥有各类发达的奶农生产者组织，尤其是强大的奶农合作社做后盾关系密切。合作社为奶农架起了生产与市场的桥梁，成为市场竞争中的有效标尺，促进奶农提升产品价值，保护奶农的经济利益。索迪雅的发展经验对我国践行十九大报告提出的"坚持以人民为中心"的发展理念，加快推进农业现代化，构建现代农业产业体系、生产体系、经营体系，实现小农户与现代农业的有机衔接具有重要的参考价值。

5.1 拥有共同价值观的航母型奶农互助组织

索迪雅奶农合作社成立于 20 世纪 30 年代，1964 年通过与其他几家区域性的奶农合作社合并而成。2011 年，索迪雅收购了欧洲大型乳业集团爱特蒙联盟集团（Entremont Alliance），成为少数世界级的乳品领导型企业。

截止到 2016 年底，索迪雅拥有 2 万个成员，1.25 万个家庭牧场，奶农的

　　* 国家奶业产业体系法国访问团团长刘长全，成员刘玉满、乔光华、李静、姚梅、苑鹏。本章为国家奶业产业体系研究成果，国家自然基金农林经济管理学科群重点项目"农业产业组织体系与农民合作社发展"（项目批准号：71333011）阶段性成果。

平均生产规模在 50～60 头奶牛[①]，年产 471 万吨鲜奶，每个牧场的平均年产奶为 376 吨，与 2015 年基本持平[②]。索迪雅的收奶点遍布 70 个省，建有 70 个原料奶加工点，雇用了 9 100 个雇员。拥有的各类国际性品牌超过 20 个，涉及酸奶、有机牛奶、奶酪奶粉等产品领域，是法国第一大有机鲜奶、大婴儿及儿童牛奶以及冷冻糕点及餐饮食品的运营商。2016 年，索迪雅的干奶酪产量 39.3 万吨，销售额 20 亿欧元，法国市场占有率达到 31％；液态奶产量 146 万吨，营业额达到 12.3 亿元，成为法国液态奶市场的领导者；黄油产量 10 万吨，营业额 3.16 亿欧元，法国市场排名第二；此外，索迪雅生产的脱盐乳清全球市场占有率约为 33％，是世界脱盐乳清粉和颗粒奶粉市场的领导者。2016 年，合作社经营总利润达到 1.22 亿欧元。

作为法国最大的奶业合作社，索迪雅成员是来自全法不同地域的奶农，生产规模大小不一，特别是在合作社通过合并、兼并实现快速扩张后，成员异质性明显增强。为继续保持成员之间团结互助、集体联合行动的组织优势，索迪雅比以往任何时候都高度重视文化建设，培养奶农的共同价值观。合作社提出团结、互助、平等、公平的成员共享的价值准则，将成员的团结一致视为是合作社行动的基础。落实在具体实践中，一是在合作社成员代表大会上，无论是拥有一百万升鲜奶加工量的大农场，还是加工量仅有几万升的小农场，权利平等，一人一票；二是在成员参与方面，通过及时调整成员股权制度、收益分配制度，完善公平原则；三是在合作社的经营中，无论成员地处何处，始终坚持按照相同的运输费用收取成员原料奶，以强化成员的互助合作精神。

5.2 恪守为奶农服务、奶农利益放在第一位的组织宗旨

在访问索迪雅时介绍人强调指出，在奶业领域，虽然合作社与私人企业有着同样的追求利润最大化的愿景，合作社在市场中的经营行为与私人企业并无二样，但是组织目标完全不同，私人企业是给股东谋利益，而合作社是给奶农谋利益，因为农民是合作社的股东。具体体现在合作社的纯收益分配上，合作社与公司不同，它是按照成员提交给合作社的原料奶数量和成员按照收入规模比例缴纳的股金两种方式向成员支付红利。根据合作社成员大会通过的分配原则规定，合作社的纯收入分配按照三分之一的比例分别用于扩大再生产、按交易额返还与按股分配。

---

① 在法国，奶农生产规模以 50 头为限，划分为大农场（高于此规模）和小农场。此牧场规模的确定主要以保障牧场奶牛的主饲料自给为参照指标，即养殖规模与牧场饲料地挂钩。

② 合作社认为追求奶牛高产带来的是高（发）病（率）、短寿。

需要特别指出的是，合作社成员缴纳的股金与私人企业股东的股金出资有着本质不同，成员股金缴纳通常不是根据个人的投资意愿自愿缴纳，而是基于成员利用合作社服务的规模或程度按比例缴纳，既是成员的权利，更是成员的义务，是成员参与合作社的重要形式。索迪雅规定，按照成员入社当年纯收入的10%缴纳股金，这是取得成员资格的必要条件。因此，合作社的按股分配可以视为是合作社向成员间接返还交易额的一种形式。并且，如果成员自愿申请退社，合作社需要按照成员当时入股的股金原值退还给成员。它完全不同于公司制下的股东出资，尽管股东也是根据公司章程的规定出资，但出资额大小与股东参与公司业务的程度没有必然联系。相反，股东在公司中的参与度通常是其出资大小的"果"，而不是"因"。而且股东不可以退股，只能在其他股东同意的情况下，转让其出资。

访问期间，无论是在索迪雅总部与其国际合作部的雇员交流，还是赴2017年法国SPACE国际畜产品展会索迪雅的展台与其技术服务部的雇员交流，我们都深深感到合作社与公司组织目标的本质不同，体现在经营理念上两者存在着明显的差异。我们随机访问的4名雇员来索迪雅之前都曾在私人公司任职，他们表示，尽管公司与合作社同职位的薪资水平相差无几，但是合作社中工作，主题词是"奶农—生产者"，奶农的利益是第一位的。作为合作社的雇员，要始终保持与奶农的密切联系，一切重大经营决策要与奶农代表沟通、商量，同时要经常下基层，为奶农提供技术和信息服务，收集奶农的意见和新需求，掌握奶农的发展新动向，特别是在目前奶业的艰难时代，在奶农对未来普遍信心不足的情况下，更需要强调关注、关心奶农。而在公司，所有的经营是要围绕保证股东的高投资回报，不需要与生产者保持紧密联系。他们认为，与合作社相比，公司管理相对容易得多，但合作社更像一个温暖的大家庭。[1]

5.3　探索以消费者为核心、以保障奶农收益为目标的可持续扩张模式

为保障奶农生产经营的长期稳定性，实现奶农利益的最大化，索迪雅合作社集团根据外部环境的变化，不断探索组织的可持续发展模式。针对近年来欧盟取消牛奶配额，市场竞争空前激烈，奶价跌入谷底，奶农遭遇严冬期，索迪

---

[1]　访问团在对一户家庭牧场的访问中，也间接验证了这一点。该农场主选择了"公司+农户"的模式进入市场，他表示之所以没有加入合作社，是因为不喜欢合作社哲学，什么事情都要大家讨论决定，七嘴八舌、耽误时间，他更喜欢由一个能干的人说了算。

雅判断奶业市场供求关系的不平衡正在和将会带来长期的影响，为此，索迪雅实行控制价格波动策略和收入稳定战略，以保障成员收益。并且，索迪雅未雨绸缪，早在 2016 年，就全面完成了 2020 战略性规划，提出了要成为一个专业型的盈利增长性牛奶企业的发展愿景，强调有质量地发展。具体的，在 R&D 方面增大投入，以保持国内市场的产量规模，并积极扩大国际市场，为奶农的原料奶提供更多的营销渠道。

5.3.1 启动以消费者为核心的市场扩张战略

索迪雅判断，在欧洲奶业进入后配额时代后，消费者的需求将更加快速变化，向着个性化、特定化的专业品变化，并前所未有地希望与奶农生产者互动，了解更多的生产知识，生产信息透明，为此，索迪雅认为，合作社需要比以往任何时候更强化与消费者的紧密联系，只有敏捷、睿智地适应消费者的需要，更加将消费者置于核心位置，才能创造出自己所需要的价值。针对消费者最关注的产品品质、营养与安全，索迪雅全面推行全产业链的标准化，具体的，从牧场建设、奶牛饲养的标准化，到运输、加工的标准化，再到制成品的标准化，从牛栏到餐桌，不放过每一个环节和细节，如牧场、运输车、工人工服等实行统一标识。

索迪雅提出"三步走"战略，第一步从基础生产环节做起，全面推行最佳饲养规范范式，要求每个奶农都参与进来。具体包括耳标化、健康跟踪、饲料标准化、奶质量监测、改善动物福利、进一步减少碳排放，畜群达到生态足迹（密度）要求等，通过全面推行生产设施建设、饲养、生产、加工、运输、销售等全产业链的标准化，索迪雅引入了低碳牧场生产模式，并提出到 2025 年，减少牧场温室气体排放 20%。发挥合作社的优势，以更好的标准提升产品的市场范围，实现"为客户提供不一样的产品"战略转变的第二步走目标。据介绍，2016 年与 2015 年相比，索迪雅的牛奶质量有了较明显提升，其中脂肪含量从 40.92 克/升提升到 41.42 克/升，蛋白含量从 32.91 克/升提高到 32.98克/升，奶质安全指标也得到全面改善。在专业化扩展的新发展战略下，索迪雅引入价值导向（"Value-Oriented"）的发展路径，以基础产品的定价水平具有全球市场竞争力为发力点，实现提高合作社营利能力的目标。索迪雅通过产业投资计划，实施多个项目拓展国际市场，2016 年总投资达到 1 亿欧元，包括与中国的圣元合作。由于欧盟各国在后配额时代采取不同的奶业政策，一些国家如德国、荷兰等国鼓励奶农生产更多的原料奶，带来了奶业市场更大的变数，而互联网时代进一步加剧了市场的竞争。为此，索迪雅通过与亚洲、非洲、拉美市场合作，开发新市场，以保持合作社始终有效率，最终实现增进奶农成员利益的第三步目标。索迪雅预测到 2020 年，全球牛奶消费量会增长

10％，索迪雅将成为促进这种增长的一支重要力量，在未来乳制品行业扮演重要角色。

5.3.2　不断改进原料奶收购价格机制，有效发挥合作社在竞争中的市场标尺作用

早在 2012 年，索迪雅就很有预见性地建立了 A、B 价格系统，对成员交售原料奶实行定额管理制度，控制原料奶的生产规模，以期平稳市场奶价。以成员提交的平均产量 500 000 升为参照，索迪雅按照 A 价格支付 450 000 升，A 价格与国内市场挂钩，因为索迪雅的产品市场主要在法国本土，约占其总量的 70％，因国内市场消费需求稳定，奶价也相对稳定，平均在 0.32 欧元/升左右，另外的 5 000 升按照 B 价格支付，B 价格与国际市场价格挂钩，主要参照欧盟主产国德国，波动较大，为 0.20～0.40 欧元/升。

据索迪雅介绍，成员的成本价在 0.25～0.27 欧元/升。2015 年 4 月，索迪雅实施与成员签订供奶合同以来，稳定了成员的生产规模总量。如果成员计划扩大生产规模，需向理事会申请，并经其批准，可以按照最高 1％的幅度调整交奶量。2016 年受市场冲击，索迪雅的原料奶价收购价格明显下跌，A 价格均价是 282 欧元/千升，B 价格是 216 欧元/千升。分别比上年下跌 26 欧元/千升和 13 欧元/千升。为维护成员利益，2017 年索迪雅启动了新的、更加复杂的奶价计算公式，将收奶量与合作社的鲜奶出口量联系起来，以尽可能地稳定奶价。据索迪雅介绍，2018 年将在成员中间全面推行新的奶价制度，以平衡奶源，确保奶农的收入水平稳定。

索迪雅原料奶定价机制的不断完善，不仅对于国内的其他竞争对手，尤其是市场份额排名在前的私人公司的原料奶收购价制定发挥了重要的市场标尺作用，而且对于保持法国与欧盟主要出口国（如德国）的竞争领先地位发挥了重要的稳定器作用。访问团在对法国奶业第一大巨头 Lactalis 公司集团营销人员的访谈中了解到，他们收购奶的价格以索迪雅的鲜奶价为重要参考因素，目前他们按照高出索迪雅 0.01 欧元/升收购，他们表示，如果明显低于索迪雅，那么奶农就可能跑到合作社那边了。事实上，2016 年曾经爆发 400 户奶农因不满公司收奶价格低而堵住公司一家工厂大门的事件，并惊动法国农业部。[①] 另据访问团访问的法国奶业行业协会的有关人员介绍，法国鲜奶产品始终保持高

---

① 据据法国《费加罗报》网站 8 月 23 日报道，与 Lactalis 公司签订合同的奶农因不满公司奶价定价过低，近 400 户法国奶农阻断了该公司一家乳品工厂的道路，要求提高原奶的收购价格。法国农业部部长勒弗尔呼吁双方就奶价进行对话磋商。参见："法国奶农阻断拉克塔利斯集团一家乳品企业的道路"，文章来源：驻法国经商参处 2016 - 09 - 07，商务部网站。

于德国一定的差价，与索迪雅控制牛奶的生产规模和有效的定价机制有重要关系。

5.4 完善民主治理和成员制度，为可持续发展提供制度保障

5.4.1 完善民主治理架构

为应对后配额时代的竞争，索迪雅采取主动与法国其他奶业生产者组织团结协作，甚至是直接合并、兼并的扩张策略，以低成本实现了组织的快速扩张。但是面对合并后 2 万名的成员规模，如何实现民主决策，以保障索迪雅始终坚持为奶农服务的目标，成为索迪雅实现可持续稳定发展的重大挑战，为此，索迪雅探索出了新的民主治理架构。

索迪雅的治理架构分为四级。在基层一级，索迪雅将奶农按照地理区域在基层分为了 31 个区域成员中心，成员中心是合作社的选举中心，合作社所有建议、初始的创新理念来自成员中心，成员中心负责组织协调成员间的信息交流、互动，将成员的意见、建议提交给理事会。在区域二级，31 个成员中心组成八大区域，建立起八个区域委员会，负责管理年度奶价预算、技术经济事宜和本区域合作社分支的运行。每个区域选举产生 3 个成员参加理事会，组成第三层面的理事会，理事会成员由 24 人组成，同时，每个区域选举一个理事长，组成 8 人的最高层级的理事会主席团，索迪雅所有的理事均由成员，即奶农组成。

合作社的最高权力机构是理事会主席团，这是索迪雅适应不断合并战略的创新。按照索迪雅的章程规定，理事会主席团每月召开两次会议，制定合作社发展的大政方针，监管合作社的合并项目执行，规划合作社的未来发展，并负责与成员签订牛奶收购合同。

合作社理事会每两个月召开一次会议，决定合并或收购项目，监管奶源，指导业务，并任命首席执行官。理事会聘请经营层，由 11 人组成，他们全部是职业经理人。

5.4.2 启动新一轮改革

2017 年 2 月，新一届理事会换届后，访问农场、工业基地，与成员、成员代表、雇员、管理人员等不同利益群体沟通，倾听他们对索迪雅发展的意见和建议，以便更好地理解合作社不同群体面临的新环境和存在的问题。在此基础上，围绕实现可持续发展目标，新一届理事会提出"彻底转型"的改革方案，包括同时启动奶价定价、收入分配制度和社员股本金制度等三项重要改革，试图通过完善价格机制，间接控制奶农成员的生产规模，并通过定量化的

计算公式实现对合作社奶源的控制，保障奶农的稳定收入预期；调整收入分配比例，将原来纯收入中用于股权分红的三分之一改为长期投资，建立合作社的"不分配基金"，以强化索迪雅的自我投资能力，以便顺利实施国际化发展战略；调整成员股本金制度，要求所有成员都按照当年纯收入 10％的比例调整股本金，为在合并后成员异质性增强的新条件下，实现合作社的民主运行，奠定公平性基础，同时也进一步增强合作社的资金来源渠道。

5.4.3　不断完善成员制度

成员制度是合作社发展的组织基础，也是合作社实现其为成员服务组织宗旨的基本保障。索迪雅成员制度建设有四点特别突出，一是强化公平原则。前面提到，索迪雅奶农入社需要按照当年纯收入 10％的比例作为股权加入合作社。成员缴纳的股权在 5 年内付清即可，当成员退出时，合作社按照章程规定的时间段，按成员缴纳的股权原值退回给成员。按照 2017 年的索迪雅对成员股权管理的最新方案，当奶农扩大生产规模、收入增加后，则需要按比例扩大股权投入，以保证成员间的公平。由此，成员股权变成了动态化管理，不再是成员入社一次性行为，该方案将提交成员代表大会讨论，如果被批准，将于 2018 年起实施；二是强化成员间的团结、平等原则。如前文提到的，随着索迪雅不断与外部合作社合并或兼并，成员地理区位的差异性明显增大，合作社上门收集成员原料奶的运输成本存在显著差距，但是为维护成员间的团结，索迪雅规定成员提交的牛奶同质同价，运费统一，每升原料奶 2 分钱。与此同时，索迪雅采取与其他合作社合作互助的方法，对那些偏远、零散的奶农成员，互代对方收奶，以降低运输成本。三是强化互助、一致对外原则。索迪雅要求成员把所生产的原料奶全部提交给合作社，以免引发奶源大战，造成成员内部相互竞争。四是保护成员利益原则。按照索迪雅的章程规定，奶农可以自愿退出合作社，但是合作社不能开除奶农。

目前，索迪雅面临的最大挑战是成员的老龄化问题，构成成员的主体是那些在 40 年前加入合作社的奶农，现在他们面临着退休。如何让更多的年轻人加入进来，直接关系到索迪雅的可持续发展。基于法国奶农老龄化的演变趋势[①]，索迪雅非常注重吸纳年轻一代的奶农入社，同时坚持为奶农提供培训，学习新的饲养规范，制定奶农行动计划，提升奶农的整体技术素质。但近期由于存在奶源饱和状态，索迪雅成员门户已经关闭，年轻成员入社主要来自老一代奶农退休后接班子女的加盟。

---

① 按照在法国畜牧研究所访问时所提供的数据，法国 50 岁以上的奶农占比 45％。

5.5　几点启示

索迪雅已经进入"耄耋之年"，但仍然焕发着勃勃生机，为法国奶农的收入保障、为法国消费者的福利改进、为法国奶业在国际奶产品市场的领军地位做出积极的贡献。索迪雅之所以能够保持可持续发展，其秘诀在于它围绕为成员服务、为成员利益代言这一合作社永恒的主题，前瞻性地开展战略规划明确发展方向，不断地创新与改革，求新求变，适时调整发展战略、开发国际市场，不断完善民主治理和成员制度，最终实现为奶农增值的组织目标。

它带给我们如下三点基本启示。第一，应高度重视合作社制度为小农户服务、促进市场公平竞争的社会正外部性。在现代农业已经迈入资本化运营的新时代，合作社和公司在市场上的运营规则日益趋同，并无差异，生产领域都需要资本、技术要素的双密集，市场经营都需要专业化的职业团队，但是合作社仍然与公司制度有着本质的不同，并具有不可替代的存在价值和重要意义，因为它是唯一代表生产者利益的经济组织类型。在一个有效竞争的市场体系中，不同类型市场主体的存在，会使得小农户生产者、规模经营户、投资者、消费者等各方利益得到均衡。可以预测，未来合作社发挥集体行动、提升市场话语权的市场标尺作用要远远大于成员集体行动带来的规模经济效用，因为公司与农户在产品定价中存在着天然的对立，合作社的存在，成为农户与公司讨价还价的重要砝码和重要力量。因此，政府应高度重视合作社存在的社会价值和社会意义，应从实现以人民为中心的发展思想，从实施乡村振兴战略的主要载体之一，来认识合作社制度对于全面建设小康社会和实现社会主义现代化强国战略目标的不可或缺性。

第二，集体行动的规模化是发挥合作社作用、实现合作社可持续发展的前提条件。目前我国农民合作社虽然总量规模很大，但是存在小、弱、散的突出问题，难以成为引领广大小农户进入市场的桥梁。在市场竞争中，合作社要想成为一支有话语权的市场主体力量，实现规模化、控制一定的农产品市场份额是基本前提。如何实现此目标，索迪雅的经验显示，走联合、合并乃至兼并的扩张道路是一条低成本、低风险、速度快的有效之路。通过合作社之间的联合与合作，形成紧密型的一体化组织，是一条可行之路，它在短期内可以有效化解最制约合作社发展的规模过小问题，发挥合作社在现代农业产业组织体系和农产品行业组织建设中的重要参与者作用。目前在我国合作社较发达地区已经开始出现这样的发展势头，政府应以实施新修订的《农民专业合作社法》为契机，引导合作社走上再联合之路，并在再联合中完善合作机制、进一步强化合作社的规范化建设，有效发挥合作社代表农民利益的集体行动功能，提升合作社的市场话语权。

　　第三，坚持普及合作理念和合作社知识、培育合作文化，是推进合作社健康可持续发展的基本保障。这是有效引导广大小农户组织起来、联合起来的不可或缺的基础性工作。这些年我国农民合作社发展道路不平坦，其中一个重要的原因是没有对合作社的独特属性和社会价值达成共识，从未来发展看，需要补上这一课。

6 取消生产配额制度对欧盟成员国奶业的影响及各自的应对措施

□ 乔光华　裴杰

欧盟是世界乳制品重要产区，同时也是世界乳制品出口 4 大来源地之一，与美国、澳大利亚、新西兰一起在全球乳制品贸易中扮演重要角色。研究欧盟牛奶生产配额政策的始终，对了解世界奶业发展具有重要的意义，也对我国奶业支持政策的设计具有借鉴意义。

2015 年 4 月 1 日，欧盟正式结束了实行了 31 年的牛奶生产配额政策，这是欧盟对奶业管理的一项重要改革措施。欧盟牛奶生产配额政策是指欧盟为各成员国牛奶设定产量限额即配额，各成员国再将国家配额分配给奶农的政策。当成员国超过牛奶产量的配额，就必须向欧盟支付超级税作为罚款。此政策是为了保护欧盟各国乳业，避免各国恶性竞争，减少价格波动，从而维护欧盟成员国奶农的经济利益。

6.1　牛奶生产配额制度的建立

牛奶生产配额制度始于 1984 年，是欧盟《共同农业政策》的内容之一。《共同农业政策》（CAP）建立始于 1959 年，其主要目的是通过消除成员国之间的贸易壁垒，对非成员国建立共同的对外关税以及共同的商业政策等相关手段来提高农业生产效率，保障农民生活水平，稳定国内市场，促进欧盟各成员国的经济增长，加强成员国之间的联系。其主要内容包括制定共同经营法规、共同价格和一致竞争法则，建立统一农产品市场，实行进口征税、出口补贴的双重体制以保护欧盟成员国内部市场；建立共同的农业预算，协调成员国之间管理、防疫及兽医等条例。从这些政策措施中可以看出欧盟制定《共同农业政策》时期，对于乳制品生产的政策是鼓励扩大产量，从而造成了 20 世纪 80 年代生产过剩的严重问题。1984 年为解决欧盟成员国乳制品产量的急剧增长而产生的结构性过剩，保持乳制品价格稳定及合理，欧盟委员会决定对牛奶实行配额管理，牛奶生产配额政策正式开始施行。

6.2　牛奶生产配额制度建立之后欧盟奶业发展状况

　　由图6-1可以看出从1978年到1982年，欧盟原奶平均价格在稳步上升，但是由于牛奶生产过剩问题突出，1983年到1987年欧盟原奶平均价格下降，在1987年达到最低点，为每100千克21欧元。由于牛奶生产配额制度的施行，欧盟的牛奶生产量得到有效控制，从1987年开始，原奶价格开始稳步上升。

欧元/100千克

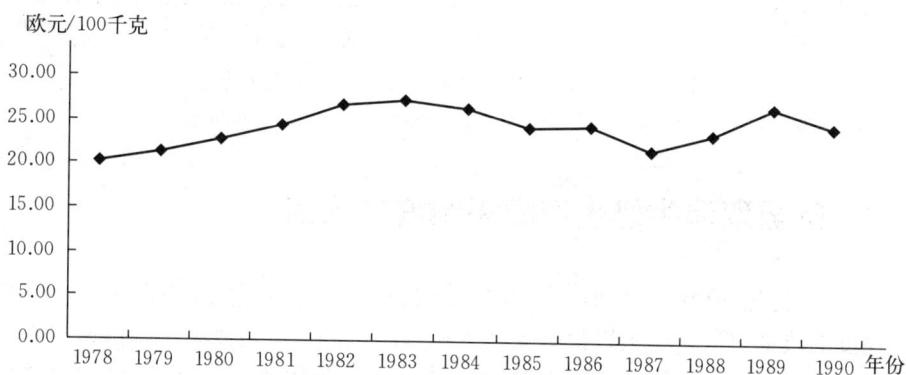

图6-1　1978—1990年欧盟原奶生产价格变动

数据来源：http：//ec.europa.eu/eurostat/web/agriculture/data/main-tables。

　　欧盟牛奶生产配额制度经历了两段时期。1984—2007年为牛奶生产配额政策的稳定期。在这期间欧盟制定了严格的配额制度，规定欧盟各成员国必须根据规定的配额进行生产，若超出配额将遭受罚款；各成员国农场主根据该国政府所分配的配额进行生产，对超出配额的牛奶征税，税收的水平高于牛奶价格水平，所以超额生产无利可图。从2000年开始，牛奶生产配额可以进行买卖和租赁，但欧盟主要产奶国德国、荷兰、法国、爱尔兰的牛奶生产仍然超过配额的限制，这些产奶大国就必须缴纳巨额罚款。在此期间欧盟各成员国的牛奶生产配额变化幅度很小。2008—2014年为牛奶生产配额政策的扩张期。由于2007年经济危机以来，世界范围内的乳制品供不应求，欧盟乳制品出口值呈现快速增长趋势，欧盟决定增加2%的牛奶生产配额，并从2008年4月开始施行。政策维持一年，并且从2009年开始每年以1%的配额增长率增加牛奶和乳制品的配额。

　　从图6-2可以看出欧盟施行牛奶生产配额管理以来，在牛奶生产配额的稳定期1990—2007年，原奶价格处于相对平稳的时期。2008年以后欧盟原奶价格开始急剧上升，从每100千克25欧元上升到2014年的每100千克40欧元，原奶价格上升了接近 60％，牛奶生产配额政策进入扩张期。

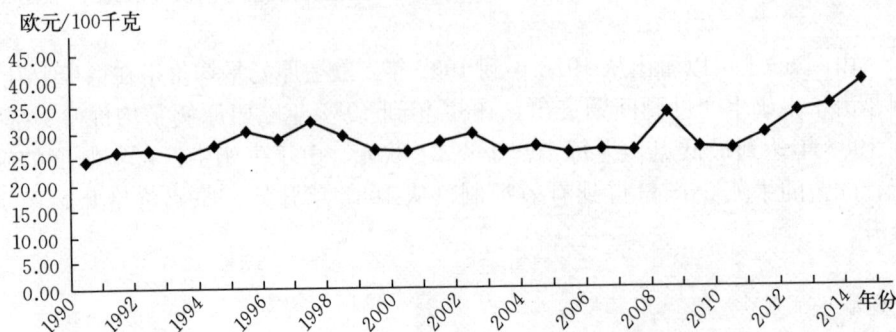

图 6-2　1990—2014 年欧盟原奶生产价格走势

数据来源：http：//ec.europa.eu/eurostat/web/agriculture/data/main-tables。

6.3　欧盟取消牛奶生产配额制度的原因

　　在 20 世纪 90 年代早期，欧盟对共同农业政策进行了大幅度改革。经过较大幅度的改革之后，过去以价格支持为基础的机制逐步过渡到了以价格和直接补贴为主的机制，共同农业政策转变为"共同农业和政策"。在价格方面更加注重市场的重要性，通过市场来提高农业生产者自身的竞争实力。对于农产品的产量限制被逐步消除，例如糖类、乳制品以及红酒的产量限制。鼓励农业生产者根据世界市场的需求来调整农产品产量。直接补贴更加贴近目标，更加注重公平和环境保护，为农产品生产者提供了收入支持和安全网络保护。图 6-3 为欧盟直接补贴分布从 1990—2020 年的变化情况。

　　从图 6-3 可以看出欧盟农业直接出口补贴和价格支持补贴在逐渐减少，到 2013 年这两种补贴已经不再发放。从 2015 年开始，支持跟市场不挂钩的补贴以及新型直接补贴。

　　在欧盟共同农业政策改革的大背景之下，全球乳制品特别是亚洲乳制品的需求旺盛，例如在牛奶生产配额管理的 2010—2014 年，乳制品出口实现了 45％的数量增长与 95％的价值增长，仅向韩国出口的乳制品就上升至 2.35 亿欧元。欧盟预计未来世界消费量将会保持增长的趋势，欧盟预期到 2030 年全球中产阶级的人口将达到 1.5 亿人，这种势头将会增加全球市场对乳制品的消费需求，预期未来世界对于乳制品的需求将会保持每年 2％的增长速度。同时，为了给奶农在生产上更多的自主权和灵活性，促进乳制品行业健康发展与增加就业，欧盟早在 2003 年就明确提出了取消牛奶配额的具体时期，即 2015 年 4 月 1 日结束牛奶生产配额政策。

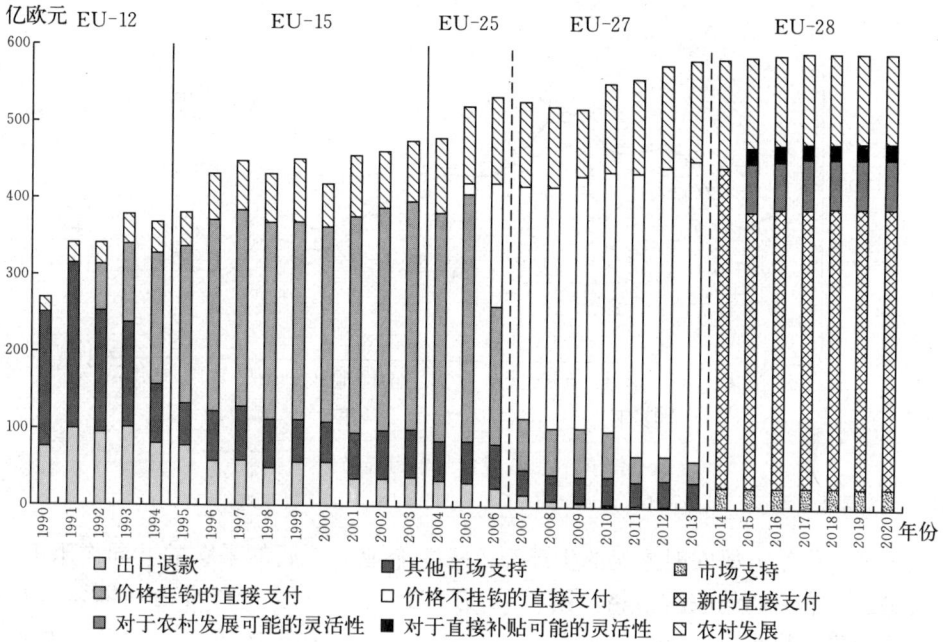

图 6-3 直接补贴分布变化柱状图

数据来源：欧盟农业与农村发展总司。

6.4 取消牛奶生产配额对欧盟及其主要产奶成员国的影响

6.4.1 取消牛奶生产配额对欧盟的影响

2016 年以来，欧盟牛奶收购量总体呈逐月增加的趋势。2016 年 4 月欧盟原奶量增加了 1.6%。2016 年 1—4 月牛奶供给量比 2015 年同期增加了 5.6%。2015 年 4 月到 2016 年 4 月，欧盟原奶产量连续 13 个月增加。这一轮增长的起点是 2015 年 4 月 1 日，正是欧盟取消牛奶生产配额的时间。与之对应，欧盟企业对原奶的需求量也在 2016 年 1—4 月处于上升的趋势。图 6-4 为欧盟企业采购鲜奶量。

如图 6-4 所示，2016 年 1—5 月欧洲企业对于原奶的采购量显著上升，在 5 月超过 1 400 万吨。然而在 5 月之后，欧盟企业对于原奶的采购量开始走低，下降幅度非常显著，在 11 月企业的原奶采购量降到大约为 1 150 万吨，降幅超过 17%。同时通过 2014—2016 年欧盟企业采购原奶量的比较可以看出，欧盟取消牛奶生产配额管理之后，欧洲企业对于原奶的采购量总体略有上升，但每年原奶采购量变动幅度变得更加剧烈。

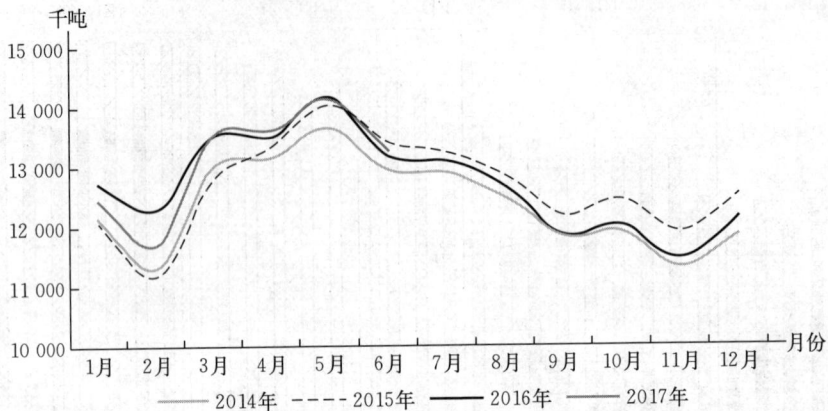

图 6-4　欧盟企业采购鲜奶量

数据来源：Tendances Conjoncture Lait de vache-juillet 17。

　　通过供给方奶农对原奶的生产与需求方企业对鲜奶的采购的共同作用下，会最终影响原奶的收购价格。图 6-5 为 2015 年 5 月至 2017 年 9 月欧盟原奶生产价格走势图。

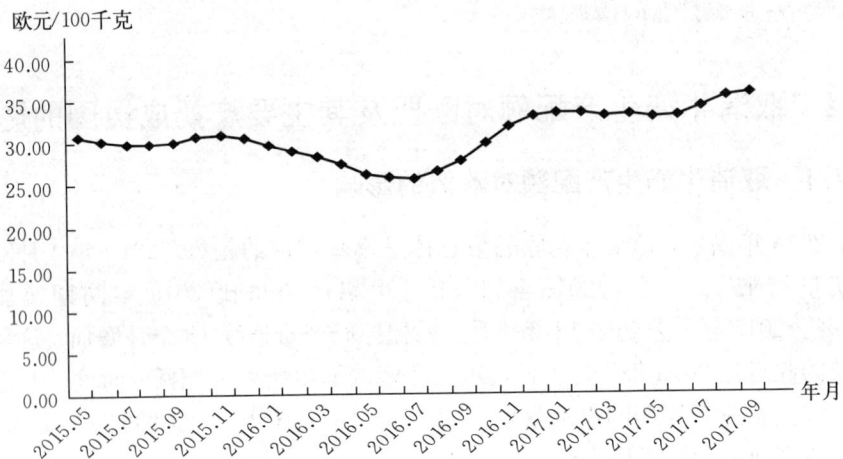

图 6-5　2016—2017 年欧盟原奶生产价格走势

数据来源：http://ec.europa.eu/eurostat/web/agriculture/data/main-tables。

　　如图 6-5 所示，欧盟原奶价格在 2015 年 5 月至 2016 年 1 月处于稳定期，价格平均是 30 欧元/100 千克。但是在 2016 年 1 月之后，欧盟原奶价格不断下降，至 2016 年 7 月到达最低点，25 欧元/100 千克，下降幅度达到 16.7%。在 2016 年 8 月以后，原奶价格开始触底反弹。到 2017 年 2 月，经历了较大幅度的上升，原奶价格接近 35 欧元/100 千克，处于 33 欧元/100 千克。在 2017 年 8 月原奶价格重新上升到 35 欧元/100 千克。

随着欧盟牛奶生产量的增加，欧盟乳制品产量也在相应增加。2016 年 1 月至 4 月，欧盟脱脂奶粉产量增长 18.2%，全脂奶粉产量增长 12.9%，黄油产量增长 12.3%，奶酪产量增长 3.5%，发酵乳产量增长 1.5%，饮用奶产量增长 0.5%。只有炼乳产量减少 11.8%，奶油产量减少 4.5%。

6.4.2　取消牛奶生产配额对欧盟主要牛奶生产国的影响

6.4.2.1　取消牛奶生产配额对法国奶业的影响

法国是欧盟第二大牛奶生产国，2013 年法国有 67 000 名牛奶生产者，600 家奶业企业，奶业的发展为法国创造了近 20 万就业岗位。2013 年法国牛奶生产量为 237 亿升，交易额达到了 260 亿欧元，超过了法国钢铁产业交易额。法国三家奶业生产企业处于世界奶业生产企业的前二十名，从中可以看出法国对于欧盟以及世界奶业发展具有不可替代的作用以及影响力。法国绝大部分奶农分布在法国的西北地区，少部分奶农分布在法国东南山区。并且法国奶企的分布与奶农的地区分布极其相似，说明法国奶企的位置更靠近原奶生产地，便于原奶的运输及加工。

2015 年欧盟取消牛奶生产配额以来，法国牛奶生产过剩，造成牛奶价格出现了下滑。图 6-6 为 2010—2017 年法国、新西兰、美国鲜奶价格。

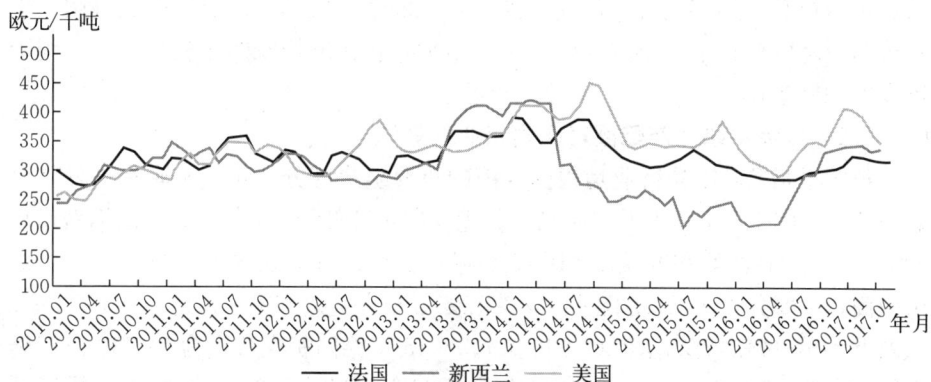

图 6-6　2014—2017 年法国、新西兰、美国鲜奶价格走势

数据来源：Tendances Conjoncture Lait de vache-juillet 17。

如图 6-6 所示，在 2012 年至 2014 年间，由于世界市场对乳制品的需求增加，法国、新西兰、美国三个主要乳制品出口国家，鲜奶价格在稳步上升。但从 2014 年 4 月起，法国、新西兰、美国的鲜奶价格都出现了急剧的下滑。在 2015 年 10 月，法国牛奶鲜奶价格又一次出现了下滑。这可能是由于欧盟于

2015 年最终取消牛奶生产配额制度所引起的牛奶产量增加，产能过剩引起的。从图 6-6 中也可以看出，通过法国政府、奶企以及奶农的共同应对，在 2016 年 5 月之后，法国鲜奶价格有所回升。

对于奶农来说，生产经营成本近十几年来在逐年升高。图 6-7 为 2015 年至 2017 年欧盟牛奶投入品采购价格指数变化。

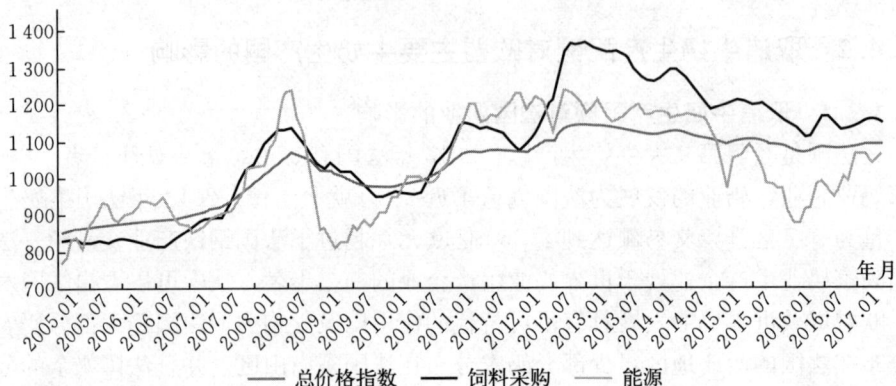

图 6-7   2015—2017 年欧盟牛奶投入品采购价格指数

数据来源：Tendances Conjoncture Lait de vache-juillet 17。

如图 6-7 所示，从 2015 年开始，材料采购和能源价格的上升使牛奶投入品总价格指数在逐年上升，从而增加了奶农的生产成本。在奶业产能过剩，牛奶价格下降的前提下，奶农经营成本的增加，将压缩奶农的盈利空间，不利于奶农的积极生产。

6.4.2.2   取消牛奶生产配额对德国奶业的影响

德国牛奶及乳制品行业是德国经济的重要组成部分，并且扮演着十分重要的角色。德国生产的牛奶及奶制品以其优良的质量著称，不仅受到本国消费市场的信赖，也销往欧盟和世界许多国家（地区）。2015 年，德国拥有 30 750 家牛奶供应商，主要分布在巴伐利亚州（7 325 家）、下萨克森和不来梅地区（6 712 家）以及北莱茵-威斯特法伦州（2 996 家）。2015 年德国奶农数量为 74 762 户，奶牛饲养量为 428.67 万头，较 2014 年的数量有所减少。2016 年的奶牛数量继续减少，仅剩 427.2 万头，同比减少了 0.3 个百分点。

2015 年 3 月 31 日，欧盟取消实施了 31 年的牛奶生产配额制，导致了欧盟的牛奶供应量激增，奶制品价格暴跌，许多奶农难以收回成本。德国的乳业行业也因此陷入了发展危机。2015 年给奶农的平均支付价格为每百千克 29.29 欧元（不含增值税），2016 年有些地区的牛奶收购价甚至跌破每千克 20 欧分。以 2016 年各联邦州牛奶收购价格为例，巴伐利亚州牛奶产量为 66.6 万吨，奶价为每千克 26.31 欧分。下萨克森州和汉堡地区牛奶产量位居全德第二，但收购价仅为 21.35 欧分，系全德最低。

在德国乳制品行业方面，总体来说德国乳制品产量呈上涨趋势。2015 年，除了饮用奶和全脂奶粉的产量较前些年有所下降外，黄油、奶酪、淡奶、脱脂奶粉和乳清粉的产量均小幅上涨。2015 年，德国饮用奶的总产量为 500 万吨，比 2014 年减少了 3 万吨；黄油产量为 50.5 万吨，奶酪产量为 248 万吨，淡奶产量为 44 万吨，脱脂奶粉产量为 38 万吨，全脂奶粉为 19 万吨，乳清粉为 39.5 万吨。整体上，由于产量的上涨，导致了产能过剩，乳制品的价格出现相应的下跌现象。

6.4.2.3　取消牛奶生产配额对荷兰奶业的影响

荷兰国土面积仅为北京的 2.5 倍，人口只有 1 700 万，却是世界上仅次于美国的第二大农产品出口国，同时也是世界上的乳制品大国，拥有供应全球的乳制品产业链，是继德国和法国之后欧盟的第三大乳制品出口国。荷兰奶业是荷兰经济以及国家贸易往来的重要部分。2014 年荷兰奶牛养殖业与乳制品行业的产值分别是 50 亿欧元与 70 亿欧元，是欧洲第五大牛奶生产国，乳制品行业规模大约占食品行业总量的六分之一，占整个国家贸易顺差的 8%。荷兰奶业的发展得益于气候、土地、战略性地理位置、物理基础设施以及培训教育的比较优势，也与荷兰奶业注重创新发展密不可分。

欧盟取消牛奶生产配额之后，产能过剩引起全球奶价的下跌也影响了荷兰奶农的收益，2014 年奶价是 4.4 欧元/吨，牧场的饲料成本约 0.93 欧元/吨，土地费用约 0.18 欧元/吨，兽医、配种、设备折旧等成本大约是 1.8 欧元/吨，整体核算后，2014 年的利润约 1.5 欧元/吨。但是 2015 年奶价下降到 3.4 欧元/吨，而成本几乎没有变化，牧场的利润减少到只有 4 欧元/吨左右。奶农经营利润的减少，影响奶农的生产积极性，对荷兰奶业的发展造成不良影响。

6.5　欧盟以及欧盟主要奶业生产国的应对措施

欧盟对于奶价的下跌给予了足够的重视，欧盟执行委员会已经建立了一个监测站来监测牛奶价格以及产量的变化，以便提早给奶农预警。与此同时，2015—2016 年，欧盟委员会给奶农发放了超过 10 亿欧元，在 2017 年欧盟对奶农的支持达到了每户奶农 15 000 欧元，以弥补奶农由于价格波动造成的损失。并且由于"安全网络"工具的实施以及农业共同政策的支持，奶价极端的波动对于奶农造成的影响将被有效控制。而欧盟主要牛奶生产国，如法国、德国以及荷兰也对取消牛奶生产配额造成的牛奶价格波动采取了积极的应对措施。

6.5.1 法国奶业的应对措施

自 2015 年牛奶生产配取消，法国牛奶生产不再由行政命令来管理，而是由乳制品加企业通过合同予以控制。大部分牛奶生产者（55%）已经与乳制品加工企业签署了合作合同，为乳制品加工企业提供原奶。而少部分奶农（40%）与不是合作关系的乳制品企业签署的是商业合同，为其提供原奶。这些合同包括强制条款和附加条款，其中强制条款规定了牛奶生产者的牛奶生产量，以及乳制品加工企业收购牛奶的价格。通过以上措施，乳制品加工企业可以通过控制采购鲜奶的数量，来控制牛奶的供给。图 6-8 为 2014—2017 年法国企业采供鲜奶量的变动情况。

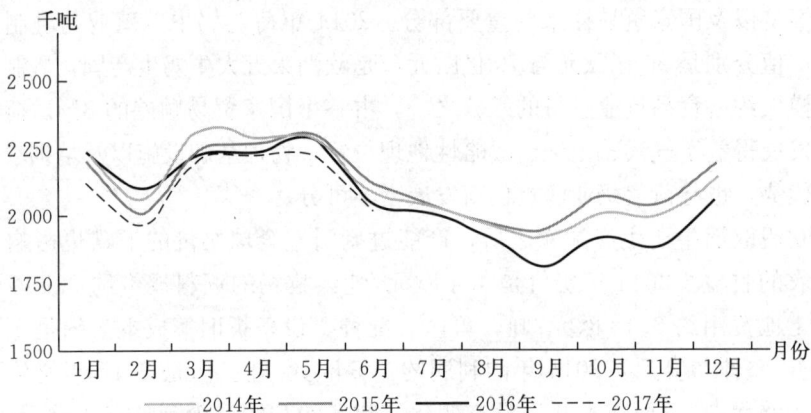

图 6-8　2014—2017 年法国企业采购鲜奶量情况

数据来源：Tendances Conjoncture Lait de vache-juillet 17。

如图 6-8 所示，由于欧盟取消牛奶生产配额出现产能过剩，法国奶企 2017 年 5 月鲜奶采购量比 2016 年同期下降了 2.9%，6 月鲜奶采购量比 2016 年同期下降了 1.5%，从总体上看，自 2016 年之后法国企业采购鲜奶量呈小幅下降的趋势。但是每年鲜奶采购变动量趋于一致。在每年的上半年，鲜奶采购量处于上升阶段。从 5 月份开始，企业鲜奶采购量开始下降。这是由于法国 5—6 月天气炎热，导致企业鲜奶采购量降低。

在法国企业减少鲜奶收购量的情况下，乳制品产量也在相应减少。2017 年 1—4 月，法国乳制品除全脂奶粉产量出现了上升，其他乳制品产量均出现不同程度的下降。液态奶、黄油以及脱脂奶粉的产量下降尤为剧烈，与 2016

年相比下降幅度超过 10%。

在法国企业逐年减少鲜奶收购量与农场经营成本上升的情况下，法国奶农在经营农场上做出了相应的变化。图 6-9 为 2014—2017 年法国全国奶牛存栏量变化情况。

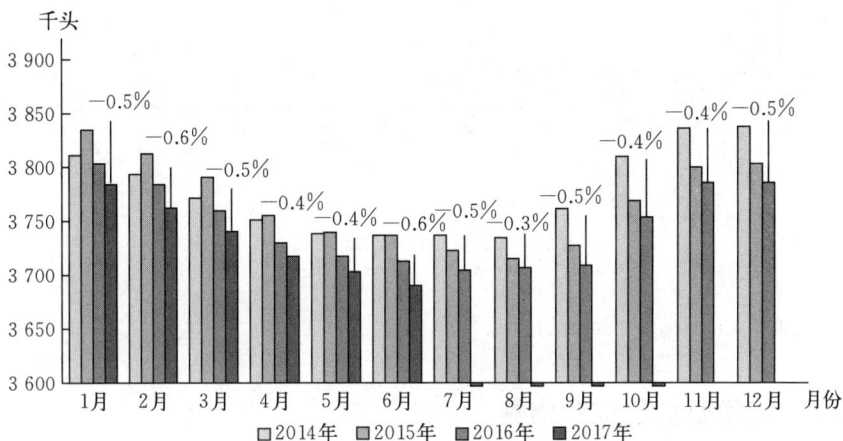

图 6-9　2014—2017 年法国全国奶牛存栏量变动情况

数据来源：Tendances Conjoncture Lait de vache-juillet 17。

通过图 6-9 可以看出，在 2016 年法国奶农的奶牛存栏量比 2015 年同期减少的幅度加大。说明企业采购鲜奶量的减少与生产经营成本的上升迫使奶农减少了奶牛的养殖规模。从图 6-9 中也可以看出，2017 年 6 月奶牛存栏量降到了自欧盟取消牛奶生产配额以来的最低点，比上一年度同期降低了 0.6%。在法国乳制品加工企业与奶农做出相应变化之后，法国家庭对于乳制品的消费除新鲜甜点增长外其他乳制品消费量均出现下滑。液态奶、奶油、鲜奶酪以及黄油的消费量下降明显，与 2016 年相比下浮达 6%～7%，说明随着 2016 年乳制品消费量降低，2017 年乳制品消费量依然持续低迷。同样，对于法国乳制品出口量也是呈下降趋势。图 6-10 为 2016 年 4 月及 2017 年 4 月法国乳制品出口量图。

通过图 6-10 可以看出，2017 年初由于法国企业采购鲜奶量的降低，法国乳制品出口除干酪和全脂奶粉出口量增加外，其他乳制品出口量均出现不同程度的下滑。液态奶、奶油较 2016 年相比，出口量下滑程度在 30% 左右，下降幅度巨大。

此外，随着欧盟取消生产配额，法国牛奶生产合作社发挥了越来越重要的作用，合作社数量逐年增加。生产规模较小的奶农通过加入合作社，增强了与企业的谈判能力，维护了自身的利益。

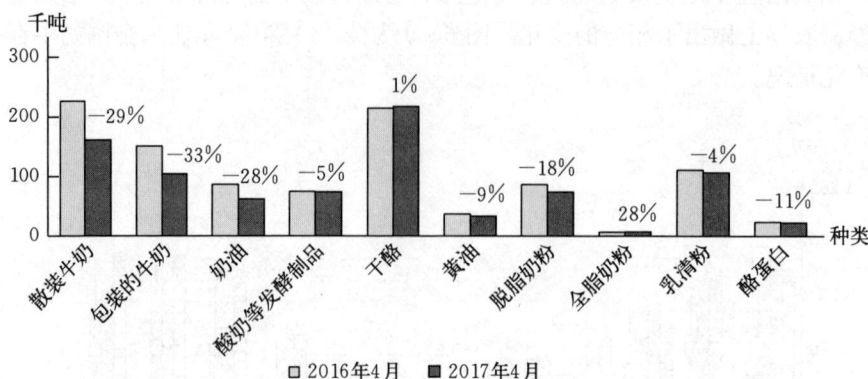

图 6 - 10　法国乳制品出口量

数据来源：Tendances Conjoncture Lait-juillet 17。

6.5.2　德国奶业的应对措施

　　欧盟取消牛奶生产配额管理，加剧了乳制品市场的竞争，从而加快了德国乳制品企业的合并。通过不断的合并重组，德国的乳制品厂的数量持续下降，从 1950 年的约 3 400 家降至 2015 年的 148 家。按照在德国本土的营业收入计算，最大三家乳制品生产企业是：DMK Deutsches Milchkontor，Theo Müller 和 Arla Foods。三家企业 2014 年的本土年销售额分别为：31.8 亿欧元、16 亿欧元和 15.5 亿欧元。根据国际奶农联盟（IFCN）公布的 2016 年世界前 20 乳制品生产企业排名，这三家企业在 2015 年世界范围内的营业收入和排名都有变化。其中，Arla Foods 排名第 4，2015 年共收购了 1 420 万吨原料奶，占全球奶量的 1.8%，每千克的营业收入为 0.8 美元；DMK 排名第 8 位，收购了 780 万吨原料奶，占全球奶量的 1.0%，每千克牛奶的收入为 0.9 美元；Müller 排名第 14 位，收购了 630 万吨原料奶，占全球奶量的 0.8，每千克牛奶的收入为 1.2 美元。取消牛奶生产配额管理同样对德国造成牛奶生产过剩。因此德国乳制品企业对原奶的收购量做出了相应的变化。图 6 - 11 为 2014 年至 2017 年德国企业采购鲜奶量变动趋势图。

　　根据图 6 - 11 所示，德国企业采购鲜奶采购量总体上看，2014—2017 年变动趋势大体一致，2017 年上半年鲜奶采购量较 2016 年下降了 4%。这是由于欧盟取消牛奶生产配额后，德国企业应对牛奶产能过剩所做的调整。在德国企业做调整的同时，对于牛奶价格波动所造成的奶农损失，德国政府也会给予一定的补贴，每公顷土地会得到 400 欧元的政府补贴。

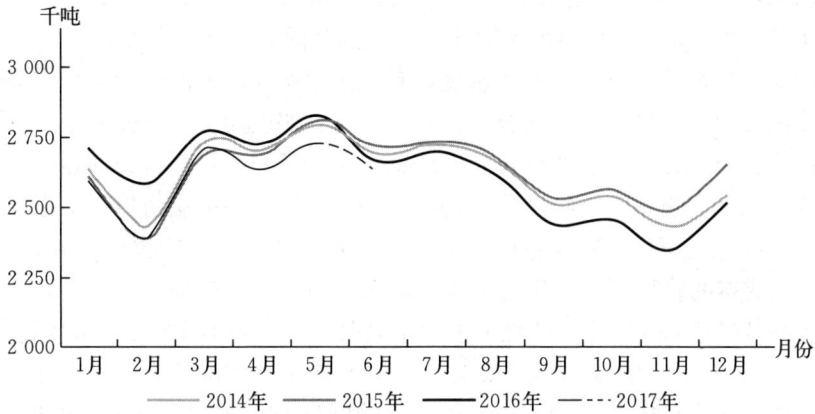

图 6 - 11　2014—2017 年德国企业鲜奶采购量变动情况

数据来源：Tendances Conjoncture Lait-juillet 17。

6.5.3　荷兰及爱尔兰奶业的应对措施

荷兰企业对于奶业产能过剩所做的调整，与法国和德国奶企所做的应对措施相比，并不显著。图 6 - 12 为荷兰奶企 2014 年至 2017 年鲜奶收购量变化情况。

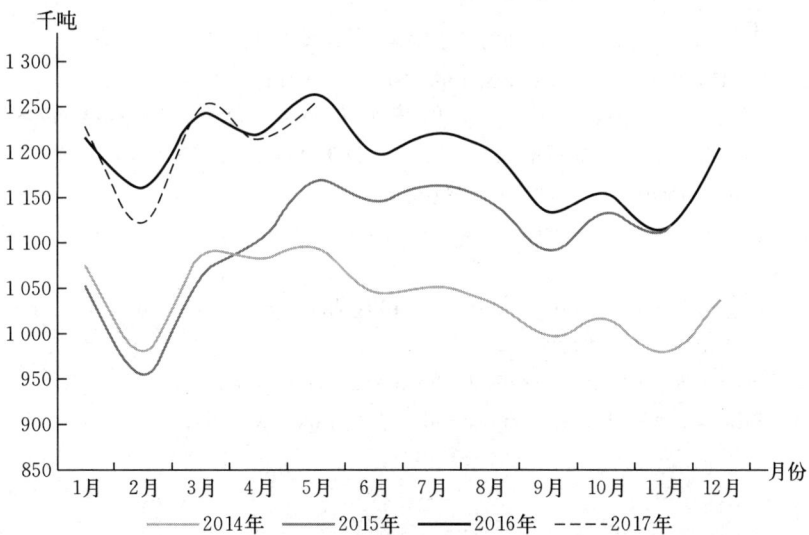

图 6 - 12　2014—2017 年荷兰企业鲜奶采购量变动情况

数据来源：Tendances Conjoncture Lait-juillet 17。

如图 6 - 12 所示，荷兰奶企自欧盟取消牛奶生产配额之后，鲜奶采购数量持续增加，只是 2017 年前五个月收购总量与 2016 年同期相比，鲜奶收购量下降了 1%。这可能是与世界市场对于荷兰乳制品的需求增加有关。

随着欧盟取消牛奶生产配额制度，其他国家奶业爆发的问题，也在爱尔兰奶业中凸显出来。针对这些问题，爱尔兰政府、奶农协会，已经采取了一系列应对措施：首先爱尔兰农业与食品发展部以及奶牛育种协会将会加强对奶牛的遗传改良工作，爱尔兰动物防疫机构将会加强对奶牛的疫病防控，加强奶牛保健工作，降低发病率，减少生产成本。其次充分利用好天然牧场的放牧资源，加强放牧成本的管控，通过建立生鲜乳追溯体系，对供应商、牧场、乳品加工商、乳品经销商加强监管，从细节上保证乳品质量。最后实施长久的奶业保险计划，由第三方机构加强对牧场的监管，同时制定并实施严格的发展计划，由相关机构制定并实施奶业质量保证计划，从根本上保证爱尔兰奶业的健康发展。

参考文献

李兆林，王鹏宇，李正洪，陈丽娜，2014. 展望取消配额制后的爱尔兰奶业 [J]. 奶业经济，38（6）：15 - 17.

路遥，王奇，蒋永宁，起建凌，王文杰，徐若英，2012. 世界主要乳制品生产国的乳业制度与政策回顾 [J]. 中国畜牧杂志，48（22）：55 - 66.

王云洲，王瑞华，2014. 法国奶牛场的经营与管理模式 [J]. 中国奶牛（5）：52 - 56.

王云洲，温莹洁，胡士林，张善芝，王金君，2016. 欧盟取消牛奶生产配额制对我国奶业发展的影响 [J]. 黑龙江畜牧兽医，34（9）：21 - 24.

王云洲，2004. 法国牛奶的质量管理与控制体系 [J]. 当代畜牧（7）：35 - 37.

赵东升，周效桂，2015. 荷兰奶业概况 [J]. 中国奶牛（11）：53 - 56.

Henrike Luhmann，Christian Schaper，Ludwig Theuvsen，2016. Future-Oriented Dairy Farmers' Willingness to Participate in a Sustainability Standard：Evidence from an Empirical Study in Germany [J]. Ood System Dynamics，7（3）：243 - 257.

Krisztián Kovács，2014. Dairy farms efficiency analys is beforethe quota system abolishment [J]. Scientific papers（3）：147 - 157.

Mackenzie，Gemma，2013. More market volatility likely after milk quota abolition [J]. Farmers Weekly，159（15）：6 - 6.

Magee，Alyson，2013. Tough cheese [J]. Food Manufacture，88（11）：37 - 37.

Schneider，Karl，2015. Making the most milk [J]. Farmers Weekly，996（4）：1 - 1.

7 法国奶业产业组织发展考察报告*

□ 苑 鹏 刘长全

　　中国社会科学院农村发展研究所研究人员和国家奶业产业体系专家组成的访问团一行六人，应法国畜牧研究所的邀请，2017 年 9 月对法国进行了为期十天的访问。访问团拜访了法国畜牧研究所（FLI）和法国农业协会（FAC），赴法国西部奶业主产区访问了有代表性的奶业合作社、社区综合合作社、奶业公司及家庭牧场等。访问团认为，法国发达的奶业产业组织体系为现代奶业生产体系提供了重要的支撑作用。法国奶业生产始终坚持家庭牧场的生产方式，强调奶农自营、主饲料自给、适度规模经营，不提倡、不鼓励公司化大规模经营，广大奶农通过合作社或"公司＋农场"等两种基本形式，进入市场。法国奶业产业组织体系建设最具特色的是拥有一个功能完备、错综复杂、从基层到全国庞大的农民组织网络体系，从区域发展、行业发展和专业服务等不同维度，为奶农生产者提供经济、政治和社会全方位的服务，以实现保护和保障奶农利益、促进奶产业健康可持续发展的目标。法国经验对我国推进奶业现代化步伐，实现十九大报告提出的建设现代农业生产体系、产业体系、经营体系，小农户与现代农业的有机衔接具有重要的参考价值。

7.1 法国奶业基本概况

　　法国奶业在欧盟市场占据重要地位，牛奶产量在欧盟位列第二，占欧盟市场的 17%。据法国畜牧研究所提供的最新数据显示，2015 年法国牛奶产量 2 500 万吨，拥有 370 万头成母牛，65 000 家牧场，牛奶生产遍布全国，主产区在西部山区，约占全国产量的一半。奶牛品种以荷斯坦为主，占 66%；其次是蒙贝利亚，占 17%；诺曼底第三，为 10%；其他品种占 7%。从生产规模看，以中型牧场为主体，大约一半的牧场养殖规模在 40～80 头（成母牛数量），平均 57 头，2015 年平均每个牧场的产量为 379 吨，在欧盟发达国家中

　　* 本章为国家奶牛产业技术体系产业经济研究项目成果，国家自然基金农林经济管理学科群重点项目"农业产业组织体系与农民合作社发展"（项目批准号：71333011）阶段性成果。

排名偏后，是排名最高的丹麦（1 367 吨/牧场）的 27.7%，略低于比利时（412 吨/牧场）和德国（404 吨/牧场）。政府政策导向是鼓励适度规模，补贴主要依据饲养规模，以 50 头为标准，超过部分不再增加补贴，同时要求奶农符合环境标准要求。政府补贴约占奶农收入水平的 10%～20%。法国奶农主体构成是中老年群体，老龄化是法国奶业面临的一个挑战，目前从事奶牛饲养的人员中，40 岁以下占 20%，而大于 50 岁的占 45%。吸引年轻人加盟是法国奶业的一个重点，但是有门槛限定，包括需要有 2 年奶业专科教育经历，并获得学位，这是申请政府各种项目的前提条件。法国乳制品生产目前全面实现了全产业链管理，全面建立了可追溯的产品质量监测机制，国家是食品安全的担保人。奶产品质量控制点是防止化学污染，评估食品添加剂中化学物质含量及其对人类的影响。

2015 年 4 月欧盟取消配额制以来，法国与欧盟其他国家一样，遭遇奶业的严冬期。因法国约一半的市场在国内，国内市场消费一直相对稳定，没有像德国、荷兰等主要依赖国际市场的国家那样全面放开奶业生产。

7.2 法国奶业组织体系与基本功能

经过百余年来的不懈努力，法国形成错综复杂、十分发达的农民组织体系，政治势力强大，在维护法国农民利益和为法国农民服务中发挥着不可或缺的重要作用，并在国际上享有盛誉。在奶业领域，由生产者和加工者组成的各种奶业组织已经形成了自下而上的完整的组织体系。国家层面的奶业组织有三大组织体系，分别是代表生产者利益的法国奶业生产者组织（FNPL-National Milk Producers），代表合作社利益的法国合作社联盟（FNCL-National Dairy Cooperative Federation）和代表奶业行业利益的法国奶业联盟（FNIL-National Dairy Industry Federation），不同类型的组织功能各有侧重，相互补充，构建起错综复杂的组织网络体系，以维护和提升奶农利益。1974 年这三大组织系统共同成立了国家奶业中心（CNIEL）。

国家奶业中心的目标是代表生产者和整个产业的利益。其运行经费来自会员缴费，方式是按加工的原料奶量抽取税款和会员费，比例是奶农、加工商按七三开支付。国家奶业中心主要有三大基本职能。一是组织协调生产者和加工者之间的经济关系，包括促进相关立法、制定产业政策和部门发展战略规划、信息收集等；二是市场营销，包括发起广告运动、传播策划等促销活动以及培养消费者乳品购买习惯和消费习惯等；三是资助行业公共性的研究项目，如知识普及、质量控制、技术开发等。

7.3　奶业合作社的发展

在引导奶农进入市场渠道方面，合作社占据半壁江山。据法国畜牧所介绍，50%的奶农加入合作社，50%的原料奶收购由合作社完成，42%的原料奶由合作社加工。在充分的市场竞争条件下，合作社提供的服务和奶价与乳品公司不相上下，并且对于奶农收入的影响也差异不大。因为长期看，市场充分竞争的结果是奶价取决于产品质量和产品市场。但从短期看，主要取决于买卖双方的谈判，而背后的市场供求关系对谈判的影响较大。

为提升市场竞争力，与发达国家合作运动趋势一样，法国奶业合作社也出现了大量的兼并、合并运动，形成了若干合作社的航母企业。目前全球 25 家最大的乳品企业中，法国占据 5 家，其中之一就是合作社——索迪雅（Sodi-aal）集团。法国 10 大乳品集团加工了 75%的原料奶，其中 6 家是合作社。但是随着市场格局从卖方市场转向买方市场，奶业供应链上的话语主导权出现从上游向下游移动的大趋势，在现阶段，零售商话语权更大，消费者的话语权在增强、并可能是未来的主宰者。而奶农生产者的地位则在不断下降，即使是法国农民拥有自己强大的组织体系，也无法改变大势已去的市场环境，奶农面对利益被不断侵蚀的现状，不免采取拉牛上街游行或倒牛奶抗议等极端做法给政府施压，迫使政府制定解决方案，但在全球化时代，这些做法无法从根本上改进奶农利益。因此，奶牛生产装备现代化、饲养方式升级、掌握现代饲养技术、生产有机奶、引入环境友好、动物福利等因素，延长产业链条、投资开发更多的乳品、与国外合作开发新市场等已经越来越成为奶农发展的不二选择。

7.4　"公司＋农户"的产业组织模式

"得奶源者得天下"，法国投资者所有的奶制品公司为保证奶源安全，并降低交易成本，通常采取与农户直接签订供货合同的合作模式，公司与农户之间不设中间组织，因此，那些与公司合作的奶农规模相对偏大，以满足公司对控制成本的要求。以 2010 年全球排名第三、欧洲最大的牛奶及奶制品企业 Lac-talis（拉克塔利斯）集团[1]为例，与其签订合同的奶农平均生产规模通常在 70 头成母牛左右，公司目前与 1.2 万个奶农建立了合同关系。为保障股东的投资

---

① 从 1998 年起，拉克塔利斯开始向我国出口产品，2009 年在上海设立办事处。2017 年拉克塔利斯集团投资 1 亿欧元并购我国太子乳业有限公司。

回报率，与合作社为法国奶农服务、帮助法国奶农销售原料奶的经营战略不同，公司基本实行在消费市场当地生产、当地加工的发展战略，以降低生产和运输成本。Lactalis 集团目前已经在 42 个国家建立了 237 个生产基地和加工企业。

在"公司＋农户"模式下，公司建立专业技术队伍，为奶农提供畜群结构、饲养、饲料、防疫、配种、收购等全过程服务，保障公司原料奶全年供应量的稳定和质量。公司与奶农签订的供货合同通常五年为一周期。内容主要包括奶农向公司提供的鲜奶量及其奶牛饲养规模，价格每年商议。

如我们访问的 Lactalis 的一家合同牧场，农场主夫妻二人目前饲养 79 头奶牛，预计一年后达到 100 头规模，2016 年，夫妻通过银行低利率贷款，投资 150 万欧元，建立了新圈养牛舍，并分别购买了 2 台挤奶机器人和粪便处理机器人（政府补贴 50%），全部实现了机械化。农场主 96 公顷的土地种植青贮饲料，主料基本达到自给自足。其中 55 公顷土地是自有，41 公顷是租用土地，政府有租金补贴，每年标准不同，约为 1 000 欧元/公顷。

据农场主介绍，公司为奶农提供技术指导，特别是先进设备和技术的应用指导，每年二三月公司与奶农签订合同，确定具体供奶量和奶价。由于欧盟早在几年前取消了配额制度，奶农希望扩大养殖规模，但是公司从终端市场的需求考虑，通常限制奶农生产规模，因此这是双方谈判的第一个要点。关于价格，公司主要按照体细胞数、菌落总数、乳脂、乳蛋白等指标定价。价格根据市场价格每月调整一次，同时每月与奶农结算一次。

此农场主只加入了人工授精合作社，没有加入其他的合作社。他介绍说，公司给奶农的奶价与合作社的差不多，但合作社人多嘴杂，遇到问题要大家共同决定，这是他所不喜欢的，他更愿意由一个权威人物来决策。在他这类的大农场主[①]看来，在参与市场竞争时，公司与合作社没什么两样，如果公司给农户的价格低，那么农民就会跑到合作社那里，公司的奶源保障就会受到威胁。Lactalis 集团的营销经理告诉我们，他们鲜奶收购价格比法国最大的合作社 Sodiaal 每升高出 1 分钱，合作社是他们定价的重要参照系。事实上，公司与农户在牛奶定价中存在着天然的对立，合作社的存在发挥了市场标尺作用，成为公司定价以及奶农讨价还价的重要砝码。之前有报道，因奶农与 Lactalis 在原料奶收购价格上产生分歧，导致奶农攻击加工厂，并在不同地点展开声讨，成为了当时法国的热点新闻，并影响了公司稳定运营。

---

① 小规模奶农没有机会加入"公司＋农户"体系，因为无法满足公司的生产门槛要求。

7.5　几点启示

第一，奶业产业组织体系建设应当是一个功能完备多样化的社会生态系统。

法国的经验表明，一个健康的奶业产业组织体系应当是由代表不同相关利益群体的各类组织组成的、自下而上与自上而下相结合、多层级的网络体系。它意味着，无论是奶农、公司、加工企业还是经销商，都需要自己的利益代言人，各类奶业产业组织对外有着共同的利益诉求，对内相互之间存在合作与竞争，只有不断健全、完善生产者组织、合作社组织、行业组织、区域性组织等不同类型、相互交叉的各种组织，并通过相互合作、相互牵制，形成良性互动机制，才能够避免恶性竞争，有效维护市场秩序，提升整个行业的市场竞争力，保障各方的利益。特别是处在产业链末端的弱势奶农，更需要组织起来，逐步形成以行业和地区为纽带、从基层到全国性的组织体系。此外，应按照十八届三中全会的决定精神，加快奶业行业组织的改革，去行政化，使其真正成为奶业从业者的行业自律组织。

第二，有效发挥合作社在维护广大奶农社员利益、促进市场充分竞争中的标尺作用。

合作社制度与公司制度有着本质的区别，前者是奶农利益的忠实代表，自始至终围绕法国奶农的利益最大化开展经营服务，不赚奶农的钱，在原料奶的收购定价中充分得以体现；而后者是以投资者股东的利益最大化为经营的唯一目标，因此，为了让投资者实现最高的投资回报率，公司既有动力"抛弃"法国奶农，在全球布局建立生产基地，以降低原料奶成本；也有动力尽可能地压低奶农原料奶的收购价格。合作社的存在，成为公司原料奶定价的最大障碍，竞争的力量迫使公司要参考合作社的原料奶定价标准。

目前我国奶农的组织化程度仍旧很低，"公司＋农户"模式控制了奶业产业组织的基本形式，奶农合作社被公司大资本所控制的现象普遍，奶农缺乏自己的利益代言人。这样单一模式既不利于广大奶农基本利益的维护，也不利于保护消费者利益，还不利于整个奶产业竞争力的提升。因此，下一步应以新修订的《农民专业合作社法》为契机，强化奶农合作社的规范化建设，同时大力发展奶农合作社联合社，有效发挥合作社的市场标尺作用和社会化服务功能，促进市场充分竞争，改善奶农的市场境遇。

第三，坚持奶业生产的适度规模经营，生态环境友好的可持续发展模式是未来发展的方向。

我国奶业政策中，为解决奶农生产规模小而散的问题，存在着片面追求公司化大规模生产的倾向，尤其是在一些地方政府的产业政策中，对养殖小区的建设强调上千头的大规模和公司化经营，这与国际奶业发展所提倡的保护生态环境、满足动物福利和生态足迹要求、实现广大奶农生产者的收入稳定增长目标的发展大趋势相背离，为此，我们应结合国际奶业发展的潮流，对近些年来奶业生产模式导向进行深刻反思，并及时进行政策调整，从我国"大国小农"的生产要素和资源禀赋基本国情出发，以实施乡村振兴战略为契机，逐步转向农户家庭适度规模经营的发展理念，实现环境友好、保障动物福利的绿色可持续发展模式。

第四篇........................

区域发展篇

1　2017 年内蒙古地区奶业发展报告

□ 杜富林　高　民

2017 年，内蒙古为更好地贯彻落实中央农村工作会议精神及自治区人民政府关于奶业发展方面的文件精神，转变奶业增长方式，在规模化、集约化、标准化的基础上推行了奶产业一体化稳步健康发展，从而不断提高奶业的质量和效益，促进了内蒙古现代奶业建设，进一步稳固、加强了全国重要的乳品生产加工基地地位。作为我国奶业主产区，内蒙古一如既往地认真贯彻落实国家和自治区奶牛养殖扶持政策，加大良种补贴力度，优化奶牛区域布局，大力实施标准化规模养殖，为内蒙古乳产业转型升级奠定了良好的基础。就内蒙古来说，乳业的健康发展不仅对农牧民增收有利，而且对地区经济发展也具有重要积极的作用，也是富民强区的一大重要产业。

1.1　内蒙古地区奶业发展概况

1.1.1　奶业政策

内蒙古继续认真贯彻落实了国家奶业生产扶持政策。具体落实内容为：一是生鲜乳收购站机器设备购置补贴。主要对挤奶机、贮奶罐、冷藏罐等进行补贴，其中中央财政补贴比例为 30% 以内，购机者负担 70% 以上。二是奶牛政策性保险。在 2008 年和 2010 年基础上进一步调整，现行奶牛保险政策保险费补贴比例为中央财政仍补贴 30%，自治区财政补贴提高到 55%，其中：25% 由自治区本级以专项资金的方式补贴，其余 30% 通过一般转移支付下达给旗县，由旗县财政予以补贴；农户或者农户与养殖企业等共同承担 15% 保费。每头保险奶牛的保险金额按照品种、畜龄、产奶量和市场价值不同，分为 6 000 元、8 000 元和 10 000 元三个档次，具体由投保人、被保险人与保险人协商确定，但不得超过该品种奶牛市场价格的 70%，保险费率为 5%。三是奶牛标准化规模养殖场建设项目。国家对奶牛标准化规模养殖场（小区）水电路、粪污处理、防疫、挤奶设施每年安排预算内饲草料基地建设等给予适当投资补助。2013 年起自治区本级每年安排预算内奶牛粪污处理环保设施建设专项资金 6 000 万元，同时配套安排预算内奶牛粪污处理环保设施建设专项资金 2 000 万元，两项资金捆绑使用，集中用于使中小规模养殖户和散养户通过新改扩建达到 100 头以上存栏规模，加快推进标准化规模养殖进程。四是奶牛生产性能测定项目。为提高奶牛生产水平，加强高产奶牛群培育，转变奶业生产发展方式，组织开展奶牛生产性能测定工作。

根据《内蒙古自治区人民政府办公厅关于印发自治区专项推进奶牛标准化规模养殖场建设实施方案的通知》（内政办发电〔2013〕109 号），2013 年至 2015 年，自治区本级财政每年安排预算内奶牛标准化规模养殖场建设专项资金 6 000 万元，每年争取得到的国家奶牛标准化建设专项资金约 1 亿元，统筹用于奶牛标准化规模养殖场建设。各盟市应比照自治区下达的总投资额度安排专项资金，按照 1∶1 的比例扶持相等数量的奶牛标准化规模养殖场。按国家要求，内蒙古标准化奶源基地主要以乳制品企业建设为主，根据《内蒙古自治区奶牛标准化规模养殖场（小区）建设规划纲要》（内政办发电〔2009〕66 号），伊利、蒙牛等大型乳品加工企业，到 2015 年自建和合资参股的奶源基地生鲜乳产量应达到加工能力的 50% 以上。国家专项资金支持乳品企业的奶源基地项目，要求企业按照国家要求 1∶1 配套资金。另外，自治区政府要求各地区要出台政策，引导社会力量投入规模化建设当中；要求乳品加工企业利用收购政策和价格政策促进规模化建设。

重点补助对象为：一是中小规模养殖户和散养户通过组建奶牛养殖者合作社、联户牧场等形式建设的奶牛标准化规模养殖场；二是乳品加工企业签订合同或协议的牧场；三是吸纳散养户奶牛比例达到 30% 的标准化养殖场。

补助标准：中央资金和自治区专项资金统筹用于新、改、扩建的养殖场建设。奶牛存栏在 100 头至 299 头的，每个养殖场安排补助资金 60 万元；奶牛存栏在 300 头至 499 头的，每个养殖场安排补助资金 80 万元，500 头至 999 头的每个养殖场安排补助资金 130 万元，1 000 头以上的，每个养殖场安排补助资金 170 万元。

项目资金按照"填平补齐、缺啥补啥"的原则，重点用于养殖场棚圈、运动场、挤奶厅和粪污处理环保设施建设等。自治区支持奶牛标准化养殖场的预算内基本建设资金只能用于新、改、扩建养殖场等基础设施建设，不得用于购买奶牛等其他用途。

呼和浩特市是我国乳都。不仅是内蒙古地区，也是全国乳业发展最核心、最典型地区。从 2008 年开始，呼和浩特市就着手千方百计为打造优质奶源基地出谋划策。先是 2009 年呼和浩特市委市政府出台《关于建设优质奶源基地的决定》，通过实施"百、千、万"牧场建设工程，利用三年时间采取有利保障措施使全市规模化养殖水平突破 50% 以上。呼和浩特市政府采取了对每个牧场进行资金扶持补贴的政策，各旗县区在养殖用地，水通、电通、路通和场地平整即"三通一平"建设，设备购置、贴息贷款等方面也给予大力扶持和帮助。2008—2015 年国家扶持呼和浩特市标准化奶牛养殖场改扩建项目累计 323 个，累计补贴资金 24 650 万元。2008—2011 年呼和浩特市政府扶持新建养殖场 121 个，已发放补贴资金 2 680 万元（2015 年全市扶持规模养殖场 10 个，采取"先建后补"的方式，验收合格后每个项目建设单位补助 25 万元）；2012 年开始呼和浩特市加大了对新建牧场的补贴力度，要求上规模、上管理、上水平，凡是达到千头规模的牧场每头牛补贴 2 000 元。各旗县区相关部门对土地征用问题给予协调解决，旗县政府负责"三通一平"，呼和浩特市政府以提供贴息贷款等措施吸引各界人士新建奶牛牧场。2014 年开始，新建牧场每增加 1 头奶牛补助 3 000 元；自繁奶牛使用了性控冻精的，每支冻精补助 100 元，每头受孕奶牛按 2 支安排。整合提升千头以下的牧场，新增加的外购奶牛每头补贴 2 000 元。2012—2015 年，全市新增奶牛达到 19.35 万头，进口优质冷冻精液 100 多万支，加速了呼和浩特市奶牛改良进程，良种化覆盖率达到 100％。市政府安排 800 万元建设现代草业示范基地，每亩补贴土地流转费 500 元，连续补贴 3 年。种植面积要求每个种植单元在 1 000 亩至 3 000 亩，每个单元之间不超过 1 公里，要形成万亩以上的种植区域。2015 年购进纯种和荷斯坦奶牛 14 000 头，新建 3 000 头规模养殖场一处。"十二五"期间，畜牧业投入的比重不断增加，除市级预算按每年 10％递增外，农牧业重点工作的投入力度前所未有，三年共投入资金 10.8 亿元，其中：奶牛规模养殖和苜蓿草种植就投入 6.3 亿元。

1.1.2　奶牛存栏头数和牛奶产量

目前，内蒙古奶牛存栏、原奶产量、加工能力、加工企业销售收入、牛奶人均占有量均居全国第一位，已成为全国重要的乳品生产加工基地。2016 年内蒙古奶牛存栏头数 202.00 万头，牛奶产量 734.1 万吨，与 2005 年相比，奶牛存栏数减少了 24.79％，牛奶产量增长了 6.23％（2014 年年末，内蒙古奶牛存栏 235 万头，其中荷斯坦奶牛存栏 169.9 万头）。

据内蒙古自治区生产性能测定单位数据统计，内蒙古良补奶牛二代产奶量与实施良补前奶牛平均单产相比提高了 1 吨左右。目前，荷斯坦奶牛良种覆盖率实现 100％，成年泌乳牛平均单产达 6 吨/年及以上，基本达到了全国平均水平，高者达 9 吨/年以上，单产水平得到明显提高。

1.1.3　规模化养殖模式及现状

1.1.3.1　规模化养殖模式

内蒙古在推进规模化集中养殖过程中，坚持以政府引导、企业牵头、奶牛养殖者参与、社会化服务、合作组织共建共赢的方式进行。一是鼓励奶牛养殖者建设经营牧场，如家庭牧场，养殖规模控制在百头左右，便于管理，投入成本奶牛养殖者可接受。二是把奶牛养殖小区转型升级为托牛所牧场或股份制牧场，管理更加规范，能够有效降低成本费用，同时也能解放劳动力，使他们可以在其他行业转移就业并提高家庭收入。三是吸引有资金实力的企业家或法人主体经营，规模可控制在千头左右，生产经营更加规范，养殖效益可观。如内蒙古以圣牧高科、现代牧业为代表的企业建设的一批高标准牧场。四是支持乳品企业自行建设大型牧场，规模可达万头左右，如蒙牛的澳亚牧场、伊利的敕勒川精品奶源基地，应用先进管理理念与现代养殖技术，把优良奶牛的生产性能发挥到极致，成为中国先进水平的代表，具有很强参观示范效果。五是大力推广"奶联社"模式。"奶联社"模式是在借鉴国外奶业发达国家奶牛养殖者合作社运营经验的基础上，根据内蒙古情况，在多年实践中探索出一种新型的奶牛养殖合作体。它是以企业搭建现代化设施设备、技术、管理和资金为平台，吸纳奶牛养殖者现有奶牛以入社、保本分红、固定回报、合作生产等多种形式入社，并获取回报的一种合作化奶牛养殖模式。这种模式上连奶业加工龙头企业，下结奶牛养殖者，实现了奶牛养殖者、企业双赢的局面，也有利于奶牛养殖业尽快走出分散养殖、低水平、低效益的困境。目前这四种模式在内蒙古得到了很好的利用，各取所长，充分发挥，对提升内蒙古奶牛养殖规模化、标准化、现代化水平，提高奶牛产业的整体竞争力起到推动作用，同时也搞活了奶业经营发展。

1.1.3.2 奶牛规模化养殖现状

截至2015年，内蒙古奶牛场（户）数量为5.16万个，占全国的3.3%。2016年奶牛存栏头数为202万头，占全国的14.3%。2015年平均规模为45.97头，仍处于较小规模阶段。内蒙古百头以上标准化规模养殖场（小区）奶牛存栏比重提高到2015年的68.14%，进站奶牛全部实现了机械化挤奶。2015年内蒙古标准化示范奶牛场3个（内蒙古懋龙集团蒙绿缘实业股份有限公司、巴彦淖尔市圣牧盘古牧业有限公司、鄂尔多斯市康泰仑农牧业股份有限公司），2014年荷斯坦奶牛存栏超万头的旗县已达40个，存栏量占内蒙古总量的94%，近80%的奶产量集中在26个10万吨以上产能的旗（县、区）。2015年，内蒙古50头以上的奶牛规模化养殖比例为66.3%，比2008年提高了49.5个百分点；全国100头以上的奶牛规模养殖占比为48.3%，比2008年提高了28.8%。2015年内蒙古奶牛存栏300头以上规模场857个，其中存栏300～499头的450个，占52.5%；存栏500～999头的231个，占26.9%；存栏1 000～3 000头的150个，占17.5%；3 000头以上的26个，占3.1%。企业自建奶牛场的奶牛存栏约占内蒙古荷斯坦奶牛存栏总量的10%。2015年50头以上牧场数为7 130个，仅占总场（户）数的13.82%，但奶牛存栏数高达 159.8 万头，占总头数的 80%，牛奶产量更高达 620 万吨，占总牛奶产量的 83.17%，这些指标充分反映了内蒙古奶牛产业规模化发展程度（表 1-1）。

表 1-1　内蒙古奶牛养殖规模化程度

单位：个，头，%

规　模	100~199 头	200~499 头	500~999 头	>1 000 头	散养	总和
牛场数量	2 776	637	228	200	47 784	51 625
奶牛数量	434 741	213 338	173 720	542 910	637 988	2 002 697
比重	21.71	10.65	8.67	27.11	31.86	100

数据来源：2017 年中国奶业统计资料。

呼和浩特市 2009 年实施的"百、千、万"奶牛项目工程，进一步推动了规模化养殖进程，"十二五"期间全市新建奶牛牧场 89 个、改扩建 57 个，养殖水平得到明显提升，建成了全国最大、最好的优质奶源基地。连续成功举办了九届"呼和浩特乳业发展国际论坛"。2011 年以来，呼和浩特市的奶牛养殖结构发生了较大的变化，2011—2013 年大量散户退出市场，2013—2014 年大量的小规模养殖户（小区）退出，2015 年以来一些中小型规模养殖户退出，奶牛养殖经历了优胜劣汰、转型升级。目前奶牛养殖形式主要包括乳品企业自建牧场、专业养殖公司、家庭牧场（包括合作社）这三种形式。表 1-2 显示了呼和浩特市奶牛养殖情况的具体表现：奶牛存栏逐年下降，奶牛规模化养殖水平迅速提升，单产水平提高。

表 1-2　内蒙古呼和浩特市奶牛养殖总体概况

养殖状况	年　份				
	2013	2014	2015	2016	2017（上半年）
奶牛头数（万头）	65	57	43.6	33.2	30.5
奶量（吨）	300	316	290	200	97.8
单产（吨）	6	6.5	7	7.5	8
养殖场数（个）	521	371	302	242	194
规模化水平（%）	75	90	95	97	99

1.1.4　牛奶收购价格和效益

2017 年 A、B、C 不同等级牧场生鲜乳全年的平均奶价分别为 3.4 元/千克、3.54 元/千克和 3.29 元/千克，不难看出，不同规模奶牛场之间的生鲜乳价格无明显规模等级优势的价差，说明生鲜乳价格主要取决于其质量，即规模大不一定生鲜乳质量就高。A 级牧场由 1 月 3.85 元/千克逐渐下降至 7 月 3.28 元/千克，之后缓慢回升，但到 10 月又降至 3.28 元/千克，之后一直下降至 12 月 3.25 元/千克，而 B 级牧场与 A 级牧场变化规律有所不同，从 9 月开始至 12 月一直缓慢上涨且相对在高位运行。C 级牧场从 9 月开始至 12 月一直相对低水平平稳运行（图 1-1）。

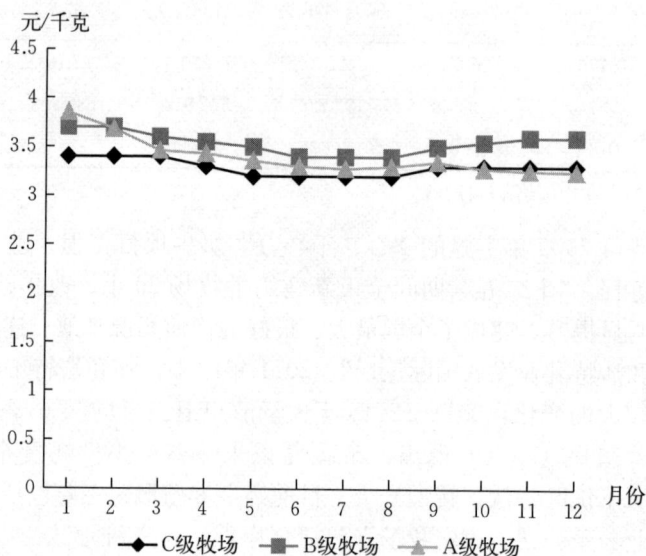

图 1-1 2017 年不同等级牧场原奶销售价格

呼和浩特市生鲜乳收购价格总体情况见表 1-3。生鲜乳收购价格 2013 年为牧场基础价 4 元，小区 3.15 元，奶站 2.95 元。2014 年在原来的基础上涨了 0.3 元，分别是牧场基础价 4.3 元，小区 3.45 元，挤奶站 3.25 元。从 2015 年 5 月开始一直在降价，到 2016 年 12 月底，家庭牧场基础价 3.4 元，大型牧场基础价 3.8 元；小区 2.6 元，管理费 0.26～0.69 元；挤奶站 2.6 元，取消了管理费。

表 1-3 呼和浩特市生鲜乳收购价格情况

单位：元

年份	2013	2014	2015	2016	
牧场基础价	4	4.3		家庭牧场基础价	3.4
				大型牧场基础价	3.8
小区	3.15	3.45		2.6（管理费：0.26～0.69）	
奶站	2.95	3.25		2.6（取消管理费）	

2017年5月呼和浩特市地区取消全部挤奶站收奶。从2017年1月到6月，伊利、蒙牛两企业奶价每月持续下降。伊利奶价：大型牧场从3.68元降到3.27元；中小型牧场从3.71元降到3.50元。合同量之外的1.60元收购。蒙牛奶价：大型牧场从3.72元降到3.15元；中小型牧场从3.40元降到2.80元；小区从2.60元降到2.30元。合同量之外的全部由养殖场自行处理。

2016年奶业企业对奶牛养殖者实施限量收购，这种限量收购使奶牛养殖者减少收入乃至加大了损失。牛奶价格下降主要与市场需求萎缩，进口量增多，企业成本升高有关。从2015年以来，伊利、蒙牛经常进行价格调控，还通过签订合同，限制合同量以外的牛奶。据调查，呼和浩特市平均每日配额外低价收购163.45吨合格的原料奶，价格为1.6元/千克，相当于奶牛养殖户每千克亏损1.2~1.6元，另有281吨原料奶因超出配额无法正常出售，养殖场自行喷成奶粉或自留使用。

1.1.5　生鲜乳监管情况

在内蒙古实施生鲜乳质量安全监测，生鲜乳合格率100%，养殖和收购站环节未发生一起重大生鲜乳质量安全事件，为进一步提高乳品质量安全提供了保证。

内蒙古政府结合牧区实际，出台了《民族特色乳制品地方标准及审查细则》，具体分为4个地方标准和2个细则，即：乳粉制固态成品和奶茶、奶皮子、奶豆腐乳制品的地方标准和《企业生产乳粉制固态成型制品许可条件审查细则》《企业生产生乳制固态成型制品许可条件审查细则》，作为民族特色乳制品生产准入的判定标准。在监管工作中自治区政府进一步贯彻落实了《乳品质量安全监督管理条例》和《内蒙古自治区生鲜乳收购管理办法》，按照自治区制定的《2012年生鲜乳违禁物质专项治理实施方案》，有效地落实了各项监管措施。针对检查中发现的问题，立即制定整改措施，按照农业部规定的生鲜乳收购站标准化管理现场检查内容和判定标准逐一核对并进行了整改。严格执行《生鲜乳生产收购记录和进货查验制度》等三项制度，加大对奶畜养殖和生鲜乳收购运输环节违法行为的惩处力度，对拒不执行国家相关规定的生鲜乳收购站和生鲜乳运输车辆，按照《奶畜养殖和生鲜乳收购运输环节违法行为依法从重处罚的规定》依法从重处罚，确保了生鲜乳质量安全。进一步巩固了专项整治的成果，生鲜乳行政监管、质量安全检测、执法监督三位一体的工作机制得到进一步完善，生鲜乳质量安全监管和奶业管理工作取得了较好的效果。

1.1.6　乳品企业及其加工能力

2015年内蒙古获得乳制品生产经营许可的乳制品企业有63家，其中进入统计范围的企业 58 家，亏损 13 家。另外，获得乳制品生产经营许可的乳制品企业中，获得婴幼儿配方奶粉生产经营许可的乳品企业共 6 家，其中伊利实业集团股份有限公司占 1 家。实现销售收入 603.60 亿元，销售利润 46.32 亿元。液态奶产量 276.37 万吨，占全国的 10.96%；干乳制品产量 17.18 万吨，占全国的 6.57%；奶粉产量 15.41 万吨，占全国的 15.86%。据统计，2016 年内蒙古乳制品企业名录最新达到 201 家。

2015 年，伊利销售实现 603.6 亿元，净利润实现 46.32 亿元；蒙牛销售实现 490.27 亿元，净利润实现 23.67 亿元，并在该年度伊利成为全球十强、亚洲第一的乳业龙头，蒙牛紧随其后，排名第 11 位。2016 年，伊利继续突破 600 亿元大关，实现营业收入 606.09 亿元，同比增长 0.41%，净利润实现 56.69 亿元，同比增长高达 21.80%；蒙牛销售实现 537.8 亿元，同比增长 9.7%，净亏损 7.51 亿元。伊利和蒙牛的营业收入差距缩小至 68.29 亿元。伊利在该年度跃升全球八强，伊利、蒙牛这两大乳企的日加工能力目前达到 1 万吨，产品包括液态奶、冷饮、奶粉、酸奶等几大类，百余系列 2 000 多个品种。

1.1.7 疫病防控情况

2005 年开始，根据国务院关于推进兽医管理体制改革文件精神，内蒙古兽医管理体制进行了改革，改革后自治区、地市、旗县级的兽医行政组织体制为：兽医局、动物卫生监督所和动物疫病预防控制中心三个兽医机构。内蒙古动物疫病的防控工作，由自治区农牧业厅负责，下设二级单位负责具体业务处理。其工作内容主要包括重大动物疫病的防控工作、动物疫病流调和监测、其他重点动物疫病防控三个方面。经过一系列工作的展开，取得了一定的工作成效。

据调查统计，呼和浩特市共累计流调规模场（养殖大户）723 个，其中牛场有 39 个，未发现异常情况。按照《全区跨省调运种用动物、乳用动物专项整治活动实施方案》（内农牧医发〔2016〕176 号）文件要求，自 2016 年 6 月中旬起，呼和浩特市分别从规范行政许可行为、健全完善监管机制、开展普法宣传活动、开展风险评估工作四个方面展开了专项整治行动。

1.2 奶业重要进展

奶牛标准化规模养殖的快速推进是奶业发展最引人关注的重要进展。在政策和市场双重作用下，内蒙古奶牛标准化规模养殖发展较快，主要表现为"散退场进"，即以伊利、蒙牛为首的乳品企业新建了一批规模牧场；以圣牧高科、现代牧业为代表的企业建设了一批高标准牧场；"奶联社"这样的奶牛养殖企业通过"租牛派息"等方式扩大了生产规模；部分经营能力较强的养牛大户发展成具有一定规模的家庭牧场（50～100 头）；一部分散户因企业实行"歧视性奶价"、得不到政策扶持加之高成本等因素，出现持续亏损，选择了退出。经过一番调整，形成了大、中、小型各类养殖规模并存的奶业生产格局。2010年至 2015 年，呼和浩特市有 24 个奶牛牧场被农业部挂牌为"标准化示范场"，对推进标准化养殖起到了很好的示范带头作用。

内蒙古自治区政府组织召开了奶源基地建设座谈会，内蒙古有关部门与部分盟市及 6 家乳品龙头企业签订了《推进奶源基地建设联合协议书》。按照方案与协议内容，内蒙古要本着"企业主导、政府扶持、社会参与、农民自愿"的基本原则，加大政策扶持力度，重点支持荷斯坦奶牛存栏 1 万头以上的 40余个主产旗县的中小规模养殖户和散养户规模化发展，加快推进奶牛标准化规模养殖进程，2015 年，使内蒙古 50 头以上标准化规模养殖奶牛存栏比重提高到 80%以上。截至 2016 年底，呼和浩特市全市规模化奶牛场 242 个，规模化养殖水平达到 97%，较 2010 年提高近 30 个百分点，规模化水平大幅度提高。另外，该市奶牛良种化覆盖率也有所提高。随着奶牛规模化科学养殖技术的推广，奶牛单产水平也在逐步提高，全市奶牛单产从"十二五"初期的 4 吨提高到现在的 7.5 吨。

到 2016 年，内蒙古圣牧高科、呼伦贝尔农垦、奶联社、源升公司要分别建设完成 2 000 头到 3 000 头奶牛牧场 21 座、500 头到 3 000 头奶牛牧场 30座、家庭牧场 130 座和优质奶牛扩繁场 3 座、3 000 头到 1 万头奶牛牧场 6 座。在加快奶牛规模化养殖的同时，实行牛奶收购交易参考价和政府指导价相结合的定价机制。

1.3 内蒙古地区奶业发展中存在的问题

在政府推动和乳品加工企业拉动下，内蒙古奶牛养殖进入由散养、粗放经营向规模化、标准化、专业化、集约化养殖转型阶段。但在转型过程中还是不可避免地出现了一些新情况、新问题。2012 年以来，受奶源基地建设滞后、奶牛养殖成本持续上升、乳品加工企业单方定价影响奶牛养殖者养殖积极性等多重因素影响，内蒙古乳业发展面临严峻形势。

1.3.1 优质原奶供应不足，影响乳制品产量质量

优质原奶供应出现缺口的一个主要原因为，据统计数据显示，2015 年内蒙古荷斯坦奶牛存栏同比减少 54.6 万头，牛奶产量同比下降 15.18 万吨，平

均日收奶量下降 1 800 吨。同时，乳品企业自身控制奶源能力不足等，引起奶源紧张。按照满足内蒙古主要奶企产能 70％的奶源需求来计算，内蒙古奶牛缺口在 50 万头以上，原料奶供给缺口大。另一个原因为小规模奶牛养殖者不断被迫退出市场，规模化养殖增长缓慢。另外，内蒙古奶牛年均单产仍处于中低水平，个体生产性能不强，这是制约奶牛养殖业发展的主要瓶颈问题。高产奶牛核心群较少，优质奶牛数量增长缓慢。种公牛站的种公牛培育体系尚未建立，缺乏自主种公牛培育能力，种公牛的质量还不高。内蒙古奶牛总数中乳肉兼用型的三河牛、科尔沁牛、草原红牛、低产杂交黑白花奶牛的比例仍较大。而且牛群内部年龄、胎次、血统也不尽合理；再加之近几年乳业大发展带来的奶源竞争后引发的牛源竞争，奶牛数量迅速扩大，非专业人员盲目从外地购进的奶牛，单产水平低，谱系不清，导致牛群整体素质不高。

1.3.2　饲养规模分散，集约化经营水平低

　　内蒙古奶牛饲养历史虽然较长，但真正大发展还是改革开放以后，特别是近十几年才形成热潮。发展地点是农村，主体是农民。由于受农村经济发展条件特别是农民自身资金积累能力的限制，绝大多数农民没有能力购买太多的奶牛，基本上是以家庭为单位小规模分散饲养，粗放经营，这种饲养方式很难适应现代化专业化服务。2015 年饲养奶牛头数 50 头以下场（户）44 495 个，占总数的 82％，平均饲养奶牛头数仅为 9 头。奶牛经营规模化、标准化水平低带来如下一些问题。一是饲养技术落后，一些养牛户饲养管理粗放、设施简陋、饲料搭配不合理，违背奶牛的生理特点，投入高，产出低。二是环境卫生防疫、检疫等适用技术难以推行，病牛得不到及时治疗，增加了养牛户的风险，制约了奶牛养殖业的健康发展。三是居民生活区与奶牛养殖区不分，造成人居环境的污染，也限制了家庭养殖规模的扩大。落后的饲养方式与乳品加工企业引进世界先进乳品加工工艺设备形成了巨大的反差，限制了乳品加工业的发展。四是原料奶质量也还不高，细菌总数、抗生素含量超标，体细胞数过高，乳脂肪和乳蛋白等指标低于标准水平。

1.3.3　养殖成本提高，奶业效益不振

　　由于国内外市场需求等的影响，饲草料价格居高不下，劳动力成本呈连年上涨趋势。奶牛养殖所需的浓缩料、蛋白料等饲料主要来自豆粕和玉米等主要原料，虽然玉米价格有所回落，但饲料价格基本保持平稳，导致奶牛养殖成本持续高位运行（饲草料占奶牛饲养成本的 60％～70％），使奶牛经营者收益不振，甚至亏损运行。此外，防疫防治等成本也在上升，甚至推动奶牛养殖成本持续上升，从而推高生鲜乳收购价格，但是内蒙古仍未建立和完善生鲜乳价格

形成机制，加之企业的垄断，使得内蒙古的生鲜乳收购价格难以上涨。

　　根据相关调研与统计，目前泌乳牛每千克饲料成本都在 1.8～2.1 元，主要原因是饲料价格居高不下（2014 年以来泌乳牛全价料一直维持在 2.6～3.3 元/千克）、人工成本不断攀升（管理费用、饲养员工资等）、环保压力日益加大（设施投入、设备运转等），导致养殖成本很难降低，每千克原料奶成本仍然维持在 2.8～3.0 元。现存养殖企业有一半以上的处于亏损或维持经营，养殖形势不乐观。

1.3.4　土地、资金短缺，养殖规模化缓慢

　　目前，建设一个百头规模养殖场至少需要投入 300 万元以上。内蒙古 50 头以下的散养户实现规模化养殖，至少需要投入 30 亿元，而国家在扶持内蒙古发展规模养殖场建设方面的资金每年只有 7 000 万元。如果规模养殖扶持资金不加大投入力度，在饲草料成本、劳动力成本、水电等价格不断上涨的压力下，加之信贷支持跟不上，很有可能使散养户退出奶牛养殖业。另外，土地资源对规模化养殖的约束持续加大。一是工业化和城镇化的加速发展对土地资源的需求量显著上升，将进一步挤占发展养殖业的土地；二是土地用于奶牛养殖业创造的财富远低于工业生产，地方政府缺乏拿出土地供给"低效益"的奶牛养殖业的动力；三是国家为了保障粮食安全，实施最严格的土地管理政策，所以对养殖业供给的土地很有限；四是一个规模化奶牛养殖场，如果沼气池等配套设施跟不上，会对地方环境造成严重污染，加之地方政府不但不能从养殖场获得税收，反而要承担各种补贴和污染治理的支出。从而，地方政府大力发展奶牛养殖业的积极性并不高。为此，奶牛养殖业占用土地的空间越来越狭窄，创造的直接效益有限，土地资源的约束力持续加大。

1.3.5　防疫任务艰巨，专业化服务水平低

　　奶牛"两病"是当今全球奶牛饲养业重点攻关和预防的最大顽疾和难题，同时又是令奶牛饲养者和兽医们最为头痛和不可回避的现实问题。据有关资料报道，由于气候与生态环境的变化，"两病"在全球奶牛饲养业中近几年有上升趋势。随着乳产业发展，内蒙古奶牛数量迅速增加，防疫工作已经摆在非常重要的位置上，但从目前情况来看，内蒙古的疫病防治工作还有不尽人意的地方。又由于投入和机制的问题，缺少标准化的服务场所和服务设施，技术服务队伍不稳定，特别是防疫、治疗人员流失严重，不能满足疫病防治的需要；虽然龙头企业为农户提供部分饲料供应、知识培训、畜种改良等方面的服务，但这类项目不完善而且覆盖面有限；不少专家、游医开展流动服务，缺乏有效管理，收费乱，技术参差不齐，奶户缺少可靠的保证。

1.3.6 乳及乳制品市场不规范，标准体系不完善

在原料奶收购市场方面，除自己拥有奶源基地的乳制品加工企业，其他诸多中小型企业，短期收购行为严重。在乳制品消费旺季提高原料奶价格，争抢奶源；在消费淡季压级压价，损害奶牛养殖者利益。在乳制品销售市场方面，乳制品加工企业恶性竞争，捆绑销售，大打广告战和价格战，甚至低于成本价格倾销，扰乱了正常市场秩序。

在原料奶管理、乳制品质量安全监管、液态奶标识管理等方面配套的标准和规范不健全，乳制品质量安全检测机构不健全，手段落后，认证能力不足，监督约束机制不健全，难以适应国内奶业发展和国际市场竞争的需要。

商品标识不规范、不真实，没有真正标清原奶产品还是还原乳产品，不仅侵犯了消费者知情权，甚至损害消费者利益。

1.3.7 价格机制不完善，严重影响乳业经济健康发展

合理的奶价是保障奶牛业长期稳定发展的关键。长期以来，奶价被乳品企业集团垄断的格局尚未得到根本改变，例如从 2015 年以来，伊利、蒙牛经常进行价格调控，致使呼和浩特市奶价经常下跌，基本上长期处于全国中下水平；蒙牛、伊利还通过签订合同，限制合同量以外的牛奶。这种被集团垄断的格局是长期奶价偏低，奶牛养殖者效益得不到保障的主要原因。出现这种情况的深层原因，可以从以下几个方面来讨论。一是虽然近年乳品加工企业数量发展到一定规模，但除了伊利、蒙牛外众多乳品企业规模小，产品质量档次不高，也形不成合力抗衡大型乳企集团。内蒙古乳制品主要以超高温灭菌奶、奶粉、酸奶、冰淇淋为主，产品细分程度低，花色品种较少，深加工产品就更少。二是乳制品进口量不断增加，直接影响奶价形成机制，也将影响乳业经济健康发展。2015 年，我国奶粉进口 72.3 万吨，液态奶进口 47.04 万吨（其中鲜奶：46.01 万吨，酸奶：1.031 645 万吨）。2015 年 12 月 20 日开始执行与澳大利亚签订的自由贸易协定，以及欧盟取消了乳制品配额制后，鲜奶、奶粉的进口量大幅增加。2016 年，我国奶粉进口 82.6 万吨，同比增长 14.25%，液态奶进口 65.5 万吨（其中鲜奶：63.41 万吨，酸奶：2.09 万吨）。特别是近年来一些乳业企业大量进口廉价乳制品，将其还原加工成各种乳制品，且无任何与国内鲜奶区分的标识，这不仅严重影响着广大牛奶生产商利益，而且也影响着广大消费者的知情权和切身利益。

1.4 内蒙古地区奶业发展中的建议措施

奶业是现代农业和食品工业的重要组成部分，对于改善居民膳食结构、增

强国民体质、增加农牧民收入具有重要意义。为促进奶业持续健康发展，保障乳品质量安全，内蒙古要按照全国奶业"十三五"发展规划要求和内蒙古自治区政府《关于促进奶业持续健康发展的实施意见》，突出抓好规模养殖、良种繁育和质量安全，推动奶业的转型升级，提高奶业整体素质。要正确处理好奶业发展的速度、效益和质量的关系，促进养殖方式由分散养殖向规模养殖转变；市场秩序由无序竞争向规范有序转变；增长方式由数量增长型向质量效益型转变；奶业发展方式由传统向现代转变，确保内蒙古奶业持续稳定健康发展。具体的建议措施如下。

1.4.1　加强奶牛优质良种繁育体系建设，提高奶牛单产

抓住国家奶牛良种补贴资金已经全面覆盖的契机，推进奶牛优质良种繁育体系建设。从 2005 年实施奶牛良种补贴政策以来，内蒙古奶牛良种化进程加速，对荷斯坦奶牛、乳用西门塔尔牛和三河牛的良种化和提高奶牛个体产出发挥了积极作用，内蒙古奶牛良种覆盖率已达到 100%。

加强奶牛良种选育和改良，做好奶牛良种登记和生产性能测定的基础性工作，加大良种推广和补贴力度。各地通过开展建档立卡等工作，进一步建立健全了奶牛系谱和档案资料以及追踪体系，在饲养中要突出优良品种、建立合理牛群结构、加大奶牛选育和选留、加大淘汰力度；加强对奶牛养殖者和配种员的培训，为奶牛养殖者提供饲养管理技术、良种繁育、疫病防治、鲜奶销售和机械维修等全方位的培训，提高配种受胎率，提高个体产出水平。积极开展奶牛 DHI 测定工作，为参测牧场提供 DHI 测定报告，为提高个体生产性能和保证质量提供了科学依据。

1.4.2　大力推进规模养殖，提高规模化养殖水平

目前，畜牧业标准化、规模化生产水平仍然较低，奶牛由小散户养殖，保障质量安全监管困难很多，生产性能和饲养管理还有较大提升空间。按照自治区制定的《内蒙古自治区人民政府办公厅关于印发自治区专项推进奶牛标准化规模养殖场建设实施方案的通知》（内政办发电〔2013〕109 号）和《奶牛标准化规模养殖场（小区）建设规划纲要》，加快奶牛规模养殖场和标准化养殖小区建设，推进奶牛养殖的标准化、规模化和机械化，逐步解决奶牛养殖规模小而散问题。2008 年实施奶牛标准化规模养殖项目以来，各地也出台相应政策，扶持规模养殖政策措施。此外，各旗县区也以因地制宜地无偿为养殖场（小区）提供建设用地、免征土地管理费等措施鼓励引导奶户进入规模养殖场（小区）进行标准化养殖。在投资与经营模式上不断创新，广泛吸纳社会资金，形成了多元化投资和多种模式并存的合作经营机制。如：乳品企业自建模式、奶联社模

式、托牛所模式、奶牛养殖者专业合作社模式、家庭牧场模式和企业投资模式。

因此，今后将狠抓以下几点工作：一是鼓励乳品加工企业通过参股、控股、合资、收购和租赁等方式与散养奶牛养殖者合作建设规模养殖场，推进散养奶牛进场的同时，加快建设自己的奶源基地。二是在加大扶持奶牛养殖者合作社的规模化发展上，加快引导奶牛入园、奶牛养殖者入社，形成以奶牛养殖者专业合作社为主导的适度规模养殖模式。乳品加工企业可以通过与奶牛养殖者合作社采取协商定价、订单收购方式与奶牛养殖者合作社结成稳定的产销关系。三是通过政府引导资金，鼓励社会资本投资建设规模养殖场，吸收散养奶牛进场。四是加强奶牛养殖场（小区）备案制度，大力推广科学饲养技术，加强饲草料基地建设，努力提高奶牛单产和原料奶质量。五是继续加大对奶业发展的扶持力度，加大政府对奶业发展的资金投入，强化奶业基础设施建设，加大奶牛良种繁育补贴力度，加大家庭牧场的扶持力度。在建设用地、基础设施建设、环境污染治理、奶牛场沼气工程、奶农技术培训等方面给予充分的资金与政策支持。

1.4.3 推进生鲜乳收购价格形成机制，提高奶业发展抗风险能力

各地按照内蒙古自治区政府《关于促进奶业持续健康发展的实施意见》，积极探索生鲜乳购销价格管理形成机制。今后乳业发展问题的焦点仍然集中在奶价上，由政府牵头，成立生鲜乳价格定价委员会，由发改部门、农牧部门、奶协、乳品企业、养殖场（户）等成员组成，定期对乳业市场进行调研、核算成本，以及时、合理地调整生鲜乳价格。强化奶业协会职责，发挥其引导作用。成立由政府、农牧业局、奶协、乳企和养殖户组成的奶业综合协调部门。通过生鲜乳协调机制等，防止生鲜乳价格的剧烈波动，定期进行价格发布和价格协调。实行联合定价机制，有利于保障乳产业链各方利益，更调动奶牛养殖者的积极性。一是建立奶业风险基金。资金由奶牛养殖户、乳品加工企业、鲜奶收购站、饲草料经营企业和国家按不同比例和标准共同募集，主要用于对加入风险基金的奶牛意外死亡、疫病奶牛捕杀的补贴。二是建立原奶最低保护价格制度。当市场价格高于保护价格时，企业按市场价收购；当市场价格低于保护价格时，按保护价收购。三是建立原奶价格政策性保险机制。保费按比例由政府和养殖场共同承担，养殖户自愿参保。每年分地区，分生产淡、旺季测算行业平均生产成本，当市场价格低于本地行业平均生产成本时，保险公司向参保养殖场支付保险金，保障奶牛养殖场不亏损。

1.4.4 加强生鲜乳收购站监管，保障奶源质量安全

奶源质量是奶业持续健康发展的根本，建立健全奶源监管体系是保障奶源质量安全的关键。因此，要做到生鲜乳收购站和运输车辆监管有专门的执法队

伍专管，保证有专门的检测机构、设备和经费开展生鲜乳检测。此外，完善生鲜乳质量安全突发事件应急处置预案，加强检测和执法能力建设。对突发质量安全事件，迅速反应、立即行动、严肃查处。按照自治区党委、政府提出的《关于促进奶业持续健康发展实施意见》（内政发〔2008〕106号），严格执行《乳品质量安全监督管理条例》和《内蒙古自治区生鲜乳收购管理办法》相关规定，建立健全生鲜乳质量安全监管体系，逐步规范监管程序。继续发挥奶业管理办公室、奶源监管大队、生鲜乳第三方检验测试中心、生鲜乳收购管理网站等作用，在生鲜乳收购站积极推行"分户留样、责任追溯"制度。

1.4.5　稳定饲料价格，降低养殖成本

当前，降低奶牛养殖成本是提高奶牛养殖者利益和保障奶业健康持续发展的最核心问题。饲草料是奶牛养殖的根本。好的、优质的饲料有利于奶牛的健康成长及牛奶质量的提高。饲料价格的上涨对奶牛养殖者增收有着严重的影响，因此要稳定乃至降低玉米、牧草、大豆和豆粕等主要饲料的价格，降低饲料成本费用。目前在奶牛饲料中玉米约占奶牛饲养成本的30%，苜蓿占12%。为此，建议政府利用奶业风险基金或安排专项财政资金，通过国有粮食储备库建立饲料玉米储备制度，价低时收储，价高时抛售或平价供应奶牛养殖户，维护饲料价格的稳定。同时，政府要鼓励有条件的地区适当发展饲草料基地，也可通过种植结构调整，即粮改饲、草，合理调整粮、经、饲、草的比例结构。在养殖模式的选择方面，为了有效缓解环境问题和成本问题，积极采用"种养结合"的养殖模式，奶牛场可做到优质粗饲料的基本自给，而且粪污可以100%还田，既可降低养殖成本又可减小环境压力。

1.4.6　加大金融支持力度，促进奶牛养殖健康发展

目前，奶牛养殖正从家庭粗放经营向规模化、集约化方向发展，需要较大的资金投入。其中，奶牛场的建设是一项巨大的工程，无论是场地的建设，挤奶等设施的购买，还是奶牛品种的引进都是耗资的项目，因而政府应出台相应的政策对奶牛场的建设给予支持。因此，除了加大政府的补贴支持力度外，还必须加大贷款支持力度，降低贷款门槛，增加以牛舍和牛群为抵押的贷款支持。完善贷款的手续和程序，提高金融服务水平，从而方便奶牛养殖户获得资金，扩大养殖规模，转变养殖方式。另外，社会其他组织和企业也可以作为奶牛场的股东入股投资，从而扩大规模化、标准化奶牛养殖的融资渠道。

1.4.7　制定工作方案，开展动物防疫专项督查工作

内蒙古自治区各盟市应当及时制定下发全年动物免疫、监测、流调工作方

案，以及年度布病防控、兽药市场整治等相关工作方案用于指导各项动物防疫工作。开展动物产品安全专项监督检查，各相关部门及时检查各地有关措施、动物疫病防控工作的落实情况。

1.5 下一步的工作思路

1.5.1 重视研究推进现代奶业建设面临的问题

奶牛养殖规模化、标准化、专业化、集约化、健康化是奶业发展的必然趋势。规模化、标准化养殖对提高奶业生产水平、加强乳制品质量安全管理、提升经营管理水平、提高经济效益、强化国际竞争能力都具有重大现实意义和战略意义。因此，应高度重视现代奶业建设过程中产生的问题及困难，以及潜在的风险。资金短缺是当前最普遍存在的问题，一定程度上阻碍着现代奶业发展进程。再如奶业加工企业自己创办的规模化牧场、非加工企业或法人经营的规模化牧场、奶联社经营的牧场和私人经营牧场等主体之间的竞争或博弈问题也是非常重要的。

1.5.2 加快构建新型奶业经营主体

规模奶牛养殖者、家庭牧场联合起来组建奶业合作社，兴办乳制品加工企业，形成利益共同体。要大力培育奶业新型经营主体，健全乳品企业与奶牛养殖者的利益联结机制，不断提高奶业组织化程度。同时应加强构建以社会化服务为宗旨的新型经营主体，为广大奶牛养殖场（户）提供各种技术、信息、管理、运销、托管等方面的服务创造有利条件。

1.5.3 提升奶牛养殖者经营管理水平

随着奶牛产业的长足发展，奶牛养殖者经历了优胜劣汰，不断磨炼的结果是已经有了明显好转，但与发达的奶牛强国相比，差距仍然非常之大。在奶牛养殖基础设施、关键设备等硬件建设和奶牛品种优质良种化方面已达到或接近发达国家水平的情况下，为什么奶牛养殖者利润仍较低呢？其重要原因就是经营者的知识、技术、技能、管理能力限制。通过提升奶牛经营管理者的综合素质，可达到扩大利润空间的目的。

1.5.4 重点关注生鲜奶收购价格形成机制

为进一步规范生鲜乳交易行为，维护奶牛养殖者利益，应加强对生鲜乳购销过程中压级压价、价格欺诈、价格串通等不正当价格行为的监督和管理，建立合理的生鲜乳价格形成机制，要认真落实以政府部门牵头，与奶业协会、乳制品生产企业、生鲜乳收购者、奶牛养殖者代表等共同组成生鲜乳价格协调委员会，定期提出不同养殖模式下淡季和旺季生鲜乳交易参考价的决定。并认真参考内蒙古自治区政府提出的"建立合理的生鲜乳价格形成机制，实行牛奶收购交易参考价和政府指导价相结合的定价机制和形成紧密利益联合机制"的决定。实行联合定价机制，灵活建立制度并运用保护价、目标价、风险基金等的积极功能，有利于保障乳产业链各方利益，更调动奶牛养殖者的积极性，是稳定奶源，奶业持续健康发展的基础。当市场行情发生较大变化时，奶协及时组织生鲜乳定价委员会与各方面加强沟通协调，在奶价低于养殖成本价时启动奶价应急机制，即启动原奶生产成本临时补贴政策，对低于成本价的部分，企业承担 60％，政府补贴 30％，养殖户承担 10％。

1.5.5　进一步加强奶业基本信息搜集工作

及时、全面和准确搜集掌握各地区奶业发展现状的基本信息资料是准确判断内蒙古、全国乃至全世界奶业发展全局的重要基础，是国家调整、完善和制定有关奶业发展政策及制度安排的重要依据，也是能否正确判断奶业发展趋势的关键。因此，在力所能及的情况下，要积极组织相关力量，遵照国家奶牛产业技术体系规则和要求，制定好调研方案，对内蒙古奶业政策制定部门、重要的乳品企业、奶牛养殖基地、规模化养殖牧场、奶站、散户养殖奶牛养殖者、地方政府进行认真、系统、详细地调查，全面搜集奶业产业基本信息资料。特别要重视并着手实施奶牛档案管理工作，尽快构建全产业链追溯体系。

2 山东省奶牛养殖业发展现状与转型思路[*]

□ 赵　耀[①]　肖卫东[②]

　　山东省属中温带、暖温带大陆性季风气候，其丰富的饲草（苜蓿、青草等）、作物秸秆和农副产品，以及主产的小麦、玉米、大豆、棉花为奶牛养殖提供了丰富的饲料资源。作为畜牧业大省，奶牛养殖在山东畜牧业中占有十分重要的地位，奶牛业产业化程度位居全国前列。但目前山东省奶牛养殖业发展还存在生产水平低、优质粗饲料缺乏、疫病防控形势严峻、环境污染、规模不大等问题。山东省及各地政府高度重视奶牛养殖业发展，出台了大量支持政策，但支持政策的实践执行效果还有待于进一步提高。鉴于此，本章对山东省奶牛养殖业的发展现状、存在问题进行研究分析，并提出山东省奶牛养殖业的转型发展思路，以期对山东省奶牛养殖业的持续健康发展提供参考。

2.1　山东省奶牛养殖业发展现状

2.1.1　奶牛养殖规模不断扩大

　　奶牛养殖规模一般可以从养殖主体、奶牛存栏量及牛奶产量等方面来考察与分析。首先，从养殖主体来看，2008 年以前，全省存栏 100 头以上的规模化养殖比重不足 50%，2014 年达到 67%；2014 年，奶牛存栏 100～999 头的养殖场 1 895 个，奶牛存栏 1 000 头以上的养殖场 148 个。根据山东省畜牧总站监测统计数据，2014 年，山东省已被监测的奶牛养殖户 1.3 万户，比 2011 年减少 40.91%；监测奶牛 72 万头，比 2011 年增加 3.54%。2016 年，山东省奶牛规模养殖在 100 头以上的比例已达到 73.26%，规模牧场全部实现机械化挤奶；2017 年 12 月监测奶站数据显示，全省奶牛平均群体规模为 235 头/群，

　　* 资助项目：国家奶牛产业技术体系（CARS-36）产业经济研究室"全球化背景下中国奶业转型发展研究"项目。

　　① 作者简介：赵耀（1994—），男，山西人，硕士，主要从事行政管理研究，E-mail：157380543 @ qq. com。
　　② 通讯作者：肖卫东，男，江西吉水人，教授，博士，主要从事农业经济理论与政策研究，E-mail：zhengdong8888@163.com。

比 2016 年增加 38.24%，比 2017 年初提升了 28.42%。这表明，近年来山东省奶牛养殖主体数量呈下降趋势，但规模化奶牛养殖比例稳步提高。其次，从奶牛存栏量来看，2011—2015 年山东省奶牛存栏量呈现波动上升态势，总体增长平缓（表 2-1）。但 2011—2015 年山东省牛奶产量增幅不大，总体呈现平稳发展趋势，进入稳定低速发展时期。

表 2-1　2011—2015 年山东省奶牛存栏及牛奶产量情况

	2011 年	2012 年	2013 年	2014 年	2015 年
奶牛存栏量（万头）	125.7	129.8	125.0	139.7	133.4
牛奶产量（万吨）	268.9	283.9	271.4	279.6	275.4

数据来源：《中国奶业年鉴》（2012—2016 年）。

2.1.2　奶牛养殖区域结构更加优化

受市场规模及需求、地理位置及交通、饲草资源、历史发展等因素影响，山东省奶牛养殖产业呈现"三区两带"的区域化发展格局。其中，"三区"是指胶东奶牛养殖区（主要包括烟台市和威海市）、黄河三角洲奶牛养殖区（主要是东营市）、鲁西南奶牛养殖区（主要包括菏泽市和济宁市）；"两带"是指沿京福高速奶牛养殖带（主要包括德州市、泰安市、曲阜市、枣庄市和临沂市）和沿济青高速奶牛养殖带（主要包括济南市、莱芜市、淄博市、潍坊市和青岛市）。胶东奶牛养殖区有着突出的环境优势，优质特色奶业和特色养殖发展的潜力空间大；黄河三角洲奶牛养殖区有优良的环境和丰硕的资源，规模化奶牛养殖基础好、奶源集中度高，具有率先发展深加工乳制品加工业的独特条件；鲁西南奶牛养殖区有丰富的饲料资源，紧依中原地区和淮河流域，有着广阔的奶业市场支撑，在运输中长距离的常温奶上有着非常大的潜力；沿京福高速奶牛养殖带、沿济青高速奶牛养殖带交通发达、运输方便，临近城市群，在优先发展低温巴氏奶方面有明显的优势。

2.1.3　奶牛养殖成本持续上升，规模收益不明显

近年来，山东省分散、小规模和大规模奶牛养殖的平均养殖成本全部呈现持续上升状态。如表 2-2 所示，2015 年山东省分散、小规模、大规模奶牛养殖的平均养殖成本比 2012 年分别增加了 790.76 元/头、3 223.45 元/头、3 633.57 元/头。由此可见，分散和小规模的养殖成本优势显著，大规模养殖的平均养殖成本增幅最大，分散养殖的成本增幅最小。在 3 种养殖模式的生产成本结构中，物质与服务费用占比最高，2015 年，分散、小规模、大规模奶牛养殖的平均物质与服务费用占比分别为 77.16%、84.45%、93.20%。奶牛

养殖规模越大，物质与服务费用所占比重越高。

表 2-2　2012—2015 年 3 种规模奶牛养殖的平均养殖成本

单位：元/头

	2012 年	2013 年	2014 年	2015 年
分散养殖	13 686	15 943	16 775	14 476.76
小规模养殖	11 639	13 057	14 630	14 862.45
大规模养殖	23 562	25 094	25 728	27 195.57

数据来源：《中国奶业年鉴》（2013—2016 年）。

在奶牛养殖效益方面，从平均净利润来看，近些年来，分散、大规模奶牛养殖的平均净利润表现为增长趋势，而小规模奶牛养殖的平均净利润则表现为下降趋势（表 2-3）。具体来看，分散养殖平均净利润从 2012 年的 5 154.5 元/头增长到 2015 年的 9 536.2 元/头，年均增长 1 095.4 元/头；大规模养殖平均净利润由 2012 年的 292.53 元/头增长到 2015 年的 3 712.70 元/头，年均增长 855.04 元/头，分散养殖平均净利润的年均增幅高于大规模养殖。小规模养殖平均净利润由 2012 年的 5 872.6 元/头下降到 2015 年的 3 291.0 元/头，年均下降 645.4 元/头。2015 年，在 3 种奶牛养殖模式中，分散养殖的平均净利润最高，为大规模养殖的 2.57 倍、小规模养殖的 2.90 倍，原因主要是分散养殖总成本较其他养殖方式低。

表 2-3　2012—2015 年 3 种规模奶牛养殖的平均净利润

单位：元/头

	2012 年	2013 年	2014 年	2015 年
分散养殖	5 154.5	7 691.9	6 354.0	9 536.2
小规模养殖	5 872.6	5 211.8	5 331.0	3 291.0
大规模养殖	292.53	−424.2	2 474.1	3 712.7

数据来源：《中国奶业年鉴》（2013—2016 年）。

从主产品净利润来看，3 种不同奶牛养殖模式获得净利润的变化趋势与平均净利润基本一致，即分散、大规模奶牛养殖的百斤[①]主产品净利润呈现增长趋势，而小规模奶牛养殖的百斤主产品净利润则呈现下降趋势（表 2-4）。具体来看，2012—2016 年分散养殖的百斤主产品净利润年均增长 10.78 元/百斤；

---

①　斤为非法定计量单位，1 斤=0.5 千克。——编者注

大规模养殖百斤主产品净利润年均增长 5.24 元，显然，分散养殖百斤主产品净利润的年均增幅高于大规模养殖。2012—2016 年小规模养殖百斤主产品净利润年均下降 5.96 元。2015 年，在 3 种奶牛养殖模式中，分散养殖的百斤主产品净利润最高，为大规模养殖的 3.80 倍、小规模养殖的 3.28 倍。可见，山东省奶牛养殖的规模收益不明显，生产成本差异是造成规模效益差异的首要因素。

表 2-4 2012—2015 年 3 种规模奶牛养殖的百斤主产品净利润

单位：元

	2012 年	2013 年	2014 年	2015 年
分散养殖	43.61	67.35	54.54	86.72
小规模养殖	50.27	46	45.16	26.44
大规模养殖	1.85	−2.77	15.62	22.81

数据来源：《中国奶业年鉴》（2013—2016 年）。

2.2　山东省奶牛养殖业发展存在的主要问题

2.2.1　奶牛种质自主培育能力不足

一是奶牛生产性能测定、品种登记及体型鉴定等相关基础育种工作不完善，良种培育和快速扩繁的需要得不到有效满足。原因在于大多数奶牛养殖场缺乏相应的奶牛养殖数据记录，规范化管理的长效机制没有建立起来，奶牛养殖原始资料的记录与保存不规范。二是优质奶牛种源不足。山东省种子母牛数量少，所在区域较为分散及遗传品质不高，这些因素使种子母牛的自主培育和选择效果受到很大的影响。而且种子母牛评价体系标准的缺乏使得种子母牛群选择的准确性受到严重影响，奶牛种质创新能力不足。三是对奶牛体型鉴定工作的重视不够。目前，山东省绝大多数奶牛养殖场没有专门从事奶牛体型鉴定的员工，而奶牛体型鉴定的结果主要用于对种公牛的遗传评估工作中，没有与牛群选种选配工作形成密切的联系，对于奶牛体型改良的指导有限。

2.2.2　产量水平有待提高

如表 2-5 所示，2011—2015 年，山东省牛奶产量从 268.90 万吨增长到 275.40 万吨，增幅较小；而事实上，2015 年，山东省牛奶产量相比 2012 年下降了 8.5 万吨，比 2014 年下降了 4.2 万吨。2011—2015 年，山东省年平均总产量为 275.40 万吨，为内蒙古的 34.29%、黑龙江的 48.27%、河北的 58.21%、河南的 80.48%。

表 2 - 5　2011—2015 年山东省及全国部分省区牛奶产量

单位：万吨

地区	2011 年	2012 年	2013 年	2014 年	2015 年
全国	3 657.80	3 743.60	3 531.40	3 724.60	3 754.70
内蒙古	908.20	910.20	767.30	788.00	803.20
黑龙江	543.10	559.94	518.23	556.58	570.50
河北	458.90	470.40	458.00	487.80	473.10
河南	306.60	316.10	316.40	332.00	342.20
山东	268.90	283.90	271.40	279.60	275.40
新疆	130.50	132.20	135.00	147.50	155.80
陕西	140.50	141.80	141.10	144.70	141.20
辽宁	124.50	124.70	118.50	131.30	140.30
宁夏	96.00	103.50	104.20	135.70	136.50

数据来源：《中国奶业年鉴 2016》。

　　"十二五"期间，山东省成母牛平均单产年均增幅达 150 千克以上，2014 年全省平均单产水平达到 5.9 吨，个别奶牛场达到 10 吨。2017 年，山东省奶牛平均单产 6.75 吨/牛·年，同比增长 0.81%，比世界平均水平（7.60 吨/牛·年，2014 年）低 0.85 吨/牛·年，比美国水平（9.60 吨/牛·年，2014 年）低 2.85 吨/牛·年，比荷兰水平（8.50 吨/牛·年，2014 年）低 1.75 吨/牛·年，比德国水平（7.70 吨/牛·年，2014 年）低 0.95 吨/牛·年。

2.2.3　奶牛疫病防控压力仍很大

　　一是由于养殖场奶牛养殖技术水平低、技术操作不规范，奶牛肢蹄病、产科病、围产期疾病等临床普通病高发不断；由于周期性流行热，奶牛传染性鼻气管炎、黏膜病、支原体病、副结核感染率居高不下，导致结核病、牛布病等人畜共患病时有发生。二是从国外、省外引进的奶牛数量持续增长和奶牛来源区域的不断扩大，致使奶牛疫病引入的概率也大大增加，口蹄疫等重大疫病的防控压力有增无减。三是奶牛养殖场从业人员科学养殖和科学防控疫病的技术知识储备不足、水平不高以及滥用药物，由此导致的奶牛养殖公共卫生问题非常突出。四是奶牛养殖户缺乏足够的防检和检疫意识，不注重卫生清扫和对牛舍的消毒管理，致使奶牛各种疾病频发。

2.2.4　优质粗饲料短缺

　　目前，奶牛的优质粗饲料供应不足问题是燃眉之急，其中优质蛋白饲料不足的问题更为突出。国外奶牛常年饲喂优质粗饲料，拥有高产、健康和奶质佳等优点。因此，优质粗饲料成为山东省奶牛养殖业发展的关键制约因素，原因主要在于人们没有认识到优质粗饲料在提高奶牛生产效益中的重要性，不少奶农现在依旧按照原来饲养黄牛的方法饲养奶牛，只要养殖奶牛的效益比黄牛高就非常满足。特别是对于规模化奶牛养殖场，为了使产奶量提高，很多饲料都需要从国外进口。国家海关统计数据显示，2017 年 1—10 月，中国进口苜蓿草 130 万吨，同比增长 5.62%；进口金额达到 36 323.96 万美元。

2.2.5　奶牛养殖环境污染问题

山东省畜牧养殖有起步早、密度大的特点，当前，每平方公里土地平均载畜量达 618 个标准畜单位，是全国平均水平的 6.5 倍；畜禽养殖 COD 排放量占比达 68%，氨氮占比达 37%，养殖污染和环境压力越来越大。尤其随着奶牛养殖业规模的不断扩大，在一些养殖密集的区域，控制污染的难度和成本越来越大。目前山东省奶牛养殖业还存在养殖和种植环节相互分离情况，粪污还田的过程中出现了局部相对过剩，治理资金不足和政府扶持力度不够等问题。

2.3　山东省奶牛养殖业的转型发展思路

山东省要紧紧围绕市场需求发展生产，立足"调结构、降成本、补短板"，优化资源配置，淘汰落后产能，提高产品质量，由数量扩张向质量提升转变，实现由"中低端"向"中高端"转变，增强牛奶及其制品供给结构的适应性和灵活性，保障奶牛养殖业转型升级落到实处。

2.3.1　提高牛奶产量和奶品质

（1）引进优良品种，加强良种培育。对良种奶牛进行培育可以显著提高牛奶产量，培育良种奶牛是养殖工作中非常重要的一方面。山东省必须加快优良奶牛品种引进的步伐，一方面完善奶牛系谱和档案，建立牛场信息化管理制度，完善生鲜乳质量安全追溯体系。实施覆盖全省的奶牛生产性能记录体系和牛群选育计划，保证牛群质量的提高，使引进的优良种质资源可以得到有效利用。另一方面建立完善的良种繁育体系，将高产奶牛繁殖技术应用到实处，筛选出优秀的公牛冷冻精液和优质胚胎，对其实施人工授精和胚胎移植，从而达到高产奶牛的有效繁育和牛群整体品种改良的目的，不断提高单产水平和养殖收益。

（2）提高奶牛饲养管理水平。一方面，做好奶牛体系记录，测定牛群中每一头泌乳牛的日产量和牛奶中蛋白质、脂肪等数据并根据数据来制定饲养管理措施。掌握牛群的选育配种、建立完善的公牛后裔测定体系、做好疫病防控工作是使饲养管理科学化、精细化的基本工作，有助于提高牛奶产量及品质。另一方面，要做到日粮搭配合理化，使精粗饲料比例适当，营养均衡，保证可以供应充足的营养。

（3）保障原奶质量安全。影响原奶质量安全的主要因素有奶牛品种、饲料和药品。一是在奶牛养殖中明确育种目的，严格实施育种方案，根据奶牛品种、体型外貌及生产性能等选择公牛和母牛。对奶牛进行品种改良可以增强奶牛的产奶能力和免疫能力、提高奶品质、优化遗传性状，从而使原奶质量得到改善。二是在奶牛养殖过程中要确保饲料品质，提高饲料的利用转化率，提高奶产量和品质。三是针对奶牛疫病防治过程中常常有药物使用不规范的情况，相关部门要尽早出台相关的管理规范，让奶牛养殖户可以做到合理使用抗菌药物，减少原奶中的药物残留，提高原奶质量。

2.3.2 大力生产优质饲料

山东省需要大力生产优质青、粗饲料，以降低奶牛饲养成本，应将重心放在苜蓿种植和饲养高产奶牛同步发展上面，实现苜蓿自给自足，实行农林结合、粮草结合和林草结合，使苜蓿草产业得到长远和可持续发展，从而提高奶牛养殖的综合效益。同时，山东省应紧跟国家调整优化农业结构和振兴奶业苜蓿发展行动的步伐，积极开展粮经饲三元种植模式试验示范，在全省范围内深入推进粮改饲试点，加快建设优质牧草生产基地，做到草畜配套，构建推广新型种养模式；有效利用黄河三角洲优质的草业资源，加大对人工饲草料地建设的资金扶持力度，建立规模化、集约化和标准化的现代牧草产业。

2.3.3 加强奶牛疫病防治体系的建设

一是出台相关政策来建立完善疫病防控的规章制度，做好监督措施，对不符合要求的奶牛养殖场及时进行处罚并责令其改正，保证各项制度落实到位。二是对奶牛场卫生环境进行控制，加强对牛场、产房和活动场所的清洁卫生；坚持定期开展杀鼠灭蝇驱虫等工作。三是对奶牛进行免疫接种。确保免疫接种工作合理有序地开展，可以做到科学预防、降低奶牛综合疾病的发病率。四是要注重消毒工作。对牛舍进行日常消毒可以有效控制传染源的传播。

2.3.4 加大环境保护力度，促进奶牛养殖业与环境保护协调发展

面临日益严峻的环保压力，奶牛养殖业应该"化危为机"，积极构建有机质资源"收集—转化—利用"体系；消除秸秆粪便等农业废弃物污染和农用化学投入品污染；实现由污染治理型向资源利用型转变、种养脱节型向种养结合

型转变、产品提供型向生态服务型转变。

（1）出台相关环保政策。政府应尽早出台有关政策，加强对奶牛养殖场的环境监督，对不合格的奶牛养殖场要督促其利用新技术、新方法来降低对环境的污染。此外，政府还应给予一定的财政支持，提供资金去研发合理、科学可行的治理环境污染的技术，对所研发出的新技术要进行全方位推广。

（2）提升奶农对于环境保护的认识。各级政府要加强对奶牛养殖业环境保护重要性的宣传，增强奶牛养殖户的环保意识；鼓励、支持奶牛养殖场加大对健康养殖设施设备的投入；奶牛养殖户在选择养殖场的地理位置布局和设施设备投入时，应考虑是否会对环境尤其是水资源造成严重污染。

（3）加快推进奶牛粪便资源化利用。一是建立健全奶牛粪便资源化利用制度。环保部门需要提高奶牛规模养殖场环境准入标准，建立健全绩效评估和考核体系，建立环保监察机制，定期开展监督检查工作。二是鼓励各地方开展奶牛养殖绿色发展示范县创建活动，以达到畜禽养殖废弃物产生减量化、处理无害化、利用资源化为标准，整县推进奶牛粪便综合利用。对规模养殖场进行激励，引导其建设必要的配套设施对粪污开展专业化集中处理。三是印发相关手册和指导意见，宣传推广畜禽粪污资源化利用技术和资源化利用模式、典型技术模式以及清洁养殖工艺，指导奶牛规模养殖场从无序转向科学合理的粪污处理方式。

2.3.5　提升奶牛规模化、标准化水平

（1）支持、引导奶牛养殖场规模化发展。一是进一步加大对规模化奶牛养殖场的基础设施建设的资金投入，引导和提升农民规模化养殖奶牛的意识。二是加强监管力度，将规模化奶牛养殖用地政策落实到位，对建设用地的安排要做到合情合理。三是根据各地实际情况来调整信贷结构，降低奶牛养殖场相关设施设备的贷款利息。

（2）推进奶牛养殖标准化发展。一是提高奶牛养殖户的标准化意识，可以利用新闻媒体和社会化服务等多种方式大力宣传奶牛养殖标准化的意义。二是依据奶业发展的具体情况，不断健全完善奶牛养殖标准体系。三是加大政府的支持和监管力度，加大对标准化奶牛养殖场（小区）的资金投入和支持力度，对标准化养殖进程进行有效的监督，对不符合标准的养殖场实施相应的惩处措施，促进奶牛养殖标准化发展。

参考文献

班洪赟，周德，田旭，2017. 中国奶业发展情况分析：与世界主要奶业国家的比较［J］. 世界农业（3）：11-17.

柴士名，2015.2014 年山东省奶业发展概况［EB/OL］.http：//www.dac.com.cn/index/gnnygs-170605160604456712192.jhtm，06-29.

陈恒，2015.关于高产奶牛的饲养管理技术［J］.山东畜牧兽医，36（9）：26.

葛锐，陈志英，李婷，等，2013.我国奶牛养殖中存在的问题及对策［J］.安徽农业科学，41（7）：2961-2962，2972.

侯世忠，耿慧兰，胡智胜，2013.山东奶业发展现状存在的问题与措施研究［J］.当代畜牧（6）：53-55.

侯世忠，胡洪杰，站汪涛，等，2013.山东发展种牧草养奶牛大有可为［J］.畜牧业（2）：50-52.

靳秀英，2014.紫花苜蓿草在奶牛产业上的应用［J］.山东畜牧兽医，35（10）：10-11.

山东省畜牧兽医局，2018.2017 年山东省畜牧业生产形势分析［EB/OL］.http：//www.sdxm.gov.cn/art/2018/1/15/art_27_47083.html，01-15

孙玉娟，张会玲，吴慧娟，2009.我国奶牛养殖业发展中存在的几个问题［J］.河北理工大学学报（社会科学版），9（5）：59-62.

吴强，孙世民，2016.论供应链环境下奶牛养殖场户的质量控制行为［J］.科技和产业，16（4）：78-82，130.

张敏，2016.提升奶牛养殖效益的发展对策［J］.中国畜牧兽医文摘，32（8）：75.

3 辽宁省奶业发展现状分析

□ 靖 飞　王绪龙　宁国强

　　根据全国奶牛优势区域布局规划（2008—2015 年），辽宁省已经成为一个新的奶牛优势区域省份，这是由当时辽宁省的奶业发展成就和在全国奶业中的地位决定的。辽宁省奶业取得快速发展，已成为畜牧经济中主要的发展力量。

3.1　辽宁省奶业在全国奶业中的地位

3.1.1　辽宁省牛奶产量发展情况

　　从牛奶产量发展情况来看，辽宁省奶业在近 20 年中的发展历程大致可以划分为两个阶段：第一阶段是 2007 年以前，为奶业产量快速扩张时期，牛奶产量的年增长速度都在 10％以上，总产量从不到 20 万吨的水平，发展到 100 万吨以上；第二阶段是 2008 年以来，为奶业产量稳定发展时期，年增长速度下降至 10％以内，2016 年较 2008 年净增长 40 万吨（图 3-1）。

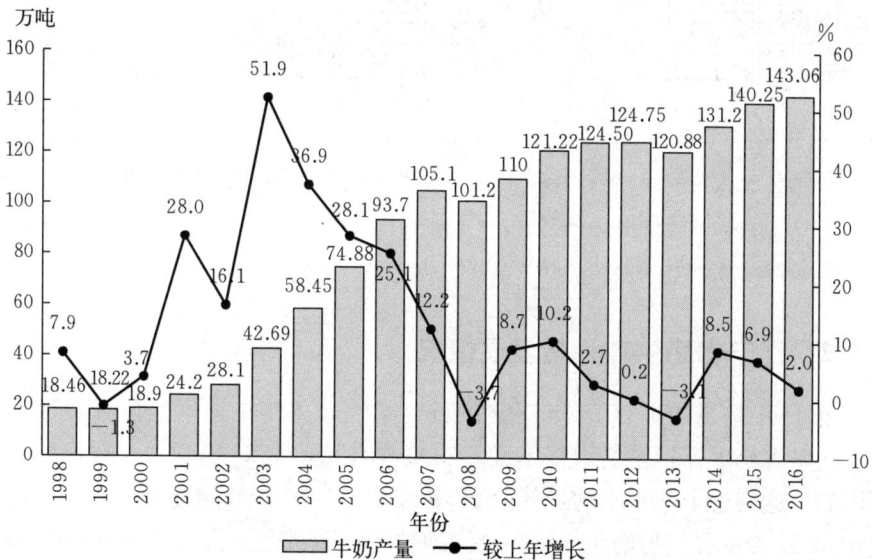

图 3-1　辽宁省牛奶产量发展情况（1998—2016 年）

数据来源：国家统计局网站，http://www.stats.gov.cn/。

从辽宁省奶业产量发展的两个阶段来看，辽宁省奶业在全国的地位变化比较特殊：第一阶段的快速扩张时期，辽宁省奶业在全国地位基本保持稳定，在全国的位次始终在 10 名以外，占全国的比重也始终低于 3％，相当于首位省份的 10％左右，这也说明，这一阶段是全国奶业发展的黄金时期，整个行业均处于快速扩张阶段；第二阶段的稳定发展时期，辽宁省奶业在全国的地位发生比较明显变化，在全国的位次排到第 8 位，到 2016 年提高到第 7 位，与此同时，占全国的比重稳定上升，2016 年较 2008 年提高了 1 个百分点，相当于首位省份的比例也从 2008 年的略高于 10％的水平提高到接近 20％，提高了 8 个多百分点，在全国奶业受到"三聚氰胺"事件影响剧烈的大背景下，辽宁省奶业取得了比较稳定的增长（图 3-2）。

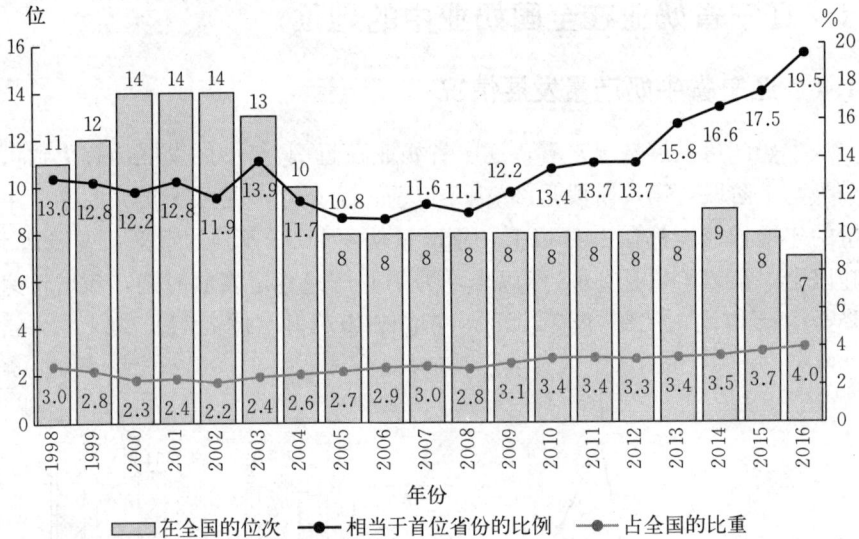

图 3-2　辽宁省牛奶产量在全国的地位发展情况（1998—2016 年）
数据来源：国家统计局网站，http://www.stats.gov.cn/。

3.1.2　辽宁省奶牛存栏量发展情况

表 3-1 是 2006—2015 年辽宁省奶牛存栏量及其在全国地位发展变动情况。辽宁省奶牛存栏量的增幅不大，2009 年年底存栏量受到"三聚氰胺"事件影响，达到近十几年来的最低值 28.9 万头，2010 年开始逐步回升，基本稳定在 33 万头左右。与奶业产量在全国地位不一致的是，辽宁省奶牛存栏量在全国的地位不升反降，2006 年以来，在全国位次和所占比重基本是一直下降的趋势。

表 3-1　辽宁省奶牛存栏量及其全国地位发展情况（2006—2015 年）

年份	存栏量（万头）	较上年增长（%）	占全国的比重（%）	在全国位次
2006	29.3	20.18	2.15	9
2007	29.3	0.00	2.38	10
2008	29.3	0.00	2.38	10
2009	28.9	−1.37	2.29	9
2010	32.1	11.07	2.26	9
2011	33.1	3.12	2.30	9
2012	32.2	−2.72	2.16	10
2013	30.5	−5.28	2.12	11
2014	31.6	3.61	2.11	11
2015	33.6	6.33	2.23	11

数据来源：2006—2008 年数据来自于历年《中国畜牧业年鉴》，2009 年以后数据来自于《中国农村统计年鉴》。

3.1.3　辽宁省奶牛单产发展情况

　　奶牛单产水平是奶牛品种、养殖过程管理、养殖技术应用等方面综合实力的体现。表 3-2 是使用牛奶产量除以年均奶牛存栏量得到的全口径奶牛单产水平。2008 年以来，辽宁省奶牛单产水平与全国平均水平基本呈下降趋势不同，保持稳定增长，从 3.45 吨升至 4.3 吨，高出全国平均水平的百分比也从不到 20% 提高到 70% 以上，在全国稳定在第 4 名的水平上。

表 3-2　辽宁省奶牛单产水平及其全国地位发展情况（2006—2015 年）

年份	单产（吨）	全国平均单产（吨）	高出全国平均（%）	在全国位次
2006	3.49	2.48	40.99	10
2007	3.59	2.72	32.11	8
2008	3.45	2.88	19.80	13
2009	3.78	2.82	33.95	7
2010	3.97	2.67	48.98	4
2011	3.82	2.56	49.32	4
2012	3.82	2.55	49.74	4
2013	3.86	2.41	60.24	4
2014	4.23	2.53	66.78	3
2015	4.30	2.50	72.24	4

数据来源：2006—2008 年数据来自于历年《中国畜牧业年鉴》，2009 年以后数据来自于《中国农村统计年鉴》。

上述单产水平是简单按照牛奶产量和存栏量计算的,《全国农产品成本收益资料汇编》中也有奶农单产的调查数据。该数据中把奶牛养殖按照规模分为大、中、小和散户四种类型,辽宁省数据中没有散户数据。从表3-3可以看到,辽宁省奶牛单产水平高于全国平均水平的是中小养殖规模,始终在全国平均水平之上,而大规模养殖辽宁省的奶牛单产水平与全国平均水平差距明显,2015年辽宁省大规模养殖的奶牛单产水平仅相当于全国平均水平的80%。

表3-3　辽宁省和全国不同养殖规模奶牛单产水平（2008—2015 年）

年份	小规模养殖年单产（千克）	小规模养殖全国平均年单产（千克）	相当于全国平均的比例（%）	中规模养殖年单产（千克）	中规模养殖全国平均年单产（千克）	相当于全国平均的比例（%）	大规模养殖年单产（千克）	大规模养殖全国平均年单产（千克）	相当于全国平均的比例（%）
2008	5 990	5 156	116.18	6 010	5 556	108.18	5 939	6 346	93.58
2009	6 130	5 218	117.49	6 146	5 496	111.82	5 913	6 345	93.20
2010	6 084	5 257	115.72	6 086	5 388	112.96	6 298	6 275	100.38
2011	6 120	5 267	116.20	6 082	5 588	108.83	6 034	6 292	95.91
2012	6 180	5 211	118.59	6 042	5 743	105.20	6 035	6 445	93.62
2013	6 182	5 309	116.45	6 128	5 824	105.21	6 215	6 454	96.29
2014	5 923	5 293	111.91	6 228	5 716	108.96	6 018	6 784	88.71
2015	5 748	5 305	108.34	6 149	6 033	101.93	5 586	6 935	80.55

数据来源：根据历年《全国农产品成本收益汇编》整理。

3.2　辽宁省奶牛业养殖成本情况

3.2.1　辽宁省奶牛养殖业小规模养殖成本情况

辽宁省奶牛养殖业小规模养殖户的养殖成本呈逐年上升趋势,2005 年总成本仅为 8 183 元,到 2015 年达到 18 020 元,净增长约 10 000 元,与全国平均水平相比,辽宁省的成本投入高出 10%左右;考虑到奶牛养殖成本投入和产量之间关系密切,衡量成本的合适指标是相对水平,即单位产量的总成本投入,辽宁省该指标与全国平均水平相比基本相当;与全国最低水平相比,辽宁省的成本投入还比较高,较之高出 25%以上;从全国排位来看,辽宁省也处于中下游水平（表3-4）。

表 3-4　辽宁省小规模奶牛养殖成本水平（2005—2015 年）

年份	总成本（元）	全国平均总成本（元）	相当于全国平均的比例（%）	单位产量总成本（元/千克）	全国平均单位产量总成本（元/千克）	相当于全国平均的比例（%）	全国单位产量总成本最低水平（元/千克）	相当于全国最低水平的比例（%）	单位产量总成本低于辽宁省的地区数（个）	调查省级行政区域数（个）
2005	8 183	7 840	104.38	1.35	1.52	88.89	1.18	114.13	3	13
2006	8 641	7 913	109.20	1.41	1.54	91.81	1.19	119.03	6	16
2007	11 183	9 009	124.14	1.83	1.75	104.80	1.38	132.56	9	16
2008	11 641	10 006	116.34	1.94	1.94	100.14	1.36	142.76	7	15
2009	12 326	10 863	113.46	2.01	2.08	96.57	1.65	121.69	9	15
2010	13 736	11 863	115.78	2.26	2.26	100.05	1.79	126.10	7	14
2011	14 920	12 935	115.34	2.44	2.46	99.26	1.82	133.85	7	14
2012	16 889	14 664	115.17	2.73	2.81	97.12	2.16	126.40	7	14
2013	17 652	15 771	111.93	2.86	2.97	96.11	2.45	116.58	6	14
2014	18 786	16 853	111.47	3.17	3.18	99.61	2.53	125.19	7	14
2015	18 020	16 501	109.20	3.14	3.11	100.80	2.47	126.73	8	14

数据来源：根据历年《全国农产品成本收益汇编》整理。

从成本构成来看，辽宁省奶牛养殖业小规模养殖户的养殖成本主要由精饲料、青贮饲料和人工成本三部分组成，2005 年以来三者合计所占的比重始终在 80% 以上。其中，精饲料成本是最主要的成本投入，达到 50% 以上；青贮饲料成本和人工成本占比呈现"此降彼升"状态，青贮饲料成本占比基本逐年降低，与此同时人工成本不断增加，2011 年以前是青贮饲料成本占比始终高于人工成本，而从 2012 年开始人工成本则成为第二大养殖成本支出项目（表 3-5）。

再进一步使用乳饲比指标来看饲料的转化效率。乳饲比是指饲喂 1 千克混合精料与生产奶的千克数之比，是衡量乳牛饲料转化效率的重要指标，也是鉴定奶牛品质和育种的参考依据。表 3-6 是辽宁省小规模奶牛养殖户的乳饲比情况。辽宁省小规模奶牛养殖户乳饲比水平不高，一是与全国平均水平相比，大部分年份仅仅是略高于全国平均水平，2015 年甚至低于全国平均水平；二是与全国最高水平相比，近几年呈现不断下降趋势，2015 年则仅为最高水平的 2/3；三是在全国的位次，基本稳定在国第 7 的位置上。

表3-5　辽宁省小规模奶牛养殖成本构成（2005—2015年）

年份	单位产量总成本（元/千克）	单位产量精饲料成本（元/千克）	单位产量精饲料成本占比（%）	单位产量青贮饲料成本（元/千克）	单位产量青贮饲料成本占比（%）	单位产量人工成本（元/千克）	单位产量人工成本占比（%）
2005	1.35	0.72	53.53	0.26	19.12	0.10	7.76
2006	1.41	0.72	51.11	0.30	21.24	0.11	7.83
2007	1.83	1.06	58.18	0.32	17.33	0.13	7.25
2008	1.94	1.14	58.78	0.31	15.71	0.18	9.04
2009	2.01	1.14	56.93	0.33	16.32	0.19	9.66
2010	2.26	1.29	57.05	0.35	15.70	0.26	11.71
2011	2.44	1.34	54.86	0.38	15.42	0.37	15.10
2012	2.73	1.40	51.14	0.45	16.54	0.47	17.31
2013	2.86	1.48	51.74	0.47	16.32	0.47	16.31
2014	3.17	1.63	51.36	0.44	13.92	0.59	18.67
2015	3.14	1.60	51.00	0.41	12.95	0.61	19.53

数据来源：根据历年《全国农产品成本收益汇编》整理。

表3-6　辽宁省小规模奶牛养殖乳饲比情况（2005—2015年）

年份	乳饲比	全国乳饲比平均水平	相当于全国平均水平的比例（%）	全国乳饲比最高水平	相当于全国最高水平的比例（%）	全国位次
2005	2.01	1.96	102.55	2.55	78.82	7
2006	2.02	1.83	110.38	2.76	73.19	3
2007	2.03	1.88	107.98	3.07	66.12	4
2008	1.86	1.85	100.54	2.58	72.09	6
2009	1.91	1.91	100.00	3.01	63.46	7
2010	1.89	1.94	97.42	3.29	57.45	8
2011	1.95	1.97	98.98	2.39	81.59	9
2012	1.98	1.89	104.76	3.47	57.06	7
2013	1.96	1.90	103.16	2.40	81.67	7
2014	1.90	1.86	102.15	2.39	79.50	7
2015	1.86	1.88	98.94	2.77	67.15	7

数据来源：根据历年《全国农产品成本收益汇编》相关数据计算。

3.2.2 辽宁省奶牛养殖业中规模养殖成本情况

辽宁省奶牛养殖业中规模养殖户的养殖成本在 2013 年以前呈逐年上升趋势，2013 年达到最高，超过 20 000 元，以后开始下降，与全国平均水平相比，辽宁省的成本投入也是在 2014 和 2015 年开始低于全国平均水平的；单位产量总成本的变动趋势与总成本变动趋势基本一致，2013 年以前保持逐年上升的态势，2014 年和 2015 年下降到全国平均水平的 90% 左右；与全国最低水平相比，辽宁省中规模奶牛养殖户的养殖成本也比较高，多数年份都高出 33% 以上；从全国排位来看，辽宁省的水平处于中游水平（表 3-7）。

表 3-7 辽宁省中规模奶牛养殖成本水平（2008—2015 年）

年份	总成本（元）	全国平均总成本（元）	相当于全国平均的比例（%）	单位产量总成本（元/千克）	全国平均单位产量总成本（元/千克）	相当于全国平均的比例（%）	全国单位产量总成本最低水平（元/千克）	相当于全国最低水平的比例（%）	单位产量总成本低于辽宁省的地区数（个）	调查省级行政区域数（个）
2008	11 824	12 224	96.73	1.97	2.20	89.41	1.54	127.97	6	20
2009	12 735	12 916	98.60	2.07	2.35	88.18	1.55	133.92	6	20
2010	14 539	14 462	100.53	2.39	2.68	89.00	2.16	110.57	5	20
2011	16 618	15 943	104.24	2.73	2.85	95.78	2.14	127.92	8	19
2012	19 314	18 007	107.26	3.20	3.14	101.96	2.43	131.34	11	20
2013	20 088	18 930	106.12	3.28	3.25	100.87	2.46	133.36	11	20
2014	18 950	20 235	93.65	3.04	3.54	85.95	2.55	119.44	7	21
2015	18 708	20 174	92.74	3.04	3.34	90.98	2.24	135.62	9	23

数据来源：根据历年《全国农产品成本收益汇编》整理。

从成本构成来看，辽宁省奶牛养殖业中规模养殖户的养殖成本中，精饲料成本在降低，近年的占比在 45% 左右；青贮饲料的比重比较稳定，基本稳定在 15% 左右；人工成本则表现为一直攀升的态势，2013 年开始超过青贮饲料成本占比（表 3-8）。

辽宁省中规模奶牛养殖户的乳饲比水平也不高，与小规模养殖的特征基本一致：一是与全国平均水平相比，大部分年份仅仅是略高于全国平均水平；二是与全国最高水平相比，极不稳定，高的年份可以达到 85% 左右，低的年份则不到 1/2；三是在全国的位次，基本稳定在第 9 的位置上，也就是在 20 个省级行政区域中排在中游（表 3-9）。

表 3-8　辽宁省中规模奶牛养殖成本构成（2008—2015 年）

年份	单位产量总成本（元/千克）	单位产量精饲料成本（元/千克）	单位产量精饲料成本占比（%）	单位产量青贮饲料成本（元/千克）	单位产量青贮饲料成本占比（%）	单位产量人工成本（元/千克）	单位产量人工成本占比（%）
2008	1.97	1.07	54.19	0.31	15.80	0.19	9.74
2009	2.07	1.12	53.97	0.33	15.71	0.23	11.00
2010	2.39	1.30	54.41	0.38	15.82	0.30	12.70
2011	2.73	1.40	51.14	0.45	16.55	0.36	13.22
2012	3.20	1.55	48.33	0.57	17.85	0.51	15.90
2013	3.28	1.65	50.48	0.51	15.51	0.61	18.54
2014	3.04	1.38	45.38	0.51	16.75	0.53	17.55
2015	3.04	1.39	45.66	0.51	16.92	0.52	17.03

数据来源：根据历年《全国农产品成本收益汇编》整理。

表 3-9　辽宁省中规模奶牛养殖乳饲比情况（2008—2015 年）

年份	乳饲比	全国乳饲比平均水平	相当于全国平均水平的比例（%）	全国乳饲比最高水平	相当于全国最高水平的比例（%）	全国位次
2008	1.96	1.95	100.24	2.84	68.88	10
2009	1.97	1.98	99.45	2.98	65.95	11
2010	1.87	1.84	101.22	2.50	74.62	9
2011	1.94	1.91	101.29	2.35	82.47	9
2012	1.89	1.91	99.00	3.00	62.98	11
2013	1.95	1.88	103.31	2.29	84.86	9
2014	1.98	1.87	105.52	4.20	47.14	9
2015	2.01	1.93	104.08	2.75	73.14	9

数据来源：根据历年《全国农产品成本收益汇编》相关数据计算。

3.2.3　辽宁省奶牛养殖业大规模养殖成本情况

辽宁省奶牛养殖业大规模养殖户的养殖成本变动趋势与中规模一致，2013 年以前呈逐年上升趋势，2014 年开始下降，2015 年降到 20 000 元以下，与全国平均水平相比，辽宁省的成本投入较低，2015 年仅相当于全国平均水平的 80% 左右；单位产量的总成本则一直呈上升趋势，但始终略低于全国平均水平，相当全国平均水平的 95% 左右；与全国最低水平相比，辽宁省的成本投入还比较高，高出 30% 左右；从全国排位来看，辽宁省处于中上游水平（表 3-10）。

表 3-10 辽宁省大规模奶牛养殖成本水平（2005—2015 年）

年份	总成本（元）	全国平均总成本（元）	相当于全国平均的比例（%）	单位产量总成本(元/千克)	全国平均单位产量总成本(元/千克)	相当于全国平均的比例（%）	全国单位产量总成本最低水平（元/千克）	相当于全国最低水平的比例（%）	单位产量总成本低于辽宁省的地区数（个）	调查省级行政区域数（个）
2005	9 487	11 978	79.20	1.77	1.92	92.21	1.34	131.45	5	15
2006	10 054	11 950	84.14	1.86	1.94	95.87	1.53	121.83	5	14
2007	12 579	13 187	95.39	1.95	2.09	93.31	1.47	132.26	6	17
2008	12 798	15 389	83.16	2.15	2.42	88.86	1.60	134.56	5	16
2009	13 743	15 810	86.92	2.32	2.49	93.27	1.81	128.15	5	15
2010	16 894	17 192	98.26	2.68	2.74	97.90	2.11	126.88	7	18
2011	16 737	19 263	86.88	2.77	3.06	90.59	2.26	122.60	6	19
2012	18 950	21 635	87.59	3.14	3.36	93.55	2.41	130.17	8	20
2013	21 402	23 330	91.74	3.44	3.61	95.28	2.48	138.82	7	20
2014	20 131	25 272	79.66	3.35	3.73	89.80	2.51	133.20	7	20
2015	19 321	25 004	77.27	3.46	3.61	95.93	2.67	129.38	7	19

数据来源：根据历年《全国农产品成本收益汇编》整理。

从成本构成来看，辽宁省奶牛养殖业大规模养殖户的养殖成本中，精饲料占比呈倒 U 形，2005—2010 年是逐年增加，到 2010 年达到 50% 以上，之后基本逐年降低，到 2015 年降至不到 43%；青贮饲料正好相反，精饲料降低的年份就是青贮饲料增加的年份，两者合计所占比重基本保持在 2/3 以上；人工成本部分，大规模养殖具有一定的规模经济效应，人工成本占比在 2012 年达到峰值 15% 以上之后，到 2015 年降至 10% 以下（表 3-11）。

表 3-11 辽宁省大规模奶牛养殖成本构成（2005—2015 年）

年份	单位产量总成本（元/千克）	单位产量精饲料成本（元/千克）	单位产量精饲料成本占比（%）	单位产量青贮饲料成本（元/千克）	单位产量青贮饲料成本占比（%）	单位产量人工成本（元/千克）	单位产量人工成本占比（%）
2005	1.77	0.70	39.41	0.40	22.38	0.23	13.20
2006	1.86	0.72	38.50	0.39	21.01	0.24	12.74
2007	1.95	0.76	39.27	0.45	22.90	0.24	12.52
2008	2.15	1.05	48.60	0.44	20.27	0.24	11.02
2009	2.32	1.12	48.14	0.44	18.95	0.27	11.56
2010	2.68	1.36	50.59	0.46	17.17	0.39	14.65
2011	2.77	1.31	47.09	0.61	22.03	0.40	14.47

（续）

年份	单位产量总成本（元/千克）	单位产量精饲料成本（元/千克）	单位产量精饲料成本占比（%）	单位产量青贮饲料成本（元/千克）	单位产量青贮饲料成本占比（%）	单位产量人工成本（元/千克）	单位产量人工成本占比（%）
2012	3.14	1.33	42.29	0.72	23.01	0.48	15.20
2013	3.44	1.53	44.45	0.73	21.34	0.51	14.76
2014	3.35	1.54	46.00	0.77	23.09	0.29	8.69
2015	3.46	1.49	42.95	0.84	24.24	0.34	9.83

数据来源：根据历年《全国农产品成本收益汇编》整理。

辽宁省大规模奶牛养殖户的乳饲比水平不高，除了 2005 年和 2006 年高于全国平均水平以外，其余年份均低于全国平均水平，2015 年更是低至 90% 以下；与全国最高水平相比，差距非常明显，2015 年仅相当于最高水平的 62%；在全国的位次处于下游水平（表 3 - 12）。

表 3 - 12　辽宁省大规模奶牛养殖乳饲比情况（2005—2015 年）

年份	乳饲比	全国乳饲比平均水平	相当于全国平均水平的比例（%）	全国乳饲比最高水平	相当于全国最高水平的比例（%）	全国位次
2005	2.08	2.02	102.81	2.77	74.95	8
2006	2.04	1.97	103.54	2.34	86.96	6
2007	1.89	1.91	98.81	2.40	78.80	11
2008	1.77	1.88	94.37	2.59	68.28	13
2009	1.86	1.91	97.43	2.27	81.86	10
2010	1.82	1.89	96.65	2.45	74.41	11
2012	1.88	1.89	99.37	2.32	81.09	14
2013	1.87	1.90	98.15	2.36	79.23	15
2014	1.90	1.99	95.07	2.42	78.38	15
2015	1.81	2.01	89.78	2.91	62.09	15

注：2011 年全国平均和辽宁省等地的数据缺失。

数据来源：根据历年《全国农产品成本收益汇编》相关数据计算。

3.3　辽宁奶业省内区域布局

从辽宁省牛奶产量分县域发展情况来看，目前主要产奶县域可以分为传统优势县和后发优势县两类。

传统优势县是 2006 年以来牛奶产量始终排在全省前 10 位的县域，包括彰

武县、沈北新区、新民市和阜新县。图 3-3 是 4 个县域牛奶产量占全省比重
发展变化情况。这 4 个县域的牛奶总产量占全省的比重最低也在 1/4 以上，最
高达到 35％左右。阜新县和彰武县变动比较大，彰武县在 2015 年以前牛奶产
量占全省的比重基本保持在 5％左右，最高水平是 8.49％，但是到 2015 年跃
升至 15％以上，较 2006 年高出 10 个百分点，成为全省牛奶产量第一大县；
阜新县的发展基本与彰武相反，2015 年以前基本保持在 10％以上，但是到
2015 年降至 5.43％，略高于 2006—2008 年的水平。沈北新区和新民市比较稳
定，沈北新区牛奶产量近几年基本占到全省的 8％左右，新民市则为 6％左右。

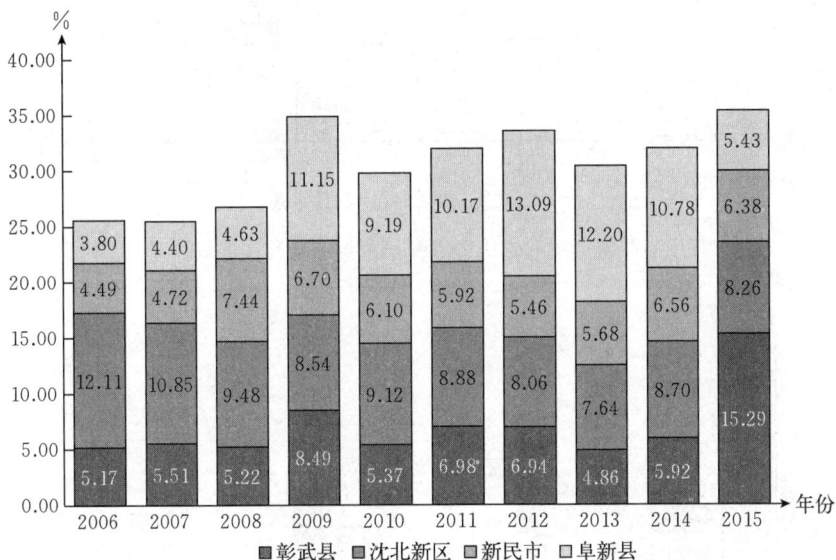

图 3-3 辽宁省牛奶产量传统优势县牛奶产量占全省比重（2006—2015 年）
数据来源：历年《辽宁统计年鉴》。

后发优势县是 2008 年"三聚氰胺"事件以后新发展起来的县域，包括义
县、法库县和建平县（图 3-4）。

后发优势县里法库县和建平县属于一类，2008 年以前具备一定的产量基
础，占全省的比重在 2％左右，2009 年开始不断提高，特别是法库县，2009—
2012 年基本上每年提高 1 个百分点，从 2013 年开始达到 10％以上；建平县相
对比较稳定，基本保持在 5％左右；义县则是比较特殊的县域，2011 年以前产
量都很低，2012 年一下子提高到 5％以上，2013 年进一步提高到 10％以上，
可以说是从无到有。

图 3-5 把 7 个牛奶产量优势县汇总到一起，2012 年以来，这 7 个县域牛
奶产量始终位居全省前七位，合计所占比重呈逐年上升趋势，2012 年 7 个县
域合计略高于 50％，到 2015 年提高到接近 65％。

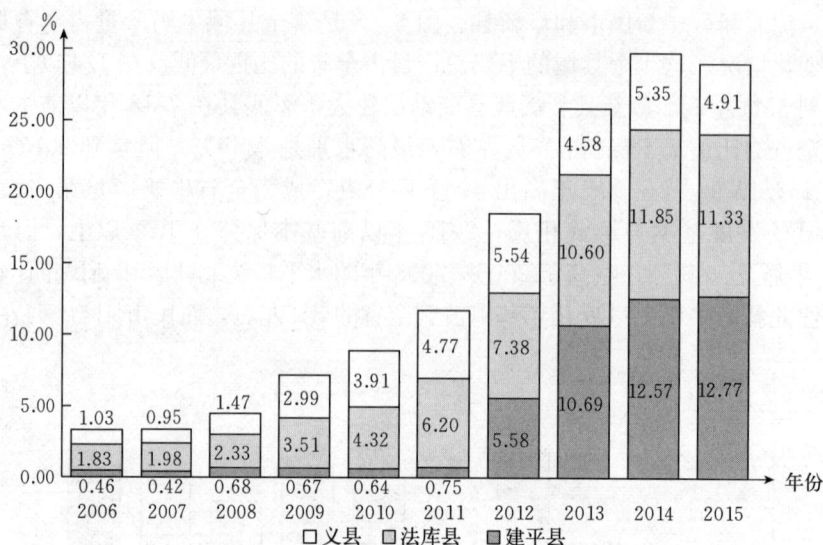

图 3-4　辽宁省牛奶产量后发优势县牛奶产量占全省比重（2006—2015 年）
数据来源：历年《辽宁统计年鉴》。

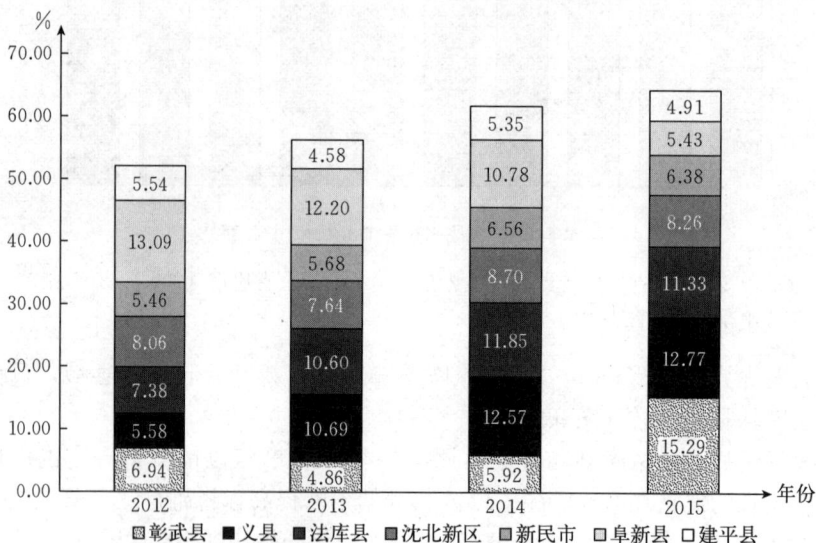

图 3-5　辽宁省牛奶产量优势县牛奶产量占全省比重（2012—2015 年）
数据来源：历年《辽宁统计年鉴》。

3.4　辽宁省奶牛养殖业主要养殖模式

利用天眼查（https：//www.tianyancha.com）网站，搜索关键词"奶

牛"，将相关企业信息下载整理，同时使用国家市场监督管理总局主办的国家企业信用信息公示系统上的数据进行辅助补充，得到辽宁省登记的主要奶牛养殖主体。从类型上看，辽宁省奶牛养殖模式主要包括三类：企业自办牧场、奶牛养殖场、奶牛养殖专业合作社。

企业自办牧场主要以辉山乳业为代表，2009 年以来辉山乳业在辽宁省共建立自有牧场 38 个，目前在国家企业信用信息公示系统上显示存续的仍有 34 个，从地域分布来看：法库县 11 个、义县 7 个、彰武县 5 个（表 3 - 13）。

表 3 - 13　辉山乳业自有牧场情况

单位：个

年份	数量	法库县	义县	彰武县	康平县	其他
2009	19	10	6	0	0	3
2010	3	0	0	3	0	0
2013	5	0	1	0	0	4
2014	7	1	0	2	4	0
合计	34	11	7	5	4	7

数据来源：根据天眼查（https：//www.tianyancha.com）网站和国家市场监督管理总局主办的国家企业信用信息公示系统（http：//www.gsxt.gov.cn/index.html）相关数据整理。

辽宁省奶牛养殖场最早登记的是沈阳市北陵农场奶牛场，该企业属于国有企业，目前仍处于存续状态，奶牛养殖场真正大规模发展是在 2000 年以后，图 3 - 6 是 2000—2017 年辽宁奶牛养殖场发展情况。从图中可以看到，奶牛养殖场发展的高峰期在 2008 年以后，也就是在 2009—2012 年，每年新增养殖场的数量都在 20 个以上，2012 年以后，奶牛养殖场的增长放缓，除了 2016 年新建立 14 个养殖场外，其余年份均低于 10 个。

进一步查询已经注销的奶牛养殖场信息，其中有 62 家在国家企业信用信息公示系统上没有查到，剩余的 37 个养殖场都是在 2014—2017 年注销的，分别是 2014 年 3 个、2015 年 8 个、2016 年 8 个、2017 年 18 个、与新建立养殖场数量合并来看，2015 年和 2017 年是净的负增长。

目前存续的奶牛养殖场共有 127 个，从地域分布来看，最多的是阜新县，共有 21 个，占全部的 17%，其次是彰武县和新民市，均为 6 个，占全部的 5%，沈阳市沈北新区等 7 个县域都有 4 个（图 3 - 7）。

辽宁省奶牛养殖专业合作社发展的高峰期和养殖场基本一致，主要集中在 2007—2012 年，在这几年里，每年新成立的合作社都在 10 个以上，特别是 2008 年和 2009 年，新成立的合作社超过 70 个，2013 年新成立的合作社数量骤减，2012 年开始有合作社解散，从 2015 年开始，解散的数量增加，目前，辽宁省奶牛养殖专业合作社存续的数量不到 250 个。

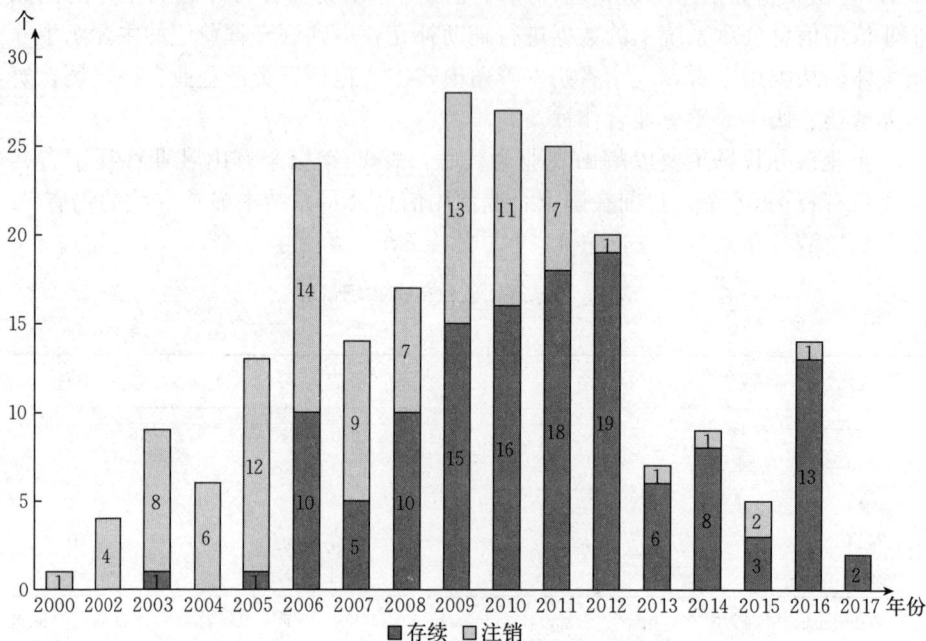

图 3-6　辽宁省奶牛养殖场发展情况（2000—2017 年）

数据来源：根据天眼查（https：//www. tianyancha. com）网站和国家市场监督管理总局主办的国家企业信用信息公示系统（http：//www. gsxt. gov. cn/index. html）相关数据整理。

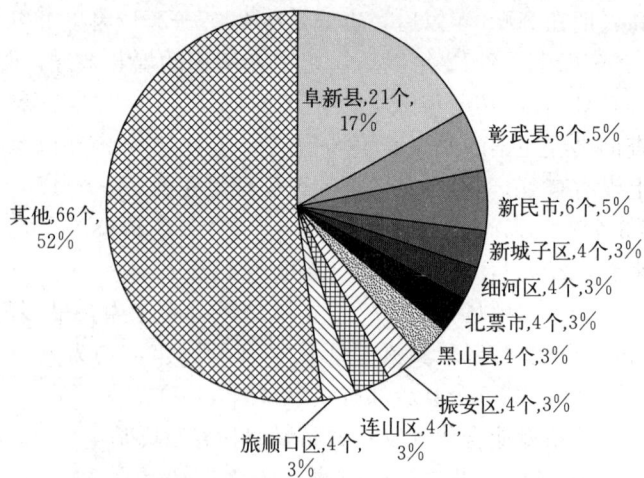

图 3-7　辽宁省存续奶牛养殖场县域分布情况

数据来源：根据天眼查（https：//www. tianyancha. com）网站和国家市场监督管理总局主办的国家企业信用信息公示系统（http：//www. gsxt. gov. cn/index. html）相关数据整理。

目前存续的辽宁省奶牛养殖专业合作社共有 249 个，从县域分布来看，也主要集中在阜新市，其中阜新县有 53 个，占全部的 21％，彰武县有 30 个，占全部的 12％；再次是铁岭市的铁岭县和清河区，分别有 13 个和 12 个，合计占全部的 10％；超过 10 个的县域还有南票区（图 3-8）。

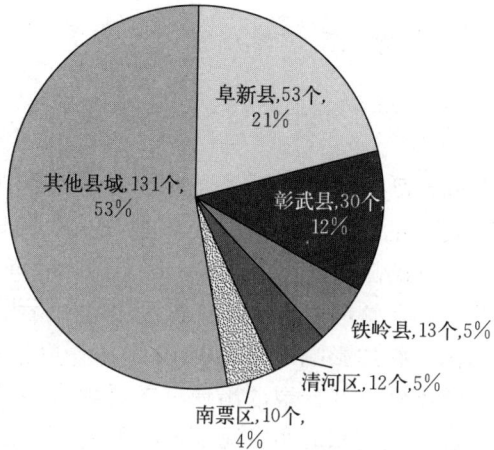

图 3-8　辽宁省存续奶牛养殖专业合作社县域分布情况

数据来源：根据天眼查（https：//www.tianyancha.com）网站和国家市场监督管理总局主办的国家企业信用信息公示系统（http：//www.gsxt.gov.cn/index.html）相关数据整理。

4 垄断市场结构下辽宁省奶牛养殖业发展困局

□ 靖 飞 廖翔宇 王绪龙

奶业是现代农业和食品工业的重要组成部分，是健康中国、强壮民族不可或缺的产业，是食品安全的代表性产业，是农业现代化的标志性产业，也是一、二、三产业协调发展的战略产业。但是，由于国际经济形势持续低迷，国际奶价不断走低，我国奶业整体发展速度放缓。受国际奶业发展环境和我国进口乳制品高增速等多因素叠加影响，自 2014 年下半年以来，我国奶业生产产销逐渐失衡，奶价持续下跌，部分地区出现"卖奶难"，奶牛养殖业的发展受到较大冲击。辽宁省属于我国东北奶牛优势区，在这一轮危机中，辽宁省奶牛养殖业受到的影响如何？2018 年 1 月 2—8 日，调研团队对辽宁省奶牛优势区域阜新市阜新县、彰武县和沈阳市法库县、康平县的 15 个自然村的奶牛养殖情况进行了实际走访调研。辽宁省奶牛养殖业在奶业持续低迷的大环境下，再加上"辉山乳业"事件的影响，奶牛养殖业发展受到较大影响。

4.1 辽宁省奶牛养殖现状

4.1.1 调研样本情况

由于大部分奶牛养殖场已经停止营业或者转产，奶牛养殖合作社名存实亡或者转成牧场，养殖小区的奶牛养殖散户已经转产或者放弃养殖，调研团队实际只对 1 个合作社进行了调研，对 5 个奶牛养殖场进行了直接访谈，通过牧场工人对 2 个牧场和 1 个辉山乳业基地进行了间接了解，入户调研奶牛养殖散户5 户。具体调研样本情况如表 4-1 所示。

表 4-1 调研样本情况

地级市	县域	乡镇	村	养殖场（个）	合作社（个）	散户（户）
阜新市	阜新县	伊吗图镇	艾友村	0	1	2
		东梁镇	岗岗营子村	1	0	0
			田家村	1	0	0

（续）

地级市	县域	乡镇	村	养殖场（个）	合作社（个）	散户（户）
阜新市	阜新县	阜新镇	皂力营子村	0	0	2
			哈朋村	1	0	0
			西扣莫村	1	0	0
		大固本镇	那四村	1	0	0
			关家村	1	0	0
	彰武县	西六乡	八家子村	0	0	1
		两家子乡	马尾村	1	0	0
沈阳市	法库县	叶茂台镇	石桩子村	1	0	0
	合计			8	1	5

4.1.2　辽宁省奶牛养殖基本现状

4.1.2.1　奶牛养殖单位数量减少

　　根据网上登记存续的合作社和养殖牧场信息，调研团队计划对辽宁省奶牛优势区域阜新市阜新县、彰武县和沈阳市法库县、康平县的15个自然村的近50家合作社、养殖牧场进行调研，但是，实际调研结果发现，曾经被认为是奶牛产业中坚力量的奶牛养殖合作社，如今大部分已经是名存实亡，网上登记存续的几十家合作社实际存续的已经几乎没有几家，除极少数奶牛养殖合作社转成养殖牧场外，绝大多数合作社已经不存在，网上登记存续的牧场中，有的牧场已经倒闭，有的已经转产为肉牛养殖。

　　根据网上登记信息，阜蒙县伊吗图镇艾友村网上登记的奶牛养殖专业合作社有两个，奶牛养殖场有两个，实际只存续1个合作社；辽宁省阜新市东梁镇网上登记的奶牛养殖合作社4个，牧场1个，实际只存续奶牛养殖场2个；阜蒙县阜新镇的哈朋村和西扣莫村网上登记合作社有8个，牧场有5个，实际只存续专业合作社（转为牧场）两个；阜蒙县大固本镇网上登记存续的合作社3个，实际存续奶牛养殖场两个；辽宁省法库县网上登记存续的合作社3个，实际只存续辉山乳业养殖基地。具体网上登记存续的养殖机构与实际存续机构的对比如表4-2。

　　根据表4-2可以看出，阜新市和沈阳市网上登记存续的牧场有9家，实际存续的奶牛养殖牧场有8家（阜新镇西扣莫村实际存续的奶牛养殖牧场与调研数量可能有差异，根据调研了解到的情况是牧场已经转变为肉牛养殖场，但由于养殖场搬迁至偏远地区无法调研确认）。阜新市和沈阳市网上登记存续的奶牛养殖合作社有17个，但是实际存续的只有1个，根据实际调研情况看，除有3个转为牧场外，其他的都已经名存实亡。

表 4-2 各地区奶牛养殖机构登记与实际存续对比

地级市	县域	乡镇	村	养殖场（个）		合作社（个）	
				存续	登记	存续	登记
阜新市	阜新县	伊吗图镇	艾友村	0	2	1	2
		东梁镇	岗岗营子村	1	1	0	1
			转角庙子村	0	0	0	1
			西五一村	0	0	0	2
		阜新镇	田家村	1	—	0	—
			哈朋村	1	1	0	2
			西扣莫村	1	4	0	6
			那四村	1		0	2
		大固本镇	关家村	1	0	0	1
	彰武县	两家子乡	马尾村	1		0	
沈阳市	法库县	叶茂台镇	石桩子村	1	1	0	0
		合计		8	9	1	17

数据来源：存续数据来自于实际调研，登记数据根据天眼查（https://www.tianyancha.com）网站和国家市场监督管理总局主办的国家企业信用信息公示系统（http://www.gsxt.gov.cn/index.html）相关数据整理。

4.1.2.2 养殖奶牛数量减少

由于各个地区的奶站这两年开始相继撤销，奶牛养殖散户生产的牛奶没有固定的销售对象，因此有很多（小区的）散户直接放弃乳牛养殖，即使有些养殖户依然从事养殖，但从乳牛养殖转向菜牛养殖的比重增加，例如阜蒙县伊吗图镇艾友村的两个合作社中，当初每个小区有奶牛养殖散户40余户，然而实际采访得知，现在仍然养殖奶牛的只剩1个小区，奶牛养殖散户不到5户。辽宁省阜新市蒙古族自治县阜新镇皂力营子村2014年建立奶站、成立小区时共有奶牛养殖户40余户，由于奶站的撤销现在只剩下3户。整个彰武县2007年最初有32个奶站（合作社或者养殖小区），当初日产奶有70吨左右，到2017年末已经不到8个，其中2个还濒临消亡，现在日产奶量大约只有30吨，其中根据产奶数量可以看出，整体的奶牛养殖数量已经锐减到不到十年前的50%。尽管部分合作社已经转为奶牛养殖牧场，但是从牧场数量看，仍然有所减少，其中一方面是养殖场从奶牛养殖转向肉牛养殖，另一方面是牧场的破产。受资产专用性的约束，存续的养殖牧场中的乳牛数量依然在苦苦坚持，但基本仍处于"冰火两重天"的局面：一方面是因为飙升的养殖成本和苛刻的养殖条件，另一方面是因为低迷的牛奶收购价格。

受条件约束，本次调研没有深入伊利集团、蒙牛集团和辉山乳业集团的自有养殖场进行走访，具体情况不得而知，但从其他奶牛养殖单位看，尤其是奶牛养殖合作社和奶牛养殖散户，奶牛养殖规模近几年已经严重缩减，并且辽宁省的奶牛养殖业已经呈现出了严重的发展困局。

4.2　发展困局的原因：买方垄断的牛奶收购市场

辽宁省奶牛养殖业呈现严重困局的原因一方面与整个行业的不景气有关，另一个主要的原因在于乳制品企业不重视产业链源头利益，处于牛奶收购的买方垄断地位，基于利益最大化原则，实行价格、标准等一刀切，极大地伤害了养殖户的利益。从奶制品的生产商看，目前占据辽宁省乳制品市场的企业由以前的伊利集团、蒙牛集团和辉山乳业集团三大寡头变成了伊利集团和蒙牛集团两大寡头，辉山乳业集团在乳制品销售市场中虽然仍有自己的部分产品，但调研结果表明，辉山乳业集团的大多奶牛养殖基地实际上已经成为伊利集团的供奶商。从牛奶的收购商看，除了个别区域的奶牛养殖散户将生产的牛奶销售给当地的饮料制品公司外，绝大多数的奶牛养殖单位（养殖户）都是伊利集团和蒙牛集团的牛奶供应商，其中大多数的奶牛养殖单位与伊利集团签订销售合同，只有极少数的奶牛养殖单位（奶站）与蒙牛集团签订销售合同。调研对象中，只有辽宁省阜新市蒙古族自治县阜新镇皂力营子村仅有的3户奶牛养殖散户向当地的一家饮料制品企业供奶，阜蒙县阜新镇哈朋村的阜新蒙古族自治县丰源奶牛养殖专业合作社（现在已转为牧场）向蒙牛集团供奶，其余牧场、散户都是向伊利集团供奶。

因此，从辽宁省奶牛养殖的整个牛奶销售市场看，实际上已经形成了伊利集团和蒙牛集团两大寡头买方垄断的局面，尤其是伊利集团已经成为辽宁省绝大多数奶牛养殖单位牛奶的买方垄断者。基于这样一种市场结构，牛奶收购的垄断集团与各个奶牛养殖单位签订"捆绑"式的收购合同，制定诸多"霸王"条款，即以保障牛奶质量为由，由这两大集团制定牛奶的收购标准和收购价格，又在养殖条件上规定具体的养殖标准，例如奶牛的养殖饲料的构成、防疫、养殖条件及其挤奶设备等，甚至在饲料的来源方面，都规定具体的进料单位（一般是与这两大集团有某种利益关系的饲料生产单位），还不定时派相关技术人员直接深入各个养殖单位进行生产监督和检查，对于不符合规定的奶牛养殖单位，在牛奶收购时直接给予相应的惩罚措施，例如压低鲜牛奶的收购价格，甚至拒收牛奶等。这两大乳企大部分精力都用在培育消费市场而不是奶源市场上，不顾国内上游奶牛养殖户的利益，却只顾眼前低价一刀切收购，对上游奶牛养殖业造成了非常不利的影响。

4.3 发展困局的表现：奶牛养殖高成本与低收益并存

根据经济学的基本原理，在买方垄断市场上，对于鲜牛奶的购买量是由买方垄断者即乳制品企业的边际价值和边际费用决定的。根据利润最大化原则，在生产技术不变的情况下，当乳制品的边际产品收益逐渐下降时，即当乳制品产业受大环境影响市场价格下降时，制造乳制品所用的鲜牛奶的收购价格也必须降低，因此在买方垄断的市场上，伴随着乳制品产业的不景气，乳制品企业的鲜牛奶收购价格越来越低。同时，由于是买方垄断，买方对收购鲜牛奶的条件也越来越苛刻，奶牛养殖户为了达到牛奶收购商的要求只有不断地提高自己的生产条件，导致生产成本逐渐升高。从整个行业的供求状况看，辽宁省的奶牛养殖行业已经呈现出全国共有的市场供过于求、价格下跌、奶农倒奶、淘汰奶牛的普遍性特征。奶牛养殖收益急剧下降，导致辽宁省的整个养殖规模锐减，奶牛养殖收益下降的原因主要有两个：一个是奶牛养殖成本难降，其中包括人工和饲料等成本，另一个原因是生鲜乳收购价格不断下降。

4.3.1 奶牛养殖散户的成本收益

通过调研发现，辽宁省奶牛散户养殖模式主要有三种：全程在家散养、牧场集中饲养单独核算和牧场寄养，不同的养殖模式成本收益不同。

第一种为散户在家自己养殖，生产的牛奶向奶站（乳制品加工企业）销售或者自行到市场销售，因此这一种模式下的奶牛养殖散户的成本主要来自于养殖饲料成本，新增的固定投资和设备更新等方面导致的成本上升问题几乎不存在，牛奶的销售价格一般在 3.0~3.1 元/千克，该养殖模式中的奶牛粗饲料主要是养殖户自己种植或收购的玉米秸秆，收购价格大致在 1 元/捆，综合其他养殖饲料，每头泌乳牛的养殖成本大致为每天 55 元，但是由于大多数区域的奶站近两年已经撤销，因此这类养殖模式的散户的牛奶没有固定的销售渠道，大多数该模式的奶牛养殖户已经消亡。

第二种为散户将自己的奶牛集中到某一养殖牧场，按照牧场的养殖标准进行喂养，统一使用牧场的饲料和牛精以及防疫措施，生产的牛奶如果达到牧场的收购标准按照 3.2 元/千克左右的价格销售给牧场，然后由牧场再统一销售给伊利集团或者蒙牛集团，出生的牛犊归各个散户所有，奶牛的疾病、死亡等损失归各散户自行负责。第二种养殖模式与第一种模式比较而言成本有所上升，支出的成本增加的原因主要在于，奶牛的养殖饲料要按照牧场的统一标准，一方面饲料采购不能自主决定，另一方面奶牛的喂养饲料结构发生变化，由于粗饲料中添加了苜蓿、青贮玉米等，加上饲料购买渠道受制约，大约每头泌乳牛的饲养成本高达80元/天，虽然从产奶数量和产奶质量上看，第二种养殖模式较第一种养殖模式有所提高，但是成本也相应增加。

第三种模式为散户与各个奶牛养殖牧场签订"寄养"合同，所有的养殖、牛奶销售归养殖牧场负责，包括母牛生产的牛犊等所有收益也归牧场所有，散户每年固定从牧场获得2 500～3 000元收益，如果母牛死亡获得7 000元赔偿。总体看，第三种模式奶牛养殖户可以在合同期内得到固定的收益，第二种模式下的散户的收益主要来自于新生牛犊出售收入或者牛犊育成牛后的销售收入。

4.3.2　奶牛养殖牧场成本收益

受场地专用性、物质资源专用性、专项资产专用性的约束，存续的奶牛养殖牧场的养殖规模未呈现大幅度的变化，然而由于受牛奶收购企业"霸王"合同条款的约束，各个牧场的奶牛养殖成本仍然是增加的，并呈现不确定性。为保证牛奶的质量，牛奶收购商一般要求各个牧场的饲养配料包括玉米秸秆、苜蓿、燕麦和精饲料等。其中玉米秸秆各个牧场可以自主经营，从当地收购，收购价格根据各个区域不同因而价格也不等，从6 000元/公顷至15 000元/公顷不等，每公顷玉米可以做成45 000千克左右的青贮饲料，享受青贮补贴0.05元/千克。由于美国进口的苜蓿质量比国内好，营养要高，奶牛出奶率高，因此大多牧场选择从美国进口，价格是2.5元/千克，加上运费大约为2.7元/千克。由于伊利集团和蒙牛集团对签订牛奶收购合同的牧场捆绑销售饲料（尤其是精饲料），强制奶农购买，导致各个牧场的饲养成本大幅度上升。以精饲料为例，伊利集团提供的精饲料价格为2.78元/千克，而市场上禾丰集团的精饲料价格大致在2.4元/千克，仅饲料这块，牧场每吨就要多花近400元，另外还有疫苗以及挤奶设备、牛舍必需的一些设备等，牛奶收购商以保证牛奶质量为缘由进行干预，以检验技术标准限制牧场自由选择其他供应商的权利，对不接受该条件的牧场削减收购甚至拒收鲜奶。这样牧场泌乳牛的饲料喂养成本大致是70～80元/头，各个牧场根据伊利集团或者蒙牛集团给牧场划分的等级签订牛奶收购价格，一级牛奶价格为3.5元/千克左右，质量差的牛奶收购价格为2.8元/千克。由于未能完全掌握各个牧场的成本收益核算账户，各个牧场的经营状况是否处于亏损状态不得而知，但是可以肯定一点，各个牧场奶牛养殖投资的机会成本过高已是一个不争的事实。

4.4　发展困局的潜在威胁：锐减容易和恢复困难并存

4.4.1　锐减的奶牛养殖规模

由于国内新鲜牛奶价格持续低迷，养殖成本增加，各个养殖散户纷纷将奶牛养殖转向肉牛养殖，甚至放弃养殖。受资产专用性的"套牢"，各个养殖大户即使出现亏损状态，仍然可以继续存续，根据经济学成本理论，尽管养殖收益小于养殖成本，但当牛奶的销售价格低于平均成本但是仍然高于平均固定成本最低点时，仍然可以继续经营，这是当前各个养殖大户仍然存续的原因。但是一旦牛奶的销售价格低于平均固定成本，即降低到停止营业点以下，各个牧场的经营将难以维持下去，势必导致大量养殖牧场的破产，届时奶牛养殖规模将大幅度减少。

4.4.2　受外企掌控的乳业命脉

我国已经取消了奶粉关税和针对欧盟的配额限制，如果任由发达国家进口奶粉挤占国内原奶市场，不扭转当前的局面，势必将威胁我国的奶业供给安全。尽管目前我国还没有完全放开对外国液态奶的进口，但随着我国对外开放程度的加强，一旦除奶粉外连液态奶都不断扩大进口这一趋势变成了现实，由于国外的牛奶无论在生产技术、标准还是在成本方面，与国内比都具有优势，那么届时国外的奶源将成为各个乳制品企业的主要液体奶源，国内的奶牛养殖户在竞争中处于劣势，整个乳业产业主动权将完全交给外国厂商，国内乳业命脉面临被外企把控的风险在所难免，对辽宁省奶业安全的冲击更是在所难免。

4.4.3　乳业行情的动荡在所难免

奶牛养殖产业周期相对较长，正常奶牛长成需要 40 个月，如果缺乏适度托底政策，国内奶牛养殖成本远高于发达国家，养殖企业鲜奶销不出去，只能喷成奶粉，平均 8 千克鲜奶才能喷 1 千克奶粉，这样生产出来的奶粉成本是 30 元/千克，而进口奶粉只有 20 元/千克左右。在这种形势下有的企业削减生鲜乳原料，部分使用进口奶粉作原料，甚至完全使用进口奶粉作原料，国内乳制品企业对国内高成本原料奶的需求量大幅度减少，奶牛养殖企业将难以渡过难关，导致国内的养殖规模急剧萎缩。一旦国外奶源供应不足，国内奶业供应会呈现出巨大供求缺口，在国内奶牛养殖业不景气的情况下，想短期内满足巨大的奶业需求是不可能的，届时整个奶业行情的动荡也在所难免。

4.5　破解辽宁省奶牛养殖业发展困局的建议

4.5.1　建立乳业上下游利益协商机制

如今奶农"倒奶杀牛"事件频发，既有乳品行业周期性因素，也有行业上下游利益过于对立的原因。乳企大部分精力都用在培育消费市场上而不是奶源市场上，广告和销售费用占比居高不下。对这些乳制品企业来说，应该去鉴别哪些奶牛养殖企业是值得培育的战略客户，保证稳定供给，而不是只顾眼前低价"一刀切"收购。建议由相关部门牵头，推动各地乳协和奶协横向联合，并进一步推动行业整合，规范行业秩序。

4.5.2　建立生鲜乳价格协调和利益协商机制

出台全国性乳业托底政策，建立生鲜乳价格协调和利益协商机制，实施精准补贴和牛奶收购保护价机制，加强奶源基地建设。

政府出台全国性牛奶收购保护价机制，以保证基础质量的最低养殖成本为参考系进行科学估算，并以此为基准进行适度市场干预和补贴；对于乳企的进口奶粉喷粉行为，可针对奶农设立喷粉补贴，保护其生产积极性。加大对饲草种植企业扶持力度，在草种、农机等方面对其进行适量补贴。

4.5.3　提升国内乳制品企业社会信任度

加强对国产奶的正面宣传引导，帮助消费者转变观念，提升国内乳制品企业社会美誉度、信任度。政府有关部门应规范对外发言和信息披露，统一规范数据口径，对于各地乳品抽检信息，应同时公布抽检合格和不合格结果，并公布国产与进口奶相关质量对比结果，以正视听，增加各个乳制品企业的社会信任度，同时政府加大宣传力度，破除市场上对洋奶粉的崇拜。

4.5.4　借鉴国外经验合理布局奶牛养殖区域

目前我国乳企大多数经营规模较小，同行的激烈竞争，使部分企业放弃奶源基地建设等前期投入，在零售终端大打"价格战"，并在源头掀起"抢奶大战"。这些乳企不用前期投入就直接进入生产环节，扰乱了市场秩序，致使奶农生鲜乳一到淡季就无人收购，最终导致"倒奶杀牛"。建议借鉴美国、新西兰等国经验，在奶牛养殖环节，出台全国牧场建设总体规划，针对全国市场需求分布与适合养殖奶牛区域进行总体布局，相关部门对牛奶产量进行科学预测和调控，包括提前预测奶产量、加工能力和市场销量，提供相关预警和信息服务，减少行业波动带来的资源重复投入。

参考文献

白文怀，白勇，2017. 奶牛养殖主体与乳制品企业的关系［J］. 现代农业（11）：54 - 56.

段雪梅，2017. 我国奶业发展现状分析［J］. 中兽医学杂志（5）：89.

李洋洋，贾玉川，贾永全，2017. 我国奶牛养殖模式的调查分析［J］. 黑龙江八一农垦大学学报，29（3）：35 - 38.

王艳阳，李彤，刘佳丽，等，2017. 中国奶牛产业发展现状与对策［J］. 黑龙江畜牧兽医

(24)：23 - 26.

吴凤霞，2017. 依托合作组织，推动产业发展——记宁夏回族自治区吴忠市义明黄沙窝奶牛养殖合作社 [J]. 中国农民合作社（12）：18 - 19.

张永强，李想，高延雷，等，2017. 自由贸易条件下的中国牛奶产业竞争力分析 [J]. 黑龙江畜牧兽医（18）：40 - 44.

5 2017 年浙江省奶业情况

□ 刘建新

5.1 浙江省奶业基本概况

2017 年全省奶牛存栏 45 597 头，比上年下降 12％，其中成母牛 24 963 头；牛奶总产量 17.46 万吨、平均奶产量 6.9 吨/年、最高单产超过 11.8 吨/年；共有奶牛养殖户 441 户，同比下降 40％；奶牛存栏 100 头以上规模养殖比例为 78％，比上年增加 12％。存栏 49 头以下的有 296 个场（户），此规模存栏奶牛 4 735 头、年产奶 14 506.5 吨；存栏 50～99 头的有 73 个场（户），存栏奶牛 5 183 头、年产奶 15 810.59 吨；存栏 100～499 头的有 51 个场（户），存栏奶牛 10 365 头、年产奶 37 382.11 吨；存栏 500～999 头的有 9 个场（户），存栏奶牛 6 001 头、年产奶 22 777.02 吨；存栏 1 000 头以上的有 12 个场（户），存栏奶牛 19 313 头、年产奶 84 095.66 吨。

浙江省奶牛分布区域化明显，全省 80％的奶牛饲养主要集中在金华、杭州、温州、宁波四大城市的城区及附近郊县。其中金华市为浙江省奶牛生产最集中的地区，2017 年底存栏量为 17 100 头，占全省奶牛存栏量的 37％左右。全省有获得生产许可证的乳制品及婴幼儿配方乳粉生产企业 23 家，其中婴幼儿乳粉企业 3 家，学生奶生产企业 3 家，几家主要乳品加工企业的日处理鲜奶能力在 1 800 吨左右，2017 年生产乳制品 46 万吨，销售额 84 亿元。

目前，省内生鲜乳销售市场开始回暖，价格上涨。省内乳制品生产企业生鲜乳交易价格参照上海市 2017 年上半年的 3.78 元/千克的基准价格按质论价，一般收购价格在 4～4.2 元/千克，质量好的生鲜乳最高可以卖到 4.6 元/千克。

5.2 浙江省奶业政策与措施

5.2.1 后备母牛补贴

2017 年，浙江省继续实行后备母牛补贴政策，按农财两厅制定的浙江省后备母牛补贴资金管理办法，确定了补贴对象，各级财政按每头后备母牛 500 元的标准给予补贴。

5.2.2 奶牛良种补贴

2017 年奶牛良种补贴政策按照 2013 年补贴标准不变，中央财政安排资金 120 万元，浙江省财政安排资金 105 万元，通过政府采购公开招标程序，组织奶牛冻精具体采购计划的编制，确定采购的具体品种与数量，全年采购奶牛冷冻精液 7 万支。

5.2.3 强化奶站监管

为落实生鲜乳质量安全监管措施和责任机制，浙江省按照农业部专项整治方案的要求，健全监管机制，加大监督抽检和违法行为打击力度，在全省深入开展生鲜乳质量检测工作。全省有合法持证经营奶站 38 家，其中乳制品生产企业自建 10 家、奶畜养殖场建设 19 家、奶农专业合作社建设 9 家；有生鲜乳运输车辆 51 辆，全部核发准运证，全省没有无证经营的奶站和运输车，生鲜乳质量安全状况良好，未发生质量安全事件。

5.2.4 做好人畜共患病防控工作

周密部署全年人畜共患病防控工作，督促落实奶牛"动物防疫条件合格证管场、健康证管奶、户口簿管牛"的"二证一簿"制度，加大奶牛布病、结核病防治力度。

5.3 浙江省奶业发展面临的问题

尽管近年来浙江省奶业通过规模化、标准化的不断推进，养牛设施普遍提高，大量采用优良品种、优质饲料和先进的饲养方式，生产水平得到不断提高。标准化示范场平均年产量超过 8 吨，整体水平跟十年前相比有非常显著的变化。但困难很多，危机仍在，可以说奶牛养殖发展目前处境艰难。具体看，主要存在以下问题。

5.3.1 环境制约大，发展空间受限

浙江省自 2013 年开展"五水共治""三改一拆"行动以来，全省 87 个畜禽养殖县（市、区）完成禁限养区调整划定，关停搬迁奶牛场 1 763 个，调减奶牛存栏 12 302 头。下一步，浙江省将彻底摸清奶牛散养场底数，按照不污染环境的要求，分县分类施策，因地制宜制定工作方案。坚持堵疏结合、稳妥推进，采取关停、治理、转养等多种方式，全面开展畜禽养殖场的扩面整治。因此，接下来浙江奶牛存栏数量数会受到进一步挤压，发展空间严重受限。

5.3.2　奶牛改良不快，基础设施有待提高

浙江省杭州地区奶牛养殖水平较高，但全省成年母牛的平均产奶量只有6 020千克，与上海奶牛（平均8 700千克）相比，差距很大。根本原因是奶牛品种改良是个较长的过程，优质粗饲料来源困难，饲养方式有待提高。台州、温州等地分散的、小规模奶牛养殖户思想观念仍未转变，往往受利益驱动而使用低价低质的冻精配种，直接影响了奶牛遗传性能的改良。浙江省部分奶牛场的基础设施不够健全，奶舍、挤奶机、青贮窖等主要设施较简陋，奶牛疫病也严重威胁生产安全。

5.3.3　牧草来源困难，饲养方式有待提高

优质牧草是保障奶业发展的重要因素之一，多年来浙江省在推广优质牧草种植方面的工作相对滞后，青贮技术推广不够，导致奶牛饲草供应不足和结构不合理，也使饲养成本偏高。按先进饲养技术的要求，饲养一头奶牛至少需要配套一亩牧草基地，通过种植青贮玉米、饲用高粱等青饲料，采用青贮技术保证奶牛青饲料供应，而浙江省专门用于奶牛的牧草种植面积只有两万亩左右，与奶牛需要的青贮饲料种植要求相差甚远。由于优质粗饲料来源困难，部分小规模奶牛场（户）仍然采用稻草加精料的日粮结构，不但产奶量低，饲料成本高，而且容易使奶牛出现胃肠道等多种疾病。

5.3.4　产业化水平较低

浙江省现有的乳品加工企业产品比较单一，规模较小，难以与伊利、蒙牛、光明等乳制品巨头竞争，市场节节萎缩。加之奶源供应不足（尤其是夏季），几家企业普遍采用进口奶粉生产复原乳，对浙江省企业基本上以生鲜奶生产冷鲜奶为主的生产方式造成很大的冲击。省内几家主要乳品厂加工能力都不强，且很大一部分是贴牌加工，自有品牌市场占有率低，未真正起到龙头拉动作用。生鲜牛奶价格的定价机制不健全，乳品加工企业与奶农之间的生鲜奶价格协商机制没有建立或不健全，缺少第三方质量监督和价格协商，部分地方生鲜奶价格明显偏低，奶农效益差，影响生产积极性。

5.4　下一步的措施与建议

5.4.1　坚持绿色发展，营造良好氛围

要按照生态文明、"两富"、"两美"现代化浙江和现代化建设的总体要求，以绿色发展为主线，以美丽畜牧生态工程、健康畜牧安全工程等五大工程为抓

手，加快构建生态高效，特色精品、安全放心的高水平、高质量、高效益的浙江奶业发展新格局；鼓励采用代养制、合作制和互助制等有效模式，促进形成利益共同体，带动农民增收；加强科技联合攻关，大力研发推广粗饲料资源开发与高效利用、养殖节水减排与粪便综合利用，努力突破重大技术瓶颈；大力宣传奶业绿色发展理念、典型模式、成功经验，激发主体的积极性和创造性，努力营造全社会齐心协力创建绿色发展的良好氛围。

5.4.2 支持标准化奶牛场建设

浙江省奶业正处在优化结构、全面提高产业素质和竞争力转变的关键时期，从确保浙江省居民能喝上优质新鲜牛奶、保障市场有效供给、提高生活品质三个方面考虑，都必须保持一定规模的奶业，并作为生态农业发展的重要内容来抓。积极争取国家和省相关部门对奶业发展的支持，加快奶牛养殖场标准化建设，改善奶牛养殖场基础设施和相关生产条件，扩大生产规模，提升奶业生产能力。

5.4.3 加强良种繁育和推广，提高奶牛生产水平

加强奶牛良种繁育，加大良种推广力度，优化奶牛群体结构，不断提高奶牛单产水平。近年农业部加大了对奶牛良种补贴项目实施力度，省里也同时继续支持和扶持奶牛良种补贴工作，各级部门及有关单位要按照实施方案的要求抓紧制定奶牛品种改良计划，切实做好良种登记和奶牛生产性能测定等基础性工作。相关扶持政策要与提高奶牛单产水平的目标挂钩，以充分发挥政策的推动作用。

5.4.4 倡导行业自律，规范原料奶定价机制

大力发展以奶农为基础、基地为依托、企业为龙头的奶业产业化经营方式，形成奶业产业链各个环节相互促进、共同发展的格局。积极支持和鼓励乳品加工企业通过订单收购、建立风险基金、返还利润、参股入股等多种形式，与奶农结成稳定的产销关系和紧密的利益联结机制，更好地发挥企业的龙头带动作用。积极扶持奶农合作社、奶牛协会等农民专业合作组织的发展，使其在维护奶农利益、协商原料奶收购价格、为奶农提供服务等方面充分发挥作用。建立原料奶质量第三方检测制度，逐步实现原料奶收购的优质优价。

5.4.5 强化奶源监管

切实加强对奶站及运输车辆的资质条件、日常运转监管，打击奶源环节违法违规行为，鼓励企业和个人积极向当地农业执法部门举报，凡存在外地乳品

加工企业直接向奶农收购生鲜乳行为的，发现一起查处一起。同时，认真审核奶站和运输车辆，及时淘汰不规范经营业主，有效提升辖区内生鲜乳收购、运输规范化水平。严厉查处收散奶、非法收购和倒卖不合格生鲜乳、违法违规添加、恶意争抢奶源等严重扰乱奶源市场的行为。

5.4.6 引导乳品消费，开拓奶业市场

通过多种形式在全社会广泛宣传和大力普及奶类营养知识，培养国民乳品消费习惯，引导城乡居民扩大消费，特别要注重培养青少年消费群体。加大国家学生饮用奶计划的推广力度，完善学生饮用奶定点生产企业扶持政策，扩大学生饮用奶覆盖范围。鼓励企业加强新产品开发，满足不同群体的消费需求。深入宣传复原乳、巴氏杀菌乳、超高温灭菌乳等科普知识，使消费者获得客观真实信息，维护消费者合法权益。

6 2017年河北省奶业发展报告

□ 孙凤莉　安永福　李建国　张新同　高艳霞

2017年1月24日，习近平总书记对位于河北省张家口的旗帜婴儿乳品股份有限公司进行了考察，体现了乳业在国计民生中的重要位置以及主席和党中央对乳业的关心和重视。

2017年河北省委、省人民政府出台的1号文件《关于深入推进农业供给侧结构性改革　加快培育农业农村发展新动能的实施意见》也指出：发展规模高效养殖业，实施奶业振兴行动，加快优质奶源基地建设，75%的奶牛养殖场（区）完成标准化改造，奶牛平均单产达到7吨以上；支持乳品企业做大做强，促进婴幼儿配方奶粉生产企业增产提效，加快开发巴氏奶、奶酪等高端产品；严格执行复原乳标识制度，提升生鲜乳区域品牌、优质乳品企业品牌美誉度和影响力。

中央、河北省委、河北省政府高度重视奶业，涉及粗饲料种植、奶牛养殖、乳品销售等各环节，有力促进了全省奶业的健康、快速发展。通过奶业方面一系列重大举措，目前河北省奶牛规模化标准化养殖水平、奶牛养殖场设施设备智能化水平、乳制品产量、全省婴幼儿乳粉产能增速、生鲜乳收购管理秩序、生鲜乳质量管理均达到全国领先水平。

6.1 河北省奶业生产概况

河北省地处华北平原腹地，气候条件适宜，位于世界公认的北纬40°奶源黄金带，是重要的奶牛优势养殖区域，具有乳业发展得天独厚的优势：一是饲草饲料丰富。河北是粮食生产大省，年产玉米1 600多万吨，秸秆6 100多万吨，拥有天然草场7 100多万亩，种植优质牧草600多万亩，奶业发展具有充足的物质基础。二是产业基础牢固。形成了石家庄、唐山、保定、张家口四大奶业优势产区。三是市场空间巨大。河北环绕京津，三地1.2亿消费人群为奶业发展提供了广阔的市场空间，特别是乳制品高端需求十分旺盛，吸引了一大批知名乳企到河北投资兴业。四是技术力量雄厚。河北有多所高校和科研机构，每年培养几千名畜牧专业毕业生；京津冀协同发展不断深化，三地人才交流更加顺畅，为奶业发展提供了充足的人才储备和智力支持。

河北省各级政府高度重视奶业发展，积极推进奶牛规模养殖，整治行业秩序，质量安全水平不断提升，生鲜乳抽检合格率一直保持 100%。2016 年河北省乳制品产量 371.27 万吨，液态奶产量 361.18 万吨，均跃居全国第一位。

6.1.1 奶牛养殖基本情况

通过奶业快速发展和淘汰，河北省奶业产业提档升级，取得了较好的成绩，表现在新技术推广应用加快、奶业机械化程度提高、奶牛单产与质量提高等方面。与此同时，2017 年，受全球乳品生产过剩、消费低迷、土地紧缺、环保压力等因素限制，河北省奶牛养殖业依然低迷，养殖成本偏高，生鲜乳价格下滑。劣质牛只、低产牛淘汰力度加大，奶牛存栏下降。据初步统计，河北省 2017 年第三季度末奶牛存栏 173.9 万头，同比下降 7.5%。累计牛奶产量 348.8 万吨，同比增加 3%，全省泌乳牛平均单产 6.75 吨。

河北省奶牛养殖产业升级改造虽取得了明显成效，但也存在不少问题。尤其是近两年来，奶牛场退出或变动数量较多。据调查，2017 年 1 月至 10 月，全省约有 156 家奶牛养殖场退出经营或缩减规模，退出养殖场的区域分布情况见表 6-1。按照生鲜乳交售乳企分类统计退出养殖场数量占比，交售到伊利、蒙牛、光明、三元、完达山和乡遥的奶牛养殖场数量占比分别为 50.98%、31.37%、5.88%、3.92%、5.88% 和 1.97%。

表 6-1 河北省各地区奶牛养殖场退出情况

地市名称	退出数量（家）	占退出牛场总数比例（%）
唐山	49	31.41
张家口	29	18.59
保定	14	8.97
石家庄	13	8.33
廊坊	11	7.05
邯郸	10	6.41
定州	7	4.49
邢台	7	4.49
衡水	5	3.21
沧州	4	2.56
承德	3	1.92
秦皇岛	2	1.28
辛集	2	1.28
合计	156	

在河北省农业厅、各级畜牧局等行业部门的指导下，国家奶牛产业技术体系、河北省奶牛创新团队更加强化奶牛养殖轻简化技术指导和培训，河北省奶牛养殖场的技术水平不断提升，产奶量和乳品质不断增加。据初步统计，2017年1—10月，国家奶牛产业技术体系保定站示范场 305 天奶牛平均单产达8.88 吨/头，较 2016 年同期增加了 459 千克/头，提高了 5.45%。

2017 年前 10 月，保定站各示范场乳成分指标和体细胞数均有不同程度的变化，乳脂率、乳蛋白率、干物质率为 3.86%、3.26%、12.63%，体细胞数达到 21.05 万/毫升，较去年降低了 14.32%，效果明显。

6.1.2 奶源基地建设

河北省奶业经过近些年的磨砺与发展，绝地重生、凤凰涅槃，进入提档升级、加快发展的时期。从散养到小区饲养再到牧场养殖，河北奶牛养殖连续跨上两大台阶。

近年，河北省人民政府制定下发了《关于加快全省乳粉业发展的意见》，河北省农业厅、河北省财政厅出台了了《关于 2016 年乳粉业发展项目实施的指导意见》《生产乳粉用奶牛场建设标准》《关于做好 2017 年乳粉业发展项目实施工作的通知》（冀农财发〔2017〕4 号）等一系列扶持政策，以提高乳粉特别是婴幼儿配方乳粉生产水平、保障产品质量安全为核心，坚持提质增量并重、扶优汰劣并举，加快奶源基地建设，壮大加工龙头企业。预计 2017 年底，乳粉产能达到 20 万吨（其中婴幼儿配方乳粉 10 万吨），质量抽检合格率100%。建设生产乳粉用标准化规模奶牛场 600 个，存栏泌乳牛 25 万头，平均单产 7 吨，生鲜乳蛋白含量 3.2%以上、乳脂率 3.8%以上。蒙牛、伊利、君乐宝、三元四大乳企奶源基地平均单产水平达到 6.7 吨，处于全国领先水平。通过乳品企业建基地、养殖大户扩规模、奶牛小区抓改造，建设生产乳粉用标准化奶牛场。配备全混合日粮饲喂机械、奶牛卧床、牛舍冷风机、粪污无害化处理设施，防疫条件和动物无害化处理设施达到标准要求。

为进一步支持河北省乳粉业发展，2017 年省财政厅下达乳粉业发展专项资金 7 200 万元，用于生产乳粉用奶牛场建设、高产奶牛胚胎移植补贴等项目。其中高产奶牛胚胎移植补贴 1 867 万元，乳粉用奶牛场建设 5 333 万元，其中补贴比例占前三位的是邢台 38.1%、石家庄 32.0%、衡水 22.8%。

6.1.3 良种工程建设

通过进一步推广奶牛生产性能测定（DHI）和优质奶牛冻精，逐步改良和优化奶牛种质，扩大优质高产奶牛在群体中所占比例，奶牛单产水平和生鲜奶品质不断提高。截止到 2017 年 10 月底，河北省参加奶牛生产性能测定的牛场达到 354 个，比 2016 年增加了 41 个；测定奶牛 16.32 万头，较去年增加了 3.52 万头；参测场牛只平均单产 28.77 千克，较去年增加 0.94 千克；参测场平均乳脂率 3.86％，乳蛋白率 3.29％；DHI 数据合格率达到 86.5％。自 2010 年针对产后 30～180 天的 1 胎奶牛开始实行奶牛线性评定工作以来，每年鉴定头数在 3 000 头以上，截至 2017 年 10 月，累计鉴定奶牛 3.5 万头。

奶牛生产性能测定受到河北省政府关注和支持，自 2014 年始，每年安排专项资金 500 万元，专门用于 DHI 测定设备和配套设备的引进、配套设施的改造，截止到 2017 年底累计测定设备投资 4 400 万元、实验室基础建设投资 1 400 万元，建成了高标准的省级 DHI 实验室。2017 年唐山市政府启动唐山市 DHI 分中心建设工作，实验室面积 100 平方米，拥有技术人员 2 人。

河北省 DHI 中心构建完成了"河北省奶牛网络信息平台"，中心每月定时将数据上传到省平台，为奶牛基础数据的及时有效收集和数据采集提供了平台，实现了奶牛场基础数据及时更新和上传，网络信息平台的使用，使其不同的客户端可以使用自己的账户登录，查看河北奶牛的现状。

6.1.4 奶牛养殖的规模与组织形式

河北省奶牛存栏 300 头以上规模养殖率达到 98％，50 头以上奶牛规模养殖率达到 100％，奶牛规模化养殖程度已有大幅度提高。

河北省是全国奶牛养殖大省，目前仍是规模养殖场和奶牛养殖小区模式并存，据初步统计，2017 年 8 月底前，河北省 1 200 多个奶牛养殖场（小区）中规模化养殖场 928 个，产奶量占全省总量的 92％以上，小区 270 多个，占总养殖场数量约 23％左右。从当前养殖结构来看，奶牛小区虽然存在，但比例已大大降低。但随着近两年来奶牛养殖业低谷以及乳企对奶牛养殖的要求，顺应当前奶业提档升级的发展时期，奶牛小区模式正在加速退出历史舞台，其正在以奶牛入股、大户收购等多种形式转变成为真正意义上的奶牛规模养殖场、家庭牧场或专业合作社。这些新型的奶牛养殖模式一定程度上提高了奶业组织化专业化程度，在奶牛的规模养殖、科学管理、统一的技术指导与服务，以及生鲜乳的集中收购、贮运和销售等方面都发挥了积极作用，有效提高了共同面对市场，提高竞争力，增强话语权的能力。新型模式及适度规模的奶牛养殖发展后劲较强。

6.1.5 大力发展优质粗饲料种植

2017 年，河北省深入实施"粮改饲"工作，加快种植结构由"粮经"二元结构向"粮经饲"三元结构转变。按照加快构建农牧业良性互动、种养业优势互补、以养定种、以种促养、以养促调、合理改种的思路，大力发展青贮玉米、苜蓿、燕麦、饲用小黑麦、甜高粱等优质饲草料种植，面积达到 200 万亩以上，保有万亩示范区和千亩示范片分别不少于 10 个和 100 个。

河北省农业厅、财政厅联合印发《2017 年河北省"粮改饲"试点工作实施方案》。经竞争遴选，在保定市、石家庄行唐、灵寿、无极、藁城、唐山滦南、滦县、遵化、丰南、承德围场、丰宁、隆化、张家口塞北管理区、万全、宣化、秦皇岛青龙、昌黎、邢台宁晋、威县、衡水故城、沧州中捷产业园、辛集市、定州市等 24 个市、县（市、区）进行粮改饲试点工作。支持饲草料的收贮环节补助，以实际收储量为标准，对规模化草食家畜养殖场（企业、合作社、户）、专业收储企业（合作社）收贮优质青贮饲草料进行补助。优先向以流转土地自种、订单收购等形式收贮的组织倾斜，优先扶持奶牛存栏 300～1 000 头的规模化养殖场（企业、合作社）。每吨优质饲草料补贴标准由试点市、县（市、区）管理部门确定，每吨不超过 60 元。同时对各试点市、县（市、区）在确保粮改饲面积、收储量任务全面完成的基础上，对对草食家畜养殖场、专业收储企业新建、改（扩）建青贮窖、堆放场等青贮设施改扩建进行直接补助。

2016 年，河北省共落实"粮改饲"面积 200.5 万亩，直接为种植户节本增收 4.8 亿元。已累计建成万亩示范区 29 个，千亩示范片 361 个，试点县发展青贮玉米、苜蓿、燕麦等优质饲草料面积 105 万亩，其中全株青贮玉米 98 万亩。行唐县 91 个草食畜规模养殖场区被纳入"粮改饲"试点项目补贴范围，共为 4.25 万头草食畜提供优质粗饲料，直接增加养殖效益 2 000 万元。

6.1.6 乳制品安全生产及乳品加工与消费

6.1.6.1 乳及乳制品安全生产

河北省奶牛存栏居全国第三位，全省全部实现管道式挤奶，生鲜乳抽检合格率一直保持 100%。全省拥有乳制品加工企业 42 家，日处理生鲜乳能力 1.4 万吨，2016 年河北省乳制品产量 371.27 万吨，其中液态奶产量 361.18 万吨，均居全国第一位。全省婴幼儿配方奶粉的产能达到 15.5 万吨，比 2008 年翻了一番。

为了保障河北省生鲜乳质量安全，各级畜牧兽医主管部门共同加强监管，持续加大监管力度，对确认生鲜乳收购站在生鲜乳中故意添加非法添加物的，或一年内 3 次以上生鲜乳抗生素检测超标的，支持乳企解除合同，并依法处置；对生鲜乳质量不高的，共同加强指导和督促，提高质量。定期互相通报生鲜乳质量安全信息，加强生鲜乳质量安全预警。乳企积极参与并支持生鲜乳收购站网络化视频监管系统建设和完善工作。

目前，已试点开展实施生鲜乳第三方仲裁检测。根据奶牛养殖区域布局，在石家庄、唐山、张家口、保定四个奶牛养殖大市先行试点，由市级以上畜产品质量检验检测机构开展生鲜乳第三方仲裁检测。河北省农业厅按照国标相关检测方法和标准，组织乳企统一检测方法和标准，对检测试剂统一进行质量评价；乳企遵守河北省农业厅统一的检测方法和标准，对仲裁检测结果给予认可。2016 年 7 月河北省畜产品质量检验监测中心、唐山市畜牧水产品质量监测中心启动第三方仲裁检测以来，已为 13 个养殖场（户）提供了仲裁检测，企业和养殖场（户）都认可了仲裁检测结果。石家庄、张家口、保定市 3 个市级检测中心于 2017 年下半年开展第三方检测。

6.1.6.2　乳品加工与消费

目前，河北省乳制品市场主要销售的品牌有全国品牌和地方品牌，前者包括蒙牛、伊利、三元、光明、完达山、飞鹤等，后者包括君乐宝、长城、乡谣、天香、缘天然、旺旺等。在乳制品结构上，河北省加工乳制品的品种主要有液态奶和固态乳制品两大类。液态奶主要有纯牛奶、鲜牛奶、强化牛奶、花色牛奶和酸奶等品种；固态乳制品主要有奶粉（全脂、脱脂、半脱脂奶粉以及各种配方奶粉）、黄油、干酪和炼乳等品种。纯牛奶和花色牛奶因其保质期长，仍是乳制品市场消费的主流；鲜牛奶（巴氏奶）的主要消费群体在城市及城市周边，由于其保质期较短，对于距离牛奶加工地较远的地区，消费量有限。

河北省乳业龙头企业——君乐宝乳业，是农业产业化国家重点龙头企业、国家重点新技术企业，20 多年来专注乳品营养与健康，集团的君乐宝奶粉是全球首家通过欧盟 BRC 食品安全全球标准 AA＋级认证的奶粉企业，产品品质达到国际一流水平。在河北省奶业振兴中起到了示范、引领作用。主要经营婴幼儿奶粉、酸牛奶、低温乳酸菌饮料、纯牛奶等产品。销售区域覆盖全国，主销区域在华北、东北、华东地区，低温酸牛奶、乳酸菌饮料市场占有率居全国第四位。2016 年，君乐宝乳业营业收入在 80 亿元左右，同比增长约 25％，仅次于伊利、蒙牛和光明。其中君乐宝奶粉业务收入约 12 亿元，同比增幅在 67％上下，位居行业第一。2017 年 8 月，君乐宝奶粉又成功登陆了澳门市场，成为目前唯一一家通行于港澳市场的国产奶粉。2017 年上半年，君乐宝奶粉销售额同比增长 123％，明星产品增幅超过 300％。

旗帜婴儿乳品股份有限公司总投资 40 亿元，在察北牧场建设"牧草种植、饲料加工、奶牛养殖、生产加工"全产业链，主要包括存栏 8 万头的大型现代牧场和年产 6 万吨的婴儿配方奶粉生产线，并配建奶牛育种、繁育研究院和婴儿营养研究院，形成一体化的农牧综合体，从源头保证食品安全。前不久，旗帜乳业也拿到了欧盟 BRC 食品安全全球标准 AA 级认证证书，这是一张国际市场公认的、标准极其严苛的"通行证"，表明旗帜乳业的产品品质得到了国际市场更高水平的认可。2017 年 5 月 29 日，食品界的"诺贝尔奖"——世界食品品质评鉴大会颁奖典礼上，来自中国河北的旗帜乳业两项产品双双获得大奖：旗帜中老年奶粉获得大会金奖，婴幼儿奶粉更以近乎完美的表现获得世界食品行业最高荣誉——大会特别金奖，成为国内唯一一家获此殊荣的食品企业，赢得中外媒体及业界高度赞誉。在 2017 中国食品行业诚信建设峰会暨中国食品口碑榜发布仪式上，旗帜奶粉凭借创新工艺模式和良好的消费者口碑，一举斩获"3·15 行业先锋奖"。

6.1.7　奶业政策

2017 年 1 月 24 日，中共中央总书记、国家主席、中央军委主席习近平考察了君乐宝乳业在张家口投资兴建的婴幼儿奶粉企业——旗帜婴儿乳品股份有限公司。主席视察了标准化牧场挤奶大厅、全自动生产线、化验室、自动仓储系统，仔细询问了奶牛养殖环节奶牛防疫的措施，详细了解了企业首创的种植养殖加工零距离一体化模式和严密的四重检验体系。习近平主席强调，我国是乳业生产和消费大国，要下决心把乳业做强做优，生产出让人民群众满意、放心的高品质乳业产品，打造出具有国际竞争力的乳业产业，培育出具有世界知名度的乳业品牌。食品安全关系到人民身体健康和生命安全，必须坚持最严谨的标准、最严格的监管、最严厉的处罚、最严肃的问责，切实提高监管能力和水平。企业的品牌信誉非常重要，是一个不断积累的过程，既要有高标准，又要每一步都脚踏实地，尤其要一丝不苟抓好饲料、养殖、加工、销售等环节，努力让品牌深入人心、赢得市场。习总书记对民族乳业的关注和重视，成为激励这个企业做好国产奶粉、振兴民族乳业的强大动力。

2017 年，为了打造标准化生产、信息化管理、农企利益共享的奶业发展格局，加快石家庄、唐山、张家口、保定四大奶业优势产区和黑龙港流域奶业发展，河北省实施"奶业振兴行动计划"。河北省将以存栏奶牛 3 万头以上的奶牛养殖大县和乳制品加工企业所在县（市、区）为重点，启动省级现代奶业集聚区建设，推进生产要素集聚优化。完善奶牛良种繁育体系，提高奶牛生产性能测定能力和服务水平，推进奶牛养殖小区向规模场转型。加快奶牛养殖场标准化改造，加强技术培训和集成推广，推行奶牛场信息化管理，提高智能化管理水平。全面开展第三方仲裁检测，定期发布全省生鲜乳收购参考价格，进一步完善奶业利益联结长效机制。

为有效缓解养殖场（户）秸秆青贮贷款难题，促进河北省草食畜牧业健康发展，2017 年 7 月 24 日，河北省畜牧兽医局、中国邮政储蓄银行河北省分行、河北省农业信贷担保有限公司联合发布《关于提供担保贷款服务做好秸秆青贮工作的通知》。根据《畜牧业"政银担"贷款项目合作协议》《2017 年河北省"粮改饲"试点工作实施方案》（冀农业财发〔2017〕47 号）精神，经省农业厅、邮储银行河北省分行、河北省农业信贷担保有限责任公司（简称省农担公司）友好协商，决定为有贷款需求的养殖场（户）提供秸秆青贮专项担保贷款服务（简称"青贮贷"）。"青贮贷"扶持对象为有秸秆青贮融资需求的标准化养殖场（户）。重点向"粮改饲"试点地区以及获得"粮改饲"补贴资格的客户进行倾斜。对于奶牛存栏1000头以上的大型标准化养殖场，单户授信额度在200万元以内。

6.1.8　奶业信息化建设

为加快奶业振兴示范省建设，提高奶业信息化水平，规范生鲜乳购销行为，稳定生鲜乳收购秩序，保障生鲜乳质量安全，落实生鲜乳收购数量大幅波动和质量不合格48小时调查追溯机制，并为产业发展规划提供大数据支持，河北省农业厅实施了"河北省生鲜乳监管日报告平台"建设，实行48小时调查追溯机制，河北省农业厅开发推广奶牛养殖管理软件，免费供奶牛养殖场使用，提升奶牛养殖场（小区）信息化管理水平，全面加强奶业质量管理。目前河北省生鲜乳监管日报告平台已顺利完成试运行。该平台通过对乳制品加工企业和各地区生鲜乳收购站动态数据的收集、审核、整理和汇总，实现对全省乳制品加工业及生鲜乳收购站的生鲜乳生产、购销数量和质量的动态监测和限时追溯，并将逐级上报的数据进行在线分析，提供辅助决策依据，提高了河北省奶业全产业链持续、健康、协调发展的监管和服务能效。2017年8月，河北省奶源管理办公室针对河北省生鲜乳监管日报告平台乳制品加工厂操作进行了培训，同时就《河北省生鲜乳收购数量大幅波动及质量不合格追溯处置实施意见》（讨论稿）相关内容征求了乳企代表的意见。

为全面提升奶牛养殖科技水平，确保奶制品质量安全，促进现代奶业稳定发展，河北省廊坊市巧用"互联网＋"，大力示范推广奶牛场生产数字化信息管理系统，将现代信息技术与养牛业有机结合，创立了奶牛场高效智能化管理平台，开发了奶牛场生产信息档案监管新模式。截至2017年底，全市奶牛场100%实现了信息化管理，信息化普及程度和技术水平在全省遥遥领先，全市29家奶牛场，其中19家接入廊坊市奶牛信息管理平台，其余10家接入伊利、蒙牛等企业推广的奶牛数字化管理系统。

6.1.9　推进机制建设，促进奶业健康发展

近两年来，国际乳制品价格不断下跌，乳制品进口数量不断增加，对国内市场造成很大冲击，国内乳制品生产和生鲜乳收购受到严重影响。河北省生鲜乳生产及购销情况与全国情况具有一致性，生鲜乳收购平均价格持续下滑，部分乳企限收、拒收次数增多，交奶难问题更加突出，生鲜乳生产成本则居高不

下，奶牛养殖无效益，甚至亏损，部分生鲜乳收购站被迫关停。

为促进河北省奶业持续稳定健康发展，省农业厅已与省内所有乳品加工企业签订了《完善奶业利益联结长效机制合作备忘录》，共同推进生鲜乳价格协调机制建设。河北省农业厅会同物价等相关部门、省奶业协会、乳品加工企业、生鲜乳收购站、奶牛养殖场户代表，成立省级生鲜乳价格协调委员会，每季度发布一次全省的生鲜乳收购参考价格，根据乳制品市场情况测算奶牛养殖合理利润，乳企认真执行生鲜乳收购参考价格，根据生鲜乳质量和市场行情向下浮动不超过 8%。并规定自 2016 年 10 月 1 日起，无有效期内《奶牛养殖场（小区）布病、结核病检测结果通知书》，奶牛养殖场（小区）不得出售生鲜乳，乳品加工企业和生鲜乳收购站不得收购。同时，乳企按照《合作备忘录》要求，与养殖场（区）100%签订 3 年以上长期购销合同，让乳品企业与奶牛养殖场（区）实现稳定合作和同步发展。

2017 年"河北省生鲜乳收购协调会"共召开了四次会议，2017 年第一季度河北省生鲜乳交易参考价格为：奶牛规模牧场生鲜乳平均 3.93 元/千克，奶牛养殖小区生鲜乳平均 3.41 元/千克。第二季度河北省生鲜乳交易参考价格：规模场 3.72 元/千克，比一季度指导价下降 0.21 元/千克；养殖小区为 3.25 元/千克，下降 0.16 元/千克。第三季度生鲜乳交易参考价格：规模牧场 3.62 元/千克，比二季度指导价下降 0.10 元/千克；养殖小区为 3.20 元/千克，下降 0.05 元/千克。第四季度生鲜乳参考价：牧场 3.65 元/千克，较上季度上涨 0.03 元/千克；养殖小区 3.23 元/千克，较上季度上涨 0.03 元/千克。

6.1.10 科技服务

奶牛饲养管理技术的提高，都是借助于奶农自身素质的提高和发达的社会化技术服务体系。国家奶牛产业技术体系、河北省现代农业产业技术体系奶牛产业创新团队、河北农业大学、河北省畜牧兽医研究所、河北农科院、河北省畜牧兽医学会养牛学分会、河北省奶业协会等单位，经常组织有经验的专家，采取多种形式，深入奶牛场，按照奶农需求，现场指导解决问题，帮助奶牛场经营管理人员分析奶业发展形势，分析牛场存在的问题，并提出可行的改进建议。河北省奶牛创新团队在河北省奶牛产业发展中做出了积极贡献，本年度单独或与国家体系合作，共举办规模技术推广讲座、技术培训 12 场次，累计培训奶牛场养殖人员 1 600 余人次，培训技术骨干 80 余人。国家奶牛产业技术体系河北团队包括一岗二站，2017 年经过一年的积极工作，对河北省相关地市、示范县和示范基地等奶牛从业人员开展技术培训、技术示范和不同形式的技术服务 70 余次，服务奶农 2 000 余人次。各种科技服务活动均是针对生产中的实际问题展开，对指导奶牛的科学养殖具有积极的推动作用。

6.2　河北省奶业存在的问题

在全国奶业发展形势和"京津冀一体化"发展格局下，河北省奶业取得了长足发展，主要体现在规模化、现代化、标准化、产业化等方面。河北省奶牛养殖产业升级改造取得了明显成效，但也存在不少问题。产业链利益分配不平衡、养殖效益差、人才缺乏、标准化程度不高等因素，仍将影响河北省奶业的健康发展。

6.2.1　饲养成本偏高、生乳收购价格持续下滑，奶牛养殖无利可谈

2017年10月，保定试验站通过对保定清苑区、石家庄正定县10余家牛场的调研得知，8—10月，生鲜乳奶价基本处于3.4～3.8元/千克，较去年同期降低了0.3～0.52元/千克。据牛场测算，在不计折旧、不计贷款利息的情况下，目前多数牛场基本处于盈亏平衡点，个别处于亏损状态，维持艰难。

2017年1—10月，保定站10示范场奶牛养殖总成本每千克生鲜奶平均为3.57元，较去年略有下降；饲料成本较去年同期也有所下降，降低了0.05元/千克。10场平均奶价3.56元/千克，较去年同期降低了5.07%。仅从10场数据来看，2017年前10月奶价略低于养殖成本，基本无效益可言，有些甚至亏损。

6.2.2　养殖技术和管理水平需进一步提升，奶牛单产水平有待继续提高

尽管河北省奶牛养殖水平有了明显的提高，但相对于标准化养殖和现代化奶牛养殖水平，仍有一定差距。建设生态化健康奶牛产业依然任重道远。河北省奶牛生产中，部分管理者应用新技术的意识不强，存在奶牛场建设布局不合理、不注重卫生防疫和粪污处理、奶牛分群不合理、精细化管理不到位等问题，导致奶牛屡配不孕等繁殖疾病以及乳房炎、蹄病等问题频发，严重影响奶牛单产水平的提升；养殖模式从小区正在逐渐转变为规模化牧场或合作社模式，但其管理水平和布局等仍有很大的改进提升空间。

6.2.3　优质干草进口比例大，间接提高了成本

粗饲料在奶牛日粮中占有比重较大，粗饲料的价格可以直接影响养殖成本。目前河北省奶牛养殖生产中，优质干草特别是苜蓿、燕麦等依靠国外进口的比例较高，大大增加了养殖成本，在成本方面拉低了我国奶业在国际市场的竞争力。国外奶牛养殖的低成本，造就了大包奶粉的价格优势，乳企为了使利益最大化，降低了对国内奶源的重视程度，也是目前形成奶牛养殖企业困境的重要因素之一。

6.2.4 产业链利益分配不平衡

奶业产业涉及饲料生产、良种培育、奶牛饲养、牛奶收购、冷链运输、牛奶加工等各个环节，链条较长。从我国奶业发展状况来看，目前虽然形成了完整的产业链条，但并没有形成完全合理的产业链利润分配机制和风险共担机制。在我国贸易国际化的大背景下，我国乳业市场受国际市场影响较大，河北省亦然，从主要奶业国家进口原料奶粉和液态奶的价格长期低于国内奶价，已成为国内乳品行业的重要补充部分。2017 年度河北省奶源依然处于供大于需的态势，生鲜乳价格下降明显，且普遍存在限奶、偶有拒收以及奶价不透明等情况。

目前养殖和加工依然呈现"两张皮"状态，没有利益共同点，养殖只是依附于加工，是弱势群体，没有任何话语权。奶牛场正常生产所需的饲料、兽药、设备用具、疫苗等大部分被加工企业捆绑销售，奶农们说：除了奶牛是自己的，奶牛吃什么、用什么、怎么管，自己几乎没有权利决定，奶价给多给少，是赔是赚均由乳企说了算。"人为刀俎，我为鱼肉"，奶农欲哭无泪。因此，在完善和认真执行《合作备忘录》的基础上，加快建立和壮大稳定的奶源基地、生鲜乳价格管理和保障机制，是保障河北省奶牛养殖健康发展的根本出路。

6.2.5 缺乏高水平专业管理和技术人才，企业后继无人

目前很多牧场都是由奶牛养殖小区转变而来的，老板都只有管理养殖户、管理奶厅的经验，对于经营牧场经验很少。而 1 000 头以下的牧场，由于养殖场地处偏僻，再加上奶牛养殖生产多为脏活、累活，可提供的薪水少，已很难招到年轻人入行，留不下有经验的牛场管理人员和专业技术人员。并且由于这两年规模养殖方式来得很迅猛，管理人员和专业技术人员来源也成是问题。技术人员和高管理人员的匮乏，使奶牛场缺少有力的技术支撑，难以保障奶牛科学养殖、奶业健康快速发展。

我国奶业起步于 20 世纪八九十年代，经过 20~30 年的发展，当时参与的人已由壮年走向老年，文化水平、管理水平、经营理念以及接受和理解新知识、新技术、新理念的能力和方式已经不能适应当前，需要逐步退出，交由下一代，但由于眼下养殖形势不好，很少有年轻人愿意留在奶牛场子承父业，把产业发扬光大，很多养殖场已举步维艰。

6.2.6 消费信心不足，乳品市场销售萎靡

目前，国内乳品市场"三聚氰胺"事件的影响仍在，消费者对国产乳制品，尤其是婴幼儿配方乳粉还缺乏信心，同时，国外婴幼儿配方乳粉价格明显

低于国内婴幼儿配方乳粉价格。大量新生儿家长到境外购买、邮购、代购婴幼儿配方乳粉，乳制品消费外溢，国外品牌市场占有率增加。中国奶业协会会长高鸿宾在第八届中国奶业大会上讲话指出：中国奶业取得了巨大历史性进步和发生了根本性变化，当前奶业的主要矛盾不再是质量安全问题，而是发展问题，主要瓶颈是消费迟滞。一是受河北省居民收入和消费水平的限制，乳制品消费受到影响；二是乳品企业为了追求利益最大化，大量生产售价较高的有机、舒化等高端奶产品，而对于简易包装的中低端产品生产量越来越少，普通工薪家庭想喝奶却买不起，乳产品成了高消费，百姓有心无力；三是企业库存积压，生产用奶量相对降低，加之进口奶粉的低价冲击，企业压力增加，使得国内一些乳品企业降低了收购国内奶源的数量和价格，增加甚至完全依靠进口原料生产乳制品，来抵消其成本上涨、销售不畅的负面影响；四是大部分乳品企业以生产液态奶为主，近 5 年来河北省各年生产的液态奶均占所生产乳制品的 85％以上，产品结构单一，难以适应各类人群需求；五是乳制品分销渠道层级复杂，尤其是婴幼儿配方奶粉在到达超市销售之前，经过了省级分销、地市级分销商和零售商等环节，加价现象严重。

6.2.7　环保难题

粪污处理是当前最热门的话题，奶牛场很清楚，如果不做好粪污处理工作，后期生存会很困难。现在的问题是建成什么样的设施、处理到什么水平、谁敢保证奶牛场不会因为环保问题被关停，农牧部门没人敢说，环保部门只说原则，让人一头雾水。目前的环保设施建设真成了养牛人的"自娱自乐"。

6.3　河北省奶业发展的措施与建议

6.3.1　优化养殖模式，调整养殖结构，促进产业转型升级

河北省奶牛饲养多种模式并存，鼓励、引导小区向规模化养殖场模式转变，因地制宜，建立适度规模化、标准化奶牛场，避免脱离实际、盲目求大。在生产中推广适度规模养殖模式，在保障奶牛单产、原料奶质量的同时，特别重视粪污对环境的影响。积极尝试和探索"农牧结合"和"种养结合"的养殖模式，发展 300～500 头家庭式牧场，1 000～3 000 头规模化奶牛场。做到青贮饲料与部分牧草的自给，粪污还田利用，在降低养殖成本同时，缓解环境压力。提高对奶牛场粪便清理、收集和处理的科学化水平。

2017 年生鲜乳收购波动较大，为减少养殖者的经济损失，保障养殖场的基本生存状况，建议中小型牧场优化养殖结构，淘汰低产奶牛，并在保证优质奶牛数量的基础上，发展乳肉兼用牛。养殖品种多元化在一定程度上能够降低

中小型牧场的养殖风险，提高生产收益。

6.3.2 实行科学管理，提升养殖技术水平，提高竞争力

大力推进粮改饲项目、苜蓿行动计划的实施工作，建立优质粗饲料收储计划。进一步加大、提高优质牧草的种植面积和水平，以适应当前的奶牛养殖需求，满足对高品质粗饲料的大量需求，确保优质青贮、牧草的质量稳定和长期供应，特别是苜蓿和燕麦的需求，应摆脱长期进口的状况，做到自给自足。鼓励、加强奶业产业链相关设备的研发及进口设备国产化，如 TMR 机、青贮饲料收割机、饲料检测设备、挤奶机械、牧草打捆机等，多种途径降低牛奶生产成本和牛场的管理成本，提高奶业的国际市场竞争力。

加强 TMR 分群饲喂技术，提高奶牛场应用生产性能测定（DHI）改善饲养管理的能力，推广奶牛性控技术应用，提高母犊率；加强奶牛粪污处理技术的科学合理应用；推进奶牛场数字化、信息化管理水平，进一步提高河北省奶牛精细饲养管理的整体水平。

6.3.3 完善社会化服务体系，提高生产效益

改变目前奶牛养殖场饲喂、繁育、挤奶、兽医、保健、TMR 制作等全方位统筹统管、效率低、竞争力弱的模式，建立牧场社会化服务体系。可以借鉴以色列的"整合＋托管"模式，牧场只负责饲喂和挤奶工作，其他诸如配种繁育、粪污处理、兽医保健等由社会化服务体系中的繁育中心、粪污处理中心、兽医服务中心等专业化组织提供完善服务。通过饲料统一采购供应、原料奶统一收购销售、繁育兽医技术统一提供升级，可以保障中小型牧场养殖繁育的科学合理性，在很大程度上提高单产，降低每千克奶生产成本，减少生存压力。

6.3.4 完善奶牛疫病防治体制建设

建立健全重大疫病应急机制，加强应急演练，提高协调反应能力。建立疫病可追溯制度，完善标识佩戴，规范防疫档案。强化奶牛养殖程序化免疫，加强重大疫病有效控制；开展奶牛疫病防控与净化关键技术研究，如奶牛布病、结核病、病毒性腹泻等；加强奶牛疫病和免疫抗体的检测力度，发现问题，及时解决，保证奶业健康可持续发展。加大 DHI 和 TMR 的推广力度，及时发现隐性乳房炎奶牛，降低奶牛乳房炎发病率。

6.3.5 继续加强奶牛技术培训，扩大技术服务范围

提高从业人员的科技水平，通过相关网络、广播、电视、手机、报纸、杂志等各种渠道加大奶业技术的宣传力度和范围，针对不同知识结构和水平的群

体，选取适宜的培训方式，更有利于基层人员对新技术、新观念的掌握、应用和推广。出台鼓励大专院校毕业生从事一线养殖就业的优惠政策，提高奶牛养殖人员的专业技术水平。进一步扩大技术服务范围、提升服务水平，支持、鼓励河北省相关学会、协会等社会团体和组织的奶业专家服务团深入基层帮扶活动，把先进的奶牛养殖技术和管理理念送到最基层，为广大奶农解决实际困难，切实提高奶牛饲养管理水平。

6.3.6　构建第三方检测体制，实现公平购销

加速建立独立于奶牛养殖场和乳企之外的第三方检测机构，负责生鲜乳入厂前的质量安全指标检测，减少购销双方的质量纠纷，避免乳企变相拒收，真正实现第三方检测的价值。探索建立企业收购标准政府备案制，制约乳企依据市场波动而单方调节企业标准，变相拒收限收，转嫁市场风险和经济损失行为的发生。同时，这也能够促进生鲜乳价格逐步由乳企制定到由市场供需决定的转型，推动市场供需结构趋于合理化，进一步完善河北省乳业供应链长效利益联结机制。

6.3.7　调整乳制品结构，扩大巴氏乳生产，做强地方奶源优势

当前，消费者对酸奶的消费量逐年增加，奶酪等固态乳制品将要逐渐盛行，乳品企业应调整产品结构，丰富乳制品种类，同时增加同品类不同档次的产品种类，适应市场不同人群的消费需求。在经济进入新常态的大背景下，河北省乳品企业需合理加快转型升级，降低企业成本，提高消费者认可度。

针对液态奶市场，加大并推广巴氏乳生产。首先，河北省常温奶市场已经相对成熟，大型乳企占据市场主导地位，后来者很难有所突破。其次，消费者不了解如何科学饮奶，也很难喝到质优价廉的巴氏乳。建议：①鼓励域内中小型乳企采取差异化发展战略，扩大以"巴氏乳"为代表的低温乳制品生产，进而向"专、精、特、新"的方向发展，以多样化的产品占据当地市场。②鼓励奶牛养殖场组建合作社或联合体，再与中小型乳企联营共建真正的利益共同体，发展全链条生产。③通过科普宣传引导消费，提高优质服务扩大消费等措施，促进巴氏乳的消费，做强地方奶源优势，缓解进口乳制品的冲击。

6.3.8　落实复原乳标识制度，实行区别定价

台湾在20世纪80年代也曾遇到过生鲜乳销售遭受进口大包粉冲击的情形，他们采取了复原乳和生鲜乳制品粘贴不同醒目标识，实行不同价格，同时加大宣传的办法，有效地削弱了进口大包奶粉的冲击。大陆目前使用复原乳和生鲜乳生产的乳制品价格基本相同，消费者不了解其中差异。为了从根本上解

决该问题，应借鉴台湾地区的做法，对分别使用复原乳和生鲜乳做原料加工的乳制品实行区别定价，同时加强对消费者的宣传引导。

6.3.9　继续加大政府对奶业的政策和资金扶植力度

引导乳企生鲜乳收购实行优质优价，继续加快推进奶牛养殖小区向规模养殖场转型。建立基础饲料储备库，当饲料价格波动较大时，动用储备库，以缓解养殖场的压力；加快奶农风险保障体系建设，联合、壮大奶农组织，形成有法人代表的奶农联合体，有对乳企谈判说话的权利和法律效力，提高养殖场抗风险能力。或借鉴国外先进做法，结合当前实际，研究探讨养殖加工利益联结机制，研究制定相关政策扶持制度，让奶农不再为加工业打工，而成为联手的兄弟，风险共担、利益共享，实现良性发展和循环。

针对河北省奶牛养殖现状，政府应制定相关扶持、配套政策，继续实行良种补贴、奶牛保险补贴、农机补贴、扶植苜蓿草和饲用玉米种植、青贮补贴以及"青贮贷"等针对奶牛养殖环节的一系列相关优惠补贴政策，加强对奶牛规模养殖的优惠低息贷款等金融支持；将奶牛保险范围进一步扩大，使奶牛养殖中各个阶段的奶牛都能享受到保障，稳定养殖者信心，促进奶牛标准化养殖的进一步发展。

针对当前较严峻的环保问题，针对牛场的实际情况，制定粪污处理相关的配套政策，及生产审批手续的优化等。

6.3.10　建立政策性保险制度，保护产业基础

可借鉴美国的"牛奶利润保护计划"等保护奶农收入的政策措施，建立奶牛政策性保险制度。对于因市场波动导致的奶农利润大幅度波动，可以采用利润保护计划应对，其实质为对养殖场的利润进行保险。奶牛养殖场自行选择投保的利润门槛和产量比例，当实际利润低于投保的利润门槛时，按门槛利润与实际利润的差额、奶牛养殖场选定的产量补贴比例以及历史产量核算补贴金额。同时，按照自己选定的保费标准承担与投保产量成正比的保费。该措施能在一定程度上实现牛奶生产利润相对稳定和波动幅度下降的效果。

7 2017 年河南省奶业发展报告

□ 高腾云

河南省委、省政府高度重视奶业发展。近两年，河南省先后下发了《关于支持肉牛奶牛产业发展的若干意见》《关于印发河南省高效种养业和绿色食品业转型升级行动方案的通知》等政策性文件，将绿色奶业发展作为重要内容，提出要推进种养业供给侧结构性改革，做大做强奶业。自 2017 年开始，省财政每年安排 2.5 亿元"两牛"专项资金，用于奶牛肉牛标准化规模场、奶业新业态、良种繁育体系、肉牛基础母牛扩群增量等项目建设。

2017 年河南省奶牛业发展的主要工作是提高奶牛的单产水平和奶牛小区转型升级。通过研究与推广奶牛产业技术，对于提高奶牛单产水平和饲料利用效率及奶牛标准化养殖起到了重要作用。

2017 年河南省 100 头以上的奶牛养殖企业达到 325 家，最大单场饲养规模达 1 万头；奶牛标准化规模养殖比重达 90%，奶牛养殖小区牧场化转型 100 多个，全省牧场化比例达 70%，转型升级态势明显；乳制品加工能力达 310 万吨。

7.1 河南省奶牛业生产水平

7.1.1 品种登记情况

截至 2017 年 12 月 29 日，全省八个地市品种登记牛只为 90 949 头，体型鉴定牛只 24 371 头，相关信息见表 7-1。

表 7-1 河南省奶牛品种登记信息汇总

单位：头

区域编号	区域名称	牛只档案登记量	胎次信息登记量	体型鉴定登记量
41G000	新乡市	15 381	12 888	878
41A001	郑州市	14 533	15 116	8 509
41C002	洛阳市	12 129	18 682	4 406
41R003	南阳市	11 349	3 667	2 465
41H004	焦作市	11 275	2 592	1 280
41N005	商丘市	9 150	6 703	2 532
41D006	平顶山市	8 150	1 993	2 107
41B007	开封市	7 311	26 760	1980
41J008	濮阳市	1 221	1 469	214

7.1.2 河南省奶牛生产水平

7.1.2.1 河南省奶牛生产性能

2017 年第四季度河南省测定上报中国奶牛数据中心的数据平均有效率为 93.65%。据对河南省 118 个奶牛场（河南农业大学联系奶牛场）的数据统计显示，2017 年奶牛场牛群平均规模 874 头，成母牛平均规模 425 头，成年母牛占牛群的比例为 48.6%，奶牛单产为 7 507.20 千克。

7.1.2.2 高产奶牛群

2017 年河南省 305 天产奶量 9 吨以上奶牛场如表 7 - 2 所示。

表 7 - 2　2017 年河南省第四季度统计 305 天产奶量 9 吨以上牧场

牧场名称	日奶量（千克）	305 天产奶量（千克）	乳脂率（%）	乳蛋白（%）	乳糖率（%）	干物质（%）	体细胞数（万个/毫升）
襄城县源荣牧业有限公司	34.47	10 307.63	3.4	3.38	5.06	11.84	19.46
河南维尔牧业有限公司	33.69	10 029.60	3.66	3.26	4.98	11.96	20.93
开封市鼓楼区新城牛养殖场	29.88	10 023.47	3.58	3.42	5.04	12.14	21.92
河南瑞亚牧业有限公司	34.46	9 912.65	4.65	3.33	4.96	13.05	18.92
中牟县万胜牧业有限公司	34.49	9 796.21	4.01	3.29	4.96	12.30	18.17
河南天牧农业有限公司	32.15	97 722.69	4.06	3.19	4.94	12.12	23.96
济源市永兴牧业有限公司	31.75	9 586.24	3.95	3.10	4.68	11.69	25.46
安阳市千源牧业有限公司	33.67	9 579.00	3.99	3.33	4.91	12.29	26.97
焦作乾丰养殖有限公司	32.88	9 552.55	3.00	3.33	5.08	11.53	16.17
新乡中源农牧有限责任公司	31.47	9 449.87	3.60	3.41	4.93	12.06	29.20
辉县市高庄诚信奶牛养殖场	32.64	9 359.45	4.08	3.15	5.04	12.21	21.20
济源市惠龙牧业有限公司	30.98	9 342.61	3.81	3.16	5.04	12.02	20.53
河南荣华牧业有限公司	32.97	9 247.32	3.56	3.26	4.92	11.76	22.31
洛阳逯寨村隆鑫奶牛场	31.77	9 133.86	3.56	3.35	4.98	11.87	31.67
河南花花牛农牧科技公司	30.18	9 120.49	4.40	3.41	5.05	12.99	10.41
洛阳卓凡牧业有限公司	31.31	9 111.77	3.32	3.20	5.02	11.64	24.07
洛阳爱荷牧业有限公司	30.86	9 110.15	4.45	3.24	4.96	12.71	14.83

7.1.3 奶牛场生鲜乳价格

2017 年 38 个牧场，9 月生鲜乳收购价为 3.44 元/千克；12 月生鲜乳收购价平均为 3.57 元/千克（图 7 - 1）。

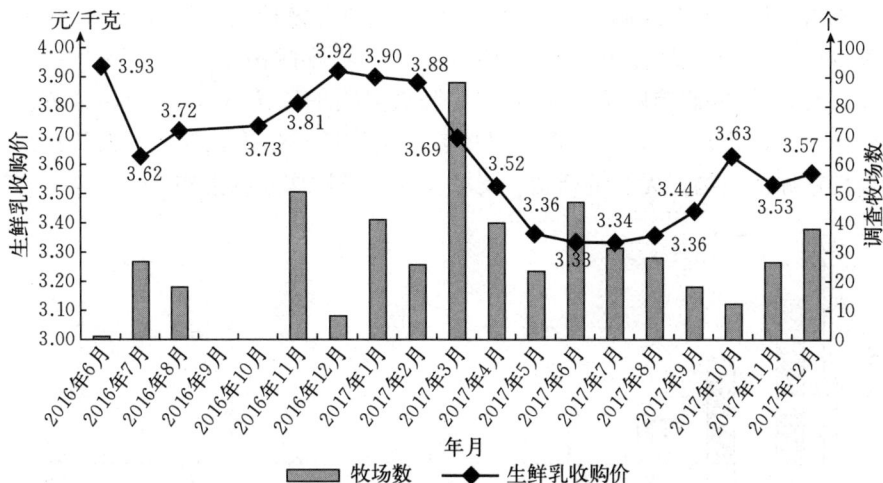

图 7-1 2016 年 6 月至 2017 年 12 月生鲜乳收购价

截至 2017 年 12 月 28 日，12 月花花牛、蒙牛和伊利在调查牧场生鲜乳收购价分别为：3.52 元/千克、3.69 元/千克和 3.62 元/千克（图 7-2）。

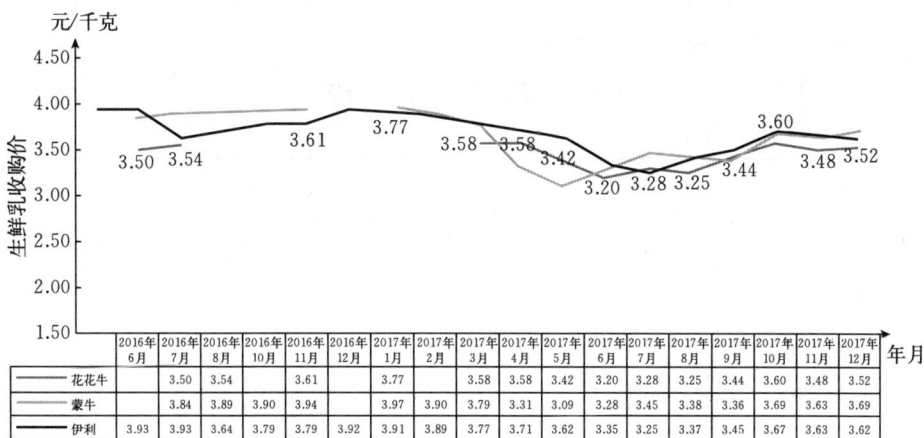

	2016年6月	2016年7月	2016年8月	2016年10月	2016年11月	2016年12月	2017年1月	2017年2月	2017年3月	2017年4月	2017年5月	2017年6月	2017年7月	2017年8月	2017年9月	2017年10月	2017年11月	2017年12月
花花牛		3.50	3.54		3.61		3.77		3.58	3.58	3.42	3.20	3.28	3.25	3.44	3.60	3.48	3.52
蒙牛		3.84	3.89	3.90	3.94		3.97	3.90	3.79	3.31	3.09	3.28	3.45	3.38	3.36	3.69	3.63	3.69
伊利	3.93	3.93	3.64	3.79	3.79	3.92	3.91	3.89	3.77	3.71	3.62	3.35	3.25	3.37	3.45	3.67	3.63	3.62

图 7-2 2016 年 6 月至 2017 年 12 月乳品企业生鲜乳收购价

7.1.4 牛群健康状况检测

7.1.4.1 奶牛乳房炎病原流行情况调查

2016 年 6 月 1 日至 2017 年 5 月 31 日，河南省内进行了为期一年的奶牛乳房炎病原流行情况调查，累计在 12 个地市、21 个县区的 27 家牧场采集了 30

批次共计 185 头/份的奶牛乳房炎样品。

本次病原流行情况调查主要检出的病原为乳房链球菌（66.49%）、牛棒状杆菌（43.78%）、无乳链球菌（19.46%）、大肠杆菌（10.27%）、支原体（10.27%）、铜绿假单胞菌（8.11%）、肺炎克雷伯氏菌（3.24%）、金黄色葡萄球菌（2.16%）等（图 7-3），其中乳房链球菌、牛棒状杆菌、大肠杆菌为环境性病原微生物；无乳链球菌、支原体为传染性病原微生物。

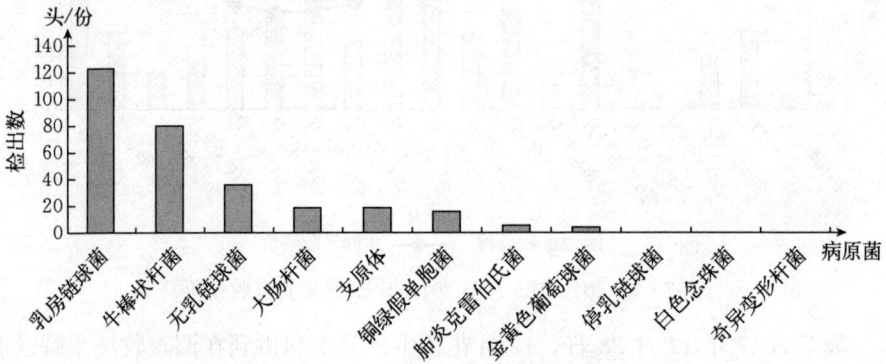

图 7-3　奶牛乳房炎病原菌分布

在第四季度，乳房链球菌（44.2%）和牛棒状杆菌（28.5%）是引起奶牛乳房炎的主要病原菌（表 7-3）。

表 7-3　各季节病原菌流行情况

单位:%

病原名称	第一季度	第二季度	第三季度	第四季度
乳房链球菌	27.3	24.3	40.3	44.2
无乳链球菌	13.6	21.6	16.9	3.3
牛棒状杆菌	27.3	32.4	22.6	28.5
大肠杆菌	12.6	11.0	10.5	9.5
金黄色葡萄球菌	1.0	2.7	0.9	1.6
支原体	10.0	2.7	4.0	8.1
铜绿假单胞菌	3.6	6.2	1.4	
其他	0.0	0.0	2.4	2.4

7.1.4.2　牧场体细胞数情况

2017 年 11 月，有 12 家牧场平均体细胞数低于 20 万/毫升（表 7-4）。

表 7-4 2017 年 11 月体细胞数低于 20 万/毫升的牧场

牧场名称	平均体细胞数 （10 000/毫升）	牧场名称	平均体细胞数 （10 000/毫升）
河南花花牛农牧科技有限公司	10.41	安阳市耀源牧业有限公司	17.31
洛阳生生乳业有限公司	13.78	邓州市欣洋牧业有限公司	17.50
焦作温县奔奔养殖专业合作社	14.25	河南中荷奶业科技发展有限公司	18.05
洛阳犇源牧业有限公司	14.72	中牟县万胜牧业有限公司	18.17
柘城县慧康奶牛养殖场	14.77	邓州市优康元牧业有限公司	18.46
洛阳爱荷牧业有限公司	14.83	开封市范村乡登青奶牛养殖场	18.60
河南省孚牛牧业有限公司	15.85	新乡市凤泉区亿丽牧场	18.74
鹤壁淇县百瑞牧业有限公司	16.15	河南瑞亚牧业有限公司	18.92
焦作乾丰养殖有限公司	16.17	济源市克井虎尾河奶牛养殖场	19.03
汤阴丰禾奶牛养殖有限公司	16.41	济源市赛科星牧业有限公司	19.28
平顶山郏县发展牧业	17.01	襄城县源荣牧业有限公司	19.46
滑县锦牛牧场	17.02	新乡市凤泉区益康奶牛养殖场	19.98

7.1.4.3 早孕检测

2017 年 3—9 月共检测早孕样品 2 311 头（份），其中空怀率为 44.01%、怀孕率 55.99%。9 月，奶牛怀孕率为 41.39%，低于空怀率 58.61%。2017 年 12 月，早孕检测疑似空怀率为 32.73%。部分牧场奶牛早孕检出情况见表 7-5。

表 7-5 奶牛早孕检出率

单位:%

牧场名称	有效率	样品问题	档案问题	其他	综合样
花花牛畜牧科技有限公司	99.58	0.00	0.42	0.00	0.00
河南荣华牧业有限公司	99.56	0.11	0.11	0.00	0.22
北京首农畜牧公司河南分公司	99.44	0.42	0.15	0.00	0.00
河南农业大学	99.31	0.69	0.00	0.00	0.00
中牟县富源牧业有限公司	99.22	0.33	0.34	0.11	0.00

7.1.5 河南省奶牛饲料资源利用与饲料利用效率

河南省是全国产粮大省，2016 年河南省粮食总产量为 594.66 亿千克；年产各类可利用作物秸秆 8 600 万吨。

奶牛主要的精饲料资源：玉米、麸皮、花生饼粕、棉籽饼粕、DDGS。奶牛主要的粗饲料资源：玉米青贮、花生秧、苜蓿干草、苹果渣、啤酒糟、豆腐渣和菌糠类饲料。其中，具有特色的地方粗饲料资源是花生秧。

对全省不同地区奶牛场和养殖小区饲料使用状况进行调研，并采集具有特色的代表性粗饲料样品进行营养分析，结果见表 7 - 6。

表 7 - 6   河南省奶牛典型粗饲料样品营养成分

粗饲料	总能 （焦/千克）	粗蛋白 （%）	NDF （%）	ADF （%）	粗脂肪 （%）	粗灰分 （%）	钙 （%）	磷 （%）
花生秧	15 417	9.16	49.67	44.71	2.16	10.91	2.42	0.18
全株玉米	17 600	8.74	49.21	31.36	9.08	4.60	0.80	0.29

同时，对奶牛场典型的粗饲料饲喂模式进行了分类。沿黄流域：玉米青贮-种植牧草型；豫中平原：玉米青贮-花生秧型；豫东平原：玉米黄贮-花生秧型；豫北平原：玉米黄贮-糟渣型。

为了了解中原地区奶牛场饲料氮利用情况，对河南省 25 个典型奶牛场的饲料转化效率和氮利用效率有关指标进行了测定。典型奶牛场的粗蛋白质水平在 11%～18%；干物质采食量的范围是 16～27 千克/天；饲料转化效率（奶料比）在 0.80 与 1.59 之间。平均产奶量在 25 千克/天以上，乳成分中除乳脂率变化较大外，乳蛋白质、乳糖、总固形物变化不大，乳尿素氮含量在正常值范围内；氮利用效率在 20% 以上的牧场占 90%，场间差异较大，与日粮氮的摄入量存在负相关性。

7.2   河南省奶牛业发展

7.2.1   奶牛养殖种养一体化

优质奶业发展离不开优质饲草。2017 年，河南省扩大粮改饲试点范围，试点县由上年的 8 个增至 43 个，粮改饲面积近 100 万亩。

粮改饲以推广全株青贮玉米为重点，扩大青贮玉米等优质饲草种植面积。通过种养一体化、专业化配套种植模式实践，保证了青贮玉米的高产稳产。种植青贮专用玉米品种；采用高产稳产种植技术，采用两品种间行种植，抗倒伏品种对高产种起到支撑作用；规模化生产，增加了收贮量；提升社会化服务水平，采用大型机械适时快速收割制作技术。

以发展规模奶牛养殖为载体，走种养结合的路子，丰富多样的饲草资源，为奶牛养殖提供了充分的优质饲草保障，提升了生产效率和养殖效益。

在贫困县上蔡县，按照种养一体化模式发展奶牛业，采用种养一体化的奶牛养殖，奶牛生产与乳品加工销售产业链的模式。饲养荷斯坦牛 1 772 头，其中，成母牛 832 头。全场日产牛奶 14.8 吨。公司自有土地种植苜蓿 2 230 亩（148.67 公顷），苜蓿产量 800 千克/亩（12 吨/公顷）；种植玉米 1 300 亩（86.67 公顷），青贮玉米产量 2.5 吨/亩（37.5 吨/公顷），降低奶牛养殖饲草饲料成本和提高生产水平。奶牛场所产牛粪全部用于本公司农田，达到奶牛排泄物的资源化利用，实现奶牛业可持续发展和环境友好。

在南阳市新野县和挽城区，开展了种养一体化奶牛养殖利用技术的研究，形成了可推广技术。苜蓿青贮与苜蓿干草饲喂奶牛，产奶量之间差异不显著，但乳脂率和乳蛋白率，苜蓿青贮组低于苜蓿干草组；小麦青贮与玉米青贮均可作为奶牛优质粗饲料，对奶牛的饲喂效果差异不显著；小麦青贮组与苜蓿青贮组相比，产奶量之间差异不显著，但乳成分上小麦青贮组显著优于苜蓿青贮组。

7.2.2 奶牛养殖标准化示范场创建

为了加快推进畜牧业现代化，发挥示范带动效应，河南省按照《畜禽养殖标准化示范创建》要求，开展奶牛养殖标准化示范场创建活动。河南省有 10 家奶牛养殖企业被农业部确定为 2017 年畜禽养殖标准化示范场。这些奶牛养殖标准化示范场分别为：郑州昌明农牧科技有限公司养殖场、开封市木易牧业有限公司养殖场、河南花花牛农牧科技有限公司养殖场、濮阳市天然林牧业科技开发有限公司养殖场、濮阳市龙盛绿色奶业有限公司养殖场、河南牛硕牧业有限公司养殖场、平舆瑞亚牧业有限公司养殖场、台前县中荷奶牛有限公司养殖场、平顶山市瑞亚牧业有限公司养殖场、邓州龙兴乳业有限公司养殖场。

除此之外，还有很多奶牛场都达到了标准化奶牛场的基本要求。例如：位于襄城县的源荣牧业公司存栏奶牛 1 000 多头，配套建有现代化牛舍、挤奶厅、库房、办公用房等各种生产经营设施，拥有饲草（料）加工机械、自动投草（料）车、冷藏贮奶罐等各种配套生产设备 24 台（套）。公司实行集中饲养、科学管理生产模式，对良种繁育、鲜奶生产、配套奶牛专用饲料等方面进行严格管理。

7.2.3 乳业龙头企业扩张带动情况

近年来，国内奶业巨头伊利、蒙牛、光明、三元、君乐宝等纷纷在河南建基地、扩产能，强势进行扩张。

蒙牛焦作公司是河南省乳品加工龙头企业。2017年，蒙牛集团已与焦作市委、市政府达成一致意见，合力打造蒙牛百亿元产业园区。园区谋划建设项目16个，目前已启动9个、建成5个，完成投资7亿元。

君乐宝集团在正阳县投入10亿元建设新的生产加工基地，万头生态观光牧场当年开工、当年建成投产，目前已入场奶牛6000头，18万吨乳品加工项目进展顺利，年内可实现产值翻番。光明乳业在滑县的万头现代化牧场2017年奶牛新增存栏5000头，已达万头规模，日产鲜奶超百吨，成为河南单体规模最大的奶牛场。兰考县中鼎牧业10000头奶牛养殖场已开工建设。

河南花花牛公司2017年在平舆县、鲁山县、新蔡县建设的3个5000头现代化奶牛场已建成达产。

河南科迪乳业公司成功收购洛阳巨尔乳业后，扩建了20万吨液态奶项目。

大型乳制品企业的强势扩张，为河南奶业转型升级起到了带动作用，全省奶业重点项目建设进展顺利，标准化规模养殖水平持续提升。

7.2.4 生鲜乳质量安全监管

在奶牛养殖的关键环节，都推行制度化规范、标准化管控，如优质饲草料种植、清洁饮用水供应、投入品管理、奶牛舒适生活环境营造、挤奶操作过程规范、生鲜乳安全存贮运输、生鲜乳检测等，实现了从源头确保了生鲜乳的质量监控。

在生鲜乳生产、收购、运输环节，严格按照《乳品质量安全监督管理条例》实行许可管理，实现生产、收购、运输过程监管全覆盖。对每一个生鲜乳收购站、每一台生鲜乳运输车都实施网络管理。积极推进生鲜乳质量安全信息化追溯体系建设，对生鲜乳收购站、运输车和乳品企业收奶全过程进行实时监控、精准监管、全程追溯。

为把好生鲜乳质量安全关口，乳制品生产企业对收购的所有生鲜乳实行批批检测，检测项目达几十项之多。在乳品企业检测的基础上，畜牧主管部门还对生产收购运输环节的生鲜乳进行监督抽检和风险监测，检测项目涵盖违禁物质、国标检测、抗生素风险监测及菌落等几十个项目，近两年又在郑州、焦作、南阳三地开展了第三方检测。另据河南省奶牛生产性能测定数据显示，河南省生鲜乳的乳脂率、乳蛋白、体细胞数、细菌数等指标均优于国家标准，生鲜乳质量处于历史最好水平。

7.2.5 依靠科技提升奶牛生产水平

奶牛单产是衡量奶业生产科技水平和管理水平高低的重要标志，也是奶牛养殖企业依靠科技提升竞争力的重要法宝。依靠科技创新，提高产业核心竞争力，已成为全省奶业发展重要举措。

为提高奶业科技水平，河南省根据全省奶业发展实际和需要，适时调整充实了省奶业产业体系专家服务团，通过举办各类技术培训等多种方式推广奶业生产新技术，深入奶牛场区开展现场技术服务，完善了奶业服务体系建设，有力地提升了全省奶牛单产水平。

全混合日粮技术：推广了 TMR 制作技术规范，严控制作规程；在日粮中使用多种农副产品，营养调配均匀，避免了奶牛挑食，使奶牛采食量充足；诊断了 TMR 制作关键点。

改善全株玉米青贮质量：由于多数奶牛场制作的全株玉米青贮干物质含量偏低。推广全株玉米青贮技术，改善青贮质量。在接近蜡熟期收获，干物质含量达到了 30％以上，能量水平也高，奶牛产奶量明显提升。

DHI 测定与应用技术：在全省 200 多个奶牛场开展 DHI 测定，使牛群选留有了依据，奶牛饲养有了依据。

后备牛培育技术：规范犊牛岛养殖，改进犊牛岛；推广犊牛补饲技术；育成牛使用优质粗饲料（玉米青贮/苜蓿/燕麦草），育成牛 14 月龄能够达到配种体重和体高要求。

夏季通风喷淋降温与遮阳技术：全面推行了夏季机械通风技术；在半数以上奶牛场推广了夏季通风—喷淋技术，使奶牛夏季产奶量下降幅度减小。

挤奶机检测：对濮阳市天然林牧业科技开发有限公司等五家奶业公司进行了挤奶机检测，检测部位包括真空表、集乳灌真空度和脉动器。主要存在的问题包括：同一挤奶位左右脉动比不一致；真空表不准；挤奶真空波动大；D 相位比例过短，挤奶淋巴回流时间不足，易造成过挤；老旧牧场挤奶机问题明显。

改善奶牛生活环境：为提升奶牛舒适度，奶牛养殖场场主把新技术运用到生产过程中，卧床、喷淋、风扇、恒温水槽、舔砖、牛体刷等设施设备在规模奶牛场得到广泛应用，为奶牛提供了舒爽的生活环境。

开展奶牛的精细化管理：按照泌乳阶段和产奶水平分群，并参考奶牛的膘情。按照各个牛群设计日粮，定期评定 TMR 的质量。例如，原阳县的澳美牧业公司为奶牛信息化示范场，由于从饲料配比、过程管控中各环节实现了信息化、精细化，奶牛群的奶牛单产不断提升，质量显著增强。

冻精选择技术：多数奶牛场已经使用优秀种公牛冻精，甚至使用进口冻精。对于青年母牛使用性控制精。

合理选留与淘汰奶牛技术：淘汰低产奶牛、产奶水平低的奶牛、遗传潜力差的奶牛。

有关专家和技术人员在奶牛场研发、熟化和组装技术方面起到了技术示范作用。组织现场技术诊断、指导和问题咨询；组织技术示范现场会，开展了大量的各类技术培训。通过奶牛产业技术的推广应用，覆盖率了奶牛核心区的示范性奶牛场。

随着奶牛业综合技术的运用，奶牛平均泌乳期产奶量大幅度提高，牛奶质量提升。

8　2017年甘肃省奶业发展报告

□ 李建喜　王旭荣　沈启云

2016—2017年，甘肃省畜牧部门积极扶持奶业生产，奶业生产呈现出产业结构调整优化、生鲜乳质量安全水平提升的良好发展势头。但奶牛养殖企业仍然承受着市场压力、环保压力、疫情压力、生存压力，对奶牛养殖场而言，总的来说是比较艰辛、利润微薄甚至亏本的一年。

8.1　甘肃省奶业形势回顾

8.1.1　政府扶持

由于2015年奶业发展艰难，引起政府部门的极大关注，从2016年政府部门大力扶持奶牛的结构性改革发展，为贯彻习近平总书记在中央财经领导小组第十四次会议上的重要讲话精神，加快推进畜禽粪污处理和养殖废弃资源利用，着力提升甘肃省生猪、奶牛、肉牛等畜禽的规模养殖标准化水平，2017年甘肃省农牧厅组织实施畜禽健康养殖项目（甘农牧财发〔2017〕73号）。为加快构建新型农业经营体系，鼓励和促进甘肃省家庭牧场规范健康发展，开展了首批省级示范家庭农场的认定，全省认定家庭农场238家，并且同步开展市县两级示范农场评定。为了做好甘肃省2017年农业新品种新技术引进、试验、示范与推广，促进良种繁育和保种，提高农业生产科技水平和农产品的市场竞争能力，草食畜重点支持肉牛、肉羊新品种引进、奶牛遗传改良和反刍动物饲料生产技术试验推广，每个项目省级补助金额约40万元，市（州）级和县级补助金额约20万元，项目资金主要用于新品种新技术引进、材料、农资、小型仪器设备、技术示范核心区必要的基础设施、推广服务、宣传培训、技术咨询等费用补助（甘农牧发〔2016〕276号）。为进一步推进秸秆饲料化利用，2017年继续组织实施秸秆饲料化利用示范创建、秸秆饲料化综合利用和秸秆饲料化利用技术研究与示范推广项目。秸秆饲料化利用示范创建项目安排在临夏县、灵台县实施，资金切块下达到县，项目实施主体为秸秆饲料生产加工企业、牛羊规模养殖企业（场）、农民专业合作组织，每县选择6个项目实施主体，每个项目实施主体安排补助资金10万元，完成2 000吨以上的秸秆饲料化利用任务。经过扶持建设，示范县秸秆饲料化生产能力明显增强，秸秆饲料加工处理利用率达到65%以上，示范面达到 70％以上，农户知晓率达到 50％以上，明显高于全省平均水平。根据《农业部财政部关于做好 2017 年中央财政农业生产发展等项目实施工作的通知》（农财发〔2017〕11 号）要求，甘肃省农牧厅组织市（州）、县（市、区）农牧（畜牧）部门通过"两下两上一公示"的程序，确定了各地 2017 年高产优质苜蓿示范建设项目任务指标。这些养殖、饲草饲料、秸秆利用等奶业扶持政策的实施，对加快全省奶业建设步伐起到了助推作用。

8.1.2　乳企限收和拒收，搭售饲料药品，规模牛场成本增加

乳企拒收、限收是导致规模化牛场减产和奶农不想继续养殖的直接动因，几乎所有乳企都想方设法限收和拒收鲜奶，只是数量上有或轻或重的区别，处于弱质阶层的奶农只能无奈地限产减产或者以牛养牛。2017 年乳品加工企业受益于低奶价红利，几乎所有加工企业都实现了营收利润双增长。根据东方财富网上的数据，截至 2017 年 9 月 30 日，伊利营收 525 亿元，同比增长 13.64％，净利润 49.4 亿元，同比增长 12.47％；蒙牛的 2017 年中期财务数据显示，营收 294.66 亿元，同比增长 8.10％，净利 11.15 亿元，同比增长 4.7％；截至 2017 年 9 月 30 日，庄园牧场的营收为 4.77 亿元，净利润为 5 425 万元。相比于形势一片大好的加工企业，养牛人的日子可谓悲凉。截至 2017 年 9 月 30 日，西部牧业的营收为 5.37 亿元，营收较上年同期增长 7.13％，但净亏损额度从 5 773 万元扩大到 8 035 万元，国内最大的奶牛养殖企业现代牧业也类同，大型养殖企业尚且如此，小企业的处境可想而知。真的是上游萧条、下游繁荣，养殖加工冰火两重天。乳企拒收限收常常以鲜奶质量不合格为幌子，事实并非如此，有些牛场的乳品质很好，但也被拒收。目前甘肃省乃至全国奶价已不是完全竞争市场的价格，而是乳企寡头垄断价格，可以说奶农基本丧失了话语权，这也是我国奶价与国际奶价背道而驰的原因。而且在行业中，乳企利用市场主体不平等关系，以保障牛奶品质为名，强行向牧场出售饲料、兽药、疫苗等生产资料，推高了养殖成本，增加了养殖牧场负担。乳企搭售和附加不合理的交易条件，已严重干预了奶牛养殖的重要环节。

8.1.3　鲜奶价格继续在低位徘徊，部分牛场的鲜奶价格略有回升

2016 年鲜奶价格在 10 月以前也一直低迷，只是保持在 3.6 元/千克左右，根据甘肃省农牧厅监测，从对白银市的调查情况看，鲜奶价格从 2015 年至今始终在 3.5～3.6 元/千克的低位运行，压级压价甚至拒收现象仍然存在，规模化奶牛场生鲜乳成本平均为 3.35 元/千克。2017 年鲜奶价格 3.45～3.74 元/千克，与 2016 年基本持平，但从各年度 1—12 月生鲜乳平均价格来看表 8 - 1，2013—2017 年各年平均价格分别为 4.24 元/千克、3.90 元/千克、3.40 元/千克、

3.69 元/千克、3.60 元/千克，逐年增减幅度为 15.11%、−8.15%、−12.83%、8%、−2.43%，2017 年较 2016 年，平均价格略下降 2.43%。

表 8−1　2013—2017 年生鲜乳平均价格走势

单位：元/千克，%

年度	1月	2月	3月	4月	5月	6月	7月	8月	9月	10月	11月	12月	平均	比上年
2013	3.80	3.82	3.84	3.84	3.96	4.07	4.15	4.28	4.62	4.73	4.84	4.95	4.24	15.11
2014	4.85	4.75	4.62	4.11	4.00	3.90	3.85	3.48	3.31	3.22	3.33	3.33	3.90	−8.15
2015	3.31	3.28	3.33	3.35	3.37	3.39	3.40	3.40	3.41	3.46	3.50	3.55	3.40	−12.83
2016	3.91	3.84	3.95	3.78	3.78	3.6	3.52	3.52	3.52	3.54	3.62	3.62	3.69	8
2017	3.69	3.67	3.67	3.64	3.59	3.54	3.45	3.52	3.51	3.51	3.72	3.74	3.60	−2.43

2017 年，由于连续几年的鲜奶价格低迷和产业结构调整，奶畜存栏继续减少。据甘肃省奶业协会调研统计数据显示：2017 年全省荷斯坦奶牛存栏 12.40 万头，2016 年荷斯坦奶牛存栏 13.26 万头，与 2016 年相比，奶牛存栏减少了 0.86 万头，减少了 6.49%。2016 年全省奶类产量为 47.37 万吨，比 2016 年的 41.52 万吨增加了 14.09%。牛奶主要产自兰州、张掖、白银、武威、临夏、酒泉、定西等市州的奶产业主产县区。随着结构性调整，2017 年奶牛平均单产持续提高到 6 234 千克，比 2015 年（单产 4 760 千克）、2016 年（单产 5 008 千克）分别提高 30.97%、24.48%。可能是因为能在价格和结构调整过程中坚持下来的牛场，其在奶牛的饲养管理、疾病防控、质量控制上都上了一个新台阶。

8.1.4　乳制品加工能力持续提升

甘肃省乳制品工业引进了蒙牛、伊利、三元等国内知名企业，发展壮大了兰州庄园、甘肃燎原、临夏华安等本土企业，全省乳制品加工能力逐步提升。

8.1.5　注重草业畜牧业可持续发展

2017 年，定西市按照"调结构、提品质、降成本、补短板、促融合、可持续"的要求，积极探索"龙头企业＋协会＋合作社＋养殖户"的发展模式，强力打造草畜发展产业链，推进草牧业改革。积极扩大饲用玉米、紫花苜蓿、燕麦、甘肃红豆草、岷山红三叶、岷山猫尾草、甜高粱等优质牧草种植面积，力争到 2020 年全市牧草种植总面积达到 500 万亩、鲜草年产量达到 1 000 万吨。第七届（2017）中国苜蓿发展大会在甘肃酒泉开幕，此次大会围绕科技创新、现代种业、产业发展的主题，从推动草产业可持续发展、中国苜蓿草产业发展与技术成果、草畜一体化创新之路、草人与牛人在实际生产中的需求、打造草产业的科技创新平台、草产业的"互联网＋"、现代草种的繁育与推广以及首蓿品种审定、首蓿种子高产与加工等方面展开学术研讨与广泛交流。此次大会将一个产业的上下游环节、研发与应用有机地融合在一起，也给草人与牛人、企业与专家创造了对话的平台。草人与牛人通过嘉宾对话的形式，从原料、需求、技术和服务等相互提出要求与希望，有利于草牧业的共同发展。

8.2 甘肃省奶业存在的问题

恒天然环球乳制品交易网交易于1月16日结束，本次交易全脂奶粉竞得均价3 010美元/吨，比上一交易均价2 886美元/吨，增加了124美元，上涨4.3%。随着国际奶业形势的变化，2017年预计奶业企稳发展。经过了产业结构调整和市场调整的艰难时期，甘肃省养殖场奶牛结构更加合理，一定程度上促进了产业的回升。奶业生产由粗放式散养向标准化规模养殖转变。甘肃省奶业尽管取得了长足发展，但还存在一些比较突出的问题和制约因素。主要表现在：一是产业链条不长，原料供应者地位没有根本改变。乳品企业较少，乳制品加工能力相对于全省生鲜乳供应能力来说明显不足，严重制约了奶业的长足发展。二是奶农和乳品企业利益联结关系脱节。广大奶农及规模奶牛场没有定价权，在全国奶业不景气的大背景下常被压级压价，甚至出现了被拒收以致倒奶的情况。三是监管和运行机制亟待健全和完善。县（区）级奶站监管部门、奶站缺乏常规的生鲜乳质量监测设备，检测手段滞后，检验技术力量薄弱，不能有效检验奶源各项指标，奶源质量难以保障。根据目前奶业发展现状，要进一步推进甘肃省奶业发展。四是奶牛疾病的防控工作应继续加强。随着奶牛产业疾病防控技术的不断发展和主动淘汰率的提高，原来影响甘肃奶牛产业发展的乳房炎、子宫内膜炎、肢蹄病等常见普通病都得到了控制。大多数牛场的金黄色葡萄球菌、无乳链球菌等传染性乳房炎的发病率降低，但部分牛场仍出现此类病原造成的顽固性乳房炎的发生，说明牛场的疾病防控能力和水平参差不齐，需要进一步加强。犊牛腹泻和繁殖性疾病是影响甘肃省奶牛产业发展的主要疾病，仍然需要有效的防控技术。五是要加强临床兽药的合理使用，加强引导和培训，让制定的国家标准、行业标准，落到实处。

8.3 甘肃省奶业发展的建议和措施

8.3.1 持续推进标准化规模养殖工程

按照"质量优先、量力而行、宁缺毋滥、能养则养、养则入区"的思路谋划奶产业的发展，切实加大奶业投入力度；鼓励乳品企业投入奶源基地建设，全力转变发展方式，继续推进实施"散养入区、挤奶进厅"工程。目前我国奶牛规模化程度正在提升，适度规模、标准化是甘肃省奶牛养殖模式发展的主要方向。建议政府加大对中等规模牧场项目补贴、补助，有序引导奶牛养殖向中等规模方向发展。养殖规模扩大的同时，也应该注意疾病防控，加强疾病检验检疫管理，做到早发现、早处理；加强相关人员的技能培训，引进高科技人才；提升对奶牛规模化养殖粪污处理的管理和扶持力度；合理有序地进行规模化养殖，应根据本地劳动力资源、饲料资源、加工能力确定规模化程度，探索出有地方特色的、可持续发展的奶牛养殖业。

8.3.2 着力提升科学化养殖水平

从长远看，奶产业要做好优化生产布局、调整品种结构、优化乳制品产品结构、创新生产经营体制和推进产业一体化发展这五篇文章；从近期看，建议组织实施奶牛遗传改良计划，提高奶业生产水平；加强技术推广培训，切实提高奶牛生产水平；加大宣传力度，引导科学、健康消费，提振消费信心，共同营造奶业发展良好舆论氛围。

8.3.3 坚持加强疫病监控强化技术服务

要继续做好重大疫病防控工作，建立健全省、市、县、乡四级防疫体系，做到防疫工作常态化，确保重大动物疫病免疫注射率达到100%。要把对直接威胁生产安全、降低奶牛效益的各种常见病、多发病的防治放在更加重要的位置上，采取隔离、检疫、净化等综合性措施，不断降低奶牛的淘汰率和病死率。依法约束各奶牛生产企业按防疫规程要求，坚持日常消毒、健康检查和定期保健等项制度，不断降低乳房炎、肢蹄病、繁殖障碍的发病率，提高奶牛健康水平和利用年限；大力推广规范化、标准化免疫程序，严格控制疫源传入和内疫发生，把疫病带来的风险和损失降到最低限度。坚持依法、按标准使用兽药、疫苗和各种添加剂，严把投入品安全检测关，坚持质量溯源和安全停药期制度，确保原料奶质量安全。杜绝重大疫病疫情的发生。

8.3.4 缔结产加销一体化的利益联结机制

全面规范乳品企业、奶站和奶农之间的合同关系，逐步建立市场指导价或最低保护价制度，引导龙头企业与养殖农户、养殖基地建立紧密联结、互利共赢的运营机制。深度开发奶类产品，努力改变以销售原料奶为主的被动局面。加强规划协调，县区侧重组织养殖等环节，全省、市州层面统筹规划精深加工等，不断增强甘肃省奶类产品市场销售方面的话语权和定价能力。

8.3.5 持续支持草畜发展并举的策略

甘肃是种草大省，更是苜蓿种植大省，苜蓿种植面积占全国苜蓿种植总面积的 1/3，为了进一步促进草产业发展，为畜牧业提供量多质优的饲草。甘肃省拥有良好的苜蓿产业基地和品质优良的苜蓿品种，是先天优势，政府部门应持续推进草畜发展并举的策略。政府应扶持培育苜蓿草产品加工龙头企业，带动产业快速发展苜蓿。通过草畜并举的发展战略，形成较长的产业链条，保障产业发展后劲，促进产业稳步持续发展。

9 2017年度新疆地区奶业发展报告

□ 余 雄 邹阿玲 葛建军 邵 伟 黄锡霞 古丽娜·巴哈

9.1 新疆奶业基本情况

9.1.1 奶牛存栏情况

2017年全区奶业持续低迷,低产奶牛被淘汰出售或屠宰,造成奶牛存栏减少。奶牛年末存栏281.2万头,比2016年减少4.12万头,同比下跌1.51%。

9.1.2 奶牛生产水平

虽然近几年来,新疆乳制品生产得到了一定的发展,但是发展速度比较迟缓。导致这一现象的原因是:一是由于新疆奶牛品种较多,产奶性能不一,而且低产奶牛占主导地位,使得新疆奶牛业发展整体水平偏低,尤其是奶牛单产水平偏低。二是新疆近些年来长期处于严重干旱状态,天然草场由于缺水而极度退化,优质的饲草饲料极为短缺,奶牛养殖所需的很多饲草饲料均靠外地采购,导致饲料价格一直处于居高不下的态势,高饲养成本使得奶农不得不变卖手中的优质奶牛或者放弃高产奶牛的饲养,而选择适合新疆气候、低质饲草饲料的改良品种或者地方改良品种。而改良品种与高产奶牛品种比较产奶性能差,尤其是年产奶量低、单产水平低下,这些因素都会严重制约新疆乳品业的快速发展,与此同时,由于新疆规模化乳品加工企业的快速增加,市场上的原料奶出现供不应求的现象,使得乳制品加工成本升高,导致新疆奶价升高,高昂的奶价使得城镇居民望而却步。三是奶牛养殖人员的专业素质较差,尤其是散养农户严重缺乏奶牛养殖知识,饲养管理极不规范,导致奶牛对现有饲料的利用率也不高。因此,加快新疆奶牛业的发展,应把提高奶牛产奶性能作为重中之重。

9.1.3 乳制品加工企业及乳制品生产情况

从2017年1月生鲜乳收购价格3.61元/千克,持续下滑至12月的3.30元/千克,全年呈现缓跌迹象,全年生鲜乳平均收购价3.35元/千克,同比下跌 2.02%。

2017 年，新疆全区共有乳品加工企业 41 家，日处理鲜奶能力 5 117 吨，实际日处理 3 927 吨。新疆全区乳品加工企业生产的乳制品总量为 59.76 万吨，其中固态乳制品为 8.77 万吨，占全区当年乳制品生产总量的 13.22%，液态乳制品为 49.12 万吨，占全区当年乳制品生产总量的 88.52%，乳制品生产总量、固态乳制品、液态乳制品生产总量较 2016 年分别提高了 7.11%、8.03%、6.29%。

9.1.4 新疆乳品消费情况

从城镇居民以及农村家庭乳制品消费情况可知，2017 年农村家庭乳制品消费水平有了一定的提高，即农村家庭对生鲜奶的消费量由 2016 年 1.64 千克/人增长到 2017 年 1.77 千克/人，年增长率为 5.11%，而资金投入由 2016 年 10.26 元/人增长到 2017 年 13.25 元/人，年增长率为 3.29%；农村家庭对酸奶及乳制品的消费量由 2016 年 6.36 千克/人增长到 2017 年 9.33 千克/人，年增长率为 2.29%，而资金投入由 2016 年 8.99 元/人增长到 2017 年 10.79 元/人，年增长率为 3.07%。

而城镇居民家庭乳制品消费水平出现了一些变化，即城镇居民家庭对生鲜奶的消费量由 2016 年 25.14 千克/人上升到了 2017 年的 29.77 千克/人，年平均上升了 12.69%，资金投入由 2016 年的 163.41 元/人增长到 2017 年 188.29 元/人，年增长率为 8.31%；城镇居民家庭对酸奶及乳制品的消费量由 2016 年的 7.71 千克/人增长到 2017 年 9.24 千克/人，年增长率为 5.88%，资金投入由 2016 年的 106.15 元/人增长到 2017 年 133.27 元/人，年增长率为 29.76%。

9.1.5 新疆奶农文化程度情况

据调查，新疆奶农绝大多数处在小学一二年级水平或文盲状态，少数奶农处于小学文化水平，处于初中及高中文化水平的奶农很少，而拥有大中专文化水平的奶农人数不到 0.1%。奶农文化水平低，对一些新技术新信息的接受和理解能力较差或者拒绝接受，也是导致奶牛机体发育不足和产奶性能低下的主要原因。

9.2 新疆奶业发展的重要进展

9.2.1 逐步建立环境友好型牧场

通过新疆地区畜牧厅的技术推广和示范，已经在喀什地区、伊犁河谷地区和乌昌地区建立起 3 个大型粪污处理中心，同时按照环境友好型牧场的要求，在牧场周边进行绿化屏蔽工作。

目前已经完成了 6 个牛场的改造工作，这些改造后的牛场，粪污用于发酵发电，沼渣用于还田，当前正在开发配套的有机肥生产基地。

9.2.2 依托体系饲草料资源数据库，合理布局饲草料生产基地

2017 年新疆依托饲草料资源数据库的指导作用，以天山北坡、伊犁河谷、塔额盆地、焉耆盆地以及额尔齐斯河流域为重点的奶牛产业带和以天山北坡、伊犁河谷、塔额盆地、焉耆盆地、阿勒泰山南坡、吐鲁番盆地为重点的优质牧草产业带，重点扶持建设具有一定规模、生产基础好、设施条件完备、在增加苜蓿产量和提高苜蓿质量方面具有示范、带动和推广作用的生产基地，逐步建立健全牧草产业带区域内新型的苜蓿饲草产业体系，示范片区苜蓿年亩产达到 800 千克以上（新开发地、中低产改造田项目实施第一年苜蓿单产达到 500 千克以上），苜蓿草产品质量达到国家标准 2 级以上，粗蛋白含量达到 18% 以上，相对饲用价值达到 125% 以上。初步满足新疆地区优质饲草料资源供给。

9.2.3 良种水平不断提高

通过实施奶牛优质冻精全额补助、良种后备母牛补助等优惠政策，加速品种改良，改善结构，优化品种，奶牛单产和整体效益得到提高。

目前，全区已建成区、地、县、乡四级畜禽改良推广机构 957 个，奶牛良种繁育场 112 个，开设人工配种站 3 000 余座；年生产种公牛 1 000 头、供种冻精 207.1 万剂；奶牛良种率达 66.4%。

9.2.4 安全监管逐步加强

新疆从构建奶站运营管理新秩序，提高奶站机械化水平，建立质量安全监督长效机制，规范奶农生产行为等方面入手，推动各地实现生鲜乳生产收购规范化管理。已初步建立区、地、县、乡四级生鲜乳质量安全监管检测网络。

制定 2017 年生鲜乳质量安全监测方案，组织会员单位对乌鲁木齐市、昌吉回族自治州、伊犁哈萨克自治州、塔城地区 4 个地州的生鲜乳收购站、生鲜乳运输车进行了抽样检测，全区完成抽检生鲜乳 2 171 批次，其中各地自检 2 051 批次，自治区抽检生鲜乳 120 批次。

9.2.5 积极开展学生饮用奶计划调整协调工作

国家调整学生饮用奶计划推广工作方式后，按照畜牧厅党组的要求，经送自治区财政厅、教育厅等 7 厅局征求意见后报自治区人民政府，2017 年 4 月 8 日，自治区人民政府下发了《关于调整自治区学生饮用奶计划推广工作的批

复》(新政函〔2017〕70 号)。

受中国奶业协会委托，对区内 8 家乳品企业申报的 32 个奶源基地，进行中国学生饮用奶定点生产企业奶源基地的现场认定，均通过初审并网上提交中国奶协。并配合中国奶协对新疆 2 家申报"中国学生饮用奶定点生产企业"的乳品企业进行了现场审核。据统计，2016—2017 学年，新疆纳入"学生饮用奶计划"补贴的 22 个县市享受补贴的学生人数为 86.78 万人，其中自治区财政补贴人数 45.339 万人，补贴资金 6 752.25 万元（已拨付 3 000 万元）。

9.3　新疆奶业发展面临的重大问题

9.3.1　企农利益连接机制不紧密，抗风险能力低

长期以来，由于养殖与加工环节没有形成稳固合作共赢关系，加上养殖主要以小规模散养为主，市场议价能力弱，所以双方此消彼长的利益博弈矛盾一直存在。在历次奶业生产波动中，由于部分乳品企业仅考虑短期利益，忽视与农户之间的长远合作，随意拒收、限收、压级、压价，导致上游养殖户利益无法保障，成为生鲜乳价格波动的主要因素和动摇奶业生产基础的不稳定因素之一。

9.3.2　乳制品结构不合理，市场开发不足

全区一半以上鲜奶由技术装备水平较低的中小型乳品企业加工处理，产品同质化程度高，科技含量和附加值低，产量和质量均不稳定，难以取得市场份额。

新疆距内地路途遥远，外销运输成本高，企业在竞争中因高额运费处于成本劣势。目前，新疆除大包奶粉能销往内地外，纯奶、酸奶等液态奶基本没有出区。加之，地区内消费能力没有得到充分开发，全区农村居民人均乳制品消费力仍处在较低水平；全区只有 26 个县（市）城镇的 86.78 万义务教育阶段学生享受"学生饮用奶"政策，占全区义务教育阶段在校中小学生的 28%，还有 200 多万学生未享受政策，这是一个很大的潜在消费群体。

9.3.3　奶牛养殖生产管理水平低，缺乏市场竞争力

一是奶牛规模化养殖水平低。近年来，我区标准化养殖水平有了很大的提升，但是千家万户养殖奶牛的主体局面还没有根本改变，虽然分散粗放的养殖模式已不能适应也达不到大规模、现代化乳品加工企业对奶牛养殖规模、管理水平、奶源质量的要求，但新疆传统的养殖模式在一定区域还将长期存在，并占据较大份额。

　　二是奶牛养殖成本居高不下。第一，由于苜蓿等高蛋白饲料缺乏、牧场养殖管理水平不高、品种改良不够、防疫费用高涨等因素造成其系统性成本高。第二，奶牛养殖机械化水平低，基础设施陈旧，难以摆脱简单粗放的生产经营模式和对劳动力的过分依赖，致使养殖成本逐年增加。第三，对于占主体的中小规模养殖场（户），仍然独自承担养殖风险和市场风险，潜在成本大，比较收益低。三是动物疫病隐患大，养殖风险增加。目前，布病、结核病的净化扑杀补助费仅有 2 400 元，远低于一头奶牛的价格，养殖户缺乏净化"两病"的主动性和积极性，发现"两病"不报告，其风险、危害远远大于市场风险。四是管理机构不完善，监管监测难度大。奶业生产客观上需要独立机构配备专业技术人员从事监管工作。目前，全区只有自治区、昌吉回族自治州和乌鲁木齐市 3 家乳品质量监测机构，绝大多数县（市）没有独设机构，乳品质量安全难以保障。

9.4　目前采取的解决办法

9.4.1　调整乳制品结构，积极开拓消费市场

　　充分挖掘区内消费潜力，进一步扩大"学生饮用奶"覆盖范围，逐步实现全覆盖；鼓励通过鲜奶吧、上门配送、网上销售、鲜奶进超市等方式创新营销渠道；主动对接新闻媒体，加大宣传力度，普及乳品营养和安全知识，不断提振消费者信心；进一步提高乳品加工能力和产品多样化，调整产品结构，将新疆名优产品推向全国，扩大市场占有份额。

9.4.2　推广科技养殖，降低生产成本

　　在当前生鲜乳价格较低、奶业发展压力较大的情况下，应努力降低养殖成本，节本增效，多渠道尽快实现由散养向牧场的转变，不断提高生产效率和竞争力。坚持种养结合发展，鼓励奶农积极参股入股奶牛养殖场，加快奶业转型升级。乳品企业要善待奶农，严格履行合同收购原料奶，完善乳企与奶农的利益联结机制，使奶牛养殖收益有保障。

9.5　下一步的工作思路

9.5.1　加强奶源基地建设

　　按照国家和自治区的相关规定，加强和规范奶源基地建设。乳品加工企业应该按照规定建立自有奶源基地，并达到规定的比例，提高奶源供应的稳定性和乳品质量的安全性。对乳品加工企业自建的奶源基地，应该在金融政策及用

地、用水、用电等方面给予优惠政策。

9.5.2　开展乳产品深加工，实现产品多样化

随着近年来奶牛养殖业快速发展，新疆乳品加工得到长足发展。伴随着奶牛良种化水平的提高，在奶牛养殖规模不断扩大、养殖管理水平逐年提高的情况下，鲜奶供应量随着市场的发展逐渐增加。在鲜奶供大于求的情况下，应开发乳粉加工以消耗更多的生鲜乳，生产婴幼儿奶粉、乳清类产品、干酪类产品等丰富乳品市场供应，增加乳品企业和家庭农场养殖奶牛的经济收入。

9.5.3　全面提高养殖生产管理水平

一是大力推进标准化规模养殖。新建规模化奶牛场要按照标准化要求设计、建设和运行。现有规模奶牛场要抓好标准化改造，重点对规划设计、配套设施、防疫消毒、健全制度、无害化处理粪污等方面进行改造。对未弃养退出的不具规模的散养户，在土地和草地资源丰富的地区可发展家庭牧场，也可采取乳品企业入股以及股份改造等多种形式发展奶源基地，探索鼓励企业、合作社、牧场、小区混合所有制升级改造，引导奶农向标准化规模养殖方向发展。

二是大力推广科学化饲养管理模式。采取性控繁殖、加强育种、科学选种选配等技术措施，建立高产奶牛群，淘汰低产劣质奶牛。要加强饲料资源开发和加工调制，提高奶牛饲养管理水平。

三是大力开展奶牛"两病"动态监测，加大"两病"净化力度。要积极开展奶牛布病、结核病动态监测，建议进一步提高"两病"净化补助水平，增强净化"两病"的积极性和主动性，消除奶业发展中潜在的疫病风险。

四是加强生鲜乳质量安全体系建设与监管。要加强基层监管机构和队伍建设，将四级生鲜乳质量安全监管检测体系建设列入重要议事日程，通过项目支持和地方经费预算等政策措施，保障监管经费，强化执法能力，实现质量安全全程监管，提高监测覆盖面和质量安全监管水平。

9.5.4　加快科技引导作用，大力发展生态畜牧业

应采取舆论宣传、技术培训等多种方式，大力推广良种和新的养殖技术，重点加强对规模场（户）主的养殖技术和疫病防控技术的培训工作，实施科学选址、规划、设计、建设，大力发展健康养殖和生态养殖，配合治理养殖环境污染，实现可持续发展。新疆生态环境极为脆弱，自然灾害频繁，生态环境恶劣。因此，应立足长远，大力发展生态畜牧业。大面积植树种草、退耕还草、种草养畜、牛羊圈养，有效解决农牧、林牧矛盾，发展生态畜牧业，实现草畜平衡，加快畜牧业增长方式的转变，促进环境与生产发展相协调。

第五篇

政策研究篇

1 中国奶业产业政策的发展及成效

□ 刘长全 杨 洋

2017 年中央 1 号文件提出全面振兴奶业，这是农业供给侧结构性改革的重要任务和突破口，也为农业供给侧结构性改革提供了新动能。首先，加快奶业发展是城乡居民食品消费结构升级的需要。随着经济发展，包括乳品在内的畜产品在食品消费中的占比还将有大幅增长，乳品在提供动物源营养方面成本优势突出，发展奶业是应对食物结构升级的合理选择。其次，近年乳品供需缺口持续扩大，是农业发展面临的重要的结构性短板。再次，奶业可以发挥以养带种功能，带动青贮玉米、苜蓿等优质牧草种植，促进粮经饲种植结构调整优化。但是，当前中国奶业发展还面临一些突出的问题，包括竞争力不足、消费者对国内乳品依然缺乏信心、产业利益联结机制不合理、环境问题随着规模养殖的发展日益突出等。如何进一步完善奶业产业政策，以增强政策对产业发展的支撑能力、促进产业素质提升、加快奶业发展方式转变、提高乳品质量和消费者信心，是实现奶业全面振兴的关键。本章从养殖和加工两个方面对三聚氰胺事件以来中国奶业产业政策的发展进行梳理，并对政策效果进行评述。

1.1 奶牛养殖业的主要政策

1.1.1 补贴政策

补贴政策是农业产业政策的重要内容。为促进奶业发展，近年国家先后出台了多项促进奶业发展的补贴和扶持政策。

1.1.1.1 奶牛标准化规模养殖

为提高奶牛标准化规模饲养水平，根据国务院 2007 年颁布的《关于促进奶业持续健康发展的意见》，国家发改委自 2008 年开始安排专项投资用于支持奶牛标准化规模养殖，用于支持养殖场（区）的水电、道路、粪污处理、防疫和挤奶等配套设施和饲草料基地建设。2015 年，中央财政安排 10 亿元，对900 多个存栏 300 头以上的养殖场（小区）给予了补贴。依据养殖场（区）存栏量，300～499 头、500～999 头、1 000 头以上三个规模分别予以 80 万元、150 万元和 170 万元补贴。2011 年以前，补贴起步标准为 200 头以上。2008—

2015 年，累计安排资金超过 50 亿元，支持奶牛养殖场（小区）近 5 800 个。

1.1.1.2 奶牛良种补贴政策

2005 年，农业部颁布《奶牛良种补贴试点项目资金管理暂行办法》，开始实施奶牛良种补贴政策。根据中国奶业统计资料，2005—2015 年，奶牛良种补贴资金从 0.15 亿元增长到 2.565 亿元，享受补贴的能繁奶牛头数从 67.5 万头增长到 837.9 万头，补贴品种从荷斯坦牛扩展到荷斯坦牛、奶水牛、牦牛、褐牛、乳用西门塔尔牛、娟姗牛、三河牛等多个品种（表 1-1）。

表 1-1　2005—2015 年奶牛良种补贴实施情况

年度	补贴资金（亿元）	补贴品种	能繁奶牛头数（万头）
2005	0.15	荷斯坦牛	67.5
2006	1.0	荷斯坦牛、奶水牛、牦牛、褐牛	347
2007	1.0	荷斯坦牛、奶水牛、牦牛、褐牛	346
2008	2.4	荷斯坦牛、奶水牛、牦牛、褐牛、乳用西门塔尔牛	600
2009—2014	2.6	荷斯坦牛、奶水牛、牦牛、褐牛、乳用西门塔尔牛、娟姗牛、三河牛	896～902
2015	2.565	荷斯坦牛、奶水牛、牦牛、褐牛、乳用西门塔尔牛、娟姗牛、三河牛	837.9

1.1.1.3 奶牛生产性能测定

2008 年，农业部立项在 16 个省（市、自治区）建立了 18 个奶牛生产性能测定（DHI）实验室，对全国参加生产性能测定的 25 万头奶牛进行补贴，并得到中央财政每年 2 000 万元的项目经费资金支持。2015 年，补贴资金增长到 4 000 万元，累计投入资金已近 2 亿元。在此期间，参加测定的奶牛场由 592 个增加到 1 292 个，参加测定的奶牛数量由 24.49 万头增加到 78.90 万头，收录各类生产、育种数据 3 513 万条。

表 1-2　2008—2015 年 DHI 参测情况统计表

年度	参测牛场（个）	参测牛只（万头）	测定记录（万条）
2008	592	24.49	121.85
2009	905	35.18	192.36
2010	1 034	41.41	277.77
2011	1 054	46.37	326.17

（续）

年度	参测牛场（个）	参测牛只（万头）	测定记录（万条）
2012	1 043	52.6	357.00
2013	1 042	52.9	467.00
2014	1 178	72.36	637.00
2015	1 292	78.90	1 135.00

1.1.1.4　奶牛政策性保险

为增强奶农抵御风险的能力，保障奶牛养殖安全，2008 年奶牛保险被列入中央财政农业保险补贴范围。2012 年，奶牛保险从部分试点地区扩大至全国并实施地区性差异化补贴，其中中西部地区占 50%，东部地区占 40%。中西部地区中央财政给予适当补助，东部地区补贴由地方财政负担。2008—2015年，中央财政拨付奶牛保险补贴资金 34.06 亿元，带动全国实现奶牛保险保费超过 70 亿元，累计约 250 万户次农户承保奶牛 2 000 多万头，提供风险保障约 1 400 亿元。2015 年，中央财政拨付奶牛保险保费补贴资金 8.28 亿元，提供风险保障 400 多亿元。

1.1.2　发展优质饲草料种植

发展优质饲草料种植，一方面是调整粮经饲结构、扭转因粮食安全政策引起的资源错配的必然要求，另一方面也是支撑奶牛养殖等草畜产业发展的客观需要。近年来，国家政策积极支持优质饲草料种植的发展。

1.1.2.1　振兴奶业苜蓿发展行动

2012 年，中央 1 号文件决定在全国范围内实施"振兴奶业苜蓿发展行动"，重点在东北、华北和西北三大苜蓿优势产区和奶牛主产区建设高产优质苜蓿示范片区。当年，在河北、天津、内蒙古、辽宁、吉林、黑龙江、陕西、甘肃、宁夏、新疆 10 个省（市、区）扶持建设 50 万亩高产优质苜蓿示范区，对集中连片 3 000 亩以上的苜蓿种植，按 600 元/亩的标准给予补助。2012—2015 年，中央财政每年安排项目资金达 5.25 亿元。

1.1.2.2　发布《全国苜蓿产业发展规划（2016—2020 年）》

2016 年 12 月，农业部发布《全国苜蓿产业发展规划（2016—2020 年）》，提出到 2020 年全国优质苜蓿产量达到 540 万吨，并且明确了"十三五"期间苜蓿产业发展思路、区域布局与发展重点。《规划》指出，苜蓿产业发展要按照加快发展草牧业、振兴奶业和种植业结构调整的总体要求，加大政策扶持和引导，优化种植、养殖区域布局，加强苜蓿草种繁育基地建设，大力发展高产优质苜蓿种植和加工，推行种养结合发展模式，提高苜蓿生产标准化、规模化、市场化、产业化水平。

《规划》确定了东北及内蒙古、西北、华北和南方四个苜蓿产业发展区域和 238 个重点县，要求发挥区域比较优势，突出重点，分类实施。其中，东北及内蒙古地区要推行草田轮作，发展苜蓿干草生产，促进种养结合；西北地区要重点建设良种繁育基地，推进苜蓿产业化，提高加工水平和商品化率；华北地区要充分利用粮改饲政策，加快建设优质苜蓿生产基地；南方地区要因地制宜，发展苜蓿青饲和半干青贮。

《规划》还提出了苜蓿产业发展的四项重点任务：一是提升苜蓿良种生产能力。加强苜蓿育种技术研究，加大苜蓿新品种选育和推广力度，提高苜蓿良种化水平；二是加强优质苜蓿基地建设。在全国新增或改造优质苜蓿种植基地 600 万亩，加强田间设施建设和技术服务，提高苜蓿标准化生产水平；三是推进苜蓿生产机械化。实施苜蓿生产机械化提升示范行动，改造提升 100 个苜蓿种植企业（合作社）机械化生产水平；四是促进种养结合发展。建设 500 个高产优质苜蓿生产基地＋奶牛（或其他草食动物）的种养结合示范场。

1.1.2.3　粮改饲试点

2015 年中央 1 号文件提出"加快发展草牧业，支持青贮玉米和苜蓿等饲草料种植，开展粮改饲和种养结合模式试点，促进粮食、经济作物、饲草料三元种植结构协调发展"。当年，农业部在十个省区的 30 个县开展粮改饲试点，并发布《关于"镰刀弯"地区玉米结构调整的指导意见》，主要引导种植全株青贮玉米，同时也因地制宜，在适合种优质牧草的地区推广牧草，将单纯的粮仓变为"粮仓＋奶罐＋肉库"，每个县每年平均补助资金 1 000 万元。2015 年，粮改饲计划落实面积 150 万亩，实际达到 286 万亩，收储优质饲草料 995 万吨，超出预期目标将近 1 倍。2016 年，试点县达到 100 个，涉及区域由原来的东北、华北、西北地区的农牧交错区延伸到华东、西南、华南，预计落实面积 600 万亩。2017 年，农业部继续加强粮改饲试点，试点面积扩大到 1 000万亩。

1.1.3　生鲜乳质量安全监管

提振消费者信心的根本是乳品质量安全，其基础是生鲜乳质量安全。近年，围绕生鲜乳质量标准、生产环节管理等，国家加强政策建设。

1.1.3.1　出台《乳品质量安全监督管理条例》

2008 年婴幼儿奶粉事件以来，我国奶业质量安全监管不断加强。2008 年，国务院颁布《乳品质量安全监督管理条例》，明确了各个相关管理部门的职责分工。根据该条例，奶畜养殖者、生鲜乳收购者、乳制品生产者和销售者对其生产、收购、运输、销售的乳品质量安全负责，是乳品质量安全的第一责任人；县级以上地方政府对本行政区域内乳品质量安全监督管理负总责；发生乳品质量安全事故，造成严重后果或者恶劣影响的，对有关人民政府、有关部门负有领导责任的负责人依法追究责任。

1.1.3.2　加强质量安全环节监管

为加强对生鲜乳质量安全的监管，相关部门出台了一系列政策举措。2008年，农业部和国家工商总局制定了《生鲜乳购销合同（示范文本）》，要求在生鲜乳购销中采用统一合同文本，明确生鲜乳交易的数量、质量、价格、计价标准和违约责任等。农业部颁布了《生鲜乳生产收购管理办法》，明确了对生鲜乳管理的责任，规范了生鲜乳生产、收购、贮存、运输和销售活动行为。2010年，国务院办公厅发出了《关于进一步加强乳品质量安全工作的通知》，其中明确规定，严格乳制品生产许可。禁止向经工商登记的乳制品生产企业、奶畜养殖场、奶农专业生产合作社之外的单位和个人发放许可证。2011年4月11日，农业部发布《奶畜养殖和生鲜乳收购运输环节违法行为依法从重处罚的规定》。2014年初，农业部召开常务会议研究部署婴幼儿配方乳粉奶源安全监管工作，从建设优质奶源基地、保证优质饲草料供应、强化奶站及运输车辆监管、加大奶源质量安全抽检密度，到技术培训、政策扶持等方面，采取六项措施确保婴幼儿配方乳粉奶源安全。

1.1.3.3　完善生乳标准，加强生乳质量监测

2009年开始，国家以奶站和运输车监管为重点，生鲜乳质量安全抽检实现两个全覆盖，即抽检覆盖全国所有奶站，检测指标覆盖卫生部公布的所有违禁添加物。农业部实施了全国生鲜乳违禁药物专项监测计划、生鲜乳质量安全异地抽检计划、《生乳》国标指标监测计划、婴幼儿配方乳粉奶源基地质量安全监测计划四项监测计划。2010—2011年，每年安排专项资金1 500万元用于生鲜乳质量安全监测，2012年专项资金提高到3 500万元。生鲜乳质量安全监管重点是监测生鲜乳收购站和运输车，检测指标包括乳蛋白、乳脂肪、菌落总数、黄曲霉素 M_1、体细胞数、铅、铬、汞、三聚氰胺、革皮水解物10项指标。截至2015年，累计抽检生鲜乳样品15.1万批次。

2010年，卫生部公布《生乳》（GB 19301 - 2010）等66项新乳品安全国家标准，包括乳品产品标准15项、生产规范2项、检验方法标准49项。

1.1.4　重大产业发展规划

近年来，一系列重大规划相继出台，在产业发展方向、产业布局等方面明确了奶业发展的思路。

1.1.4.1　《全国草食畜牧业发展规划（2016—2020年）》

2016年，农业部出台《全国草食畜牧业发展规划（2016—2020年）》。《规

划》提出要优化发展传统农区和农牧交错区，适度发展北方牧区，保护发展青藏高原牧区，积极发展南方草山草坡地区。关于奶牛养殖业发展，《规划》提出，要巩固发展东北及内蒙古和华北产区，稳步提高西部产区，积极开辟南方产区，稳定大城市周边产区。奶牛养殖业发展的重点任务包括：推进品种改良和生产性能测定，提升荷斯坦牛单产水平，因地制宜发展乳肉兼用牛；强化规模养殖场疫病净化；加快发展全株青贮玉米及优质苜蓿高效生产，推进种养结合与农牧循环；引导奶业企业与奶农建立紧密的利益联结机制，引导乳品企业投资奶源基地建设，加快奶业一体化发展。

1.1.4.2 《全国奶业发展规划（2016—2020 年）》

2016 年 12 月，农业部、国家发展改革委、工业和信息化部、商务部、食品药品监管总局联合印发《全国奶业发展规划（2016—2020 年）》。

《规划》从四个方面明确了奶业的战略定位。健康中国、强壮民族不可或缺的产业；食品安全的代表性产业；农业现代化的标志性产业；一、二、三产业协调发展的战略产业。

《规划》提出了 2020 年奶业发展的具体目标，包括：奶类总产量达到4 100 万吨、奶源自给率不低于 70%、100 头以上规模养殖比重超过 70%、泌乳奶牛年均单产超过 7.5 吨、粪便综合利用率超过 75% 等。

《规划》提出了奶业发展的十一项重点任务：优化区域布局、发展奶牛标准化规模养殖、提升婴幼儿配方乳粉竞争力、推动乳制品加工业发展、加强乳品质量安全监管、加快推进产业一体化、打造国产乳品品牌、加强良种繁育及推广、促进优质饲草料生产、推进奶牛粪污综合利用、加强奶牛疫病防控等。

针对乳品质量安全问题，《规划》还提出修订《生乳》国家标准，改变《生乳》国家标准相关指标设置过低问题；建立生乳分级标准体系引导优质优价；把乳品质量安全放在优先地位，建设以安全为核心的法规标准体系，落实"四个最严"要求，强化质量安全监管措施，消除产业链各环节监管漏洞。

1.2 乳制品加工业的主要政策

2008 年三聚氰胺事件以来，国家奶业相关主管部门围绕市场准入、规范竞争、完善标准等不断加强政策建设。

1.2.1 规范市场准入与加工企业标准

相关主管部门着力整顿乳制品加工企业，关闭了一批规模小、企业和食品安全管理能力低的乳制品加工企业。

2008 年，发改委等多个部委联合制定《奶业整顿和振兴规划纲要》，纲要提出，所有乳制品生产企业限期执行《乳制品企业良好生产规范（GB12693）》，三年内必须全部达标，达不到标准的必须停产整顿；对于不符合产业政策和行业准入条件或整改后仍然达不到验收条件的企业，要依法关闭。2009年，工信部和发改委制定《乳制品工业产业政策（2009年修订）》，对新建和改扩建乳品加工企业进一步做出详细规定，新建和扩建乳粉项目日处理生乳能力必须达到300吨以上；新建液态乳项目日处理生鲜乳能力须达到500吨以上；新建乳制品加工项目已有稳定可控的奶源基地生产鲜奶数量不低于加工能力的40%。

2013年，国家食品药品监督管理总局颁布《婴幼儿配方乳粉生产许可审查细则（2013版）》，进一步提高乳品加工企业门槛。《细则》规定：仅有包装场地、工序、设备，没有完整生产工艺条件的，不予生产许可。仅生产婴幼儿配方乳粉基粉，不生产婴幼儿配方乳粉最终产品的，不予生产许可。

《细则》发布之日起，不再受理新建企业以基粉为原料，采用干湿法复合工艺异地生产婴幼儿配方乳粉的生产许可申请。

《细则》还规定，主要原料为生牛乳的，其生牛乳应全部来自企业自建自控的奶源基地，并逐步做到生牛乳来自企业全资或控股建设的养殖场。加工企业需要建立原料供应商审核制度；对采购的全脂、脱脂乳粉进行批批检验，乳清粉、乳清蛋白粉应实施批批检验；婴幼儿配方乳粉出厂应全项目逐批自行检验。出厂检验合格的产品应当保留检验报告，并做好检验记录、检验报告保存3年。产品需留样，留样数量应满足复检要求并保存至保质期满。细则规定，企业需要建立产品召回制度及消费者投诉处理机制。

1.2.2 完善法规，规范标识和竞争

2007年，国家质检总局与农业部联合下发《关于加强液态奶标识标注管理的通知》，要求生产企业要按照有关法律法规和国办有关规定，严格执行液态奶标识制度。《通知》规定，用复原乳做原料生产液态奶的，要严格按照《国务院办公厅关于加强液态奶生产经营管理的通知》的要求，标注"复原乳"字样，并在产品配料表中如实标注复原乳所占原料比例；如以生鲜牛乳为原料，经巴氏杀菌处理的巴氏杀菌乳标"鲜牛奶/乳"；以生鲜牛乳为原料，不添加辅料，经瞬间高温灭菌处理的超高温灭菌乳标"纯牛奶/乳"；自2008年1月1日起生产企业必须在巴氏杀菌乳和UHT奶包装主要展示面上紧邻产品名称的位置，分别标注"鲜牛奶/乳""纯牛奶/乳"等。

2015年4月24日，第十二届全国人民代表大会常务委员会第十四次会议审议通过了新的《中华人民共和国食品安全法》，并于2015年10月1日起正式实施。该部食品安全法被称为史上最严食品安全法，进一步明确了预防为

主、风险管理、全程控制、社会共治的原则,着力构建最严格、覆盖全程的监管制度。根据新修订的《中华人民共和国食品安全法》,婴幼儿配方食品生产企业应当实施从原料进厂到成品出厂的全过程质量控制,对出厂的婴幼儿配方食品实施逐批检验,保证食品安全。明确规定,婴幼儿配方乳粉的产品配方应当经国务院食品药品监督管理部门注册,不得以分装方式生产婴幼儿配方乳粉,同一企业不得用同一配方生产不同品牌的婴幼儿配方乳粉。

针对市场上婴幼儿配方乳粉产品配方过多、过滥,品牌与配方的混乱以及夸大宣传造成消费者选择困难,生产过程中频繁更换配方造成产品质量安全隐患等问题,2016年6月国家食品药品监督管理总局发布《婴幼儿配方乳粉产品配方注册管理办法》,自2016年10月1日起正式施行,以严格婴幼儿配方乳粉产品配方注册管理,保证婴幼儿配方乳粉质量安全。根据《配方管理办法》,在我国境内生产销售和进口的婴幼儿配方乳粉产品,配方均实行注册管理;同一企业申请注册两个以上同年龄段产品配方时,产品配方之间应当有明显差异,并经科学证实。每个企业原则上不得超过3个配方系列9种产品配方。

《配方注册管理办法》对乳粉命名、标签标识做了严格规定:要求配料表将食用植物油具体的品种名称按照加入量的递减顺序标注;产品名称中有动物性来源的,应当根据产品配方在配料表中如实标明使用的生乳、乳粉、乳清(蛋白)粉等乳制品原料的动物性来源。使用的乳制品原料有两种以上动物性来源时,应当标明各种动物性来源原料所占比例;声称生乳、原料乳粉等原料来源的,应当如实标明具体来源地或者来源国,不得使用"进口奶源""源自国外牧场""生态牧场""进口原料"等模糊信息。标签和说明书不得含有下列内容:涉及疾病预防、治疗功能;明示或者暗示具有保健作用;明示或者暗示具有益智、增加抵抗力或者免疫力、保护肠道等功能性表述;对于按照食品安全标准不应当在产品配方中含有或者使用的物质,以"不添加""不含有""零添加"等字样强调未使用或者不含有。

1.2.3 严格加工企业生产经营管理

2014年8月8日,国家食品药品监督管理总局就《婴幼儿配方乳粉生产企业食品安全信用档案管理规定》公开征求意见。根据《信用档案管理规定》要求,国家食品药品监督管理总局负责组织建立全国婴幼儿配方乳粉生产企业食品安全信用档案;县级以上食品药品监管部门要按照"一企一档"的原则,建立本行政区域所有婴幼儿配方乳粉生产企业的食品安全信用档案。食品药品监管部门要真实、准确记录企业基本信息、监管信息和社会监督信息,重点记录食品药品监管部门在监管工作中发现的问题信息、不合格产品信息、违法违规行为及其处理信息、产品召回信息、食品安全事故信息、消费者投诉举报信息、社会组织监督信息、媒体曝光信息等。食品药品监管部门可以根据婴幼儿配方乳粉生产企业质量安全信用档案记录的信息，评定企业信用等级，作为对企业分类监管的依据并进行公布。对有不良信用记录的企业，增加监督检查和产品监督抽检频次。

2015 年 12 月 31 日，国家食品药品监管总局出台《婴幼儿配方乳粉生产企业食品安全追溯信息记录规范》，推动婴幼儿配方乳粉生产企业建立和完善食品安全追溯体系，规范食品安全追溯信息记录。根据《规范》要求，各地食品药品监督管理部门要督促指导本行政区域内的婴幼儿配方乳粉生产企业结合实际，真实、准确、有效记录生产经营过程的信息，建立和完善婴幼儿配方乳粉生产企业食品安全追溯体系，实现婴幼儿配方乳粉生产全过程信息可记录、可追溯、可管控、可召回、可查询，全面落实婴幼儿配方乳粉生产企业主体责任，保障婴幼儿配方乳粉质量安全。根据《规范》规定，记录信息包括产品配方研发、原辅材料管理、生产过程控制、成品管理、销售管理、风险信息管理、产品召回等主要内容。

1.3　相关政策对中国奶业发展的影响

1.3.1　产业素质全面提升

在奶牛养殖方面，政策的积极作用体现在几个方面：第一，稳定了原料奶生产能力。在国际市场下行、国内需求不振的大背景下，原料奶产出总体上保持稳中有增的态势，为奶业的进一步发展奠定了基础。第二，推动奶牛养殖规模化、集约化和标准化建设，提高了行业素质。2015 年，100 头以上奶牛规模养殖比例达到 48.3%，比 2008 年提高了 28.8 个百分点，2016 年进一步提高并超过 50%。2015 年，机械化挤奶率达到 95%，规模牧场全部实现机械化挤奶，规模场全混合日粮饲养技术（TMR）普及率达到 70%。第三，奶牛品种持续改良。2008 年以来 DHI 累计测定奶牛 404.21 万头（次）。2015 年，泌乳奶牛年均单产 6 吨，比 2008 年提高 1.2 吨。2016 年，泌乳奶牛年均单产进一步上升至 6.4 吨，年产 9 吨以上的高产奶牛超过 180 万头。第四，产业发展支撑条件明显改善，尤其是优质饲草料的供给得到增强。振兴奶业苜蓿发展行动在四个方面促进了苜蓿生产，包括苜蓿良种化、标准化生产、改善生产条件、提升质量水平。第五，生鲜乳质量大幅提高，奶站基础设施、卫生、检测等条件显著改善。2015 年，生鲜乳抽检合格率 99.34%，生鲜乳中的乳蛋白、乳脂肪抽检平均值均高于《生乳》国家标准，规模牧场指标达到发达国家水平。2016 年，三聚氰胺等重点监控违禁添加物检测合格率连续 8 年保持 100%。

在乳制品加工方面，通过对加工企业的整顿，淘汰了一批布局不合理、奶源无保障、技术落后的产能。2008—2015年，规模以上乳制品企业（年销售额2 000万元以上）从815家减少到638家。乳制品企业整体素质明显提高，加工装备、加工技术和管理运营已接近或达到世界先进水平。通过标准和管理的完善，乳制品质量也达到较高水平。2015年，乳制品抽检合格率99.5%，婴幼儿配方乳粉抽检合格率97.2%。

1.3.2　产业发展格局更趋合理

按照市场特点，发挥区位、交通与资源比较优势是提升产业竞争力的基础。近年来，通过产业政策的完善，产业发展重点和方向日益明确，有利于发挥各地区资源条件、比较优势的奶业产业发展格局正在形成。《全国草食畜牧业发展规划（2016—2020年）》与《全国奶业发展规划（2016—2020年）》先后对奶业发展格局做了部署。根据《全国奶业发展规划（2016—2020年）》，在东北和内蒙古产区引导奶业生产实现规模化、标准化和专业化，以荷斯坦奶牛为主，兼顾乳肉兼用牛发展，重点发展奶粉、干酪、奶油、超高温灭菌乳等，根据市场需要适当发展巴氏杀菌乳、发酵乳等产品；在华北产区，加快养殖小区改造升级为牧场，发展专业化养殖场，提高集约化程度，以荷斯坦奶牛为主，适当发展奶山羊等品种，重点发展奶粉、干酪、超高温灭菌乳、巴氏杀菌乳、发酵乳等产品；在西部产区，着力发展奶牛规模养殖场、家庭牧场和奶农合作社，提高奶类商品化率，提升价值链，以荷斯坦奶牛为主，发展乳肉兼用牛，兼顾奶山羊、牦牛等品种，重点发展奶粉、干酪、奶油、羊乳及相关乳制品，适度发展超高温灭菌乳、发酵乳、巴氏杀菌乳等产品，鼓励发展具有地方特色的牦牛奶、骆驼奶等乳制品；在南方产区，积极发展适度规模养殖场，重点发展巴氏杀菌乳、干酪、发酵乳，适当发展炼乳、超高温灭菌乳、乳粉等产品，鼓励发展水牛奶等具有地方特色的乳制品；在大城市周边产区，稳定奶牛数量，提高生产效率，重点发展种业龙头企业，主要发展巴氏杀菌乳、酸奶等低温产品，适当发展干酪、奶油等其他乳制品，鼓励新型乳制品的开发。

1.3.3　以婴幼儿配方乳粉为代表的奶业市场更加规范健康

婴幼儿配方乳粉社会关注最高，也是近年政策的焦点。《婴幼儿配方乳粉产品配方注册管理办法》完善了对生产资质、注册程序、标签等的规范化管理。就对企业品牌数量限制来说，对婴幼儿配方乳粉市场长远健康发展也有着重要的影响。多品牌、多系列是一种常见的企业经营策略，是为了定位细分市场、满足差异化需求。对乳品加工企业来说，多个系列、多个配方的做法起到的也应该是这个作用。但是，在中国婴幼儿配方奶粉市场，甚至在整个乳品市场，这样一种策略很大程度上被企业用来将消费者引向"高端化"的非理性消费模式。乳品的特点是同质化，只要达到质量安全相关指标的要求，即使脂肪、蛋白含量有一点差异，产品品质也是非常接近的，没有所谓高端、低端之分。但是，目前存在各种配方高度相似，甚至完全相同的奶粉，被分别冠上高端、低端的标签。这种情况下，高端系列向消费者传递的实际上是微乎其微、甚至根本不存在的品质差异。这不仅仅误导消费者的选择，在消费行为不成熟、消费者对乳品质量缺乏信心的情况下，还会因为消费者"非优则次"的疑虑，加剧消费者对大众消费乳品的不信任，阻碍整个乳品行业的健康发展。长远来看，《配方注册管理办法》的出台将有助于规范婴幼儿配方奶粉生产企业的行为，让产品系列的设定能够提供正确的、有利于消费者选择的信息，也进一步帮助恢复消费者对大众消费乳品的信心，将消费者引向理性消费模式，最终起到促进乳品市场健康发展、持续发展的目的。

参考文献

中国奶业协会，历年. 中国奶业年鉴［M］. 北京：中国农业出版社.

2 2017年奶业经济政策概述

2.1 奶源方面

2017年，我国继续对奶牛养殖业实行政策扶持，主要有奶牛标准化规模养殖、奶牛生产性能测定、生鲜乳收购站机械设备购置补贴、生鲜乳质量安全监测计划和开展生鲜乳质量安全专项整治等政策，均已实施多年，近年来又增加了奶牛养殖大县种养结合整县推进、畜禽粪污资源化利用等支持政策。为了增加奶牛养殖所需的优质粗饲料，在2012年开始实施的"振兴奶业 苜蓿发展行动"政策基础上，2015年起，又增加了"粮改饲"政策。

2.1.1 奶牛标准化规模养殖建设资金10亿元

中央投资分年存栏300~499头、500~999头、1 000头以上三个档次予以补助，其中：年存栏300~499头的养殖小区（场），中央平均补助投资每个80万元；年存栏500~999头的养殖小区（场），中央平均补助投资每个130万元；年存栏1 000头以上的养殖小区（场），中央平均补助投资每个170万元。2017年中央财政投资10亿元。

2008年至2017年，中央累计安排资金72亿元，补助奶牛养殖场（小区）近7 000个。

奶牛标准化规模养殖建设中央资金主要用于养殖小区的水、电、路、防疫、挤奶等配套设施及饲草料基地建设等。

2.1.2 奶牛生产性能测定

2017年中央财政补贴总经费3 670.2万元，计划测定奶牛45.3万头，实际测定62.6万头。

该项政策自2008年以来，累计投入2.8亿元，测定奶牛400多万头（次）。在项目的带动下，参测奶牛远超补贴的数量。

2.1.3 继续实施奶业机械补贴

2017年，国家农机补贴政策继续将挤奶机、贮奶罐、冷藏罐正式列投入机械购置补贴目录。2009年开始，中央财政累计安排资金7.30亿元，补贴收购站机械设备2.76万台，其中挤奶机1.93万台，贮奶罐和冷藏罐0.83万台。

除此之外，与奶牛养殖有关的青饲料、牧草收获机械，饲料搅拌机等饲草料加工机械等也继续享受农机补贴，高性能青饲料收获机单机补贴限额可提高到 15 万元。

2.1.4　继续实施奶牛保险保费补贴，中央财政保费补贴最低 40％

根据《财政部关于印发〈中央财政农业保险保险费补贴管理办法〉的通知》（财金〔2016〕123 号），办法自 2017 年 1 月 1 日起施行。对养殖业，财政部按照以下规定提供保险费补贴：在省级及省级以下财政（以下简称地方财政）至少补贴 30％的基础上，中央财政对中西部地区补贴 50％、对东部地区补贴 40％；对中央单位，中央财政补贴 80％。

2.1.5　开展生鲜乳质量安全监测工作

从 2009 年开始连续九年实施生鲜乳质量安全监测计划和开展生鲜乳质量安全专项整治。监测经费从 2009 年的 1 500 万元增至 2017 年的 3 733 万元。检测批次从 1.3 万批次增至 2.1 万批次，累计抽检生鲜乳样品 19.3 万批次。

2.1.6　奶牛养殖大县种养结合整县推进项目

2016 年开展奶牛养殖大县种养结合整县推进试点，在河北、内蒙古、辽宁、黑龙江、山东、河南、陕西、宁夏、新疆 9 个省区 17 个县实施，中央财政安排资金 2.85 亿元。2017 年又增加 15 个县，共 32 个县，安排资金 4.8 亿元。

要求项目实施县奶牛存栏 3 万头以上，可用于种植饲草料耕地面积 7 万亩以上，每年安排资金 1 000 万～2 000 万元，可连续 3 年滚动支持，支持资金累计不得超过 6 000 万元。以奶牛养殖粪污综合处理利用率 90％以上、头均奶牛配置饲草料地 2 亩以上，奶牛规模化养殖比例 80％以上、奶牛单产、生鲜乳质量、养殖效益明显提升为目标，采取种养结合循环发展方式，重点开展粪污处理利用、种养结合设施完善、养殖设施改造等相关方面建设。

2.1.7　畜禽粪污资源化利用

2016 年在河北、江苏、浙江、安徽、江西、山东、河南、湖北、湖南、四川 10 个省开展畜禽粪污综合利用试点，每个县 1 000 万元，共计 2 亿元。

2017 年，中央财政拿出 20 亿元，支持 51 个县开展畜禽粪污综合利用试点，每个县 3 650 万～4 200 万元。

为做好这项工作，农业部、财政部联合发出《关于做好畜禽粪污资源化利用项目实施工作的通知》（农牧发〔2017〕10 号），此后，农业部发出"农牧发〔2017〕11 号"通知，印发《畜禽粪污资源化利用行动方案（2017—2020

年)》，从中长期规划畜禽粪污资源化利用行动，目标是到 2020 年，全国畜禽粪污综合利用率达到 75％以上，规模养殖场粪污处理设施装备配套率达到 95％以上，大规模养殖场粪污处理设施装备配套率提前一年达到 100％。畜牧大县、国家现代农业示范区、农业可持续发展试验示范区和现代农业产业园率先实现上述目标。按省级统计部门提供的 2015 年奶类产量 10 万吨以上的县为畜牧大县的一部分，重点实施畜禽粪污资源化利用工作。

2.1.8 实施高产优质苜蓿示范建设项目

中央每年安排 3 亿元扶持建设 50 万亩高产优质苜蓿示范片区，2012—2017 年，共安排资金 18 亿元。以 3 000 亩为一个单元，一次性补贴 180 万元（每亩 600 元）。

在项目带动下，中国已建成 450 万亩高产优质苜蓿示范基地，年产 250 万吨优质商品苜蓿干草。

2.1.9 "粮改饲"政策

"粮改饲"即调整玉米种植结构，减少籽粒玉米的种植，大规模发展适应于肉牛、肉羊、奶牛等草食畜牧业需求的青贮玉米，同时也因地制宜，在适合种优质牧草的地区推广牧草，将单纯的粮仓变为"粮仓＋奶罐＋肉库"，将粮食、经济作物的二元结构调整为粮食、经济、饲料作物的三元结构。

2015 年，中央财政安排 2 亿元资金，在河北、山西、内蒙古、辽宁、吉林、黑龙江、陕西、甘肃、宁夏和青海 10 省区 30 个县试点"粮改饲"政策；2016 年，项目资金增加到 10 亿元，在"镰刀弯"地区和黄淮海玉米主产区等区域的 121 个县试点；2017 年，资金增加到 20 亿元，目标是完成 1 160 万亩。

粮改饲既是调整种植业结构、推动粮食"去库存"的重要切入点，又是推动草食畜牧业"降成本，补短板"、优化畜禽养殖结构的重要着力点，提升了现代饲草料生产服务能力，降低了牛羊养殖成本，据测算，1 吨牛奶节约饲料成本 300 多元。

2.2 加工方面

2.2.1 巴氏杀菌乳、灭菌乳增值税税率下调至 11％

2017 年 4 月 28 日，财政部、税务总局联合发出《关于简并增值税税率有关政策的通知》（财税〔2017〕37 号），自 2017 年 7 月 1 日起，简并增值税税率结构，取消 13％的增值税税率，纳税人销售或者进口农产品（含粮食），税率为 11％。

农产品，是指种植业、养殖业、林业、牧业、水产业生产的各种植物、动物的初级产品。具体征税范围暂继续按照《财政部、国家税务总局关于印发〈农业产品征税范围注释〉的通知》（财税字〔1995〕52 号）及现行相关规定执行，并包括按照《食品安全国家标准——巴氏杀菌乳》（GB 19645—2010）生产的巴氏杀菌乳、按照《食品安全国家标准——灭菌乳》（GB 25190—2010）生产的灭菌乳。

2.2.2　婴幼儿配方乳粉产品注册配方开始公布

根据 2016 年公布的《婴幼儿配方乳粉产品配方注册管理办法》，2017 年 8 月开始，食药监总局开始分批公布婴幼儿配方乳粉产品注册配方，涵盖了国产婴幼儿配方乳粉和进口婴幼儿配方乳粉。

2017 年 8 月 3 日，首批 22 家企业的 89 个婴幼儿配方乳粉产品配方的注册申请获批。截至 2018 年 2 月 23 日，食药监总局共批准了 148 家工厂的 1 138个婴幼儿配方乳粉产品配方，其中境内 102 家工厂 864 个配方，境外 46 家工厂 274 个配方，与之前市场上 2 700 余个配方存量相比，注册后配方数量大幅减少。

2.3　消费方面

对乳制品消费的支持政策主要有学生饮用奶计划、蛋奶工程和农村义务教育学生营养改善计划等，学生饮用奶计划的推广由中国奶业协会负责，蛋奶工程和农村义务教育学生营养改善计划由教育部门负责。

2017 年，全国共有中国学生饮用奶生产企业 98 家，隶属于 61 家集团企业，学生饮用奶奶源基地 253 家，分布在除福建、海南以及西藏外的 28 个省、自治区、直辖市。奶源基地泌乳奶牛总存栏 29 万头，日均生产生牛乳 8 200 吨，可满足当前学生饮用奶原料奶的需求。据统计，2017 学年春季学期学生饮用奶全国在校日均供应量 1 665 万份，惠及中小学生约 2 100 万人。总的供应量较 2016 年增长 9.8%。

2.4　贸易方面

近年来，我国乳品消费不断增长，但新增消费的 80% 由进口所占，目前没有有效的手段控制乳品进口的增长，对原产于新西兰的乳制品实施特殊保障措施等措施起到了一定的作用。同时，质检部门通过抽检进口乳品并公布不合格乳品信息，将不合格产品拒于国门之外，保证质量安全。

在控制对我国奶业影响较大的乳品进口的同时，我国还对国内产量较低的乳清和消费者亟需的婴幼儿配方乳粉采取暂定税率等措施，以减轻相关生产企业和消费者负担。

2.4.1 海关总署就新西兰产乳制品实施特保措施

海关总署根据《中华人民共和国政府和新西兰政府自由贸易协定》（以下简称《协定》），对原产于新西兰的 11 个税号的农产品实施特殊保障措施。这项措施直到 2024 年才将全部取消。每年特保触发数量都比上年增加，但触发特保的时间仍然不断提前，这说明进口企业重视特保数量内的低水平关税，而触发特保后进口数量一般会出现下降，特保措施起到了一定的作用。

2017 年 1 月 4 日，海关总署发布 2017 年第 1 号公告，截至 2017 年 1 月 4 日，实施特殊保障措施管理的乳酪（税则号列：04061000、04063000、04069000）进口申报数量已达到 5 669 吨，超过 2017 年 5 585 吨的特殊保障措施触发标准。因此，自 2017 年 1 月 5 日起，对《协定》项下进口的原产于新西兰的乳酪恢复按最惠国税率征收进口关税。

2017 年 1 月 4 日，海关总署发布 2017 年第 2 号公告，截至 2017 年 1 月 4 日，实施特殊保障措施管理的部分未浓缩乳及奶油（税则号列：04012000、04014000、04015000）进口申报数量已达到 2 062 吨，超过 2017 年 2 017 吨的特殊保障措施触发标准。因此，自 2017 年 1 月 5 日起，对《协定》项下进口的原产于新西兰的部分未浓缩乳及奶油恢复按最惠国税率征收进口关税。

2017 年 1 月 10 日，海关总署发布 2017 年第 4 号公告，截至 2017 年 1 月 10 日，实施特殊保障措施管理的黄油和其他脂和油（税则号列：04051000、04059000）进口申报数量已达到 15 387 吨，超过 2017 年 14 582 吨的特殊保障措施触发标准。因此，自 2017 年 1 月 11 日起，对《协定》项下进口的原产于新西兰的黄油和其他脂和油恢复按最惠国税率征收进口关税。

2017 年 1 月 11 日，海关总署发布 2017 年第 5 号公告，至 2017 年 1 月 11 日，实施特殊保障措施管理的固状和浓缩非固状乳及奶油（税则号列：04021000、04022100、04022900、04029100）进口申报数量已达到 149 026 吨，超过 2017 年 147 376 吨的特殊保障措施触发标准。因此，自 2017 年 1 月 12 日起，对《协定》项下进口的原产于新西兰的固状和浓缩非固状乳及奶油恢复按最惠国税率征收进口关税。

2.4.2 婴幼儿配方奶粉、特殊配方婴幼儿奶粉实行暂定税率

2016 年 12 月 19 日，《国务院关税税则委员会关于 2017 年关税调整方案的通知》（税委会〔2016〕31 号）公布，自 2017 年 1 月 1 日起实施。根据该

方案，部分进口乳品实行暂定税率。

表 2-1 2017 年进口乳品最惠国暂定税率表

税号	商品名称	最惠国税率（%）	2017 年暂定税率（%）
04041000	乳清及改性乳清	6	2
19011010	供婴幼儿食用的零售包装配方奶粉	15	5
21069090	乳蛋白部分水解配方、乳蛋白深度水解配方、氨基酸配方、无乳糖配方特殊婴幼儿奶粉	20	5

图书在版编目（CIP）数据

中国奶业经济研究报告.2018 / 刘长全，李胜利，韩磊主编 . —北京：中国农业出版社，2019.3
  ISBN 978 - 7 - 109 - 25309 - 4

  Ⅰ.①中… Ⅱ.①刘…②李…③韩… Ⅲ.①乳品工业-经济发展-研究报告-中国-2018 Ⅳ.①F426.82

中国版本图书馆 CIP 数据核字（2019）第 044814 号

中国农业出版社出版
（北京市朝阳区麦子店街 18 号楼）
（邮政编码 100125）
责任编辑 刘明昌 潘洪洋

北京中兴印刷有限公司印刷   新华书店北京发行所发行
2019 年 3 月第 1 版   2019 年 3 月北京第 1 次印刷

开本：700mm×1000mm 1/16   印张：21.5
字数：420 千字
定价：60.00 元
（凡本版图书出现印刷、装订错误，请向出版社发行部调换）